사도신경[1]

구번역

전능하사 천지를 만드신 하나님 아버지를 내가 믿사오며,
그 외아들 우리 주 예수 그리스도를 믿사오니,
이는 성령으로 잉태하사 동정녀 마리아에게 나시고,
본디오 빌라도에게 고난을 받으사,
십자가에 못 박혀 죽으시고,
장사한 지 사흘 만에 죽은 자 가운데서 다시 살아나시며,
하늘에 오르사, 전능하신 하나님 우편에 앉아 계시다가,
저리로서 산 자와 죽은 자를 심판하러 오시리라.
성령을 믿사오며, 거룩한 공회와 성도가 서로 교통하는 것과
죄를 사하여 주시는 것과 몸이 다시 사는 것과
영원히 사는 것을 믿사옵나이다. 아멘.

새번역

나는 전능하신 아버지 하나님, 천지의 창조주를 믿습니다.
나는 그의 유일하신 아들, 우리 주 예수 그리스도를 믿습니다.
그는 성령으로 잉태되어 동정녀 마리아에게서 나시고,
본디오 빌라도에게 고난을 받아 십자가에 못 박혀 죽으시고,
장사된 지[2] 사흘 만에 죽은 자 가운데서 다시 살아나셨으며,
하늘에 오르시어 전능하신 아버지 하나님 우편에 앉아 계시다가,
거기로부터 살아 있는 자와 죽은 자를 심판하러 오십니다.
나는 성령을 믿으며, 거룩한 공교회와 성도의 교제와
죄를 용서받는 것과 몸의 부활과 영생을 믿습니다. 아멘.

---

[1] '사도신조'로도 번역할 수 있다.
[2] '장사 되시어 지옥에 내려가신 지'가 공인된 원문(Forma Recepta)에는 있으나,
대다수의 본문에는 없다.

말씀 따라

내가 쓰는

한 줄
필사성경

2

신명기 - 사무엘하

_____님에게

손으로 쓴 성경을
주님의 이름으로
축복하며 드립니다

말씀 따라 내가 쓰는
한 줄 필사성경_2
신명기 - 사무엘하

엮은이 | 두란노 편집부
초판 발행 | 2022. 4. 13
등록번호 | 제1988-000080호
등록된 곳 | 서울특별시 용산구 서빙고로 65길 38
발행처 | 사단법인 두란노서원
영업부 | 2078-3352   FAX | 080-749-3705
출판부 | 2078-3331

책값은 뒤표지에 있습니다.
ISBN 978-89-531-4107-0 04230 Printed in Korea
(세트) 978-89-531-4101-8 04230

독자의 의견을 기다립니다.
tpress@duranno.com www.duranno.com

두란노서원은 바울 사도가 3차 전도여행 때 에베소에서 성령 받은 제자들을 따로 세워 하나님의 말씀으로 양
육하던 장소입니다. 사도행전 19장 8-20절의 정신에 따라 첫째 목회자를 돕는 사역과 평신도를 훈련시키는 사
역, 둘째 세계선교(TIM)와 문서선교(단행본·잡지) 사역, 셋째 예수문화 및 경배와 찬양 사역, 그리고 가정·상담 사역
등을 감당하고 있습니다. 1980년 12월 22일에 창립된 두란노서원은 주님 오실 때까지 이 사역들을 계속할 것
입니다.

말씀 따라 내가 쓰는

한 줄
필사성경

2

신명기 - 사무엘하

필사자 : _____

시작일 : _____ . _____ . _____ .

마감일 : _____ . _____ . _____ .

두란노

필사성경 활용법

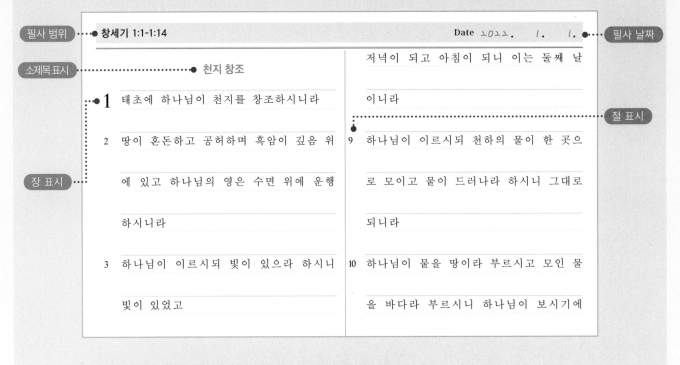

필사 범위 ······▶ 창세기 1:1-1:14   Date 2022. 1. 1. ◀······ 필사 날짜

소제목표시 ·················▶ 천지 창조

1 태초에 하나님이 천지를 창조하시니라

2 땅이 혼돈하고 공허하며 흑암이 깊음 위
에 있고 하나님의 영은 수면 위에 운행
하시니라

3 하나님이 이르시되 빛이 있으라 하시니
빛이 있었고

저녁이 되고 아침이 되니 이는 둘째 날
이니라   ◀······ 절 표시

9 하나님이 이르시되 천하의 물이 한 곳으
로 모이고 뭍이 드러나라 하시니 그대로
되니라

10 하나님이 뭍을 땅이라 부르시고 모인 물
을 바다라 부르시니 하나님이 보시기에

- 필사하기 전, 기도로 마음을 정돈하고 주님의 은혜를 구합니다.
- 성경 본문이 한 줄씩 인쇄되어 있기에 말씀을 보고 그대로 따라 씁니다.
- 장과 절, 소제목까지 인쇄되어 있어 말씀 위주로 또박또박 써도 됩니다.
- 필사 후 틀린 곳이 있는지 확인하고 정확히 고쳐 둡니다.
- 필사가 끝나면 필사 확인표에 체크 표시를 합니다.
- 체크 표시를 하고 나면 말씀이 새겨지도록 기도로 마무리합니다.

필사 확인표

	1	2	3	4	5	6	7	8	9	10	11	12	13	14	15	16	17	18	19	20	21	22	23	24
신 명 기	1	2	3	4	5	6	7	8	9	10	11	12	13	14	15	16	17	18	19	20	21	22	23	24
	25	26	27	28	29	30	31	32	33	34														
여 호 수 아	1	2	3	4	5	6	7	8	9	10	11	12	13	14	15	16	17	18	19	20	21	22	23	24
사 사 기	1	2	3	4	5	6	7	8	9	10	11	12	13	14	15	16	17	18	19	20	21			
룻 기	1	2	3	4																				
사 무 엘 상	1	2	3	4	5	6	7	8	9	10	11	12	13	14	15	16	17	18	19	20	21	22	23	24
	25	26	27	28	29	30	31																	
사 무 엘 하	1	2	3	4	5	6	7	8	9	10	11	12	13	14	15	16	17	18	19	20	21	22	23	24

서론

1 이는 모세가 요단 저쪽 숩 맞은편의 아
이는 모세가 요단 저쪽 숩 맞은편의 아
라바 광야 곧 바란과 도벨과 라반과 하
라바 광야 곧 바란과 도벨과 라반과 하
세롯과 디사합 사이에서 이스라엘 무리
세롯과 디사합 사이에서 이스라엘 무리
에게 선포한 말씀이니라
에게 선포한 말씀이니라

2 호렙 산에서 세일 산을 지나 가데스 바

네아까지 열 하룻길이었더라

3 마흔째 해 열한째 달 그 달 첫째 날에

모세가 이스라엘 자손에게 여호와께서

그들을 위하여 자기에게 주신 명령을

다 알렸으니

4 그 때는 모세가 헤스본에 거주하는 아

모리 왕 시혼을 쳐죽이고 에드레이에서

아스다롯에 거주하는 바산 왕 옥을 쳐

죽인 후라

5 모세가 요단 저쪽 모압 땅에서 이 율법

을 설명하기 시작하였더라 일렀으되

6 우리 하나님 여호와께서 호렙 산에서

우리에게 말씀하여 이르시기를 너희가

이 산에 거주한 지 오래니

7 방향을 돌려 행진하여 아모리 족속의

산지로 가고 그 근방 곳곳으로 가고 아

라바와 산지와 평지와 네겝과 해변과

가나안 족속의 땅과 레바논과 큰 강 유

브라데까지 가라

8 내가 너희의 조상 아브라함과 이삭과

야곱에게 맹세하여 그들과 그들의 후손

에게 주리라 한 땅이 너희 앞에 있으니

들어가서 그 땅을 차지할지니라

모세가 수령을 세우다 (출 18:13-17)

9 그 때에 내가 너희에게 말하여 이르기

를 나는 홀로 너희의 짐을 질 수 없도다

10 너희의 하나님 여호와께서 너희를 번성

하게 하셨으므로 너희가 오늘날 하늘의

별 같이 많거니와

11 너희 조상의 하나님 여호와께서 너희를

차
례

신명기

서론

1 이는 모세가 요단 저쪽 숩 맞은편의 아라바 광야 곧 바란과 도벨과 라반과 하세롯과 디사합 사이에서 이스라엘 무리에게 선포한 말씀이니라

2 호렙 산에서 세일 산을 지나 가데스 바네아까지 열 하룻길이었더라

3 마흔째 해 열한째 달 그 달 첫째 날에 모세가 이스라엘 자손에게 여호와께서 그들을 위하여 자기에게 주신 명령을 다 알렸으니

4 그 때는 모세가 헤스본에 거주하는 아모리 왕 시혼을 쳐죽이고 에드레이에서 아스다롯에 거주하는 바산 왕 옥을 쳐죽인 후라

5 모세가 요단 저쪽 모압 땅에서 이 율법을 설명하기 시작하였더라 일렀으되

6 우리 하나님 여호와께서 호렙 산에서 우리에게 말씀하여 이르시기를 너희가 이 산에 거주한 지 오래니

7 방향을 돌려 행진하여 아모리 족속의 산지로 가고 그 근방 곳곳으로 가고 아라바와 산지와 평지와 네겝과 해변과 가나안 족속의 땅과 레바논과 큰 강 유브라데까지 가라

8 내가 너희의 조상 아브라함과 이삭과 야곱에게 맹세하여 그들과 그들의 후손에게 주리라 한 땅이 너희 앞에 있으니 들어가서 그 땅을 차지할지니라

모세가 수령을 세우다 (출 18:13-17)

9 그 때에 내가 너희에게 말하여 이르기를 나는 홀로 너희의 짐을 질 수 없도다

10 너희의 하나님 여호와께서 너희를 번성하게 하셨으므로 너희가 오늘날 하늘의 별 같이 많거니와

11 너희 조상의 하나님 여호와께서 너희를

현재보다 천 배나 많게 하시며 너희에

게 허락하신 것과 같이 너희에게 복 주

시기를 원하노라

12 그런즉 나 홀로 어찌 능히 너희의 괴로

운 일과 너희의 힘겨운 일과 너희의 다

투는 일을 담당할 수 있으랴

13 너희의 각 지파에서 지혜와 지식이 있

는 인정 받는 자들을 택하라 내가 그들

을 세워 너희 수령을 삼으리라 한즉

14 너희가 내게 대답하여 이르기를 당신의

말씀대로 하는 것이 좋다 하기에

15 내가 너희 지파의 수령으로 지혜가 있

고 인정 받는 자들을 취하여 너희의 수

령을 삼되 곧 각 지파를 따라 천부장과

백부장과 오십부장과 십부장과 조장을

삼고

16 내가 그 때에 너희의 재판장들에게 명

하여 이르기를 너희가 너희의 형제 중

에서 송사를 들을 때에 쌍방간에 공정

히 판결할 것이며 그들 중에 있는 타국

인에게도 그리 할 것이라

17 재판은 하나님께 속한 것인즉 너희는

재판할 때에 외모를 보지 말고 귀천을

차별 없이 듣고 사람의 낯을 두려워하

지 말 것이며 스스로 결단하기 어려운

일이 있거든 내게로 돌리라 내가 들으

리라 하였고

18 내가 너희의 행할 모든 일을 그 때에

너희에게 다 명령하였느니라

정탐할 사람을 보내다 (민 13:1-33)

19 우리 하나님 여호와께서 우리에게 명령

하신 대로 우리가 호렙 산을 떠나 너희

가 보았던 그 크고 두려운 광야를 지나

아모리 족속의 산지 길로 가데스 바네

아에 이른 때에

20 내가 너희에게 이르기를 우리 하나님

여호와께서 우리에게 주신 아모리 족속

의 산지에 너희가 이르렀나니

21 너희의 하나님 여호와께서 이 땅을 너

희 앞에 두셨은즉 너희 조상의 하나님

여호와께서 너희에게 이르신 대로 올라

가서 차지하라 두려워하지 말라 주저하

지 말라 한즉

22 너희가 다 내 앞으로 나아와 말하기를

우리가 사람을 우리보다 먼저 보내어

우리를 위하여 그 땅을 정탐하고 어느

길로 올라가야 할 것과 어느 성읍으로

들어가야 할 것을 우리에게 알리게 하

자 하기에

23 내가 그 말을 좋게 여겨 너희 중 각 지

파에서 한 사람씩 열둘을 택하매

24 그들이 돌이켜 산지에 올라 에스골 골

짜기에 이르러 그 곳을 정탐하고

25 그 땅의 열매를 손에 가지고 우리에게

로 돌아와서 우리에게 말하여 이르되

우리의 하나님 여호와께서 우리에게 주

시는 땅이 좋더라 하였느니라

26 그러나 너희가 올라가기를 원하지 아니

하고 너희의 하나님 여호와의 명령을

거역하여

27 장막 중에서 원망하여 이르기를 여호와

께서 우리를 미워하시므로 아모리 족속

의 손에 넘겨 멸하시려고 우리를 애굽

땅에서 인도하여 내셨도다

28 우리가 어디로 가랴 우리의 형제들이

우리를 낙심하게 하여 말하기를 그 백

성은 우리보다 장대하며 그 성읍들은

크고 성곽은 하늘에 닿았으며 우리가

또 거기서 아낙 자손을 보았노라 하는

도다 하기로

29 내가 너희에게 말하기를 그들을 무서워

하지 말라 두려워하지 말라

30 너희보다 먼저 가시는 너희의 하나님

여호와께서 애굽에서 너희를 위하여 너

희 목전에서 모든 일을 행하신 것 같이

이제도 너희를 위하여 싸우실 것이며

31 광야에서도 너희가 당하였거니와 사람

이 자기의 아들을 안는 것 같이 너희의

하나님 여호와께서 너희가 걸어온 길에

서 너희를 안으사 이 곳까지 이르게 하

셨느니라 하나

32 이 일에 너희가 너희의 하나님 여호와

를 믿지 아니하였도다

33 그는 너희보다 먼저 그 길을 가시며 장

막 칠 곳을 찾으시고 밤에는 불로, 낮

에는 구름으로 너희가 갈 길을 지시하

신 자이시니라

여호와께서 이스라엘을 벌하시다 (민 14:20-45)

34 여호와께서 너희의 말소리를 들으시고

노하사 맹세하여 이르시되

35 이 악한 세대 사람들 중에는 내가 그들

의 조상에게 주기로 맹세한 좋은 땅을

볼 자가 하나도 없으리라

36 오직 여분네의 아들 갈렙은 온전히 여

호와께 순종하였은즉 그는 그것을 볼

것이요 그가 밟은 땅을 내가 그와 그의

자손에게 주리라 하시고

37 여호와께서 너희 때문에 내게도 진노하

사 이르시되 너도 그리로 들어가지 못

하리라

38 네 앞에 서 있는 눈의 아들 여호수아는

그리로 들어갈 것이니 너는 그를 담대

하게 하라 그가 이스라엘에게 그 땅을

기업으로 차지하게 하리라

39 또 너희가 사로잡히리라 하던 너희의

아이들과 당시에 선악을 분별하지 못하

던 너희의 자녀들도 그리로 들어갈 것

이라 내가 그 땅을 그들에게 주어 산업

이 되게 하리라

40 너희는 방향을 돌려 홍해 길을 따라 광야로 들어갈지니라 하시매

41 너희가 대답하여 내게 이르기를 우리가 여호와께 범죄하였사오니 우리 하나님께서 우리에게 명령하신 대로 우리가 올라가서 싸우리이다 하고 너희가 각각 무기를 가지고 경솔히 산지로 올라가려 할 때에

42 여호와께서 내게 이르시되 너는 그들에게 이르기를 너희는 올라가지 말라 싸우지도 말라 내가 너희 중에 있지 아니하니 너희가 대적에게 패할까 하노라 하시기로

43 내가 너희에게 말하였으나 너희가 듣지 아니하고 여호와의 명령을 거역하고 거리낌 없이 산지로 올라가매

44 그 산지에 거주하는 아모리 족속이 너희에게 마주 나와 벌 떼 같이 너희를 쫓아 세일 산에서 쳐서 호르마까지 이른지라

45 너희가 돌아와 여호와 앞에서 통곡하나 여호와께서 너희의 소리를 듣지 아니하시며 너희에게 귀를 기울이지 아니하셨으므로

46 너희가 가데스에 여러 날 동안 머물렀나니 곧 너희가 그 곳에 머물던 날 수대로니라

이스라엘이 광야에서 보낸 해

2 우리가 방향을 돌려 여호와께서 내게 명령하신 대로 홍해 길로 광야에 들어가서 여러 날 동안 세일 산을 두루 다녔더니

2 여호와께서 내게 말씀하여 이르시되

3 너희가 이 산을 두루 다닌 지 오래니 돌이켜 북으로 나아가라

4　너는 또 백성에게 명령하여 이르기를 너희는 세일에 거주하는 너희 동족 에서의 자손이 사는 지역으로 지날진대 그들이 너희를 두려워하리니 너희는 스스로 깊이 삼가고

5　그들과 다투지 말라 그들의 땅은 한 발자국도 너희에게 주지 아니하리니 이는 내가 세일 산을 에서에게 기업으로 주었음이라

6　너희는 돈으로 그들에게서 양식을 사서 먹고 돈으로 그들에게서 물을 사서 마시라

7　네 하나님 여호와께서 네가 하는 모든 일에 네게 복을 주시고 네가 이 큰 광야에 두루 다님을 알고 네 하나님 여호와께서 이 사십 년 동안을 너와 함께 하셨으므로 네게 부족함이 없었느니라 하시기로

8　우리가 세일 산에 거주하는 우리 동족 에서의 자손을 떠나서 아라바를 지나며 엘랏과 에시온 게벨 곁으로 지나 행진하고 돌이켜 모압 광야 길로 지날 때에

9　여호와께서 내게 이르시되 모압을 괴롭히지 말라 그와 싸우지도 말라 그 땅을 내가 네게 기업으로 주지 아니하리니 이는 내가 롯 자손에게 아르를 기업으로 주었음이라

10　(이전에는 에밈 사람이 거기 거주하였는데 아낙 족속 같이 강하고 많고 키가 크므로

11　그들을 아낙 족속과 같이 르바임이라 불렀으나 모압 사람은 그들을 에밈이라 불렀으며

12　호리 사람도 세일에 거주하였는데 에서의 자손이 그들을 멸하고 그 땅에 거주하였으니 이스라엘이 여호와께서 주신

13

기업의 땅에서 행한 것과 같았느니라)

13 이제 너희는 일어나서 세렛 시내를 건너가라 하시기로 우리가 세렛 시내를 건넜으니

14 가데스 바네아에서 떠나 세렛 시내를 건너기까지 삼십팔 년 동안이라 이 때에는 그 시대의 모든 군인들이 여호와께서 그들에게 맹세하신 대로 진영 중에서 다 멸망하였나니

15 여호와께서 손으로 그들을 치사 진영 중에서 멸하신 고로 마침내는 다 멸망되었느니라

16 모든 군인이 사망하여 백성 중에서 멸망한 후에

17 여호와께서 내게 말씀하여 이르시되

18 네가 오늘 모압 변경 아르를 지나리니

19 암몬 족속에게 가까이 이르거든 그들을 괴롭히지 말고 그들과 다투지도 말라

암몬 족속의 땅은 내가 네게 기업으로 주지 아니하리니 이는 내가 그것을 롯 자손에게 기업으로 주었음이라

20 (이곳도 르바임의 땅이라 하였나니 전에 르바임이 거기 거주하였음이요 암몬 족속은 그들을 삼숨밈이라 일컬었으며

21 그 백성은 아낙 족속과 같이 강하고 많고 키가 컸으나 여호와께서 암몬 족속 앞에서 그들을 멸하셨으므로 암몬 족속이 대신하여 그 땅에 거주하였으니

22 마치 세일에 거주한 에서 자손 앞에 호리 사람을 멸하심과 같으니 그들이 호리 사람을 쫓아내고 대신하여 오늘까지 거기에 거주하였으며

23 또 갑돌에서 나온 갑돌 사람이 가사까지 각 촌에 거주하는 아위 사람을 멸하고 그들을 대신하여 거기에 거주하였느니라)

24 너희는 일어나 행진하여 아르논 골짜기

를 건너라 내가 헤스본 왕 아모리 사람

시혼과 그의 땅을 네 손에 넘겼은즉 이

제 더불어 싸워서 그 땅을 차지하라

25 오늘부터 내가 천하 만민이 너를 무서

워하며 너를 두려워하게 하리니 그들이

네 명성을 듣고 떨며 너로 말미암아 근

심하리라 하셨느니라

이스라엘이 헤스본 왕 시혼을 치다 (민 21:21-30)

26 내가 그데못 광야에서 헤스본 왕 시혼

에게 사자를 보내어 평화의 말로 이르

기를

27 나를 네 땅으로 통과하게 하라 내가 큰

길로만 행하고 좌로나 우로나 치우치지

아니하리라

28 너는 돈을 받고 양식을 팔아 내가 먹게

하고 돈을 받고 물을 주어 내가 마시게

하라 나는 걸어서 지날 뿐인즉

29 세일에 거주하는 에서 자손과 아르에

거주하는 모압 사람이 내게 행한 것 같

이 하라 그리하면 내가 요단을 건너서

우리 하나님 여호와께서 우리에게 주시

는 땅에 이르리라 하였으나

30 헤스본 왕 시혼이 우리가 통과하기를

허락하지 아니하였으니 이는 네 하나님

여호와께서 그를 네 손에 넘기시려고

그의 성품을 완강하게 하셨고 그의 마

음을 완고하게 하셨음이 오늘날과 같으

니라

31 그 때에 여호와께서 내게 이르시되 내

가 이제 시혼과 그의 땅을 네게 넘기노

니 너는 이제부터 그의 땅을 차지하여

기업으로 삼으라 하시더니

32 시혼이 그의 모든 백성을 거느리고 나

와서 우리를 대적하여 야하스에서 싸울

때에

33 우리 하나님 여호와께서 그를 우리에게 넘기시매 우리가 그와 그의 아들들과 그의 모든 백성을 쳤고

34 그 때에 우리가 그의 모든 성읍을 점령하고 그의 각 성읍을 그 남녀와 유아와 함께 하나도 남기지 아니하고 진멸하였고

35 다만 그 가축과 성읍에서 탈취한 것은 우리의 소유로 삼았으며

36 우리 하나님 여호와께서 그 모든 땅을 우리에게 넘겨주심으로 아르논 골짜기 가장자리에 있는 아로엘과 골짜기 가운데에 있는 성읍으로부터 길르앗까지 우리가 모든 높은 성읍을 점령하지 못한 것이 하나도 없었으나

37 오직 암몬 족속의 땅 얍복 강 가와 산지에 있는 성읍들과 우리 하나님 여호와께서 우리가 가기를 금하신 모든 곳은 네가 가까이 하지 못하였느니라

이스라엘이 바산 왕 옥을 치다 (민 21:21-35)

3 우리가 돌이켜 바산으로 올라가매 바산 왕 옥이 그의 모든 백성을 거느리고 나와서 우리를 대적하여 에드레이에서 싸우고자 하는지라

2 여호와께서 내게 이르시되 그를 두려워하지 말라 내가 그와 그의 모든 백성과 그의 땅을 네 손에 넘겼으니 네가 헤스본에 거주하던 아모리 족속의 왕 시혼에게 행한 것과 같이 그에게도 행할 것이니라 하시고

3 우리 하나님 여호와께서 바산 왕 옥과 그의 모든 백성을 우리 손에 넘기시매 우리가 그들을 쳐서 한 사람도 남기지 아니하였느니라

4 그 때에 우리가 그들에게서 빼앗지 아니한 성읍이 하나도 없이 다 빼앗았는

데 그 성읍이 육십이니 곧 아르곱 온

지방이요 바산에 있는 옥의 나라이니라

5 그 모든 성읍이 높은 성벽으로 둘려 있

고 문과 빗장이 있어 견고하며 그 외에

성벽 없는 고을이 심히 많았느니라

6 우리가 헤스본 왕 시혼에게 행한 것과

같이 그 성읍들을 멸망시키되 각 성읍

의 남녀와 유아를 멸망시켰으나

7 다만 모든 가축과 그 성읍들에서 탈취

한 것은 우리의 소유로 삼았으며

8 그 때에 우리가 요단 강 이쪽 땅을 아

르논 골짜기에서부터 헤르몬 산에까지

아모리 족속의 두 왕에게서 빼앗았으니

9 (헤르몬 산을 시돈 사람은 시룐이라

부르고 아모리 족속은 스닐이라 불렀

느니라)

10 우리가 빼앗은 것은 평원의 모든 성읍

과 길르앗 온 땅과 바산의 온 땅 곧 옥

의 나라 바산의 성읍 살르가와 에드레

이까지이니라

11 (르바임 족속의 남은 자는 바산 왕 옥

뿐이었으며 그의 침상은 철 침상이라

아직도 암몬 족속의 랍바에 있지 아니

하냐 그것을 사람의 보통 규빗으로 재

면 그 길이가 아홉 규빗이요 너비가 네

규빗이니라)

요단 강 동쪽에 자리잡은 지파들 (민 32:1-42)

12 그 때에 우리가 이 땅을 얻으매 아르논

골짜기 곁의 아로엘에서부터 길르앗 산

지 절반과 그 성읍들을 내가 르우벤 자

손과 갓 자손에게 주었고

13 길르앗의 남은 땅과 옥의 나라였던 아

르곱 온 지방 곧 온 바산으로는 내가

므낫세 반 지파에게 주었노라 (바산을

옛적에는 르바임의 땅이라 부르더니

14 므낫세의 아들 야일이 그술 족속과 마

아갓 족속의 경계까지의 아르곱 온 지

방을 점령하고 자기의 이름으로 이 바

산을 오늘날까지 하봇야일이라 불러오

느니라)

15 내가 마길에게 길르앗을 주었고

16 르우벤 자손과 갓 자손에게는 길르앗에

서부터 아르논 골짜기까지 주었으되 그

골짜기의 중앙으로 지역을 정하였으니

곧 암몬 자손의 지역 얍복 강까지며

17 또는 아라바와 요단과 그 지역이요 긴

네렛에서 아라바 바다 곧 염해와 비스

가 산기슭에 이르기까지의 동쪽 지역이

니라

18 그 때에 내가 너희에게 명령하여 이르

기를 너희의 하나님 여호와께서 이 땅

을 너희에게 주어 기업이 되게 하셨은

즉 너희의 군인들은 무장하고 너희의

형제 이스라엘 자손의 선봉이 되어 건

너가되

19 너희에게 가축이 많은 줄 내가 아노니

너희의 처자와 가축은 내가 너희에게

준 성읍에 머무르게 하라

20 여호와께서 너희에게 주신 것 같이 너

희의 형제에게도 안식을 주시리니 그들

도 요단 저쪽에서 너희의 하나님 여호

와께서 그들에게 주시는 땅을 받아 기

업을 삼기에 이르거든 너희는 각기 내

가 준 기업으로 돌아갈 것이니라 하고

21 그 때에 내가 여호수아에게 명령하여

이르기를 너희의 하나님 여호와께서 이

두 왕에게 행하신 모든 일을 네 눈으로

보았거니와 네가 가는 모든 나라에도

여호와께서 이와 같이 행하시리니

22 너희는 그들을 두려워하지 말라 너희의

하나님 여호와께서 친히 너희를 위하여

싸우시리라 하였노라

모세가 요단을 건너지 못하다

23 그 때에 내가 여호와께 간구하기를

24 주 여호와여 주께서 주의 크심과 주의

권능을 주의 종에게 나타내시기를 시작

하셨사오니 천지간에 어떤 신이 능히

주께서 행하신 일 곧 주의 큰 능력으로

행하신 일 같이 행할 수 있으리이까

25 구하옵나니 나를 건너가게 하사 요단

저쪽에 있는 아름다운 땅, 아름다운 산

과 레바논을 보게 하옵소서 하되

26 여호와께서 너희 때문에 내게 진노하사

내 말을 듣지 아니하시고 내게 이르시

기를 그만해도 족하니 이 일로 다시 내

게 말하지 말라

27 너는 비스가 산 꼭대기에 올라가서 눈

을 들어 동서남북을 바라고 네 눈으로

그 땅을 바라보라 너는 이 요단을 건너

지 못할 것임이니라

28 너는 여호수아에게 명령하고 그를 담

대하게 하며 그를 강하게 하라 그는 이

백성을 거느리고 건너가서 네가 볼 땅

을 그들이 기업으로 얻게 하리라 하셨

느니라

29 그 때에 우리가 벳브올 맞은편 골짜기

에 거주하였느니라

지켜야 할 하나님의 규례들

4 이스라엘아 이제 내가 너희에게 가르치

는 규례와 법도를 듣고 준행하라 그리

하면 너희가 살 것이요 너희 조상의 하

나님 여호와께서 너희에게 주시는 땅에

들어가서 그것을 얻게 되리라

2 내가 너희에게 명령하는 말을 너희는

가감하지 말고 내가 너희에게 내리는

너희 하나님 여호와의 명령을 지키라

3 여호와께서 바알브올의 일로 말미암아

행하신 바를 너희가 눈으로 보았거니와

바알브올을 따른 모든 사람을 너희의

하나님 여호와께서 너희 가운데에서 멸

망시키셨으되

4 오직 너희의 하나님 여호와께 붙어 떠

나지 않은 너희는 오늘까지 다 생존하

였느니라

5 내가 나의 하나님 여호와께서 명령하신

대로 규례와 법도를 너희에게 가르쳤나

니 이는 너희가 들어가서 기업으로 차

지할 땅에서 그대로 행하게 하려 함인즉

6 너희는 지켜 행하라 이것이 여러 민족

앞에서 너희의 지혜요 너희의 지식이라

그들이 이 모든 규례를 듣고 이르기를

이 큰 나라 사람은 과연 지혜와 지식이

있는 백성이로다 하리라

7 우리 하나님 여호와께서 우리가 그에게

기도할 때마다 우리에게 가까이 하심과

같이 그 신이 가까이 함을 얻은 큰 나

라가 어디 있느냐

8 오늘 내가 너희에게 선포하는 이 율법

과 같이 그 규례와 법도가 공의로운 큰

나라가 어디 있느냐

9 오직 너는 스스로 삼가며 네 마음을 힘

써 지키라 그리하여 네가 눈으로 본 그

일을 잊어버리지 말라 네가 생존하는

날 동안에 그 일들이 네 마음에서 떠나

지 않도록 조심하라 너는 그 일들을 네

아들들과 네 손자들에게 알게 하라

10 네가 호렙 산에서 네 하나님 여호와 앞

에 섰던 날에 여호와께서 내게 이르시

기를 나에게 백성을 모으라 내가 그들

에게 내 말을 들려주어 그들이 세상에

사는 날 동안 나를 경외함을 배우게 하

며 그 자녀에게 가르치게 하리라 하시매

11 너희가 가까이 나아와서 산 아래에 서

니 그 산에 불이 붙어 불길이 충천하고

어둠과 구름과 흑암이 덮였는데

12 여호와께서 불길 중에서 너희에게 말씀
하시되 음성뿐이므로 너희가 그 말소리
만 듣고 형상은 보지 못하였느니라

13 여호와께서 그의 언약을 너희에게 반포
하시고 너희에게 지키라 명령하셨으니
곧 십계명이며 두 돌판에 친히 쓰신 것
이라

14 그 때에 여호와께서 내게 명령하사 너
희에게 규례와 법도를 교훈하게 하셨나
니 이는 너희가 거기로 건너가 받을 땅
에서 행하게 하려 하심이니라

우상을 만들어 섬기지 말라

15 여호와께서 호렙 산 불길 중에서 너희
에게 말씀하시던 날에 너희가 어떤 형
상도 보지 못하였은즉 너희는 깊이 삼
가라

16 그리하여 스스로 부패하여 자기를 위해

어떤 형상대로든지 우상을 새겨 만들지
말라 남자의 형상이든지, 여자의 형상
이든지,

17 땅 위에 있는 어떤 짐승의 형상이든지,
하늘을 나는 날개 가진 어떤 새의 형상
이든지,

18 땅 위에 기는 어떤 곤충의 형상이든지,
땅 아래 물 속에 있는 어떤 어족의 형
상이든지 만들지 말라

19 또 그리하여 네가 하늘을 향하여 눈을
들어 해와 달과 별들, 하늘 위의 모든
천체 곧 너희의 하나님 여호와께서 천
하 만민을 위하여 배정하신 것을 보고
미혹하여 그것에 경배하며 섬기지 말라

20 여호와께서 너희를 택하시고 너희를 쇠
풀무불 곧 애굽에서 인도하여 내사 자
기 기업의 백성을 삼으신 것이 오늘과
같아도

21 여호와께서 너희로 말미암아 내게 진노

하사 내게 요단을 건너지 못하며 네 하

나님 여호와께서 네게 기업으로 주신

그 아름다운 땅에 들어가지 못하게 하

리라고 맹세하셨은즉

22 나는 이 땅에서 죽고 요단을 건너지 못

하려니와 너희는 건너가서 그 아름다운

땅을 얻으리니

23 너희는 스스로 삼가 너희의 하나님 여

호와께서 너희와 세우신 언약을 잊지

말고 네 하나님 여호와께서 금하신 어

떤 형상의 우상도 조각하지 말라

24 네 하나님 여호와는 소멸하는 불이시요

질투하시는 하나님이시니라

25 네가 그 땅에서 아들을 낳고 손자를 얻

으며 오래 살 때에 만일 스스로 부패하

여 무슨 형상의 우상이든지 조각하여

네 하나님 여호와 앞에 악을 행함으로

그의 노를 일으키면

26 내가 오늘 천지를 불러 증거를 삼노니

너희가 요단을 건너가서 얻는 땅에서

속히 망할 것이라 너희가 거기서 너희

의 날이 길지 못하고 전멸될 것이니라

27 여호와께서 너희를 여러 민족 중에 흩

으실 것이요 여호와께서 너희를 쫓아

보내실 그 여러 민족 중에 너희의 남은

수가 많지 못할 것이며

28 너희는 거기서 사람의 손으로 만든 바

보지도 못하며 듣지도 못하며 먹지도

못하며 냄새도 맡지 못하는 목석의 신

들을 섬기리라

29 그러나 네가 거기서 네 하나님 여호와

를 찾게 되리니 만일 마음을 다하고 뜻

을 다하여 그를 찾으면 만나리라

30 이 모든 일이 네게 임하여 환난을 당하

다가 끝날에 네가 네 하나님 여호와께

로 돌아와서 그의 말씀을 청종하리니

31 네 하나님 여호와는 자비하신 하나님이
심이라 그가 너를 버리지 아니하시며
너를 멸하지 아니하시며 네 조상들에게
맹세하신 언약을 잊지 아니하시리라

32 네가 있기 전 하나님이 사람을 세상에
창조하신 날부터 지금까지 지나간 날을
상고하여 보라 하늘 이 끝에서 저 끝
까지 이런 큰 일이 있었느냐 이런 일을
들은 적이 있었느냐

33 어떤 국민이 불 가운데에서 말씀하시는
하나님의 음성을 너처럼 듣고 생존하였
느냐

34 어떤 신이 와서 시험과 이적과 기사와
전쟁과 강한 손과 편 팔과 크게 두려
운 일로 한 민족을 다른 민족에게서 인
도하여 낸 일이 있느냐 이는 다 너희의
하나님 여호와께서 애굽에서 너희를 위

하여 너희의 목전에서 행하신 일이라

35 이것을 네게 나타내심은 여호와는 하나
님이시요 그 외에는 다른 신이 없음을
네게 알게 하려 하심이니라

36 여호와께서 너를 교훈하시려고 하늘에
서부터 그의 음성을 네게 듣게 하시며
땅에서는 그의 큰 불을 네게 보이시고
네가 불 가운데서 나오는 그의 말씀을
듣게 하셨느니라

37 여호와께서 네 조상들을 사랑하신 고
로 그 후손인 너를 택하시고 큰 권능으
로 친히 인도하여 애굽에서 나오게 하
시며

38 너보다 강대한 여러 민족을 네 앞에서
쫓아내고 너를 그들의 땅으로 인도하여
들여서 그것을 네게 기업으로 주려 하
심이 오늘과 같으니라

39 그런즉 너는 오늘 위로 하늘에나 아래

로 땅에 오직 여호와는 하나님이시요

다른 신이 없는 줄을 알아 명심하고

40 오늘 내가 네게 명령하는 여호와의 규

례와 명령을 지키라 너와 네 후손이 복

을 받아 네 하나님 여호와께서 네게 주

시는 땅에서 한 없이 오래 살리라

요단 강 동쪽의 도피성

41 그 때에 모세가 요단 이쪽 해 돋는 쪽

에서 세 성읍을 구별하였으니

42 이는 과거에 원한이 없이 부지중에 살

인한 자가 그 곳으로 도피하게 하기 위

함이며 그 중 한 성읍으로 도피한 자가

그의 생명을 보전하게 하기 위함이라

43 하나는 광야 평원에 있는 베셀이라 르

우벤 지파를 위한 것이요 하나는 길르

앗 라못이라 갓 지파를 위한 것이요 하

나는 바산 골란이라 므낫세 지파를 위

한 것이었더라

모세가 선포한 율법

44 모세가 이스라엘 자손에게 선포한 율법

은 이러하니라

45 이스라엘 자손이 애굽에서 나온 후에

모세가 증언과 규례와 법도를 선포하였

으니

46 요단 동쪽 벳브올 맞은편 골짜기에서

그리하였더라 이 땅은 헤스본에 사는

아모리 족속의 왕 시혼에게 속하였더니

모세와 이스라엘 자손이 애굽에서 나온

후에 그를 쳐서 멸하고

47 그 땅을 기업으로 얻었고 또 바산 왕

옥의 땅을 얻었으니 그 두 사람은 아모

리 족속의 왕으로서 요단 이쪽 해 돋는

쪽에 살았으며

48 그 얻은 땅은 아르논 골짜기 가장자리

의 아로엘에서부터 시온 산 곧 헤르몬

산까지요

49 요단 이쪽 곧 그 동쪽 온 아라바니 비스

가 기슭 아래 아라바의 바다까지이니라

십계명 (출 20:1-17)

5 모세가 온 이스라엘을 불러 그들에게

이르되 이스라엘아 오늘 내가 너희의

귀에 말하는 규례와 법도를 듣고 그것

을 배우며 지켜 행하라

2 우리 하나님 여호와께서 호렙 산에서

우리와 언약을 세우셨나니

3 이 언약은 여호와께서 우리 조상들과

세우신 것이 아니요 오늘 여기 살아 있

는 우리 곧 우리와 세우신 것이라

4 여호와께서 산 위 불 가운데에서 너희

와 대면하여 말씀하시매

5 그 때에 너희가 불을 두려워하여 산에

오르지 못하므로 내가 여호와와 너희

중간에 서서 여호와의 말씀을 너희에게

전하였노라 여호와께서 이르시되

6 나는 너를 애굽 땅, 종 되었던 집에서

인도하여 낸 네 하나님 여호와라

7 나 외에는 다른 신들을 네게 두지 말지

니라

8 너는 자기를 위하여 새긴 우상을 만들

지 말고 위로 하늘에 있는 것이나 아래

로 땅에 있는 것이나 땅밑 물 속에 있

는 것의 어떤 형상도 만들지 말며

9 그것들에게 절하지 말며 그것들을 섬기

지 말라 나 네 하나님 여호와는 질투하

는 하나님인즉 나를 미워하는 자의 죄

를 갚되 아버지로부터 아들에게로 삼사

대까지 이르게 하거니와

10 나를 사랑하고 내 계명을 지키는 자에

게는 천 대까지 은혜를 베푸느니라

11 너는 네 하나님 여호와의 이름을 망령

되이 일컫지 말라 나 여호와는 내 이름

을 망령되이 일컫는 자를 죄 없는 줄로

인정하지 아니하리라

12 네 하나님 여호와가 네게 명령한 대로 안식일을 지켜 거룩하게 하라

13 엿새 동안은 힘써 네 모든 일을 행할 것이나

14 일곱째 날은 네 하나님 여호와의 안식일인즉 너나 네 아들이나 네 딸이나 네 남종이나 네 여종이나 네 소나 네 나귀나 네 모든 가축이나 네 문 안에 유하는 객이라도 아무 일도 하지 못하게 하고 네 남종이나 네 여종에게 너 같이 안식하게 할지니라

15 너는 기억하라 네가 애굽 땅에서 종이 되었더니 네 하나님 여호와가 강한 손과 편 팔로 거기서 너를 인도하여 내었나니 그러므로 네 하나님 여호와가 네게 명령하여 안식일을 지키라 하느니라

16 너는 네 하나님 여호와께서 명령한 대로 네 부모를 공경하라 그리하면 네 하나님 여호와가 네게 준 땅에서 네 생명이 길고 복을 누리리라

17 살인하지 말지니라

18 간음하지 말지니라

19 도둑질 하지 말지니라

20 네 이웃에 대하여 거짓 증거하지 말지니라

21 네 이웃의 아내를 탐내지 말지니라 네 이웃의 집이나 그의 밭이나 그의 남종이나 그의 여종이나 그의 소나 그의 나귀나 네 이웃의 모든 소유를 탐내지 말지니라

여호와의 음성 듣기를 두려워하다 (출 20:18-21)

22 여호와께서 이 모든 말씀을 산 위 불 가운데, 구름 가운데, 흑암 가운데에서 큰 음성으로 너희 총회에 이르신 후에 더 말씀하지 아니하시고 그것을 두 돌

판에 써서 내게 주셨느니라

23 산이 불에 타며 캄캄한 가운데에서 나오는 그 소리를 너희가 듣고 너희 지파의 수령과 장로들이 내게 나아와

24 말하되 우리 하나님 여호와께서 그의 영광과 위엄을 우리에게 보이시매 불 가운데에서 나오는 음성을 우리가 들었고 하나님이 사람과 말씀하시되 그 사람이 생존하는 것을 오늘 우리가 보았나이다

25 이제 우리가 죽을 까닭이 무엇이니이까 이 큰 불이 우리를 삼킬 것이요 만일 우리가 우리 하나님 여호와의 음성을 다시 들으면 죽을 것이라

26 육신을 가진 자로서 우리처럼 살아 계시는 하나님의 음성이 불 가운데에서 발함을 듣고 생존한 자가 누구니이까

27 당신은 가까이 나아가서 우리 하나님

여호와께서 하시는 말씀을 다 듣고 우리 하나님 여호와께서 당신에게 이르시는 것을 다 우리에게 전하소서 우리가 듣고 행하겠나이다 하였느니라

28 여호와께서 너희가 내게 말할 때에 너희가 말하는 소리를 들으신지라 여호와께서 내게 이르시되 이 백성이 네게 말하는 그 말소리를 내가 들은즉 그 말이 다 옳도다

29 다만 그들이 항상 이같은 마음을 품어 나를 경외하며 내 모든 명령을 지켜서 그들과 그 자손이 영원히 복 받기를 원하노라

30 가서 그들에게 각기 장막으로 돌아가라 이르고

31 너는 여기 내 곁에 서 있으라 내가 모든 명령과 규례와 법도를 네게 이르리니 너는 그것을 그들에게 가르쳐서 내

가 그들에게 기업으로 주는 땅에서 그

들에게 이것을 행하게 하라 하셨나니

32 그런즉 너희 하나님 여호와께서 너희에

게 명령하신 대로 너희는 삼가 행하여

좌로나 우로나 치우치지 말고

33 너희 하나님 여호와께서 너희에게 명령

하신 모든 도를 행하라 그리하면 너희

가 살 것이요 복이 너희에게 있을 것이

며 너희가 차지한 땅에서 너희의 날이

길리라

여호와의 명령과 규례와 법도

6 이는 곧 너희의 하나님 여호와께서 너

희에게 가르치라고 명하신 명령과 규례

와 법도라 너희가 건너가서 차지할 땅

에서 행할 것이니

2 곧 너와 네 아들과 네 손자들이 평생에

네 하나님 여호와를 경외하며 내가 너

희에게 명한 그 모든 규례와 명령을 지

키게 하기 위한 것이며 또 네 날을 장

구하게 하기 위한 것이라

3 이스라엘아 듣고 삼가 그것을 행하라

그리하면 네가 복을 받고 네 조상들의

하나님 여호와께서 네게 허락하심 같이

젖과 꿀이 흐르는 땅에서 네가 크게 번

성하리라

4 이스라엘아 들으라 우리 하나님 여호와

는 오직 유일한 여호와이시니

5 너는 마음을 다하고 뜻을 다하고 힘을

다하여 네 하나님 여호와를 사랑하라

6 오늘 내가 네게 명하는 이 말씀을 너는

마음에 새기고

7 네 자녀에게 부지런히 가르치며 집에

앉았을 때에든지 길을 갈 때에든지 누

워 있을 때에든지 일어날 때에든지 이

말씀을 강론할 것이며

8 너는 또 그것을 네 손목에 매어 기호를

삼으며 네 미간에 붙여 표로 삼고

9 또 네 집 문설주와 바깥 문에 기록할지

니라

불순종에 대한 경고

10 네 하나님 여호와께서 네 조상 아브라

함과 이삭과 야곱을 향하여 네게 주리

라 맹세하신 땅으로 너를 들어가게 하

시고 네가 건축하지 아니한 크고 아름

다운 성읍을 얻게 하시며

11 네가 채우지 아니한 아름다운 물건이

가득한 집을 얻게 하시며 네가 파지 아

니한 우물을 차지하게 하시며 네가 심

지 아니한 포도원과 감람나무를 차지하

게 하사 네게 배불리 먹게 하실 때에

12 너는 조심하여 너를 애굽 땅 종 되었던

집에서 인도하여 내신 여호와를 잊지

말고

13 네 하나님 여호와를 경외하며 그를 섬

기며 그의 이름으로 맹세할 것이니라

14 너희는 다른 신들 곧 네 사면에 있는

백성의 신들을 따르지 말라

15 너희 중에 계신 너희의 하나님 여호와

는 질투하시는 하나님이신즉 너희의 하

나님 여호와께서 네게 진노하사 너를

지면에서 멸절시키실까 두려워하노라

16 너희가 맛사에서 시험한 것 같이 너희

의 하나님 여호와를 시험하지 말고

17 너희의 하나님 여호와께서 너희에게

명하신 명령과 증거와 규례를 삼가 지

키며

18-19 여호와께서 보시기에 정직하고 선량

한 일을 행하라 그리하면 네가 복을 받

고 그 땅에 들어가서 여호와께서 모든

대적을 네 앞에서 쫓아내시겠다고 네

조상들에게 맹세하신 아름다운 땅을 차

지하리니 여호와의 말씀과 같으니라

20 후일에 네 아들이 네게 묻기를 우리 하

나님 여호와께서 명령하신 증거와 규례

와 법도가 무슨 뜻이냐 하거든

21 너는 네 아들에게 이르기를 우리가 옛

적에 애굽에서 바로의 종이 되었더니

여호와께서 권능의 손으로 우리를 애굽

에서 인도하여 내셨나니

22 곧 여호와께서 우리의 목전에서 크고

두려운 이적과 기사를 애굽과 바로와

그의 온 집에 베푸시고

23 우리 조상들에게 맹세하신 땅을 우리에

게 주어 들어가게 하시려고 우리를 거

기서 인도하여 내시고

24 여호와께서 우리에게 이 모든 규례를 지

키라 명령하셨으니 이는 우리가 우리 하

나님 여호와를 경외하여 항상 복을 누리

게 하기 위하심이며 또 여호와께서 우

리를 오늘과 같이 살게 하려 하심이라

25 우리가 그 명령하신 대로 이 모든 명령

을 우리 하나님 여호와 앞에서 삼가 지

키면 그것이 곧 우리의 의로움이니라

할지니라

여호와께서 택하신 민족 (출 34:11-16)

7 네 하나님 여호와께서 너를 인도하사

네가 가서 차지할 땅으로 들이시고 네

앞에서 여러 민족 헷 족속과 기르가스

족속과 아모리 족속과 가나안 족속과

브리스 족속과 히위 족속과 여부스 족

속 곧 너보다 많고 힘이 센 일곱 족속

을 쫓아내실 때에

2 네 하나님 여호와께서 그들을 네게 넘

겨 네게 치게 하시리니 그 때에 너는

그들을 진멸할 것이라 그들과 어떤 언

약도 하지 말 것이요 그들을 불쌍히 여

기지도 말 것이며

3 또 그들과 혼인하지도 말지니 네 딸을

그들의 아들에게 주지 말 것이요 그들

의 딸도 네 며느리로 삼지 말 것은

4 그가 네 아들을 유혹하여 그가 여호와

를 떠나고 다른 신들을 섬기게 하므로

여호와께서 너희에게 진노하사 갑자기

너희를 멸하실 것임이니라

5 오직 너희가 그들에게 행할 것은 이러

하니 그들의 제단을 헐며 주상을 깨뜨

리며 아세라 목상을 찍으며 조각한 우

상들을 불사를 것이니라

6 너는 여호와 네 하나님의 성민이라 네

하나님 여호와께서 지상 만민 중에서

너를 자기 기업의 백성으로 택하셨나니

7 여호와께서 너희를 기뻐하시고 너희를

택하심은 너희가 다른 민족보다 수효가

많기 때문이 아니니라 너희는 오히려

모든 민족 중에 가장 적으니라

8 여호와께서 다만 너희를 사랑하심으로

말미암아, 또는 너희의 조상들에게 하

신 맹세를 지키려 하심으로 말미암아

자기의 권능의 손으로 너희를 인도하여

내시되 너희를 그 종 되었던 집에서 애

굽 왕 바로의 손에서 속량하셨나니

9 그런즉 너는 알라 오직 네 하나님 여호

와는 하나님이시요 신실하신 하나님이

시라 그를 사랑하고 그의 계명을 지키

는 자에게는 천 대까지 그의 언약을 이

행하시며 인애를 베푸시되

10 그를 미워하는 자에게는 당장에 보응하

여 멸하시나니 여호와는 자기를 미워하

는 자에게 지체하지 아니하시고 당장에

그에게 보응하시느니라

11 그런즉 너는 오늘 내가 네게 명하는 명

령과 규례와 법도를 지켜 행할지니라

법도를 듣고 지켜 행하면 (신 28:1-14)

12 너희가 이 모든 법도를 듣고 지켜 행하

면 네 하나님 여호와께서 네 조상들에

게 맹세하신 언약을 지켜 네게 인애를

베푸실 것이라

13 곧 너를 사랑하시고 복을 주사 너를 번

성하게 하시되 네게 주리라고 네 조상

들에게 맹세하신 땅에서 네 소생에게

은혜를 베푸시며 네 토지 소산과 곡식

과 포도주와 기름을 풍성하게 하시고

네 소와 양을 번식하게 하시리니

14 네가 복을 받음이 만민보다 훨씬 더하

여 너희 중의 남녀와 너희의 짐승의 암

수에 생육하지 못함이 없을 것이며

15 여호와께서 또 모든 질병을 네게서 멀

리 하사 너희가 아는 애굽의 악질에 걸

리지 않게 하시고 너를 미워하는 모든

자에게 걸리게 하실 것이라

16 네 하나님 여호와께서 네게 넘겨주신

모든 민족을 네 눈이 긍휼히 여기지 말

고 진멸하며 그들의 신을 섬기지 말라

그것이 네게 올무가 되리라

17 네가 혹시 심중에 이르기를 이 민족들

이 나보다 많으니 내가 어찌 그를 쫓아

낼 수 있으리요 하리라마는

18 그들을 두려워하지 말고 네 하나님 여

호와께서 바로와 온 애굽에 행하신 것

을 잘 기억하되

19 네 하나님 여호와께서 너를 인도하여

내실 때에 네가 본 큰 시험과 이적과

기사와 강한 손과 편 팔을 기억하라 네

하나님 여호와께서 네가 두려워하는 모

든 민족에게 그와 같이 행하실 것이요

20 네 하나님 여호와께서 또 왕벌을 그들

중에 보내어 그들의 남은 자와 너를 피

하여 숨은 자를 멸하시리니

21 너는 그들을 두려워하지 말라 너희의

하나님 여호와 곧 크고 두려운 하나님

이 너희 중에 계심이니라

22 네 하나님 여호와께서 이 민족들을 네 앞에서 조금씩 쫓아내시리니 너는 그들을 급히 멸하지 말라 들짐승이 번성하여 너를 해할까 하노라

23 네 하나님 여호와께서 그들을 네게 넘기시고 그들을 크게 혼란하게 하여 마침내 진멸하시고

24 그들의 왕들을 네 손에 넘기시리니 너는 그들의 이름을 천하에서 제하여 버리라 너를 당할 자가 없이 네가 마침내 그들을 진멸하리라

25 너는 그들이 조각한 신상들을 불사르고 그것에 입힌 은이나 금을 탐내지 말며 취하지 말라 네가 그것으로 말미암아 올무에 걸릴까 하노니 이는 네 하나님 여호와께서 가증히 여기시는 것임이니라

26 너는 가증한 것을 네 집에 들이지 말라 너도 그것과 같이 진멸 당할까 하노라 너는 그것을 멀리하며 심히 미워하라 그것은 진멸 당할 것임이니라

이스라엘이 차지할 아름다운 땅

8 내가 오늘 명하는 모든 명령을 너희는 지켜 행하라 그리하면 너희가 살고 번성하고 여호와께서 너희의 조상들에게 맹세하신 땅에 들어가서 그것을 차지하리라

2 네 하나님 여호와께서 이 사십 년 동안에 네게 광야 길을 걷게 하신 것을 기억하라 이는 너를 낮추시며 너를 시험하사 네 마음이 어떠한지 그 명령을 지키는지 지키지 않는지 알려 하심이라

3 너를 낮추시며 너를 주리게 하시며 또 너도 알지 못하며 네 조상들도 알지 못하던 만나를 네게 먹이신 것은 사람이

떡으로만 사는 것이 아니요 여호와의

입에서 나오는 모든 말씀으로 사는 줄

을 네가 알게 하려 하심이니라

4 이 사십 년 동안에 네 의복이 해어지지

아니하였고 네 발이 부르트지 아니하였

느니라

5 너는 사람이 그 아들을 징계함 같이 네

하나님 여호와께서 너를 징계하시는 줄

마음에 생각하고

6 네 하나님 여호와의 명령을 지켜 그의

길을 따라가며 그를 경외할지니라

7 네 하나님 여호와께서 너를 아름다운

땅에 이르게 하시나니 그 곳은 골짜기

든지 산지든지 시내와 분천과 샘이 흐

르고

8 밀과 보리의 소산지요 포도와 무화과와

석류와 감람나무와 꿀의 소산지라

9 네가 먹을 것에 모자람이 없고 네게 아

무 부족함이 없는 땅이며 그 땅의 돌은

철이요 산에서는 동을 캘 것이라

10 네가 먹어서 배부르고 네 하나님 여호

와께서 옥토를 네게 주셨음으로 말미암

아 그를 찬송하리라

여호와를 잊지 말라

11 내가 오늘 네게 명하는 여호와의 명령

과 법도와 규례를 지키지 아니하고 네

하나님 여호와를 잊어버리지 않도록 삼

갈지어다

12 네가 먹어서 배부르고 아름다운 집을

짓고 거주하게 되며

13 또 네 소와 양이 번성하며 네 은금이 증

식되며 네 소유가 다 풍부하게 될 때에

14 네 마음이 교만하여 네 하나님 여호와

를 잊어버릴까 염려하노라 여호와는 너

를 애굽 땅 종 되었던 집에서 이끌어

내시고

15 너를 인도하여 그 광대하고 위험한 광야 곧 불뱀과 전갈이 있고 물이 없는 간조한 땅을 지나게 하셨으며 또 너를 위하여 단단한 반석에서 물을 내셨으며

16 네 조상들도 알지 못하던 만나를 광야에서 네게 먹이셨나니 이는 다 너를 낮추시며 너를 시험하사 마침내 네게 복을 주려 하심이었느니라

17 그러나 네가 마음에 이르기를 내 능력과 내 손의 힘으로 내가 이 재물을 얻었다 말할 것이라

18 네 하나님 여호와를 기억하라 그가 네게 재물 얻을 능력을 주셨음이라 이같이 하심은 네 조상들에게 맹세하신 언약을 오늘과 같이 이루려 하심이니라

19 네가 만일 네 하나님 여호와를 잊어버리고 다른 신들을 따라 그들을 섬기며 그들에게 절하면 내가 너희에게 증거하노니 너희가 반드시 멸망할 것이라

20 여호와께서 너희 앞에서 멸망시키신 민족들 같이 너희도 멸망하리니 이는 너희가 너희의 하나님 여호와의 소리를 청종하지 아니함이니라

백성의 불순종

9 이스라엘아 들으라 네가 오늘 요단을 건너 너보다 강대한 나라들로 들어가서 그것을 차지하리니 그 성읍들은 크고 성벽은 하늘에 닿았으며

2 크고 많은 백성은 네가 아는 아낙 자손이라 그에 대한 말을 네가 들었나니 이르기를 누가 아낙 자손을 능히 당하리요 하거니와

3 오늘 너는 알라 네 하나님 여호와께서 맹렬한 불과 같이 네 앞에 나아가신즉 여호와께서 그들을 멸하사 네 앞에 엎드러지게 하시리니 여호와께서 네게 말

쓸하신 것 같이 너는 그들을 쫓아내며

속히 멸할 것이라

4 네 하나님 여호와께서 그들을 네 앞에

서 쫓아내신 후에 네가 심중에 이르기

를 내 공의로움으로 말미암아 여호와께

서 나를 이 땅으로 인도하여 들여서 그

것을 차지하게 하셨다 하지 말라 이 민

족들이 악함으로 말미암아 여호와께서

그들을 네 앞에서 쫓아내심이니라

5 네가 가서 그 땅을 차지함은 네 공의로

말미암음도 아니며 네 마음이 정직함으

로 말미암음도 아니요 이 민족들이 악

함으로 말미암아 네 하나님 여호와께서

그들을 네 앞에서 쫓아내심이라 여호와

께서 이같이 하심은 네 조상 아브라함

과 이삭과 야곱에게 하신 맹세를 이루

려 하심이니라

6 그러므로 네가 알 것은 네 하나님 여호

와께서 네게 이 아름다운 땅을 기업으

로 주신 것이 네 공의로 말미암음이 아

니니라 너는 목이 곧은 백성이니라

7 너는 광야에서 네 하나님 여호와를 격

노하게 하던 일을 잊지 말고 기억하라

네가 애굽 땅에서 나오던 날부터 이

곳에 이르기까지 늘 여호와를 거역하

였으되

8 호렙 산에서 너희가 여호와를 격노하게

하였으므로 여호와께서 진노하사 너희

를 멸하려 하셨느니라

9 그 때에 내가 돌판들 곧 여호와께서 너

희와 세우신 언약의 돌판들을 받으려고

산에 올라가서 사십 주 사십 야를 산에

머물며 떡도 먹지 아니하고 물도 마시

지 아니하였더니

10 여호와께서 두 돌판을 내게 주셨나니

그 돌판의 글은 하나님이 손으로 기록

하신 것이요 너희의 총회 날에 여호와

께서 산상 불 가운데서 너희에게 이르

신 모든 말씀이니라

11 사십 주 사십 야를 지난 후에 여호와께

서 내게 돌판 곧 언약의 두 돌판을 주

시고

12 내게 이르시되 일어나 여기서 속히 내

려가라 네가 애굽에서 인도하여 낸 네

백성이 스스로 부패하여 내가 그들에게

명령한 도를 속히 떠나 자기를 위하여

우상을 부어 만들었느니라

13 여호와께서 또 내게 말씀하여 이르시되

내가 이 백성을 보았노라 보라 이는 목

이 곧은 백성이니라

14 나를 막지 말라 내가 그들을 멸하여 그

들의 이름을 천하에서 없애고 너를 그

들보다 강대한 나라가 되게 하리라 하

시기로

15 내가 돌이켜 산에서 내려오는데 산에는

불이 붙었고 언약의 두 돌판은 내 두

손에 있었느니라

16 내가 본즉 너희가 너희의 하나님 여호

와께 범죄하여 자기를 위하여 송아지를

부어 만들어서 여호와께서 명령하신 도

를 빨리 떠났기로

17 내가 그 두 돌판을 내 두 손으로 들어

던져 너희의 목전에서 깨뜨렸노라

18 그리고 내가 전과 같이 사십 주 사십

야를 여호와 앞에 엎드려서 떡도 먹지

아니하고 물도 마시지 아니하였으니 이

는 너희가 여호와의 목전에 악을 행하

여 그를 격노하게 하여 크게 죄를 지었

음이라

19 여호와께서 심히 분노하사 너희를 멸하

려 하셨으므로 내가 두려워하였노라 그

러나 여호와께서 그 때에도 내 말을 들

으셨고

20 여호와께서 또 아론에게 진노하사 그를 멸하려 하셨으므로 내가 그 때에도 아론을 위하여 기도하고

21 너희의 죄 곧 너희가 만든 송아지를 가져다가 불살라 찧고 티끌 같이 가늘게 갈아 그 가루를 산에서 흘러내리는 시내에 뿌렸느니라

22 너희가 다베라와 맛사와 기브롯 핫다아와에서도 여호와를 격노하게 하였느니라

23 여호와께서 너희를 가데스 바네아에서 떠나게 하실 때에 이르시기를 너희는 올라가서 내가 너희에게 준 땅을 차지하라 하시되 너희가 너희의 하나님 여호와의 명령을 거역하여 믿지 아니하고 그 말씀을 듣지 아니하였나니

24 내가 너희를 알던 날부터 너희가 항상

여호와를 거역하여 왔느니라

25 그 때에 여호와께서 너희를 멸하겠다 하셨으므로 내가 여전히 사십 주 사십 야를 여호와 앞에 엎드리고

26 여호와께 간구하여 이르되 주 여호와여 주께서 큰 위엄으로 속량하시고 강한 손으로 애굽에서 인도하여 내신 주의 백성 곧 주의 기업을 멸하지 마옵소서

27 주의 종 아브라함과 이삭과 야곱을 생각하사 이 백성의 완악함과 악과 죄를 보지 마옵소서

28 주께서 우리를 인도하여 내신 그 땅 백성이 말하기를 여호와께서 그들에게 허락하신 땅으로 그들을 인도하여 들일 만한 능력도 없고 그들을 미워하기도 하사 광야에서 죽이려고 인도하여 내셨다 할까 두려워하나이다

29 그들은 주의 큰 능력과 펴신 팔로 인도

하여 내신 주의 백성 곧 주의 기업이로

소이다 하였노라

모세가 십계명을 다시 받다 (출 34:1-10)

10 그 때에 여호와께서 내게 이르시기를

너는 처음과 같은 두 돌판을 다듬어 가

지고 산에 올라 내게로 나아오고 또 나

무궤 하나를 만들라

2 네가 깨뜨린 처음 판에 쓴 말을 내가

그 판에 쓰리니 너는 그것을 그 궤에

넣으라 하시기로

3 내가 조각목으로 궤를 만들고 처음 것

과 같은 돌판 둘을 다듬어 손에 들고

산에 오르매

4 여호와께서 그 총회 날에 산 위 불 가

운데에서 너희에게 이르신 십계명을 처

음과 같이 그 판에 쓰시고 그것을 내게

주시기로

5 내가 돌이켜 산에서 내려와서 여호와

께서 내게 명령하신 대로 그 판을 내가

만든 궤에 넣었더니 지금까지 있느니라

6 (이스라엘 자손이 브에롯 브네야아간

에서 길을 떠나 모세라에 이르러 아론

이 거기서 죽어 장사되었고 그의 아들

엘르아살이 그를 이어 제사장의 직임을

행하였으며

7 또 거기를 떠나 굿고다에 이르고 굿고

다를 떠나 욧바다에 이른즉 그 땅에는

시내가 많았으며

8 그 때에 여호와께서 레위 지파를 구별

하여 여호와의 언약 궤를 메게 하며 여

호와 앞에 서서 그를 섬기며 또 여호와

의 이름으로 축복하게 하셨으니 그 일

은 오늘까지 이르느니라

9 그러므로 레위는 그의 형제 중에 분깃

이 없으며 기업이 없고 네 하나님 여호

와께서 그에게 말씀하심 같이 여호와가

그의 기업이시니라)

10 내가 처음과 같이 사십 주 사십 야를

산에 머물렀고 그 때에도 여호와께서

내 말을 들으사 너를 참아 멸하지 아니

하시고

11 여호와께서 내게 이르시되 일어나서 백

성보다 먼저 길을 떠나라 내가 그들에

게 주리라고 그들의 조상들에게 맹세한

땅에 그들이 들어가서 그것을 차지하리

라 하셨느니라

여호와께서 요구하시는 것

12 이스라엘아 네 하나님 여호와께서 네

게 요구하시는 것이 무엇이냐 곧 네 하

나님 여호와를 경외하여 그의 모든 도

를 행하고 그를 사랑하며 마음을 다하

고 뜻을 다하여 네 하나님 여호와를 섬

기고

13 내가 오늘 네 행복을 위하여 네게 명하

는 여호와의 명령과 규례를 지킬 것이

아니냐

14 하늘과 모든 하늘의 하늘과 땅과 그 위

의 만물은 본래 네 하나님 여호와께 속

한 것이로되

15 여호와께서 오직 네 조상들을 기뻐하시

고 그들을 사랑하사 그들의 후손인 너

희를 만민 중에서 택하셨음이 오늘과

같으니라

16 그러므로 너희는 마음에 할례를 행하고

다시는 목을 곧게 하지 말라

17 너희의 하나님 여호와는 신 가운데 신

이시며 주 가운데 주시요 크고 능하시

며 두려우신 하나님이시라 사람을 외모

로 보지 아니하시며 뇌물을 받지 아니

하시고

18 고아와 과부를 위하여 정의를 행하시며

나그네를 사랑하여 그에게 떡과 옷을

주시나니

19 너희는 나그네를 사랑하라 전에 너희도 애굽 땅에서 나그네 되었음이니라

20 네 하나님 여호와를 경외하여 그를 섬기며 그에게 의지하고 그의 이름으로 맹세하라

21 그는 네 찬송이시요 네 하나님이시라 네 눈으로 본 이같이 크고 두려운 일을 너를 위하여 행하셨느니라

22 애굽에 내려간 네 조상들이 겨우 칠십 인이었으나 이제는 네 하나님 여호와 께서 너를 하늘의 별 같이 많게 하셨느 니라

여호와께서 행하신 큰 일

11 그런즉 네 하나님 여호와를 사랑하여 그가 주신 책무와 법도와 규례와 명령 을 항상 지키라

2 너희의 자녀는 알지도 못하고 보지도 못하였으나 너희가 오늘날 기억할 것은 너희의 하나님 여호와의 교훈과 그의 위엄과 그의 강한 손과 펴신 팔과

3 애굽에서 그 왕 바로와 그 전국에 행하 신 이적과 기사와

4 또 여호와께서 애굽 군대와 그 말과 그 병거에 행하신 일 곧 그들이 너희를 뒤 쫓을 때에 홍해 물로 그들을 덮어 멸하 사 오늘까지 이른 것과

5 또 너희가 이 곳에 이르기까지 광야에 서 너희에게 행하신 일과

6 르우벤 자손 엘리압의 아들 다단과 아 비람에게 하신 일 곧 땅이 입을 벌려서 그들과 그들의 가족과 그들의 장막과 그들을 따르는 온 이스라엘의 한가운데 에서 모든 것을 삼키게 하신 일이라

7 너희가 여호와께서 행하신 이 모든 큰 일을 너희의 눈으로 보았느니라

주리라고 맹세하신 땅

8 그러므로 너희는 내가 오늘 너희에게 명하는 모든 명령을 지키라 그리하면 너희가 강성할 것이요 너희가 건너가 차지할 땅에 들어가서 그것을 차지할 것이며

9 또 여호와께서 너희의 조상들에게 맹세하여 그들과 그들의 후손에게 주리라고 하신 땅 곧 젖과 꿀이 흐르는 땅에서 너희의 날이 장구하리라

10 네가 들어가 차지하려 하는 땅은 네가 나온 애굽 땅과 같지 아니하니 거기에서는 너희가 파종한 후에 발로 물 대기를 채소밭에 댐과 같이 하였거니와

11 너희가 건너가서 차지할 땅은 산과 골짜기가 있어서 하늘에서 내리는 비를 흡수하는 땅이요

12 네 하나님 여호와께서 돌보아 주시는 땅이라 연초부터 연말까지 네 하나님 여호와의 눈이 항상 그 위에 있느니라

13 내가 오늘 너희에게 명하는 내 명령을 너희가 만일 청종하고 너희의 하나님 여호와를 사랑하여 마음을 다하고 뜻을 다하여 섬기면

14 여호와께서 너희의 땅에 이른 비, 늦은 비를 적당한 때에 내리시리니 너희가 곡식과 포도주와 기름을 얻을 것이요

15 또 가축을 위하여 들에 풀이 나게 하시리니 네가 먹고 배부를 것이라

16 너희는 스스로 삼가라 두렵건대 마음에 미혹하여 돌이켜 다른 신들을 섬기며 그것에게 절하므로

17 여호와께서 너희에게 진노하사 하늘을 닫아 비를 내리지 아니하여 땅이 소산을 내지 않게 하시므로 너희가 여호와께서 주신 아름다운 땅에서 속히 멸망

할까 하노라

18 이러므로 너희는 나의 이 말을 너희의 마음과 뜻에 두고 또 그것을 너희의 손목에 매어 기호를 삼고 너희 미간에 붙여 표를 삼으며

19 또 그것을 너희의 자녀에게 가르치며 집에 앉아 있을 때에든지, 길을 갈 때에든지, 누워 있을 때에든지, 일어날 때에든지 이 말씀을 강론하고

20 또 네 집 문설주와 바깥 문에 기록하라

21 그리하면 여호와께서 너희 조상들에게 주리라고 맹세하신 땅에서 너희의 날과 너희의 자녀의 날이 많아서 하늘이 땅을 덮는 날과 같으리라

22 너희가 만일 내가 너희에게 명하는 이 모든 명령을 잘 지켜 행하여 너희의 하나님 여호와를 사랑하고 그의 모든 도를 행하여 그에게 의지하면

23 여호와께서 그 모든 나라 백성을 너희 앞에서 다 쫓아내실 것이라 너희가 너희보다 강대한 나라들을 차지할 것인즉

24 너희의 발바닥으로 밟는 곳은 다 너희의 소유가 되리니 너희의 경계는 곧 광야에서부터 레바논까지와 유브라데 강에서부터 서해까지라

25 너희의 하나님 여호와께서 너희에게 말씀하신 대로 너희가 밟는 모든 땅 사람들에게 너희를 두려워하고 무서워하게 하시리니 너희를 능히 당할 사람이 없으리라

26 내가 오늘 복과 저주를 너희 앞에 두나니

27 너희가 만일 내가 오늘 너희에게 명하는 너희의 하나님 여호와의 명령을 들으면 복이 될 것이요

28 너희가 만일 내가 오늘 너희에게 명령

하는 도에서 돌이켜 떠나 너희의 하나

님 여호와의 명령을 듣지 아니하고 본

래 알지 못하던 다른 신들을 따르면 저

주를 받으리라

29 네 하나님 여호와께서 네가 가서 차지

할 땅으로 너를 인도하여 들이실 때에

너는 그리심 산에서 축복을 선포하고

에발 산에서 저주를 선포하라

30 이 두 산은 요단 강 저쪽 곧 해지는 쪽

으로 가는 길 뒤 길갈 맞은편 모레 상

수리나무 곁의 아라바에 거주하는 가나

안 족속의 땅에 있지 아니하냐

31 너희가 요단을 건너 너희의 하나님 여

호와께서 너희에게 주시는 땅에 들어가

서 그 땅을 차지하려 하나니 반드시 그

것을 차지하여 거기 거주할지라

32 내가 오늘 너희 앞에 베푸는 모든 규례

와 법도를 너희는 지켜 행할지니라

택하신 예배 처소

12 네 조상의 하나님 여호와께서 네게 주

셔서 차지하게 하신 땅에서 너희가 평

생에 지켜 행할 규례와 법도는 이러하

니라

2 너희가 쫓아낼 민족들이 그들의 신들

을 섬기는 곳은 높은 산이든지 작은 산

이든지 푸른 나무 아래든지를 막론하고

그 모든 곳을 너희가 마땅히 파멸하며

3 그 제단을 헐며 주상을 깨뜨리며 아세

라 상을 불사르고 또 그 조각한 신상들

을 찍어 그 이름을 그 곳에서 멸하라

4 너희의 하나님 여호와께는 너희가 그처

럼 행하지 말고

5 오직 너희의 하나님 여호와께서 자기

의 이름을 두시려고 너희 모든 지파 중

에서 택하신 곳인 그 계실 곳으로 찾아

나아가서

6 너희의 번제와 너희의 제물과 너희의 십일조와 너희 손의 거제와 너희의 서원제와 낙헌 예물과 너희 소와 양의 처음 난 것들을 너희는 그리로 가져다가 드리고

7 거기 곧 너희의 하나님 여호와 앞에서 먹고 너희의 하나님 여호와께서 너희의 손으로 수고한 일에 복 주심으로 말미암아 너희와 너희의 가족이 즐거워할지니라

8 우리가 오늘 여기에서는 각기 소견대로 하였거니와 너희가 거기에서는 그렇게 하지 말지니라

9 너희가 너희 하나님 여호와께서 주시는 안식과 기업에 아직은 이르지 못하였거니와

10 너희가 요단을 건너 너희 하나님 여호와께서 너희에게 기업으로 주시는 땅에 거주하게 될 때 또는 여호와께서 너희에게 너희 주위의 모든 대적을 이기게 하시고 너희에게 안식을 주사 너희를 평안히 거주하게 하실 때에

11 너희는 너희의 하나님 여호와께서 자기 이름을 두시려고 택하실 그 곳으로 내가 명령하는 것을 모두 가지고 갈지니 곧 너희의 번제와 너희의 희생과 너희의 십일조와 너희 손의 거제와 너희가 여호와께 서원하는 모든 아름다운 서원물을 가져가고

12 너희와 너희의 자녀와 노비와 함께 너희의 하나님 여호와 앞에서 즐거워할 것이요 네 성중에 있는 레위인과도 그리할지니 레위인은 너희 중에 분깃이나 기업이 없음이니라

13 너는 삼가서 네게 보이는 아무 곳에서나 번제를 드리지 말고

14 오직 너희의 한 지파 중에 여호와께서 택하실 그 곳에서 번제를 드리고 또 내가 네게 명령하는 모든 것을 거기서 행할지니라

15 그러나 네 하나님 여호와께서 네게 주신 복을 따라 각 성에서 네 마음에 원하는 대로 가축을 잡아 그 고기를 먹을 수 있나니 곧 정한 자나 부정한 자를 막론하고 노루나 사슴을 먹는 것 같이 먹으려니와

16 오직 그 피는 먹지 말고 물 같이 땅에 쏟을 것이며

17 너는 곡식과 포도주와 기름의 십일조와 네 소와 양의 처음 난 것과 네 서원을 갚는 예물과 네 낙헌 예물과 네 손의 거제물은 네 각 성에서 먹지 말고

18 오직 네 하나님 여호와께서 택하실 곳에서 네 하나님 여호와 앞에서 너는 네자녀와 노비와 성중에 거주하는 레위인과 함께 그것을 먹고 또 네 손으로 수고한 모든 일로 말미암아 네 하나님 여호와 앞에서 즐거워하되

19 너는 삼가 네 땅에 거주하는 동안에 레위인을 저버리지 말지니라

20 네 하나님 여호와께서 네게 허락하신 대로 네 지경을 넓히신 후에 네 마음에 고기를 먹고자 하여 이르기를 내가 고기를 먹으리라 하면 네가 언제나 마음에 원하는 만큼 고기를 먹을 수 있으리니

21 만일 네 하나님 여호와께서 자기 이름을 두시려고 택하신 곳이 네게서 멀거든 내가 네게 명령한 대로 너는 여호와께서 주신 소와 양을 잡아 네 각 성에서 네가 마음에 원하는 모든 것을 먹되

22 정한 자나 부정한 자를 막론하고 노루나 사슴을 먹는 것 같이 먹을 수 있거

니와

23 다만 크게 삼가서 그 피는 먹지 말라

피는 그 생명인즉 네가 그 생명을 고기

와 함께 먹지 못하리니

24 너는 그것을 먹지 말고 물 같이 땅에

쏟으라

25 너는 피를 먹지 말라 네가 이같이 여호

와께서 의롭게 여기시는 일을 행하면

너와 네 후손이 복을 누리리라

26 오직 네 성물과 서원물을 여호와께서

택하신 곳으로 가지고 가라

27 네가 번제를 드릴 때에는 그 고기와 피

를 네 하나님 여호와의 제단에 드릴 것

이요 네 제물의 피는 네 하나님 여호와

의 제단 위에 붓고 그 고기는 먹을지니라

28 내가 네게 명령하는 이 모든 말을 너는

듣고 지키라 네 하나님 여호와의 목전

에 선과 의를 행하면 너와 네 후손에게

영구히 복이 있으리라

다른 신들을 섬기지 말라

29 네 하나님 여호와께서 네가 들어가서

쫓아낼 그 민족들을 네 앞에서 멸절하

시고 네가 그 땅을 차지하여 거기에 거

주하게 하실 때에

30 너는 스스로 삼가 네 앞에서 멸망한 그

들의 자취를 밟아 올무에 걸리지 말라

또 그들의 신을 탐구하여 이르기를 이

민족들은 그 신들을 어떻게 섬겼는고

나도 그와 같이 하겠다 하지 말라

31 네 하나님 여호와께는 네가 그와 같이

행하지 못할 것이라 그들은 여호와께서

꺼리시며 가증히 여기시는 일을 그들의

신들에게 행하여 심지어 자기들의 자녀

를 불살라 그들의 신들에게 드렸느니라

32 내가 너희에게 명령하는 이 모든 말을

너희는 지켜 행하고 그것에 가감하지

말지니라

13 너희 중에 선지자나 꿈 꾸는 자가 일어

나서 이적과 기사를 네게 보이고

2 그가 네게 말한 그 이적과 기사가 이루

어지고 너희가 알지 못하던 다른 신들

을 우리가 따라 섬기자고 말할지라도

3 너는 그 선지자나 꿈 꾸는 자의 말을

청종하지 말라 이는 너희의 하나님 여

호와께서 너희가 마음을 다하고 뜻을

다하여 너희의 하나님 여호와를 사랑하

는 여부를 알려 하사 너희를 시험하심

이니라

4 너희는 너희의 하나님 여호와를 따르며

그를 경외하며 그의 명령을 지키며 그

의 목소리를 청종하며 그를 섬기며 그

를 의지하며

5 그런 선지자나 꿈 꾸는 자는 죽이라 이

는 그가 너희에게 너희를 애굽 땅에서

인도하여 내시며 종 되었던 집에서 속

량하신 너희의 하나님 여호와를 배반하

게 하려 하며 너희의 하나님 여호와께

서 네게 행하라 명령하신 도에서 너를

꾀어내려고 말하였음이라 너는 이같이

하여 너희 중에서 악을 제할지니라

6 네 어머니의 아들 곧 네 형제나 네 자

녀나 네 품의 아내나 너와 생명을 함께

하는 친구가 가만히 너를 꾀어 이르기

를 너와 네 조상들이 알지 못하던 다른

신들

7 곧 네 사방을 둘러싸고 있는 민족 혹

네게서 가깝든지 네게서 멀든지 땅 이

끝에서 저 끝까지에 있는 민족의 신들

을 우리가 가서 섬기자 할지라도

8 너는 그를 따르지 말며 듣지 말며 긍휼

히 여기지 말며 애석히 여기지 말며 덮

어 숨기지 말고

9 너는 용서 없이 그를 죽이되 죽일 때에 네가 먼저 그에게 손을 대고 후에 뭇 백성이 손을 대라

10 그는 애굽 땅 종 되었던 집에서 너를 인도하여 내신 네 하나님 여호와에게서 너를 꾀어 떠나게 하려 한 자이니 너는 돌로 쳐죽이라

11 그리하면 온 이스라엘이 듣고 두려워하여 이같은 악을 다시는 너희 중에서 행하지 못하리라

12 네 하나님 여호와께서 네게 주어 거주하게 하시는 한 성읍에 대하여 네게 소문이 들리기를

13 너희 가운데서 어떤 불량배가 일어나서 그 성읍 주민을 유혹하여 이르기를 너희가 알지 못하던 다른 신들을 우리가 가서 섬기자 한다 하거든

14 너는 자세히 묻고 살펴 보아서 이런 가증한 일이 너희 가운데에 있다는 것이 확실한 사실로 드러나면

15 너는 마땅히 그 성읍 주민을 칼날로 죽이고 그 성읍과 그 가운데에 거주하는 모든 것과 그 가축을 칼날로 진멸하고

16 또 그 속에서 빼앗아 차지한 물건을 다 거리에 모아 놓고 그 성읍과 그 탈취물 전부를 불살라 네 하나님 여호와께 드릴지니 그 성읍은 영구히 폐허가 되어 다시는 건축되지 아니할 것이라

17 너는 이 진멸할 물건을 조금도 네 손에 대지 말라 그리하면 여호와께서 그의 진노를 그치시고 너를 긍휼히 여기시고 자비를 더하사 네 조상들에게 맹세하심 같이 너를 번성하게 하실 것이라

18 네가 만일 네 하나님 여호와의 말씀을 듣고 오늘 내가 네게 명하는 그 모든 명령을 지켜 네 하나님 여호와의 목전

49

에서 정직하게 행하면 이같이 되리라

금지된 애도법

14 너희는 너희 하나님 여호와의 자녀이니 죽은 자를 위하여 자기 몸을 베지 말며 눈썹 사이 이마 위의 털을 밀지 말라

2 너는 네 하나님 여호와의 성민이라 여호와께서 지상 만민 중에서 너를 택하여 자기 기업의 백성으로 삼으셨느니라

정한 짐승과 부정한 짐승 (레 11:1-47)

3 너는 가증한 것은 무엇이든지 먹지 말라

4 너희가 먹을 만한 짐승은 이러하니 곧 소와 양과 염소와

5 사슴과 노루와 불그스름한 사슴과 산염소와 볼기가 흰 노루와 뿔이 긴 사슴과 산양들이라

6 짐승 중에 굽이 갈라져 쪽발도 되고 새김질도 하는 모든 것은 너희가 먹을 것이니라

7 다만 새김질을 하거나 굽이 갈라진 짐승 중에도 너희가 먹지 못할 것은 이것이니 곧 낙타와 토끼와 사반, 그것들은 새김질은 하나 굽이 갈라지지 아니하였으니 너희에게 부정하고

8 돼지는 굽은 갈라졌으나 새김질을 못하므로 너희에게 부정하니 너희는 이런 것의 고기를 먹지 말 것이며 그 사체도 만지지 말 것이니라

9 물에 있는 모든 것 중에서 이런 것은 너희가 먹을 것이니 지느러미와 비늘 있는 모든 것은 너희가 먹을 것이요

10 지느러미와 비늘이 없는 모든 것은 너희가 먹지 말지니 이는 너희에게 부정함이니라

11 정한 새는 모두 너희가 먹으려니와

12 이런 것은 먹지 못할지니 곧 독수리와

솔개와 물수리와

13 매와 새매와 매의 종류와

14 까마귀 종류와

15 타조와 타흐마스와 갈매기와 새매 종류와

16 올빼미와 부엉이와 흰 올빼미와

17 당아와 올응과 노자와

18 학과 황새 종류와 대승과 박쥐며

19 또 날기도 하고 기어다니기도 하는 것은 너희에게 부정하니 너희는 먹지 말 것이나

20 정한 새는 모두 너희가 먹을지니라

21 너희는 너희의 하나님 여호와의 성민이라 스스로 죽은 모든 것은 먹지 말 것이나 그것을 성중에 거류하는 객에게 주어 먹게 하거나 이방인에게 파는 것은 가하니라 너는 염소 새끼를 그 어미의 젖에 삶지 말지니라

십일조 규례

22 너는 마땅히 매 년 토지 소산의 십일조를 드릴 것이며

23 네 하나님 여호와 앞 곧 여호와께서 그의 이름을 두시려고 택하신 곳에서 네 곡식과 포도주와 기름의 십일조를 먹으며 또 네 소와 양의 처음 난 것을 먹고 네 하나님 여호와 경외하기를 항상 배울 것이니라

24 그러나 네 하나님 여호와께서 자기의 이름을 두시려고 택하신 곳이 네게서 너무 멀고 행로가 어려워서 네 하나님 여호와께서 그 풍부히 주신 것을 가지고 갈 수 없거든

25 그것을 돈으로 바꾸어 그 돈을 싸 가지고 네 하나님 여호와께서 택하신 곳으로 가서

26 네 마음에 원하는 모든 것을 그 돈으로

사되 소나 양이나 포도주나 독주 등 네

마음에 원하는 모든 것을 구하고 거기

네 하나님 여호와 앞에서 너와 네 권속

이 함께 먹고 즐거워할 것이며

27 네 성읍에 거주하는 레위인은 너희 중

에 분깃이나 기업이 없는 자이니 또한

저버리지 말지니라

28 매 삼 년 끝에 그 해 소산의 십분의 일

을 다 내어 네 성읍에 저축하여

29 너희 중에 분깃이나 기업이 없는 레위

인과 네 성중에 거류하는 객과 및 고아

와 과부들이 와서 먹고 배부르게 하라

그리하면 네 하나님 여호와께서 네 손

으로 하는 범사에 네게 복을 주시리라

빚을 면제해 주는 해 (레 25:1-7)

15 매 칠 년 끝에는 면제하라

2 면제의 규례는 이러하니라 그의 이웃에

게 꾸어준 모든 채주는 그것을 면제하

고 그의 이웃에게나 그 형제에게 독촉

하지 말지니 이는 여호와를 위하여 면

제를 선포하였음이라

3 이방인에게는 네가 독촉하려니와 네

형제에게 꾸어준 것은 네 손에서 면제

하라

4-5 네가 만일 네 하나님 여호와의 말씀만

듣고 내가 오늘 네게 내리는 그 명령을

다 지켜 행하면 네 하나님 여호와께서

네게 기업으로 주신 땅에서 네가 반드

시 복을 받으리니 너희 중에 가난한 자

가 없으리라

6 네 하나님 여호와께서 네게 허락하신

대로 네게 복을 주시리니 네가 여러 나

라에 꾸어 줄지라도 너는 꾸지 아니하

겠고 네가 여러 나라를 통치할지라도

너는 통치를 당하지 아니하리라

7 네 하나님 여호와께서 네게 주신 땅 어

느 성읍에서든지 가난한 형제가 너와 함께 거주하거든 그 가난한 형제에게 네 마음을 완악하게 하지 말며 네 손을 움켜 쥐지 말고

8 반드시 네 손을 그에게 펴서 그에게 필요한 대로 쓸 것을 넉넉히 꾸어주라

9 삼가 너는 마음에 악한 생각을 품지 말라 곧 이르기를 일곱째 해 면제년이 가까이 왔다 하고 네 궁핍한 형제를 악한 눈으로 바라보며 아무것도 주지 아니하면 그가 너를 여호와께 호소하리니 그것이 네게 죄가 되리라

10 너는 반드시 그에게 줄 것이요, 줄 때에는 아끼는 마음을 품지 말 것이니라 이로 말미암아 네 하나님 여호와께서 네가 하는 모든 일과 네 손이 닿는 모든 일에 네게 복을 주시리라

11 땅에는 언제든지 가난한 자가 그치지

아니하겠으므로 내가 네게 명령하여 이르노니 너는 반드시 네 땅 안에 네 형제 중 곤란한 자와 궁핍한 자에게 네 손을 펼지니라

종을 대우하는 법 (출 21:1-11)

12 네 동족 히브리 남자나 히브리 여자가 네게 팔렸다 하자 만일 여섯 해 동안 너를 섬겼거든 일곱째 해에 너는 그를 놓아 자유롭게 할 것이요

13 그를 놓아 자유하게 할 때에는 빈 손으로 가게 하지 말고

14 네 양 무리 중에서와 타작 마당에서와 포도주 틀에서 그에게 후히 줄지니 곧 네 하나님 여호와께서 네게 복을 주신 대로 그에게 줄지니라

15 너는 애굽 땅에서 종 되었던 것과 네 하나님 여호와께서 너를 속량하셨음을 기억하라 그것으로 말미암아 내가 오늘

이같이 네게 명령하노라

16 종이 만일 너와 네 집을 사랑하므로 너와 동거하기를 좋게 여겨 네게 향하여 내가 주인을 떠나지 아니하겠노라 하거든

17 송곳을 가져다가 그의 귀를 문에 대고 뚫으라 그리하면 그가 영구히 네 종이 되리라 네 여종에게도 그같이 할지니라

18 그가 여섯 해 동안에 품꾼의 삯의 배나 받을 만큼 너를 섬겼은즉 너는 그를 놓아 자유하게 하기를 어렵게 여기지 말라 그리하면 네 하나님 여호와께서 네 범사에 네게 복을 주시리라

처음 난 소와 양의 새끼

19 네 소와 양의 처음 난 수컷은 구별하여 네 하나님 여호와께 드릴 것이니 네 소의 첫 새끼는 부리지 말고 네 양의 첫 새끼의 털은 깎지 말고

20 너와 네 가족은 매년 여호와께서 택하신 곳 네 하나님 여호와 앞에서 먹을지니라

21 그러나 그 짐승이 흠이 있어서 절거나 눈이 멀었거나 무슨 흠이 있으면 네 하나님 여호와께 잡아 드리지 못할지니

22 네 성중에서 먹되 부정한 자나 정한 자가 다 같이 먹기를 노루와 사슴을 먹음 같이 할 것이요

23 오직 피는 먹지 말고 물 같이 땅에 쏟을지니라

유월절 (출 12:1-20)

16 아빕월을 지켜 네 하나님 여호와께 유월절을 행하라 이는 아빕월에 네 하나님 여호와께서 밤에 너를 애굽에서 인도하여 내셨음이라

2 여호와께서 자기의 이름을 두시려고 택하신 곳에서 소와 양으로 네 하나님 여

호와께 유월절 제사를 드리되

3 유교병을 그것과 함께 먹지 말고 이레

동안은 무교병 곧 고난의 떡을 그것과

함께 먹으라 이는 네가 애굽 땅에서 급

히 나왔음이니 이같이 행하여 네 평생

에 항상 네가 애굽 땅에서 나온 날을

기억할 것이니라

4 그 이레 동안에는 네 모든 지경 가운데

에 누룩이 보이지 않게 할 것이요 또

네가 첫날 해 질 때에 제사 드린 고기

를 밤을 지내 아침까지 두지 말 것이며

5 유월절 제사를 네 하나님 여호와께서

네게 주신 각 성에서 드리지 말고

6 오직 네 하나님 여호와께서 자기의 이

름을 두시려고 택하신 곳에서 네가 애

굽에서 나오던 시각 곧 초저녁 해 질

때에 유월절 제물을 드리고

7 네 하나님 여호와께서 택하신 곳에서

그 고기를 구워 먹고 아침에 네 장막으

로 돌아갈 것이니라

8 너는 엿새 동안은 무교병을 먹고 일곱

째 날에 네 하나님 여호와 앞에 성회로

모이고 일하지 말지니라

칠칠절 (출 34:22; 레 23:15-21)

9 일곱 주를 셀지니 곡식에 낫을 대는 첫

날부터 일곱 주를 세어

10 네 하나님 여호와 앞에 칠칠절을 지키

되 네 하나님 여호와께서 네게 복을 주

신 대로 네 힘을 헤아려 자원하는 예물

을 드리고

11 너와 네 자녀와 노비와 네 성중에 있는

레위인과 및 너희 중에 있는 객과 고아

와 과부가 함께 네 하나님 여호와께서

자기의 이름을 두시려고 택하신 곳에

서 네 하나님 여호와 앞에서 즐거워할

지니라

12 너는 애굽에서 종 되었던 것을 기억하고 이 규례를 지켜 행할지니라

초막절 (레 23:33-43)

13 너희 타작 마당과 포도주 틀의 소출을 거두어 들인 후에 이레 동안 초막절을 지킬 것이요

14 절기를 지킬 때에는 너와 네 자녀와 노비와 네 성중에 거주하는 레위인과 객과 고아와 과부가 함께 즐거워하되

15 네 하나님 여호와께서 택하신 곳에서 너는 이레 동안 네 하나님 여호와 앞에서 절기를 지키고 네 하나님 여호와께서 네 모든 소출과 네 손으로 행한 모든 일에 복 주실 것이니 너는 온전히 즐거워할지니라

16 너의 가운데 모든 남자는 일 년에 세 번 곧 무교절과 칠칠절과 초막절에 네 하나님 여호와께서 택하신 곳에서 여호와를 뵈옵되 빈손으로 여호와를 뵈옵지 말고

17 각 사람이 네 하나님 여호와께서 주신 복을 따라 그 힘대로 드릴지니라

공의로 재판하라

18 네 하나님 여호와께서 네게 주시는 각 성에서 네 지파를 따라 재판장들과 지도자들을 둘 것이요 그들은 공의로 백성을 재판할 것이니라

19 너는 재판을 굽게 하지 말며 사람을 외모로 보지 말며 또 뇌물을 받지 말라 뇌물은 지혜자의 눈을 어둡게 하고 의인의 말을 굽게 하느니라

20 너는 마땅히 공의만을 따르라 그리하면 네가 살겠고 네 하나님 여호와께서 네게 주시는 땅을 차지하리라

21 네 하나님 여호와를 위하여 쌓은 제단 곁에 어떤 나무로든지 아세라 상을 세

우지 말며

22 자기를 위하여 주상을 세우지 말라 네

하나님 여호와께서 미워하시느니라

17 흠이나 악질이 있는 소와 양은 아무것

도 네 하나님 여호와께 드리지 말지니

이는 네 하나님 여호와께 가증한 것이

됨이니라

2 네 하나님 여호와께서 네게 주시는 어

느 성중에서든지 너희 가운데에 어떤

남자나 여자가 네 하나님 여호와의 목

전에 악을 행하여 그 언약을 어기고

3 가서 다른 신들을 섬겨 그것에게 절하

며 내가 명령하지 아니한 일월성신에게

절한다 하자

4 그것이 네게 알려지므로 네가 듣거든

자세히 조사해 볼지니 만일 그 일과 말

이 확실하여 이스라엘 중에 이런 가증

한 일을 행함이 있으면

5 너는 그 악을 행한 남자나 여자를 네

성문으로 끌어내고 그 남자나 여자를

돌로 쳐죽이되

6 죽일 자를 두 사람이나 세 사람의 증언

으로 죽일 것이요 한 사람의 증언으로

는 죽이지 말 것이며

7 이런 자를 죽이기 위하여는 증인이 먼

저 그에게 손을 댄 후에 뭇 백성이 손

을 댈지니라 너는 이와 같이 하여 너희

중에서 악을 제할지니라

8 네 성중에서 서로 피를 흘렸거나 다투

었거나 구타하였거나 서로 간에 고소하

여 네가 판결하기 어려운 일이 생기거

든 너는 일어나 네 하나님 여호와께서

택하실 곳으로 올라가서

9 레위 사람 제사장과 당시 재판장에게

나아가서 물으라 그리하면 그들이 어떻

게 판결할지를 네게 가르치리니

10 여호와께서 택하신 곳에서 그들이 네게

보이는 판결의 뜻대로 네가 행하되 그

들이 네게 가르치는 대로 삼가 행할 것

이니

11 곧 그들이 네게 가르치는 율법의 뜻대

로, 그들이 네게 말하는 판결대로 행

할 것이요 그들이 네게 보이는 판결을

어겨 좌로나 우로나 치우치지 말 것이

니라

12 사람이 만일 무법하게 행하고 네 하나

님 여호와 앞에 서서 섬기는 제사장이

나 재판장에게 듣지 아니하거든 그 사

람을 죽여 이스라엘 중에서 악을 제하

여 버리라

13 그리하면 온 백성이 듣고 두려워하여

다시는 무법하게 행하지 아니하리라

이스라엘의 왕

14 네가 네 하나님 여호와께서 네게 주시

는 땅에 이르러 그 땅을 차지하고 거주

할 때에 만일 우리도 우리 주위의 모든

민족들 같이 우리 위에 왕을 세워야겠

다는 생각이 나거든

15 반드시 네 하나님 여호와께서 택하신

자를 네 위에 왕으로 세울 것이며 네

위에 왕을 세우려면 네 형제 중에서 한

사람을 할 것이요 네 형제 아닌 타국인

을 네 위에 세우지 말 것이며

16 그는 병마를 많이 두지 말 것이요 병

마를 많이 얻으려고 그 백성을 애굽으

로 돌아가게 하지 말 것이니 이는 여호

와께서 너희에게 이르시기를 너희가 이

후에는 그 길로 다시 돌아가지 말 것이

라 하셨음이며

17 그에게 아내를 많이 두어 그의 마음이

미혹되게 하지 말 것이며 자기를 위하

여 은금을 많이 쌓지 말 것이니라

18 그가 왕위에 오르거든 이 율법서의 등사본을 레위 사람 제사장 앞에서 책에 기록하여

19 평생에 자기 옆에 두고 읽어 그의 하나님 여호와 경외하기를 배우며 이 율법의 모든 말과 이 규례를 지켜 행할 것이라

20 그리하면 그의 마음이 그의 형제 위에 교만하지 아니하고 이 명령에서 떠나 좌로나 우로나 치우치지 아니하리니 이스라엘 중에서 그와 그의 자손이 왕위에 있는 날이 장구하리라

제사장과 레위 사람의 몫

18 레위 사람 제사장과 레위의 온 지파는 이스라엘 중에 분깃도 없고 기업도 없을지니 그들은 여호와의 화제물과 그 기업을 먹을 것이라

2 그들이 그들의 형제 중에서 기업을 가지지 않을 것은 여호와께서 그들의 기업이 되심이니 그들에게 말씀하심 같으니라

3 제사장이 백성에게서 받을 몫은 이러하니 곧 그 드리는 제물의 소나 양이나 그 앞다리와 두 볼과 위라 이것을 제사장에게 줄 것이요

4 또 네가 처음 거둔 곡식과 포도주와 기름과 네가 처음 깎은 양털을 네가 그에게 줄 것이니

5 이는 네 하나님 여호와께서 네 모든 지파 중에서 그를 택하여 내시고 그와 그의 자손에게 항상 여호와의 이름으로 서서 섬기게 하셨음이니라

6 이스라엘 온 땅 어떤 성읍에든지 거주하는 레위인이 간절한 소원이 있어 그가 사는 곳을 떠날지라도 여호와께서 택하신 곳에 이르면

7 여호와 앞에 선 그의 모든 형제 레위인과 같이 그의 하나님 여호와의 이름으로 섬길 수 있나니

8 그 사람의 몫은 그들과 같을 것이요 그가 조상의 것을 판 것은 별도의 소유이니라

다른 민족들의 가증한 행위

9 네 하나님 여호와께서 네게 주시는 땅에 들어가거든 너는 그 민족들의 가증한 행위를 본받지 말 것이니

10 그의 아들이나 딸을 불 가운데로 지나게 하는 자나 점쟁이나 길흉을 말하는 자나 요술하는 자나 무당이나

11 진언자나 신접자나 박수나 초혼자를 너희 가운데에 용납하지 말라

12 이런 일을 행하는 모든 자를 여호와께서 가증히 여기시나니 이런 가증한 일로 말미암아 네 하나님 여호와께서 그들을 네 앞에서 쫓아내시느니라

13 너는 네 하나님 여호와 앞에서 완전하라

14 네가 쫓아낼 이 민족들은 길흉을 말하는 자나 점쟁이의 말을 듣거니와 네게는 네 하나님 여호와께서 이런 일을 용납하지 아니하시느니라

선지자를 일으키실 약속

15 네 하나님 여호와께서 너희 가운데 네 형제 중에서 너를 위하여 나와 같은 선지자 하나를 일으키시리니 너희는 그의 말을 들을지니라

16 이것이 곧 네가 총회의 날에 호렙 산에서 네 하나님 여호와께 구한 것이라 곧 네가 말하기를 내가 다시는 내 하나님 여호와의 음성을 듣지 않게 하시고 다시는 이 큰 불을 보지 않게 하소서 두렵건대 내가 죽을까 하나이다 하매

17 여호와께서 내게 이르시되 그들의 말이

옳도다

18 내가 그들의 형제 중에서 너와 같은 선지자 하나를 그들을 위하여 일으키고 내 말을 그 입에 두리니 내가 그에게 명령하는 것을 그가 무리에게 다 말하리라

19 누구든지 내 이름으로 전하는 내 말을 듣지 아니하는 자는 내게 벌을 받을 것이요

20 만일 어떤 선지자가 내가 전하라고 명령하지 아니한 말을 제 마음대로 내 이름으로 전하든지 다른 신들의 이름으로 말하면 그 선지자는 죽임을 당하리라 하셨느니라

21 네가 마음속으로 이르기를 그 말이 여호와께서 이르신 말씀인지 우리가 어떻게 알리요 하리라

22 만일 선지자가 있어 여호와의 이름으로 말한 일에 증험도 없고 성취함도 없으면 이는 여호와께서 말씀하신 것이 아니요 그 선지자가 제 마음대로 한 말이니 너는 그를 두려워하지 말지니라

도피성 (민 35:9-28; 수 20:1-9)

19 네 하나님 여호와께서 이 여러 민족을 멸절하시고 네 하나님 여호와께서 그 땅을 네게 주시므로 네가 그것을 받고 그들의 성읍과 가옥에 거주할 때에

2 네 하나님 여호와께서 네게 기업으로 주신 땅 가운데에서 세 성읍을 너를 위하여 구별하고

3 네 하나님 여호와께서 네게 기업으로 주시는 땅 전체를 세 구역으로 나누어 길을 닦고 모든 살인자를 그 성읍으로 도피하게 하라

4 살인자가 그리로 도피하여 살 만한 경우는 이러하니 곧 누구든지 본래 원한

이 없이 부지중에 그의 이웃을 죽인 일,

5 가령 사람이 그 이웃과 함께 벌목하러

삼림에 들어가서 손에 도끼를 들고 벌

목하려고 찍을 때에 도끼가 자루에서

빠져 그의 이웃을 맞춰 그를 죽게 함

과 같은 것이라 이런 사람은 그 성읍

중 하나로 도피하여 생명을 보존할 것

이니라

6 그 사람이 그에게 본래 원한이 없으니

죽이기에 합당하지 아니하나 두렵건대

그 피를 보복하는 자의 마음이 복수심

에 불타서 살인자를 뒤쫓는데 그 가는

길이 멀면 그를 따라 잡아 죽일까 하

노라

7 그러므로 내가 네게 명령하기를 세 성

읍을 너를 위하여 구별하라 하노라

8 네 하나님 여호와께서 네 조상들에게

맹세하신 대로 네 지경을 넓혀 네 조상

들에게 주리라고 말씀하신 땅을 다 네

게 주실 때

9 또 너희가 오늘 내가 너희에게 명하는

이 모든 명령을 지켜 행하여 네 하나

님 여호와를 사랑하고 항상 그의 길로

행할 때에는 이 셋 외에 세 성읍을 더

하여

10 네 하나님 여호와께서 네게 기업으로

주시는 땅에서 무죄한 피를 흘리지 말

라 이같이 하면 그의 피가 네게로 돌아

가지 아니하리라

11 그러나 만일 어떤 사람이 그의 이웃을

미워하여 엎드려 그를 기다리다가 일어

나 상처를 입혀 죽게 하고 이 한 성읍

으로 도피하면

12 그 본 성읍 장로들이 사람을 보내어 그

를 거기서 잡아다가 보복자의 손에 넘

겨 죽이게 할 것이라

13 네 눈이 그를 긍휼히 여기지 말고 무죄한 피를 흘린 죄를 이스라엘에서 제하라 그리하면 네게 복이 있으리라

이웃의 경계표를 옮기지 말라

14 네 하나님 여호와께서 네게 주어 차지하게 하시는 땅 곧 네 소유가 된 기업의 땅에서 조상이 정한 네 이웃의 경계표를 옮기지 말지니라

두 세 증인의 입으로 하라

15 사람의 모든 악에 관하여 또한 모든 죄에 관하여는 한 증인으로만 정할 것이 아니요 두 증인의 입으로나 또는 세 증인의 입으로 그 사건을 확정할 것이며

16 만일 위증하는 자가 있어 어떤 사람이 악을 행하였다고 말하면

17 그 논쟁하는 쌍방이 같이 하나님 앞에 나아가 그 당시의 제사장과 재판장 앞에 설 것이요

18 재판장은 자세히 조사하여 그 증인이 거짓 증거하여 그 형제를 거짓으로 모함한 것이 판명되면

19 그가 그의 형제에게 행하려고 꾀한 그대로 그에게 행하여 너희 중에서 악을 제하라

20 그리하면 그 남은 자들이 듣고 두려워하여 다시는 그런 악을 너희 중에서 행하지 아니하리라

21 네 눈이 긍휼히 여기지 말라 생명에는 생명으로, 눈에는 눈으로, 이에는 이로, 손에는 손으로, 발에는 발로이니라

적군과 싸우려 할 때에

20 네가 나가서 적군과 싸우려 할 때에 말과 병거와 백성이 너보다 많음을 볼지라도 그들을 두려워하지 말라 애굽 땅에서 너를 인도하여 내신 네 하나님 여호와께서 너와 함께 하시느니라

2 너희가 싸울 곳에 가까이 가면 제사장은 백성에게 나아가서 고하여 그들에게

3 말하여 이르기를 이스라엘아 들으라 너희가 오늘 너희의 대적과 싸우려고 나아왔으니 마음에 겁내지 말며 두려워하지 말며 떨지 말며 그들로 말미암아 놀라지 말라

4 너희 하나님 여호와는 너희와 함께 행하시며 너희를 위하여 너희 적군과 싸우시고 구원하실 것이라 할 것이며

5 책임자들은 백성에게 말하여 이르기를 새 집을 건축하고 낙성식을 행하지 못한 자가 있느냐 그는 집으로 돌아갈지니 전사하면 타인이 낙성식을 행할까 하노라

6 포도원을 만들고 그 과실을 먹지 못한 자가 있느냐 그는 집으로 돌아갈지니 전사하면 타인이 그 과실을 먹을까 하노라

7 여자와 약혼하고 그와 결혼하지 못한 자가 있느냐 그는 집으로 돌아갈지니 전사하면 타인이 그를 데려갈까 하노라 하고

8 책임자들은 또 백성에게 말하여 이르기를 두려워서 마음이 허약한 자가 있느냐 그는 집으로 돌아갈지니 그의 형제들의 마음도 그의 마음과 같이 낙심될까 하노라 하고

9 백성에게 이르기를 마친 후에 군대의 지휘관들을 세워 무리를 거느리게 할지니라

10 네가 어떤 성읍으로 나아가서 치려 할 때에는 그 성읍에 먼저 화평을 선언하라

11 그 성읍이 만일 화평하기로 회답하고 너를 향하여 성문을 열거든 그 모든 주민들에게 네게 조공을 바치고 너를 섬

기게 할 것이요

12 만일 너와 화평하기를 거부하고 너를

대적하여 싸우려 하거든 너는 그 성읍

을 에워쌀 것이며

13 네 하나님 여호와께서 그 성읍을 네 손

에 넘기시거든 너는 칼날로 그 안의 남

자를 다 쳐죽이고

14 너는 오직 여자들과 유아들과 가축들과

성읍 가운데에 있는 모든 것을 너를 위

하여 탈취물로 삼을 것이며 너는 네 하

나님 여호와께서 네게 주신 적군에게서

빼앗은 것을 먹을지니라

15 네가 네게서 멀리 떠난 성읍들 곧 이

민족들에게 속하지 아니한 성읍들에게

는 이같이 행하려니와

16 오직 네 하나님 여호와께서 네게 기업

으로 주시는 이 민족들의 성읍에서는

호흡 있는 자를 하나도 살리지 말지니

17 곧 헷 족속과 아모리 족속과 가나안 족

속과 브리스 족속과 히위 족속과 여부

스 족속을 네가 진멸하되 네 하나님 여

호와께서 네게 명령하신 대로 하라

18 이는 그들이 그 신들에게 행하는 모든

가증한 일을 너희에게 가르쳐 본받게

하여 너희가 너희의 하나님 여호와께

범죄하게 할까 함이니라

19 너희가 어떤 성읍을 오랫동안 에워싸고

그 성읍을 쳐서 점령하려 할 때에도 도

끼를 둘러 그 곳의 나무를 찍어내지 말

라 이는 너희가 먹을 것이 될 것임이니

찍지 말라 들의 수목이 사람이냐 너희

가 어찌 그것을 에워싸겠느냐

20 다만 과목이 아닌 수목은 찍어내어 너

희와 싸우는 그 성읍을 치는 기구를 만

들어 그 성읍을 함락시킬 때까지 쓸지

니라

죽인 자를 알지 못하거든

21 네 하나님 여호와께서 네게 주어 차지

하게 하신 땅에서 피살된 시체가 들에

엎드러진 것을 발견하고 그 쳐죽인 자

가 누구인지 알지 못하거든

2 너희의 장로들과 재판장들은 나가서 그

피살된 곳의 사방에 있는 성읍의 원근

을 잴 것이요

3 그 피살된 곳에서 제일 가까운 성읍의

장로들이 그 성읍에서 아직 부리지 아

니하고 멍에를 메지 아니한 암송아지를

취하여

4 그 성읍의 장로들이 물이 항상 흐르고

갈지도 않고 씨를 뿌린 일도 없는 골짜

기로 그 송아지를 끌고 가서 그 골짜기

에서 그 송아지의 목을 꺾을 것이요

5 레위 자손 제사장들도 그리로 갈지니

그들은 네 하나님 여호와께서 택하사

자기를 섬기게 하시며 또 여호와의 이

름으로 축복하게 하신 자라 모든 소송

과 모든 투쟁이 그들의 말대로 판결될

것이니라

6 그 피살된 곳에서 제일 가까운 성읍의

모든 장로들은 그 골짜기에서 목을 꺾

은 암송아지 위에 손을 씻으며

7 말하기를 우리의 손이 이 피를 흘리지

아니하였고 우리의 눈이 이것을 보지도

못하였나이다

8 여호와여 주께서 속량하신 주의 백성

이스라엘을 사하시고 무죄한 피를 주의

백성 이스라엘 중에 머물러 두지 마옵

소서 하면 그 피 흘린 죄가 사함을 받

으리니

9 너는 이와 같이 여호와께서 보시기에

정직한 일을 행하여 무죄한 자의 피 흘

린 죄를 너희 중에서 제할지니라

여자 포로를 아내로 삼는 규정

10 네가 나가서 적군과 싸울 때에 네 하나

님 여호와께서 그들을 네 손에 넘기시

므로 네가 그들을 사로잡은 후에

11 네가 만일 그 포로 중의 아리따운 여자

를 보고 그에게 연연하여 아내를 삼고

자 하거든

12 그를 네 집으로 데려갈 것이요 그는 그

머리를 밀고 손톱을 베고

13 또 포로의 의복을 벗고 네 집에 살

며 그 부모를 위하여 한 달 동안 애곡

한 후에 네가 그에게로 들어가서 그

의 남편이 되고 그는 네 아내가 될 것

이요

14 그 후에 네가 그를 기뻐하지 아니하거

든 그의 마음대로 가게 하고 결코 돈을

받고 팔지 말지라 네가 그를 욕보였은

즉 종으로 여기지 말지니라

장자의 상속권

15 어떤 사람이 두 아내를 두었는데 하나

는 사랑을 받고 하나는 미움을 받다가

그 사랑을 받는 자와 미움을 받는 자가

둘 다 아들을 낳았다 하자 그 미움을

받는 자의 아들이 장자이면

16 자기의 소유를 그의 아들들에게 기업

으로 나누는 날에 그 사랑을 받는 자의

아들을 장자로 삼아 참 장자 곧 미움을

받는 자의 아들보다 앞세우지 말고

17 반드시 그 미움을 받는 자의 아들을 장

자로 인정하여 자기의 소유에서 그에게

는 두 몫을 줄 것이니 그는 자기의 기

력의 시작이라 장자의 권리가 그에게

있음이니라

패역한 아들에게 내리는 벌

18 사람에게 완악하고 패역한 아들이 있어

그의 아버지의 말이나 그 어머니의 말

을 순종하지 아니하고 부모가 징계하여

도 순종하지 아니하거든

19 그의 부모가 그를 끌고 성문에 이르러

그 성읍 장로들에게 나아가서

20 그 성읍 장로들에게 말하기를 우리의

이 자식은 완악하고 패역하여 우리 말

을 듣지 아니하고 방탕하며 술에 잠긴

자라 하면

21 그 성읍의 모든 사람들이 그를 돌로 쳐

죽일지니 이같이 네가 너희 중에서 악

을 제하라 그리하면 온 이스라엘이 듣

고 두려워하리라

기타 규정

22 사람이 만일 죽을 죄를 범하므로 네가

그를 죽여 나무 위에 달거든

23 그 시체를 나무 위에 밤새도록 두지 말

고 그 날에 장사하여 네 하나님 여호와

께서 네게 기업으로 주시는 땅을 더럽

히지 말라 나무에 달린 자는 하나님께

저주를 받았음이니라

22 네 형제의 소나 양이 길 잃은 것을 보

거든 못 본 체하지 말고 너는 반드시

그것들을 끌어다가 네 형제에게 돌릴

것이요

2 네 형제가 네게서 멀거나 또는 네가 그

를 알지 못하거든 그 짐승을 네 집으로

끌고 가서 네 형제가 찾기까지 네게 두

었다가 그에게 돌려 줄지니

3 나귀라도 그리하고 의복이라도 그리하

고 형제가 잃어버린 어떤 것이든지 네

가 얻거든 다 그리하고 못 본 체하지

말 것이며

4 네 형제의 나귀나 소가 길에 넘어진 것

을 보거든 못 본 체하지 말고 너는 반

드시 형제를 도와 그것들을 일으킬지

니라

5 여자는 남자의 의복을 입지 말 것이요

남자는 여자의 의복을 입지 말 것이라

이같이 하는 자는 네 하나님 여호와께

가증한 자이니라

6 길을 가다가 나무에나 땅에 있는 새의

보금자리에 새 새끼나 알이 있고 어미

새가 그의 새끼나 알을 품은 것을 보거

든 그 어미 새와 새끼를 아울러 취하지

말고

7 어미는 반드시 놓아 줄 것이요 새끼는

취하여도 되나니 그리하면 네가 복을

누리고 장수하리라

8 네가 새 집을 지을 때에 지붕에 난간을

만들어 사람이 떨어지지 않게 하라 그

피가 네 집에 돌아갈까 하노라

9 네 포도원에 두 종자를 섞어 뿌리지 말

라 그리하면 네가 뿌린 씨의 열매와 포

도원의 소산을 다 빼앗길까 하노라

10 너는 소와 나귀를 겨리하여 갈지 말며

11 양 털과 베 실로 섞어 짠 것을 입지 말

지니라

12 너희는 너희가 입는 겉옷의 네 귀에 술

을 만들지니라

순결에 관한 법

13 누구든지 아내를 맞이하여 그에게 들어

간 후에 그를 미워하여

14 비방거리를 만들어 그에게 누명을 씌워

이르되 내가 이 여자를 맞이하였더니

그와 동침할 때에 그가 처녀임을 보지

못하였노라 하면

15 그 처녀의 부모가 그 처녀의 처녀인 표

를 얻어가지고 그 성문 장로들에게로

가서

16 처녀의 아버지가 장로들에게 말하기를

내 딸을 이 사람에게 아내로 주었더니

그가 미워하여

17 비방거리를 만들어 말하기를 내가 네 딸에게서 처녀임을 보지 못하였노라 하나 보라 내 딸의 처녀의 표적이 이것이라 하고 그 부모가 그 자리옷을 그 성읍 장로들 앞에 펼 것이요

18 그 성읍 장로들은 그 사람을 잡아 때리고

19 이스라엘 처녀에게 누명을 씌움으로 말미암아 그에게서 은 일백 세겔을 벌금으로 받아 여자의 아버지에게 주고 그 여자는 그 남자가 평생에 버릴 수 없는 아내가 되게 하려니와

20 그 일이 참되어 그 처녀에게 처녀의 표적이 없거든

21 그 처녀를 그의 아버지 집 문에서 끌어내고 그 성읍 사람들이 그를 돌로 쳐죽일지니 이는 그가 그의 아버지 집에서 창기의 행동을 하여 이스라엘 중에서 악을 행하였음이라 너는 이와 같이 하여 너희 가운데서 악을 제할지니라

22 어떤 남자가 유부녀와 동침한 것이 드러나거든 그 동침한 남자와 그 여자를 둘 다 죽여 이스라엘 중에 악을 제할지니라

23 처녀인 여자가 남자와 약혼한 후에 어떤 남자가 그를 성읍 중에서 만나 동침하면

24 너희는 그들을 둘 다 성읍 문으로 끌어내고 그들을 돌로 쳐죽일 것이니 그 처녀는 성안에 있으면서도 소리 지르지 아니하였음이요 그 남자는 그 이웃의 아내를 욕보였음이라· 너는 이같이 하여 너희 가운데에서 악을 제할지니라

25 만일 남자가 어떤 약혼한 처녀를 들에서 만나서 강간하였으면 그 강간한 남자만 죽일 것이요

26 처녀에게는 아무것도 행하지 말 것은

처녀에게는 죽일 죄가 없음이라 이 일

은 사람이 일어나 그 이웃을 쳐죽인 것

과 같은 것이라

27 남자가 처녀를 들에서 만난 까닭에 그

약혼한 처녀가 소리질러도 구원할 자가

없었음이니라

28 만일 남자가 약혼하지 아니한 처녀를

만나 그를 붙들고 동침하는 중에 그 두

사람이 발견되면

29 그 동침한 남자는 그 처녀의 아버지에

게 은 오십 세겔을 주고 그 처녀를 아

내로 삼을 것이라 그가 그 처녀를 욕보

였은즉 평생에 그를 버리지 못하리라

30 사람이 그의 아버지의 아내를 취하여

아버지의 하체를 드러내지 말지니라

총회에 들어오지 못하는 사람들

23 고환이 상한 자나 음경이 잘린 자는

여호와의 총회에 들어오지 못하리라

2 사생자는 여호와의 총회에 들어오지 못

하리니 십 대에 이르기까지도 여호와의

총회에 들어오지 못하리라

3 암몬 사람과 모압 사람은 여호와의 총

회에 들어오지 못하리니 그들에게 속한

자는 십 대뿐 아니라 영원히 여호와의

총회에 들어오지 못하리라

4 그들은 너희가 애굽에서 나올 때에 떡

과 물로 너희를 길에서 영접하지 아니

하고 메소보다미아의 브돌 사람 브올의

아들 발람에게 뇌물을 주어 너희를 저

주하게 하려 하였으나

5 네 하나님 여호와께서 너를 사랑하시므

로 네 하나님 여호와께서 발람의 말을

듣지 아니하시고 네 하나님 여호와께서

그 저주를 변하여 복이 되게 하셨나니

6 네 평생에 그들의 평안함과 형통함을

영원히 구하지 말지니라

7 너는 에돔 사람을 미워하지 말라 그는 네 형제임이니라 애굽 사람을 미워하지 말라 네가 그의 땅에서 객이 되었음이니라

8 그들의 삼 대 후 자손은 여호와의 총회에 들어올 수 있느니라

진영을 거룩하게 하는 법

9 네가 적군을 치러 출진할 때에 모든 악한 일을 스스로 삼갈지니

10 너희 중에 누가 밤에 몽설함으로 부정하거든 진영 밖으로 나가고 진영 안에 들어오지 아니하다가

11 해 질 때에 목욕하고 해 진 후에 진에 들어올 것이요

12 네 진영 밖에 변소를 마련하고 그리로 나가되

13 네 기구에 작은 삽을 더하여 밖에 나가서 대변을 볼 때에 그것으로 땅을 팔 것이요 몸을 돌려 그 배설물을 덮을지니

14 이는 네 하나님 여호와께서 너를 구원하시고 적군을 네게 넘기시려고 네 진영 중에 행하심이라 그러므로 네 진영을 거룩히 하라 그리하면 네게서 불결한 것을 보시지 않으므로 너를 떠나지 아니하시리라

기타 규정

15 종이 그의 주인을 피하여 네게로 도망하거든 너는 그의 주인에게 돌려주지 말고

16 그가 네 성읍 중에서 원하는 곳을 택하는 대로 너와 함께 네 가운데에 거주하게 하고 그를 압제하지 말지니라

17 이스라엘 여자 중에 창기가 있지 못할 것이요 이스라엘 남자 중에 남창이 있

지 못할지니

18 창기가 번 돈과 개 같은 자의 소득은

어떤 서원하는 일로든지 네 하나님 여

호와의 전에 가져오지 말라 이 둘은 다

네 하나님 여호와께 가증한 것임이니라

19 네가 형제에게 꾸어주거든 이자를 받

지 말지니 곧 돈의 이자, 식물의 이자,

이자를 낼 만한 모든 것의 이자를 받지

말 것이라

20 타국인에게 네가 꾸어주면 이자를 받아

도 되거니와 네 형제에게 꾸어주거든

이자를 받지 말라 그리하면 네 하나님

여호와께서 네가 들어가서 차지할 땅에

서 네 손으로 하는 범사에 복을 내리시

리라

21 네 하나님 여호와께 서원하거든 갚기를

더디하지 말라 네 하나님 여호와께서

반드시 그것을 네게 요구하시리니 더디

면 그것이 네게 죄가 될 것이라

22 네가 서원하지 아니하였으면 무죄하리

라 그러나

23 네 입으로 말한 것은 그대로 실행하도

록 유의하라 무릇 자원한 예물은 네 하

나님 여호와께 네가 서원하여 입으로

언약한 대로 행할지니라

24 네 이웃의 포도원에 들어갈 때에는 마

음대로 그 포도를 배불리 먹어도 되느

니라 그러나 그릇에 담지는 말 것이요

25 네 이웃의 곡식밭에 들어갈 때에는 네

가 손으로 그 이삭을 따도 되느니라 그

러나 네 이웃의 곡식밭에 낫을 대지는

말지니라

이혼과 재혼

24 사람이 아내를 맞이하여 데려온 후에

그에게 수치되는 일이 있음을 발견하고

그를 기뻐하지 아니하면 이혼 증서를

써서 그의 손에 주고 그를 자기 집에서

내보낼 것이요

2 그 여자는 그의 집에서 나가서 다른 사

람의 아내가 되려니와

3 그의 둘째 남편도 그를 미워하여 이혼

증서를 써서 그의 손에 주고 그를 자기

집에서 내보냈거나 또는 그를 아내로

맞이한 둘째 남편이 죽었다 하자

4 그 여자는 이미 몸을 더럽혔은즉 그를

내보낸 전남편이 그를 다시 아내로 맞

이하지 말지니 이 일은 여호와 앞에 가

증한 것이라 너는 네 하나님 여호와께

서 네게 기업으로 주시는 땅을 범죄하

게 하지 말지니라

기타 규정

5 사람이 새로이 아내를 맞이하였으면 그

를 군대로 내보내지 말 것이요 아무 직

무도 그에게 맡기지 말 것이며 그는 일

년 동안 한가하게 집에 있으면서 그가

맞이한 아내를 즐겁게 할지니라

6 사람이 맷돌이나 그 위짝을 전당 잡지

말지니 이는 그 생명을 전당 잡음이니라

7 사람이 자기 형제 곧 이스라엘 자손 중

한 사람을 유인하여 종으로 삼거나 판

것이 발견되면 그 유인한 자를 죽일지

니 이같이 하여 너희 중에서 악을 제할

지니라

8 너는 나병에 대하여 삼가서 레위 사람

제사장들이 너희에게 가르치는 대로 네

가 힘써 다 지켜 행하되 너희는 내가

그들에게 명령한 대로 지켜 행하라

9 너희는 애굽에서 나오는 길에서 네 하

나님 여호와께서 미리암에게 행하신 일

을 기억할지니라

10 네 이웃에게 무엇을 꾸어줄 때에 너는

그의 집에 들어가서 전당물을 취하지

말고

11 너는 밖에 서 있고 네게 꾸는 자가 전당물을 밖으로 가지고 나와서 네게 줄 것이며

12 그가 가난한 자이면 너는 그의 전당물을 가지고 자지 말고

13 해 질 때에 그 전당물을 반드시 그에게 돌려줄 것이라 그리하면 그가 그 옷을 입고 자며 너를 위하여 축복하리니 그 일이 네 하나님 여호와 앞에서 네 공의로움이 되리라

14 곤궁하고 빈한한 품꾼은 너희 형제든지 네 땅 성문 안에 우거하는 객이든지 그를 학대하지 말며

15 그 품삯을 당일에 주고 해 진 후까지 미루지 말라 이는 그가 가난하므로 그 품삯을 간절히 바람이라 그가 너를 여호와께 호소하지 않게 하라 그렇지 않으면 그것이 네게 죄가 될 것임이라

16 아버지는 그 자식들로 말미암아 죽임을 당하지 않을 것이요 자식들은 그 아버지로 말미암아 죽임을 당하지 않을 것이니 각 사람은 자기 죄로 말미암아 죽임을 당할 것이니라

17 너는 객이나 고아의 송사를 억울하게 하지 말며 과부의 옷을 전당 잡지 말라

18 너는 애굽에서 종 되었던 일과 네 하나님 여호와께서 너를 거기서 속량하신 것을 기억하라 이러므로 내가 네게 이 일을 행하라 명령하노라

19 네가 밭에서 곡식을 벨 때에 그 한 뭇을 밭에 잊어버렸거든 다시 가서 가져오지 말고 나그네와 고아와 과부를 위하여 남겨두라 그리하면 네 하나님 여호와께서 네 손으로 하는 모든 일에 복을 내리시리라

20 네가 네 감람나무를 떤 후에 그 가지를 다시 살피지 말고 그 남은 것은 객과 고아와 과부를 위하여 남겨두며

21 네가 네 포도원의 포도를 딴 후에 그 남은 것을 다시 따지 말고 객과 고아와 과부를 위하여 남겨두라

22 너는 애굽 땅에서 종 되었던 것을 기억하라 이러므로 내가 네게 이 일을 행하라 명령하노라

25 사람들 사이에 시비가 생겨 재판을 청하면 재판장은 그들을 재판하여 의인은 의롭다 하고 악인은 정죄할 것이며

2 악인에게 태형이 합당하면 재판장은 그를 엎드리게 하고 그 앞에서 그의 죄에 따라 수를 맞추어 때리게 하라

3 사십까지는 때리려니와 그것을 넘기지는 못할지니 만일 그것을 넘겨 매를 지나치게 때리면 네가 네 형제를 경히 여기는 것이 될까 하노라

4 곡식 떠는 소에게 망을 씌우지 말지니라

죽은 형제에 대한 의무

5 형제들이 함께 사는데 그 중 하나가 죽고 아들이 없거든 그 죽은 자의 아내는 나가서 타인에게 시집 가지 말 것이요 그의 남편의 형제가 그에게로 들어가서 그를 맞이하여 아내로 삼아 그의 남편의 형제 된 의무를 그에게 다 행할 것이요

6 그 여인이 낳은 첫 아들이 그 죽은 형제의 이름을 잇게 하여 그 이름이 이스라엘 중에서 끊어지지 않게 할 것이니라

7 그러나 그 사람이 만일 그 형제의 아내 맞이하기를 즐겨하지 아니하면 그 형제의 아내는 그 성문으로 장로들에게로 나아가서 말하기를 내 남편의 형제가 그의 형제의 이름을 이스라엘 중

에 잇기를 싫어하여 남편의 형제 된

의무를 내게 행하지 아니하나이다 할

것이요

8 그 성읍 장로들은 그를 불러다가 말할

것이며 그가 이미 정한 뜻대로 말하기

를 내가 그 여자를 맞이하기를 즐겨하

지 아니하노라 하면

9 그의 형제의 아내가 장로들 앞에서 그

에게 나아가서 그의 발에서 신을 벗기

고 그의 얼굴에 침을 뱉으며 이르기를

그의 형제의 집을 세우기를 즐겨 아니

하는 자에게는 이같이 할 것이라 하고

10 이스라엘 중에서 그의 이름을 신 벗김

받은 자의 집이라 부를 것이니라

다른 법

11 두 사람이 서로 싸울 때에 한 사람의

아내가 그 치는 자의 손에서 그의 남편

을 구하려 하여 가까이 가서 손을 벌려

그 사람의 음낭을 잡거든

12 너는 그 여인의 손을 찍어버릴 것이고

네 눈이 그를 불쌍히 여기지 말지니라

13 너는 네 주머니에 두 종류의 저울추 곧

큰 것과 작은 것을 넣지 말 것이며

14 네 집에 두 종류의 되 곧 큰 것과 작은

것을 두지 말 것이요

15 오직 온전하고 공정한 저울추를 두며

온전하고 공정한 되를 둘 것이라 그리

하면 네 하나님 여호와께서 네게 주시

는 땅에서 네 날이 길리라

16 이런 일들을 행하는 모든 자, 악을 행

하는 모든 자는 네 하나님 여호와께 가

증하니라

아말렉에 대한 기억을 지워버리라

17 너희는 애굽에서 나오는 길에 아말렉이

네게 행한 일을 기억하라

18 곧 그들이 너를 길에서 만나 네가 피

곤할 때에 네 뒤에 떨어진 약한 자들을 쳤고 하나님을 두려워하지 아니하였느니라

19 그러므로 네 하나님 여호와께서 네게 기업으로 주어 차지하게 하시는 땅에서 네 하나님 여호와께서 사방에 있는 모든 적군으로부터 네게 안식을 주실 때에 너는 천하에서 아말렉에 대한 기억을 지워버리라 너는 잊지 말지니라

토지 소산

26 네 하나님 여호와께서 네게 기업으로 주어 차지하게 하실 땅에 네가 들어가서 거기에 거주할 때에

2 네 하나님 여호와께서 네게 주신 땅에서 그 토지의 모든 소산의 만물을 거둔 후에 그것을 가져다가 광주리에 담고 네 하나님 여호와께서 그의 이름을 두시려고 택하신 곳으로 그것을 가지고 가서

3 그 때의 제사장에게 나아가 그에게 이르기를 내가 오늘 당신의 하나님 여호와께 아뢰나이다 내가 여호와께서 우리에게 주시겠다고 우리 조상들에게 맹세하신 땅에 이르렀나이다 할 것이요

4 제사장은 네 손에서 그 광주리를 받아서 네 하나님 여호와의 제단 앞에 놓을 것이며

5 너는 또 네 하나님 여호와 앞에 아뢰기를 내 조상은 방랑하는 아람 사람으로서 애굽에 내려가 거기에서 소수로 거류하였더니 거기에서 크고 강하고 번성한 민족이 되었는데

6 애굽 사람이 우리를 학대하며 우리를 괴롭히며 우리에게 중노동을 시키므로

7 우리가 우리 조상의 하나님 여호와께 부르짖었더니 여호와께서 우리 음성을

들으시고 우리의 고통과 신고와 압제를

보시고

8 여호와께서 강한 손과 편 팔과 큰 위엄

과 이적과 기사로 우리를 애굽에서 인

도하여 내시고

9 이곳으로 인도하사 이 땅 곧 젖과 꿀이

흐르는 땅을 주셨나이다

10 여호와여 이제 내가 주께서 내게 주신

토지 소산의 만물을 가져왔나이다 하

고 너는 그것을 네 하나님 여호와 앞에

두고 네 하나님 여호와 앞에 경배할 것

이며

11 네 하나님 여호와께서 너와 네 집에 주

신 모든 복으로 말미암아 너는 레위인

과 너희 가운데에 거류하는 객과 함께

즐거워할지니라

12 셋째 해 곧 십일조를 드리는 해에 네

모든 소산의 십일조 내기를 마친 후에

그것을 레위인과 객과 고아와 과부에

게 주어 네 성읍 안에서 먹고 배부르게

하라

13 그리 할 때에 네 하나님 여호와 앞에

아뢰기를 내가 성물을 내 집에서 내어

레위인과 객과 고아와 과부에게 주기를

주께서 내게 명령하신 명령대로 하였사

오니 내가 주의 명령을 범하지도 아니

하였고 잊지도 아니하였나이다

14 내가 애곡하는 날에 이 성물을 먹지 아

니하였고 부정한 몸으로 이를 떼어두지

아니하였고 죽은 자를 위하여 이를 쓰

지 아니하였고 내 하나님 여호와의 말

씀을 청종하여 주께서 내게 명령하신

대로 다 행하였사오니

15 원하건대 주의 거룩한 처소 하늘에서

보시고 주의 백성 이스라엘에게 복을

주시며 우리 조상들에게 맹세하여 우리

에게 주신 젖과 꿀이 흐르는 땅에 복을

내리소서 할지니라

하나님의 보배로운 백성

16 오늘 네 하나님 여호와께서 이 규례와

법도를 행하라고 네게 명령하시나니 그

런즉 너는 마음을 다하고 뜻을 다하여

지켜 행하라

17 네가 오늘 여호와를 네 하나님으로 인

정하고 또 그 도를 행하고 그의 규례와

명령과 법도를 지키며 그의 소리를 들

으리라 확언하였고

18 여호와께서도 네게 말씀하신 대로 오늘

너를 그의 보배로운 백성이 되게 하시

고 그의 모든 명령을 지키라 확언하셨

느니라

19 그런즉 여호와께서 너를 그 지으신 모

든 민족 위에 뛰어나게 하사 찬송과 명

예와 영광을 삼으시고 그가 말씀하신

대로 너를 네 하나님 여호와의 성민이

되게 하시리라

돌 위에 기록한 율법

27 모세와 이스라엘 장로들이 백성에게

명령하여 이르되 내가 오늘 너희에게

명령하는 이 명령을 너희는 다 지킬지

니라

2 너희가 요단을 건너 네 하나님 여호와

께서 네게 주시는 땅에 들어가는 날에

큰 돌들을 세우고 석회를 바르라

3 요단을 건넌 후에 이 율법의 모든 말씀

을 그 위에 기록하라 그리하면 네 하나

님 여호와께서 네게 주시는 땅 곧 젖과

꿀이 흐르는 땅에 네가 들어가기를 네

조상들의 하나님 여호와께서 네게 말씀

하신 대로 하리라

4 너희가 요단을 건너거든 내가 오늘 너

희에게 명령하는 이 돌들을 에발 산에

세우고 그 위에 석회를 바를 것이며

5 또 거기서 네 하나님 여호와를 위하여

제단 곧 돌단을 쌓되 그것에 쇠 연장을

대지 말지니라

6 너는 다듬지 않은 돌로 네 하나님 여호

와의 제단을 쌓고 그 위에 네 하나님

여호와께 번제를 드릴 것이며

7 또 화목제를 드리고 거기에서 먹으며

네 하나님 여호와 앞에서 즐거워하라

8 너는 이 율법의 모든 말씀을 그 돌들

위에 분명하고 정확하게 기록할지니라

9 모세와 레위 제사장들이 온 이스라엘에

게 말하여 이르되 이스라엘아 잠잠하여

들으라 오늘 네가 네 하나님 여호와의

백성이 되었으니

10 그런즉 네 하나님 여호와의 말씀을 청

종하여 내가 오늘 네게 명령하는 그 명

령과 규례를 행할지니라

에발 산에서 선포한 저주

11 모세가 그 날 백성에게 명령하여 이르되

12 너희가 요단을 건넌 후에 시므온과 레

위와 유다와 잇사갈과 요셉과 베냐민은

백성을 축복하기 위하여 그리심 산에

서고

13 르우벤과 갓과 아셀과 스불론과 단과

납달리는 저주하기 위하여 에발 산에

서고

14 레위 사람은 큰 소리로 이스라엘 모든

사람에게 말하여 이르기를

15 장색의 손으로 조각하였거나 부어 만든

우상은 여호와께 가증하니 그것을 만들

어 은밀히 세우는 자는 저주를 받을 것

이라 할 것이요 모든 백성은 응답하여

말하되 아멘 할지니라

16 그의 부모를 경홀히 여기는 자는 저주

를 받을 것이라 할 것이요 모든 백성은

아멘 할지니라

17 그의 이웃의 경계표를 옮기는 자는 저주를 받을 것이라 할 것이요 모든 백성은 아멘 할지니라

18 맹인에게 길을 잃게 하는 자는 저주를 받을 것이라 할 것이요 모든 백성은 아멘 할지니라

19 객이나 고아나 과부의 송사를 억울하게 하는 자는 저주를 받을 것이라 할 것이요 모든 백성은 아멘 할지니라

20 그의 아버지의 아내와 동침하는 자는 그의 아버지의 하체를 드러냈으니 저주를 받을 것이라 할 것이요 모든 백성은 아멘 할지니라

21 짐승과 교합하는 모든 자는 저주를 받을 것이라 할 것이요 모든 백성은 아멘 할지니라

22 그의 자매 곧 그의 아버지의 딸이나 어머니의 딸과 동침하는 자는 저주를 받을 것이라 할 것이요 모든 백성은 아멘 할지니라

23 장모와 동침하는 자는 저주를 받을 것이라 할 것이요 모든 백성은 아멘 할지니라

24 그의 이웃을 암살하는 자는 저주를 받을 것이라 할 것이요 모든 백성은 아멘 할지니라

25 무죄한 자를 죽이려고 뇌물을 받는 자는 저주를 받을 것이라 할 것이요 모든 백성은 아멘 할지니라

26 이 율법의 말씀을 실행하지 아니하는 자는 저주를 받을 것이라 할 것이요 모든 백성은 아멘 할지니라

순종하여 받는 복 (레 26:3-13; 신 7:12-24)

28 네가 네 하나님 여호와의 말씀을 삼가 듣고 내가 오늘 네게 명령하는 그의 모

든 명령을 지켜 행하면 네 하나님 여호

와께서 너를 세계 모든 민족 위에 뛰어

나게 하실 것이라

2 네가 네 하나님 여호와의 말씀을 청종

하면 이 모든 복이 네게 임하며 네게

이르리니

3 성읍에서도 복을 받고 들에서도 복을

받을 것이며

4 네 몸의 자녀와 네 토지의 소산과 네

짐승의 새끼와 소와 양의 새끼가 복을

받을 것이며

5 네 광주리와 떡 반죽 그릇이 복을 받을

것이며

6 네가 들어와도 복을 받고 나가도 복을

받을 것이니라

7 여호와께서 너를 대적하기 위해 일어난

적군들을 네 앞에서 패하게 하시리라

그들이 한 길로 너를 치러 들어왔으나

네 앞에서 일곱 길로 도망하리라

8 여호와께서 명령하사 네 창고와 네 손

으로 하는 모든 일에 복을 내리시고 네

하나님 여호와께서 네게 주시는 땅에서

네게 복을 주실 것이며

9 여호와께서 네게 맹세하신 대로 너를

세워 자기의 성민이 되게 하시리니 이

는 네가 네 하나님 여호와의 명령을 지

켜 그 길로 행할 것임이니라

10 땅의 모든 백성이 여호와의 이름이 너

를 위하여 불리는 것을 보고 너를 두려

워하리라

11 여호와께서 네게 주리라고 네 조상들에

게 맹세하신 땅에서 네게 복을 주사 네

몸의 소생과 가축의 새끼와 토지의 소

산을 많게 하시며

12 여호와께서 너를 위하여 하늘의 아름

다운 보고를 여시사 네 땅에 때를 따라

비를 내리시고 네 손으로 하는 모든 일에 복을 주시리니 네가 많은 민족에게 꾸어줄지라도 너는 꾸지 아니할 것이요

13 여호와께서 너를 머리가 되고 꼬리가 되지 않게 하시며 위에만 있고 아래에 있지 않게 하시리니 오직 너는 내가 오늘 네게 명령하는 네 하나님 여호와의 명령을 듣고 지켜 행하며

14 내가 오늘 너희에게 명령하는 그 말씀을 떠나 좌로나 우로나 치우치지 아니하고 다른 신을 따라 섬기지 아니하면 이와 같으리라

15 네가 만일 네 하나님 여호와의 말씀을 순종하지 아니하여 내가 오늘 네게 명령하는 그의 모든 명령과 규례를 지켜 행하지 아니하면 이 모든 저주가 네게 임하며 네게 이를 것이니

16 네가 성읍에서도 저주를 받으며 들에서도 저주를 받을 것이요

17 또 네 광주리와 떡 반죽 그릇이 저주를 받을 것이요

18 네 몸의 소생과 네 토지의 소산과 네 소와 양의 새끼가 저주를 받을 것이며

19 네가 들어와도 저주를 받고 나가도 저주를 받으리라

불순종하여 받는 저주

20 네가 악을 행하여 그를 잊으므로 네 손으로 하는 모든 일에 여호와께서 저주와 혼란과 책망을 내리사 망하며 속히 파멸하게 하실 것이며

21 여호와께서 네 몸에 염병이 들게 하사 네가 들어가 차지할 땅에서 마침내 너를 멸하실 것이며

22 여호와께서 폐병과 열병과 염증과 학질과 한재와 풍재와 썩는 재앙으로 너를 치시리니 이 재앙들이 너를 따라서 너

를 진멸하게 할 것이라

23 네 머리 위의 하늘은 놋이 되고 네 아래의 땅은 철이 될 것이며

24 여호와께서 비 대신에 티끌과 모래를 네 땅에 내리시리니 그것들이 하늘에서 네 위에 내려 마침내 너를 멸하리라

25 여호와께서 네 적군 앞에서 너를 패하게 하시리니 네가 그들을 치러 한 길로 나가서 그들 앞에서 일곱 길로 도망할 것이며 네가 또 땅의 모든 나라 중에 흩어지고

26 네 시체가 공중의 모든 새와 땅의 짐승들의 밥이 될 것이나 그것들을 쫓아줄 자가 없을 것이며

27 여호와께서 애굽의 종기와 치질과 괴혈병과 피부병으로 너를 치시리니 네가 치유 받지 못할 것이며

28 여호와께서 또 너를 미치는 것과 눈 머는 것과 정신병으로 치시리니

29 맹인이 어두운 데에서 더듬는 것과 같이 네가 백주에도 더듬고 네 길이 형통하지 못하여 항상 압제와 노략을 당할 뿐이리니 너를 구원할 자가 없을 것이며

30 네가 여자와 약혼하였으나 다른 사람이 그 여자와 같이 동침할 것이요 집을 건축하였으나 거기에 거주하지 못할 것이요 포도원을 심었으나 네가 그 열매를 따지 못할 것이며

31 네 소를 네 목전에서 잡았으나 네가 먹지 못할 것이며 네 나귀를 네 목전에서 빼앗겨도 도로 찾지 못할 것이며 네 양을 원수에게 빼앗길 것이나 너를 도와줄 자가 없을 것이며

32 네 자녀를 다른 민족에게 빼앗기고 종일 생각하고 찾음으로 눈이 피곤하여지나 네 손에 힘이 없을 것이며

33 네 토지 소산과 네 수고로 얻은 것을 네가 알지 못하는 민족이 먹겠고 너는 항상 압제와 학대를 받을 뿐이리니

34 이러므로 네 눈에 보이는 일로 말미암아 네가 미치리라

35 여호와께서 네 무릎과 다리를 쳐서 고치지 못할 심한 종기를 생기게 하여 발바닥에서부터 정수리까지 이르게 하시리라

36 여호와께서 너와 네가 세울 네 임금을 너와 네 조상들이 알지 못하던 나라로 끌어 가시리니 네가 거기서 목석으로 만든 다른 신들을 섬길 것이며

37 여호와께서 너를 끌어 가시는 모든 민족 중에서 네가 놀람과 속담과 비방거리가 될 것이라

38 네가 많은 종자를 들에 뿌릴지라도 메뚜기가 먹으므로 거둘 것이 적을 것이며

39 네가 포도원을 심고 가꿀지라도 벌레가 먹으므로 포도를 따지 못하고 포도주를 마시지 못할 것이며

40 네 모든 경내에 감람나무가 있을지라도 그 열매가 떨어지므로 그 기름을 네 몸에 바르지 못할 것이며

41 네가 자녀를 낳을지라도 그들이 포로가 되므로 너와 함께 있지 못할 것이며

42 네 모든 나무와 토지 소산은 메뚜기가 먹을 것이며

43 너의 중에 우거하는 이방인은 점점 높아져서 네 위에 뛰어나고 너는 점점 낮아질 것이며

44 그는 네게 꾸어줄지라도 너는 그에게 꾸어주지 못하리니 그는 머리가 되고 너는 꼬리가 될 것이라

45 네가 네 하나님 여호와의 말씀을 청종하지 아니하고 네게 명령하신 그의 명

령과 규례를 지키지 아니하므로 이 모든 저주가 네게 와서 너를 따르고 네게 이르러 마침내 너를 멸하리니

46 이 모든 저주가 너와 네 자손에게 영원히 있어서 표징과 훈계가 되리라

47 네가 모든 것이 풍족하여도 기쁨과 즐거운 마음으로 네 하나님 여호와를 섬기지 아니함으로 말미암아

48 네가 주리고 목마르고 헐벗고 모든 것이 부족한 중에서 여호와께서 보내사 너를 치게 하실 적군을 섬기게 될 것이니 그가 철 멍에를 네 목에 메워 마침내 너를 멸할 것이라

49 곧 여호와께서 멀리 땅 끝에서 한 민족을 독수리가 날아오는 것 같이 너를 치러 오게 하시리니 이는 네가 그 언어를 알지 못하는 민족이요

50 그 용모가 흉악한 민족이라 노인을 보살피지 아니하며 유아를 불쌍히 여기지 아니하며

51 네 가축의 새끼와 네 토지의 소산을 먹어 마침내 너를 멸망시키며 또 곡식이나 포도주나 기름이나 소의 새끼나 양의 새끼를 너를 위하여 남기지 아니하고 마침내 너를 멸절시키리라

52 그들이 전국에서 네 모든 성읍을 에워싸고 네가 의뢰하는 높고 견고한 성벽을 다 헐며 네 하나님 여호와께서 네게 주시는 땅의 모든 성읍에서 너를 에워싸리니

53 네가 적군에게 에워싸이고 맹렬한 공격을 받아 곤란을 당하므로 네 하나님 여호와께서 네게 주신 자녀 곧 네 몸의 소생의 살을 먹을 것이라

54 너희 중에 온유하고 연약한 남자까지도 그의 형제와 그의 품의 아내와 그의 남

은 자녀를 미운 눈으로 바라보며

55 자기가 먹는 그 자녀의 살을 그 중 누

구에게든지 주지 아니하리니 이는 네

적군이 네 모든 성읍을 에워싸고 맹렬

히 너를 쳐서 곤란하게 하므로 아무것

도 그에게 남음이 없는 까닭일 것이며

56 또 너희 중에 온유하고 연약한 부녀 곧

온유하고 연약하여 자기 발바닥으로 땅

을 밟아 보지도 아니하던 자라도 자기

품의 남편과 자기 자녀를 미운 눈으로

바라보며

57 자기 다리 사이에서 나온 태와 자기가

낳은 어린 자식을 남몰래 먹으리니 이

는 네 적군이 네 생명을 에워싸고 맹렬

히 쳐서 곤란하게 하므로 아무것도 얻

지 못함이리라

58 네가 만일 이 책에 기록한 이 율법의

모든 말씀을 지켜 행하지 아니하고 네

하나님 여호와라 하는 영화롭고 두려운

이름을 경외하지 아니하면

59 여호와께서 네 재앙과 네 자손의 재앙

을 극렬하게 하시리니 그 재앙이 크고

오래고 그 질병이 중하고 오랠 것이라

60 여호와께서 네가 두려워하던 애굽의 모

든 질병을 네게로 가져다가 네 몸에 들

어붙게 하실 것이며

61 또 이 율법책에 기록하지 아니한 모든

질병과 모든 재앙을 네가 멸망하기까지

여호와께서 네게 내리실 것이니

62 너희가 하늘의 별 같이 많을지라도 네

하나님 여호와의 말씀을 청종하지 아

니하므로 남는 자가 얼마 되지 못할

것이라

63 여호와께서 너희에게 선을 행하시고 너

희를 번성하게 하시기를 기뻐하시던 것

같이 이제는 여호와께서 너희를 망하게

하시며 멸하시기를 기뻐하시리니 너희

가 들어가 차지할 땅에서 뽑힐 것이요

64 여호와께서 너를 땅 이 끝에서 저 끝까

지 만민 중에 흩으시리니 네가 그 곳에

서 너와 네 조상들이 알지 못하던 목석

우상을 섬길 것이라

65 그 여러 민족 중에서 네가 평안함을 얻

지 못하며 네 발바닥이 쉴 곳도 얻지

못하고 여호와께서 거기에서 네 마음을

떨게 하고 눈을 쇠하게 하고 정신을 산

란하게 하시리니

66 네 생명이 위험에 처하고 주야로 두려

워하며 네 생명을 확신할 수 없을 것

이라

67 네 마음의 두려움과 눈이 보는 것으로

말미암아 아침에는 이르기를 아하 저녁

이 되었으면 좋겠다 할 것이요 저녁에

는 이르기를 아하 아침이 되었으면 좋

겠다 하리라

68 여호와께서 너를 배에 싣고 전에 네게

말씀하여 이르시기를 네가 다시는 그 길

을 보지 아니하리라 하시던 그 길로 너

를 애굽으로 끌어 가실 것이라 거기서

너희가 너희 몸을 적군에게 남녀 종으

로 팔려 하나 너희를 살 자가 없으리라

모압 땅에서 세우신 언약

29 호렙에서 이스라엘 자손과 세우신 언

약 외에 여호와께서 모세에게 명령하여

모압 땅에서 그들과 세우신 언약의 말

씀은 이러하니라

2 모세가 온 이스라엘을 소집하고 그들에

게 이르되 여호와께서 애굽 땅에서 너

희의 목전에 바로와 그의 모든 신하와

그의 온 땅에 행하신 모든 일을 너희가

보았나니

3 곧 그 큰 시험과 이적과 큰 기사를 네

눈으로 보았느니라

4 그러나 깨닫는 마음과 보는 눈과 듣는 귀는 오늘까지 여호와께서 너희에게 주지 아니하셨느니라

5 주께서 사십 년 동안 너희를 광야에서 인도하셨거니와 너희 몸의 옷이 낡아지지 아니하였고 너희 발의 신이 해어지지 아니하였으며

6 너희에게 떡도 먹지 못하며 포도주나 독주를 마시지 못하게 하셨음은 주는 너희의 하나님 여호와이신 줄을 알게 하려 하심이니라

7 너희가 이 곳에 올 때에 헤스본 왕 시혼과 바산 왕 옥이 우리와 싸우러 나왔으므로 우리가 그들을 치고

8 그 땅을 차지하여 르우벤과 갓과 므낫세 반 지파에게 기업으로 주었나니

9 그런즉 너희는 이 언약의 말씀을 지켜

행하라 그리하면 너희가 하는 모든 일이 형통하리라

10 오늘 너희 곧 너희의 수령과 너희의 지파와 너희의 장로들과 너희의 지도자와 이스라엘 모든 남자와

11 너희의 유아들과 너희의 아내와 및 네 진중에 있는 객과 너를 위하여 나무를 패는 자로부터 물 긷는 자까지 다 너희의 하나님 여호와 앞에 서 있는 것은

12 네 하나님 여호와의 언약에 참여하며 또 네 하나님 여호와께서 오늘 네게 하시는 맹세에 참여하여

13 여호와께서 네게 말씀하신 대로 또 네조상 아브라함과 이삭과 야곱에게 맹세하신 대로 오늘 너를 세워 자기 백성을 삼으시고 그는 친히 네 하나님이 되시려 함이니라

14 내가 이 언약과 맹세를 너희에게만 세

우는 것이 아니라

15 오늘 우리 하나님 여호와 앞에서 우리와 함께 여기 서 있는 자와 오늘 우리와 함께 여기 있지 아니한 자에게까지이니

16 (우리가 애굽 땅에서 살았던 것과 너희가 여러 나라를 통과한 것을 너희가 알며

17 너희가 또 그들 중에 있는 가증한 것과 목석과 은금의 우상을 보았느니라)

18 너희 중에 남자나 여자나 가족이나 지파나 오늘 그 마음이 우리 하나님 여호와를 떠나서 그 모든 민족의 신들에게 가서 섬길까 염려하며 독초와 쑥의 뿌리가 너희 중에 생겨서

19 이 저주의 말을 듣고도 심중에 스스로 복을 빌어 이르기를 내가 내 마음이 완악하여 젖은 것과 마른 것이 멸망할지라도 내게는 평안이 있으리라 할까 함

이라

20 여호와는 이런 자를 사하지 않으실 뿐 아니라 그 위에 여호와의 분노와 질투의 불을 부으시며 또 이 책에 기록된 모든 저주를 그에게 더하실 것이라 여호와께서 그의 이름을 천하에서 지워버리시되

21 여호와께서 곧 이스라엘 모든 지파 중에서 그를 구별하시고 이 율법책에 기록된 모든 언약의 저주대로 그에게 화를 더하시리라

22 너희 뒤에 일어나는 너희의 자손과 멀리서 오는 객이 그 땅의 재앙과 여호와께서 그 땅에 유행시키시는 질병을 보며

23 그 온 땅이 유황이 되며 소금이 되며 또 불에 타서 심지도 못하며 결실함도 없으며 거기에는 아무 풀도 나지 아니함이 옛적에 여호와께서 진노와 격분

으로 멸하신 소돔과 고모라와 아드마와 스보임의 무너짐과 같음을 보고 물을 것이요

24 여러 나라 사람들도 묻기를 여호와께서 어찌하여 이 땅에 이같이 행하셨느냐 이같이 크고 맹렬하게 노하심은 무슨 뜻이냐 하면

25 그 때에 사람들이 대답하기를 그 무리가 자기 조상의 하나님 여호와께서 그들의 조상을 애굽에서 인도하여 내실 때에 더불어 세우신 언약을 버리고

26 가서 자기들이 알지도 못하고 여호와께서 그들에게 주시지도 아니한 다른 신들을 따라가서 그들을 섬기고 절한 까닭이라

27 이러므로 여호와께서 이 땅에 진노하사 이 책에 기록된 모든 저주대로 재앙을 내리시고

28 여호와께서 또 진노와 격분과 크게 통한하심으로 그들을 이 땅에서 뽑아내사 다른 나라에 내던지심이 오늘과 같다 하리라

29 감추어진 일은 우리 하나님 여호와께 속하였거니와 나타난 일은 영원히 우리와 우리 자손에게 속하였나니 이는 우리에게 이 율법의 모든 말씀을 행하게 하심이니라

복 받는 길

30 내가 네게 진술한 모든 복과 저주가 네게 임하므로 네가 네 하나님 여호와로부터 쫓겨간 모든 나라 가운데서 이 일이 마음에서 기억이 나거든

2 너와 네 자손이 네 하나님 여호와께로 돌아와 내가 오늘 네게 명령한 것을 온전히 따라 마음을 다하고 뜻을 다하여 여호와의 말씀을 청종하면

3 네 하나님 여호와께서 마음을 돌이키시고 너를 긍휼히 여기사 포로에서 돌아오게 하시되 네 하나님 여호와께서 흩으신 그 모든 백성 중에서 너를 모으시리니

4 네 쫓겨간 자들이 하늘 가에 있을지라도 네 하나님 여호와께서 거기서 너를 모으실 것이며 거기서부터 너를 이끄실 것이라

5 네 하나님 여호와께서 너를 네 조상들이 차지한 땅으로 돌아오게 하사 네게 다시 그것을 차지하게 하실 것이며 여호와께서 또 네게 선을 행하사 너를 네 조상들보다 더 번성하게 하실 것이며

6 네 하나님 여호와께서 네 마음과 네 자손의 마음에 할례를 베푸사 너로 마음을 다하며 뜻을 다하여 네 하나님 여호와를 사랑하게 하사 너로 생명을 얻게

하실 것이며

7 네 하나님 여호와께서 네 적군과 너를 미워하고 핍박하던 자에게 이 모든 저주를 내리게 하시리니

8 너는 돌아와 다시 여호와의 말씀을 청종하고 내가 오늘 네게 명령하는 그 모든 명령을 행할 것이라

9-10 네가 네 하나님 여호와의 말씀을 청종하여 이 율법책에 기록된 그의 명령과 규례를 지키고 네 마음을 다하며 뜻을 다하여 여호와 네 하나님께 돌아오면 네 하나님 여호와께서 네 손으로 하는 모든 일과 네 몸의 소생과 네 가축의 새끼와 네 토지 소산을 많게 하시고 네게 복을 주시되 곧 여호와께서 네 조상들을 기뻐하신 것과 같이 너를 다시 기뻐하사 네게 복을 주시리라

11 내가 오늘 네게 명령한 이 명령은 네게

어려운 것도 아니요 먼 것도 아니라

12 하늘에 있는 것이 아니니 네가 이르기를 누가 우리를 위하여 하늘에 올라가 그의 명령을 우리에게로 가지고 와서 우리에게 들려 행하게 하랴 할 것이 아니요

13 이것이 바다 밖에 있는 것이 아니니 네가 이르기를 누가 우리를 위하여 바다를 건너가서 그의 명령을 우리에게로 가지고 와서 우리에게 들려 행하게 하랴 할 것도 아니라

14 오직 그 말씀이 네게 매우 가까워서 네 입에 있으며 네 마음에 있은즉 네가 이를 행할 수 있느니라

15 보라 내가 오늘 생명과 복과 사망과 화를 네 앞에 두었나니

16 곧 내가 오늘 네게 명령하여 네 하나님 여호와를 사랑하고 그 모든 길로 행하며 그의 명령과 규례와 법도를 지키라 하는 것이라 그리하면 네가 생존하며 번성할 것이요 또 네 하나님 여호와께서 네가 가서 차지할 땅에서 네게 복을 주실 것임이니라

17 그러나 네가 만일 마음을 돌이켜 듣지 아니하고 유혹을 받아 다른 신들에게 절하고 그를 섬기면

18 내가 오늘 너희에게 선언하노니 너희가 반드시 망할 것이라 너희가 요단을 건너가서 차지할 땅에서 너희의 날이 길지 못할 것이니라

19 내가 오늘 하늘과 땅을 불러 너희에게 증거를 삼노라 내가 생명과 사망과 복과 저주를 네 앞에 두었은즉 너와 네 자손이 살기 위하여 생명을 택하고

20 네 하나님 여호와를 사랑하고 그의 말씀을 청종하며 또 그를 의지하라 그는

네 생명이시요 네 장수이시니 여호와께

서 네 조상 아브라함과 이삭과 야곱에

게 주리라고 맹세하신 땅에 네가 거주

하리라

여호수아가 모세의 뒤를 잇다

31 또 모세가 가서 온 이스라엘에게 이 말

씀을 전하여

2 그들에게 이르되 이제 내 나이 백이십

세라 내가 더 이상 출입하지 못하겠고

여호와께서도 내게 이르시기를 너는 이

요단을 건너지 못하리라 하셨느니라

3 여호와께서 이미 말씀하신 것과 같이

네 하나님 여호와께서 너보다 먼저 건

너가사 이 민족들을 네 앞에서 멸하시

고 네가 그 땅을 차지하게 할 것이며

여호수아는 네 앞에서 건너갈지라

4 또한 여호와께서 이미 멸하신 아모리

왕 시혼과 옥과 및 그 땅에 행하신 것

과 같이 그들에게도 행하실 것이라

5 또한 여호와께서 그들을 너희 앞에 넘

기시리니 너희는 내가 너희에게 명한

모든 명령대로 그들에게 행할 것이라

6 너희는 강하고 담대하라 두려워하지 말

라 그들 앞에서 떨지 말라 이는 네 하

나님 여호와 그가 너와 함께 가시며 결

코 너를 떠나지 아니하시며 버리지 아

니하실 것임이라 하고

7 모세가 여호수아를 불러 온 이스라엘의

목전에서 그에게 이르되 너는 강하고

담대하라 너는 이 백성을 거느리고 여

호와께서 그들의 조상에게 주리라고 맹

세하신 땅에 들어가서 그들에게 그 땅

을 차지하게 하라

8 그리하면 여호와 그가 네 앞에서 가시

며 너와 함께 하사 너를 떠나지 아니하

시며 버리지 아니하시리니 너는 두려워

하지 말라 놀라지 말라

일곱 해마다 율법을 낭독하여 주라

9 또 모세가 이 율법을 써서 여호와의 언

약궤를 메는 레위 자손 제사장들과 이

스라엘 모든 장로에게 주고

10 모세가 그들에게 명령하여 이르기를 매

칠 년 끝 해 곧 면제년의 초막절에

11 온 이스라엘이 네 하나님 여호와 앞 그

가 택하신 곳에 모일 때에 이 율법을

낭독하여 온 이스라엘에게 듣게 할지니

12 곧 백성의 남녀와 어린이와 네 성읍 안

에 거류하는 타국인을 모으고 그들에게

듣고 배우고 네 하나님 여호와를 경외

하며 이 율법의 모든 말씀을 지켜 행하

게 하고

13 또 너희가 요단을 건너가서 차지할 땅

에 거주할 동안에 이 말씀을 알지 못하

는 그들의 자녀에게 듣고 네 하나님 여

호와 경외하기를 배우게 할지니라

여호와께서 모세에게 하신 마지막 지시

14 여호와께서 모세에게 이르시되 네가 죽

을 기한이 가까웠으니 여호수아를 불러

서 함께 회막으로 나아오라 내가 그에

게 명령을 내리리라 모세와 여호수아가

나아가서 회막에 서니

15 여호와께서 구름 기둥 가운데에서 장막

에 나타나시고 구름 기둥은 장막 문 위

에 머물러 있더라

16 또 여호와께서 모세에게 이르시되 너는

네 조상과 함께 누우려니와 이 백성은

그 땅으로 들어가 음란히 그 땅의 이방

신들을 따르며 일어날 것이요 나를 버

리고 내가 그들과 맺은 언약을 어길 것

이라

17 내가 그들에게 진노하여 그들을 버리며

내 얼굴을 숨겨 그들에게 보이지 않게

할 것인즉 그들이 삼킴을 당하여 허다한 재앙과 환난이 그들에게 임할 그 때에 그들이 말하기를 이 재앙이 우리에게 내림은 우리 하나님이 우리 가운데에 계시지 않은 까닭이 아니냐 할 것이라

18 또 그들이 돌이켜 다른 신들을 따르는 모든 악행으로 말미암아 내가 그 때에 반드시 내 얼굴을 숨기리라

19 그러므로 이제 너희는 이 노래를 써서 이스라엘 자손들에게 가르쳐 그들의 입으로 부르게 하여 이 노래로 나를 위하여 이스라엘 자손들에게 증거가 되게 하라

20 내가 그들의 조상들에게 맹세한 바 젖과 꿀이 흐르는 땅으로 그들을 인도하여 들인 후에 그들이 먹어 배부르고 살찌면 돌이켜 다른 신들을 섬기며 나를 멸시하여 내 언약을 어기리니

21 그들이 수많은 재앙과 환난을 당할 때에 그들의 자손이 부르기를 잊지 아니한 이 노래가 그들 앞에 증인처럼 되리라 나는 내가 맹세한 땅으로 그들을 인도하여 들이기 전 오늘 나는 그들이 생각하는 바를 아노라

22 그러므로 모세가 그 날 이 노래를 써서 이스라엘 자손들에게 가르쳤더라

23 여호와께서 또 눈의 아들 여호수아에게 명령하여 이르시되 너는 이스라엘 자손들을 인도하여 내가 그들에게 맹세한 땅으로 들어가게 하리니 강하고 담대하라 내가 너와 함께 하리라 하시니라

24 모세가 이 율법의 말씀을 다 책에 써서 마친 후에

25 모세가 여호와의 언약궤를 메는 레위 사람에게 명령하여 이르되

26 이 율법책을 가져다가 너희 하나님 여

호와의 언약궤 곁에 두어 너희에게 증

거가 되게 하라

27 내가 너희의 반역함과 목이 곧은 것을

아나니 오늘 내가 살아서 너희와 함께

있어도 너희가 여호와를 거역하였거든

하물며 내가 죽은 후의 일이랴

28 너희 지파 모든 장로와 관리들을 내 앞

에 모으라 내가 이 말씀을 그들의 귀에

들려주고 그들에게 하늘과 땅을 증거로

삼으리라

29 내가 알거니와 내가 죽은 후에 너희가

스스로 부패하여 내가 너희에게 명령한

길을 떠나 여호와의 목전에 악을 행하

여 너희의 손으로 하는 일로 그를 격노

하게 하므로 너희가 후일에 재앙을 당

하리라 하니라

모세의 노래

30 그리고 모세가 이스라엘 총회에 이 노

래의 말씀을 끝까지 읽어 들리니라

32 하늘이여 귀를 기울이라 내가 말하리

라 땅은 내 입의 말을 들을지어다

2 내 교훈은 비처럼 내리고 내 말은 이슬

처럼 맺히나니 연한 풀 위의 가는 비

같고 채소 위의 단비 같도다

3 내가 여호와의 이름을 전파하리니 너희

는 우리 하나님께 위엄을 돌릴지어다

4 그는 반석이시니 그가 하신 일이 완전

하고 그의 모든 길이 정의롭고 진실하

고 거짓이 없으신 하나님이시니 공의로

우시고 바르시도다

5 그들이 여호와를 향하여 악을 행하니

하나님의 자녀가 아니요 흠이 있고 삐

뚤어진 세대로다

6 어리석고 지혜 없는 백성아 여호와께

이같이 보답하느냐 그는 네 아버지시요

너를 지으신 이가 아니시냐 그가 너를

만드시고 너를 세우셨도다

7 옛날을 기억하라 역대의 연대를 생각하라 네 아버지에게 물으라 그가 네게 설명할 것이요 네 어른들에게 물으라 그들이 네게 말하리로다

8 지극히 높으신 자가 민족들에게 기업을 주실 때에, 인종을 나누실 때에 이스라엘 자손의 수효대로 백성들의 경계를 정하셨도다

9 여호와의 분깃은 자기 백성이라 야곱은 그가 택하신 기업이로다

10 여호와께서 그를 황무지에서, 짐승이 부르짖는 광야에서 만나시고 호위하시며 보호하시며 자기의 눈동자 같이 지키셨도다

11 마치 독수리가 자기의 보금자리를 어지럽게 하며 자기의 새끼 위에 너풀거리며 그의 날개를 펴서 새끼를 받으며 그

의 날개 위에 그것을 업는 것 같이

12 여호와께서 홀로 그를 인도하셨고 그와 함께 한 다른 신이 없었도다

13 여호와께서 그가 땅의 높은 곳을 타고 다니게 하시며 밭의 소산을 먹게 하시며 반석에서 꿀을, 굳은 반석에서 기름을 빨게 하시며

14 소의 엉긴 젖과 양의 젖과 어린 양의 기름과 바산에서 난 숫양과 염소와 지극히 아름다운 밀을 먹이시며 또 포도즙의 붉은 술을 마시게 하셨도다

15 그런데 여수룬이 기름지매 발로 찼도다 네가 살찌고 비대하고 윤택하매 자기를 지으신 하나님을 버리고 자기를 구원하신 반석을 업신여겼도다

16 그들이 다른 신으로 그의 질투를 일으키며 가증한 것으로 그의 진노를 격발하였도다

17 그들은 하나님께 제사하지 아니하고 귀신들에게 하였으니 곧 그들이 알지 못하던 신들, 근래에 들어온 새로운 신들 너희의 조상들이 두려워하지 아니하던 것들이로다

18 너를 낳은 반석을 네가 상관하지 아니하고 너를 내신 하나님을 네가 잊었도다

19 그러므로 여호와께서 보시고 미워하셨으니 그 자녀가 그를 격노하게 한 까닭이로다

20 그가 말씀하시기를 내가 내 얼굴을 그들에게서 숨겨 그들의 종말이 어떠함을 보리니 그들은 심히 패역한 세대요 진실이 없는 자녀임이로다

21 그들이 하나님이 아닌 것으로 내 질투를 일으키며 허무한 것으로 내 진노를 일으켰으니 나도 백성이 아닌 자로 그들에게 시기가 나게 하며 어리석은 민족으로 그들의 분노를 일으키리로다

22 그러므로 내 분노의 불이 일어나서 스올의 깊은 곳까지 불사르며 땅과 그 소산을 삼키며 산들의 터도 불타게 하는도다

23 내가 재앙을 그들 위에 쌓으며 내 화살이 다할 때까지 그들을 쏘리로다

24 그들이 주리므로 쇠약하며 불 같은 더위와 독한 질병에 삼켜질 것이라 내가 들짐승의 이와 티끌에 기는 것의 독을 그들에게 보내리로다

25 밖으로는 칼에, 방 안에서는 놀람에 멸망하리니 젊은 남자도 처녀도 백발 노인과 함께 젖 먹는 아이까지 그러하리로다

26 내가 그들을 흩어서 사람들 사이에서 그들에 대한 기억이 끊어지게 하리라 하였으나

27 혹시 내가 원수를 자극하여 그들의 원수가 잘못 생각할까 걱정하였으니 원수들이 말하기를 우리의 수단이 높으며 여호와가 이 모든 것을 행함이 아니라 할까 염려함이라

28 그들은 모략이 없는 민족이라 그들 중에 분별력이 없도다

29 만일 그들이 지혜가 있어 이것을 깨달았으면 자기들의 종말을 분별하였으리라

30 그들의 반석이 그들을 팔지 아니하였고 여호와께서 그들을 내주지 아니하셨더라면 어찌 하나가 천을 쫓으며 둘이 만을 도망하게 하였으리요

31 진실로 그들의 반석이 우리의 반석과 같지 아니하니 우리의 원수들이 스스로 판단하도다

32 이는 그들의 포도나무는 소돔의 포도나무요 고모라의 밭의 소산이라 그들의 포도는 독이 든 포도이니 그 송이는 쓰며

33 그들의 포도주는 뱀의 독이요 독사의 맹독이라

34 이것이 내게 쌓여 있고 내 곳간에 봉하여 있지 아니한가

35 그들이 실족할 그 때에 내가 보복하리라 그들의 환난날이 가까우니 그들에게 닥칠 그 일이 속히 오리로다

36 참으로 여호와께서 자기 백성을 판단하시고 그 종들을 불쌍히 여기시리니 곧 그들의 무력함과 갇힌 자나 놓인 자가 없음을 보시는 때에로다

37 또한 그가 말씀하시기를 그들의 신들이 어디 있으며 그들이 피하던 반석이 어디 있느냐

38 그들의 제물의 기름을 먹고 그들의 전제의 제물인 포도주를 마시던 자들이 일어나 너희를 돕게 하고 너희를 위해

피난처가 되게 하라

39 이제는 나 곧 내가 그인 줄 알라 나 외에는 신이 없도다 나는 죽이기도 하며 살리기도 하며 상하게도 하며 낫게도 하나니 내 손에서 능히 빼앗을 자가 없도다

40 이는 내가 하늘을 향하여 내 손을 들고 말하기를 내가 영원히 살리라 하였노라

41 내가 내 번쩍이는 칼을 갈며 내 손이 정의를 붙들고 내 대적들에게 복수하며 나를 미워하는 자들에게 보응할 것이라

42 내 화살이 피에 취하게 하고 내 칼이 그 고기를 삼키게 하리니 곧 피살자와 포로된 자의 피요 대적의 우두머리의 머리로다

43 너희 민족들아 주의 백성과 즐거워하라 주께서 그 종들의 피를 갚으사 그 대적들에게 복수하시고 자기 땅과 자기 백

성을 위하여 속죄하시리로다

44 모세와 눈의 아들 호세아가 와서 이 노래의 모든 말씀을 백성에게 말하여 들리니라

45 모세가 이 모든 말씀을 온 이스라엘에게 말하기를 마치고

46 그들에게 이르되 내가 오늘 너희에게 증언한 모든 말을 너희의 마음에 두고 너희의 자녀에게 명령하여 이 율법의 모든 말씀을 지켜 행하게 하라

47 이는 너희에게 헛된 일이 아니라 너희의 생명이니 이 일로 말미암아 너희가 요단을 건너가 차지할 그 땅에서 너희의 날이 장구하리라

48 바로 그 날에 여호와께서 모세에게 말씀하여 이르시되

49 너는 여리고 맞은편 모압 땅에 있는 아바림 산에 올라가 느보 산에 이르러 내

가 이스라엘 자손에게 기업으로 주는

가나안 땅을 바라보라

50 네 형 아론이 호르 산에서 죽어 그의

조상에게로 돌아간 것 같이 너도 올라

가는 이 산에서 죽어 네 조상에게로 돌

아가리니

51 이는 너희가 신 광야 가데스의 므리바

물 가에서 이스라엘 자손 중 내게 범죄

하여 내 거룩함을 이스라엘 자손 중에

서 나타내지 아니한 까닭이라

52 네가 비록 내가 이스라엘 자손에게 주는

땅을 맞은편에서 바라보기는 하려니와

그리로 들어가지는 못하리라 하시니라

모세의 축복

33 하나님의 사람 모세가 죽기 전에 이스

라엘 자손을 위하여 축복함이 이러하

니라

2 그가 일렀으되 여호와께서 시내 산에

서 오시고 세일 산에서 일어나시고 바

란 산에서 비추시고 일만 성도 가운데

에 강림하셨고 그의 오른손에는 그들을

위해 번쩍이는 불이 있도다

3 여호와께서 백성을 사랑하시나니 모든

성도가 그의 수중에 있으며 주의 발 아

래에 앉아서 주의 말씀을 받는도다

4 모세가 우리에게 율법을 명령하였으니

곧 야곱의 총회의 기업이로다

5 여수룬에 왕이 있었으니 곧 백성의 수

령이 모이고 이스라엘 모든 지파가 함

께 한 때에로다

6 르우벤은 죽지 아니하고 살기를 원하며

그 사람 수가 적지 아니하기를 원하나

이다

7 유다에 대한 축복은 이러하니라 일렀으

되 여호와여 유다의 음성을 들으시고

그의 백성에게로 인도하시오며 그의 손

으로 자기를 위하여 싸우게 하시고 주

께서 도우사 그가 그 대적을 치게 하시

기를 원하나이다

8 레위에 대하여는 일렀으되 주의 둠밈과

우림이 주의 경건한 자에게 있도다 주

께서 그를 맛사에서 시험하시고 므리바

물 가에서 그와 다투셨도다

9 그는 그의 부모에게 대하여 이르기를

내가 그들을 보지 못하였다 하며 그의

형제들을 인정하지 아니하며 그의 자녀

를 알지 아니한 것은 주의 말씀을 준행

하고 주의 언약을 지킴으로 말미암음이

로다

10 주의 법도를 야곱에게, 주의 율법을 이

스라엘에게 가르치며 주 앞에 분향하고

온전한 번제를 주의 제단 위에 드리리

로다

11 여호와여 그의 재산을 풍족하게 하시고

그의 손의 일을 받으소서 그를 대적하

여 일어나는 자와 미워하는 자의 허리

를 꺾으사 다시 일어나지 못하게 하옵

소서

12 베냐민에 대하여는 일렀으되 여호와의

사랑을 입은 자는 그 곁에 안전히 살리

로다 여호와께서 그를 날이 마치도록

보호하시고 그를 자기 어깨 사이에 있

게 하시리로다

13 요셉에 대하여는 일렀으되 원하건대 그

땅이 여호와께 복을 받아 하늘의 보물

인 이슬과 땅 아래에 저장한 물과

14 태양이 결실하게 하는 선물과 태음이

자라게 하는 선물과

15 옛 산의 좋은 산물과 영원한 작은 언덕

의 선물과

16 땅의 선물과 거기 충만한 것과 가시떨기

나무 가운데에 계시던 이의 은혜로 말

미암아 복이 요셉의 머리에, 그의 형제 중 구별한 자의 정수리에 임할지로다

17 그는 첫 수송아지 같이 위엄이 있으니 그 뿔이 들소의 뿔 같도다 이것으로 민족들을 받아 땅 끝까지 이르리니 곧 에브라임의 자손은 만만이요 므낫세의 자손은 천천이리로다

18 스불론에 대하여는 일렀으되 스불론이여 너는 밖으로 나감을 기뻐하라 잇사갈이여 너는 장막에 있음을 즐거워하라

19 그들이 백성들을 불러 산에 이르게 하고 거기에서 의로운 제사를 드릴 것이며 바다의 풍부한 것과 모래에 감추어진 보배를 흡수하리로다

20 갓에 대하여는 일렀으되 갓을 광대하게 하시는 이에게 찬송을 부를지어다 갓이 암사자 같이 엎드리고 팔과 정수리를 찢는도다

21 그가 자기를 위하여 먼저 기업을 택하였으니 곧 입법자의 분깃으로 준비된 것이로다 그가 백성의 수령들과 함께 와서 여호와의 공의와 이스라엘과 세우신 법도를 행하도다

22 단에 대하여는 일렀으되 단은 바산에서 뛰어나오는 사자의 새끼로다

23 납달리에 대하여는 일렀으되 은혜가 풍성하고 여호와의 복이 가득한 납달리여 너는 서쪽과 남쪽을 차지할지로다

24 아셀에 대하여는 일렀으되 아셀은 아들들 중에 더 복을 받으며 그의 형제에게 기쁨이 되며 그의 발이 기름에 잠길지로다

25 네 문빗장은 철과 놋이 될 것이니 네가 사는 날을 따라서 능력이 있으리로다

26 여수룬이여 하나님 같은 이가 없도다 그가 너를 도우시려고 하늘을 타고 궁

창에서 위엄을 나타내시는도다

27 영원하신 하나님이 네 처소가 되시니

그의 영원하신 팔이 네 아래에 있도다

그가 네 앞에서 대적을 쫓으시며 멸하

라 하시도다

28 이스라엘이 안전히 거하며 야곱의 샘은

곡식과 새 포도주의 땅에 홀로 있나니

곧 그의 하늘이 이슬을 내리는 곳에로다

29 이스라엘이여 너는 행복한 사람이로다

여호와의 구원을 너 같이 얻은 백성이

누구냐 그는 너를 돕는 방패시요 네 영

광의 칼이시로다 네 대적이 네게 복종

하리니 네가 그들의 높은 곳을 밟으리

로다

모세의 죽음

34 모세가 모압 평지에서 느보 산에 올라

가 여리고 맞은편 비스가 산 꼭대기에

이르매 여호와께서 길르앗 온 땅을 단

까지 보이시고

2 또 온 납달리와 에브라임과 므낫세의

땅과 서해까지의 유다 온 땅과

3 네겝과 종려나무의 성읍 여리고 골짜기

평지를 소알까지 보이시고

4 여호와께서 그에게 이르시되 이는 내

가 아브라함과 이삭과 야곱에게 맹세하

여 그의 후손에게 주리라 한 땅이라 내

가 네 눈으로 보게 하였거니와 너는 그

리로 건너가지 못하리라 하시매

5 이에 여호와의 종 모세가 여호와의 말

씀대로 모압 땅에서 죽어

6 벳브올 맞은편 모압 땅에 있는 골짜기

에 장사되었고 오늘까지 그의 묻힌 곳

을 아는 자가 없느니라

7 모세가 죽을 때 나이 백이십 세였으나

그의 눈이 흐리지 아니하였고 기력이

쇠하지 아니하였더라

8 이스라엘 자손이 모압 평지에서 모세를

위하여 애곡하는 기간이 끝나도록 모세

를 위하여 삼십 일을 애곡하니라

9 모세가 눈의 아들 여호수아에게 안수하

였으므로 그에게 지혜의 영이 충만하니

이스라엘 자손이 여호와께서 모세에게

명령하신 대로 여호수아의 말을 순종하

였더라

10 그 후에는 이스라엘에 모세와 같은 선

지자가 일어나지 못하였나니 모세는 여

호와께서 대면하여 아시던 자요

11 여호와께서 그를 애굽 땅에 보내사 바

로와 그의 모든 신하와 그의 온 땅에

모든 이적과 기사와

12 모든 큰 권능과 위엄을 행하게 하시매

온 이스라엘의 목전에서 그것을 행한

자이더라

여호수아

여호와께서 여호수아에게 말씀하시다

1 여호와의 종 모세가 죽은 후에 여호와

께서 모세의 수종자 눈의 아들 여호수

아에게 말씀하여 이르시되

2 내 종 모세가 죽었으니 이제 너는 이

모든 백성과 더불어 일어나 이 요단을

건너 내가 그들 곧 이스라엘 자손에게

주는 그 땅으로 가라

3 내가 모세에게 말한 바와 같이 너희 발

바닥으로 밟는 곳은 모두 내가 너희에

게 주었노니

4 곧 광야와 이 레바논에서부터 큰 강 곧

유브라데 강까지 헷 족속의 온 땅과 또

해 지는 쪽 대해까지 너희의 영토가 되

리라

5 네 평생에 너를 능히 대적할 자가 없으

리니 내가 모세와 함께 있었던 것 같이

너와 함께 있을 것임이니라 내가 너를

떠나지 아니하며 버리지 아니하리니

6 강하고 담대하라 너는 내가 그들의 조

상에게 맹세하여 그들에게 주리라 한

땅을 이 백성에게 차지하게 하리라

7 오직 강하고 극히 담대하여 나의 종

모세가 네게 명령한 그 율법을 다 지

켜 행하고 우로나 좌로나 치우치지 말

라 그리하면 어디로 가든지 형통하

리니

8 이 율법책을 네 입에서 떠나지 말게 하

며 주야로 그것을 묵상하여 그 안에 기

록된 대로 다 지켜 행하라 그리하면 네

길이 평탄하게 될 것이며 네가 형통하

리라

9 내가 네게 명령한 것이 아니냐 강하고

담대하라 두려워하지 말며 놀라지 말라

네가 어디로 가든지 네 하나님 여호와

가 너와 함께 하느니라 하시니라

여호수아가 백성에게 명령을 내리다

10 이에 여호수아가 그 백성의 관리들에게

명령하여 이르되

11 진중에 두루 다니며 그 백성에게 명령

하여 이르기를 양식을 준비하라 사흘

안에 너희가 이 요단을 건너 너희의 하

나님 여호와께서 너희에게 주사 차지하

게 하시는 땅을 차지하기 위하여 들어

갈 것임이니라 하라

12 여호수아가 또 르우벤 지파와 갓 지파

와 므낫세 반 지파에게 말하여 이르되

13 여호와의 종 모세가 너희에게 명령하여

이르기를 너희의 하나님 여호와께서 너

희에게 안식을 주시며 이 땅을 너희에

게 주시리라 하였나니 너희는 그 말을

기억하라

14 너희의 처자와 가축은 모세가 너희에게

준 요단 이쪽 땅에 머무르려니와 너희

모든 용사들은 무장하고 너희의 형제보

다 앞서 건너가서 그들을 돕되

15 여호와께서 너희를 안식하게 하신 것

같이 너희의 형제도 안식하며 그들도

너희의 하나님 여호와께서 주시는 그

땅을 차지하기까지 하라 그리고 너희

는 너희 소유지 곧 여호와의 종 모세가

너희에게 준 요단 이쪽 해 돋는 곳으로

돌아와서 그것을 차지할지니라

16 그들이 여호수아에게 대답하여 이르되

당신이 우리에게 명령하신 것은 우리가

다 행할 것이요 당신이 우리를 보내시

는 곳에는 우리가 가리이다

17 우리는 범사에 모세에게 순종한 것 같

이 당신에게 순종하려니와 오직 당신의

하나님 여호와께서 모세와 함께 계시던

것 같이 당신과 함께 계시기를 원하나

이다

18 누구든지 당신의 명령을 거역하며 당신의 말씀을 순종하지 아니하는 자는 죽임을 당하리니 오직 강하고 담대하소서

여호수아가 여리고에 정탐꾼을 보내다

2 눈의 아들 여호수아가 싯딤에서 두 사람을 정탐꾼으로 보내며 이르되 가서 그 땅과 여리고를 엿보라 하매 그들이 가서 라합이라 하는 기생의 집에 들어가 거기서 유숙하더니

2 어떤 사람이 여리고 왕에게 말하여 이르되 보소서 이 밤에 이스라엘 자손 중의 몇 사람이 이 땅을 정탐하러 이리로 들어왔나이다

3 여리고 왕이 라합에게 사람을 보내어 이르되 네게로 와서 네 집에 들어간 그 사람들을 끌어내라 그들은 이 온 땅을 정탐하러 왔느니라

4 그 여인이 그 두 사람을 이미 숨긴지라 이르되 과연 그 사람들이 내게 왔었으나 그들이 어디에서 왔는지 나는 알지 못하였고

5 그 사람들이 어두워 성문을 닫을 때쯤 되어 나갔으니 어디로 갔는지 내가 알지 못하나 급히 따라가라 그리하면 그들을 따라잡으리라 하였으나

6 그가 이미 그들을 이끌고 지붕에 올라가서 그 지붕에 벌여 놓은 삼대에 숨겼더라

7 그 사람들은 요단 나루터까지 그들을 쫓아갔고 그들을 뒤쫓는 자들이 나가자 곧 성문을 닫았더라

8 또 그들이 눕기 전에 라합이 지붕에 올라가서 그들에게 이르러

9 말하되 여호와께서 이 땅을 너희에게 주신 줄을 내가 아노라 우리가 너희를 심히 두려워하고 이 땅 주민들이 다 너

희 앞에서 간담이 녹나니

10 이는 너희가 애굽에서 나올 때에 여호

와께서 너희 앞에서 홍해 물을 마르게

하신 일과 너희가 요단 저쪽에 있는 아

모리 사람의 두 왕 시혼과 옥에게 행한

일 곧 그들을 전멸시킨 일을 우리가 들

었음이니라

11 우리가 듣자 곧 마음이 녹았고 너희로

말미암아 사람이 정신을 잃었나니 너희

의 하나님 여호와는 위로는 하늘에서도

아래로는 땅에서도 하나님이시니라

12 그러므로 이제 청하노니 내가 너희를

선대하였은즉 너희도 내 아버지의 집을

선대하도록 여호와로 내게 맹세하고 내

게 증표를 내라

13 그리고 나의 부모와 나의 남녀 형제와

그들에게 속한 모든 사람을 살려 주어

우리 목숨을 죽음에서 건져내라

14 그 사람들이 그에게 이르되 네가 우리

의 이 일을 누설하지 아니하면 우리의

목숨으로 너희를 대신할 것이요 여호와

께서 우리에게 이 땅을 주실 때에는 인

자하고 진실하게 너를 대우하리라

15 라합이 그들을 창문에서 줄로 달아 내

리니 그의 집이 성벽 위에 있으므로 그

가 성벽 위에 거주하였음이라

16 라합이 그들에게 이르되 두렵건대 뒤쫓

는 사람들이 너희와 마주칠까 하노니

너희는 산으로 가서 거기서 사흘 동안

숨어 있다가 뒤쫓는 자들이 돌아간 후

에 너희의 길을 갈지니라

17 그 사람들이 그에게 이르되 네가 우리

에게 서약하게 한 이 맹세에 대하여 우

리가 허물이 없게 하리니

18 우리가 이 땅에 들어올 때에 우리를 달

아 내린 창문에 이 붉은 줄을 매고 네

부모와 형제와 네 아버지의 가족을 다

네 집에 모으라

19 누구든지 네 집 문을 나가서 거리로 가

면 그의 피가 그의 머리로 돌아갈 것이

요 우리는 허물이 없으리라 그러나 누

구든지 너와 함께 집에 있는 자에게 손

을 대면 그의 피는 우리의 머리로 돌아

오려니와

20 네가 우리의 이 일을 누설하면 네가 우

리에게 서약하게 한 맹세에 대하여 우

리에게 허물이 없으리라 하니

21 라합이 이르되 너희의 말대로 할 것이

라 하고 그들을 보내어 가게 하고 붉은

줄을 창문에 매니라

22 그들이 가서 산에 이르러 뒤쫓는 자들

이 돌아가기까지 사흘을 거기 머물매

뒤쫓는 자들이 그들을 길에서 두루 찾

다가 찾지 못하니라

23 그 두 사람이 돌이켜 산에서 내려와 강

을 건너 눈의 아들 여호수아에게 나아

가서 그들이 겪은 모든 일을 고하고

24 또 여호수아에게 이르되 진실로 여호와

께서 그 온 땅을 우리 손에 주셨으므로

그 땅의 모든 주민이 우리 앞에서 간담

이 녹더이다 하더라

이스라엘 백성이 요단을 건너다

3 또 여호수아가 아침에 일찍이 일어나서

그와 모든 이스라엘 자손들과 더불어

싯딤에서 떠나 요단에 이르러 건너가기

전에 거기서 유숙하니라

2 사흘 후에 관리들이 진중으로 두루 다

니며

3 백성에게 명령하여 이르되 너희는 레위

사람 제사장들이 너희 하나님 여호와의

언약궤 메는 것을 보거든 너희가 있는

곳을 떠나 그 뒤를 따르라

4 그러나 너희와 그 사이 거리가 이천 규빗쯤 되게 하고 그것에 가까이 하지는 말라 그리하면 너희가 행할 길을 알리니 너희가 이전에 이 길을 지나보지 못하였음이니라 하니라

5 여호수아가 또 백성에게 이르되 너희는 자신을 성결하게 하라 여호와께서 내일 너희 가운데에 기이한 일들을 행하시리라

6 여호수아가 또 제사장들에게 말하여 이르되 언약궤를 메고 백성에 앞서 건너라 하매 곧 언약궤를 메고 백성에 앞서 나아가니라

7 여호와께서 여호수아에게 이르시되 내가 오늘부터 시작하여 너를 온 이스라엘의 목전에서 크게 하여 내가 모세와 함께 있었던 것 같이 너와 함께 있는 것을 그들이 알게 하리라

8 너는 언약궤를 멘 제사장들에게 명령하여 이르기를 너희가 요단 물 가에 이르거든 요단에 들어서라 하라

9 여호수아가 이스라엘 자손에게 이르되 이리 와서 너희의 하나님 여호와의 말씀을 들으라 하고

10 또 말하되 살아 계신 하나님이 너희 가운데에 계시사 가나안 족속과 헷 족속과 히위 족속과 브리스 족속과 기르가스 족속과 아모리 족속과 여부스 족속을 너희 앞에서 반드시 쫓아내실 줄을 이것으로서 너희가 알리라

11 보라 온 땅의 주의 언약궤가 너희 앞에서 요단을 건너가나니

12 이제 이스라엘 지파 중에서 각 지파에 한 사람씩 열두 명을 택하라

13 온 땅의 주 여호와의 궤를 멘 제사장들의 발바닥이 요단 물을 밟고 멈추면 요

단 물 곧 위에서부터 흘러내리던 물이 끊어지고 한 곳에 쌓여 서리라

14 백성이 요단을 건너려고 자기들의 장막을 떠날 때에 제사장들은 언약궤를 메고 백성 앞에서 나아가니라

15 요단이 곡식 거두는 시기에는 항상 언덕에 넘치더라 궤를 멘 자들이 요단에 이르며 궤를 멘 제사장들의 발이 물 가에 잠기자

16 곧 위에서부터 흘러내리던 물이 그쳐서 사르단에 가까운 매우 멀리 있는 아담 성읍 변두리에 일어나 한 곳에 쌓이고 아라바의 바다 염해로 향하여 흘러가는 물은 온전히 끊어지매 백성이 여리고 앞으로 바로 건널새

17 여호와의 언약궤를 멘 제사장들은 요단 가운데 마른 땅에 굳게 섰고 그 모든 백성이 요단을 건너기를 마칠 때까지 모든 이스라엘은 그 마른 땅으로 건너갔더라

길갈에 세운 열두 돌

4 그 모든 백성이 요단을 건너가기를 마치매 여호와께서 여호수아에게 말씀하여 이르시되

2 백성의 각 지파에 한 사람씩 열두 사람을 택하고

3 그들에게 명령하여 이르기를 요단 가운데 제사장들의 발이 굳게 선 그 곳에서 돌 열둘을 택하여 그것을 가져다가 오늘밤 너희가 유숙할 그 곳에 두게 하라 하시니라

4 여호수아가 이스라엘 자손 중에서 각 지파에 한 사람씩 준비한 그 열두 사람을 불러

5 그들에게 이르되 요단 가운데로 들어가 너희 하나님 여호와의 궤 앞으로 가서

이스라엘 자손들의 지파 수대로 각기

돌 한 개씩 가져다가 어깨에 메라

6 이것이 너희 중에 표징이 되리라 후일

에 너희의 자손들이 물어 이르되 이 돌

들은 무슨 뜻이냐 하거든

7 그들에게 이르기를 요단 물이 여호와의

언약궤 앞에서 끊어졌나니 곧 언약궤가

요단을 건널 때에 요단 물이 끊어졌으

므로 이 돌들이 이스라엘 자손에게 영

원히 기념이 되리라 하라 하니라

8 이스라엘 자손들이 여호수아가 명령한

대로 행하되 여호와께서 여호수아에게

이르신 대로 이스라엘 자손들의 지파의

수를 따라 요단 가운데에서 돌 열둘을

택하여 자기들이 유숙할 곳으로 가져다

가 거기에 두었더라

9 여호수아가 또 요단 가운데 곧 언약궤

를 멘 제사장들의 발이 선 곳에 돌 열

둘을 세웠더니 오늘까지 거기에 있더라

10 또 여호와께서 여호수아에게 명령하사

백성에게 말하게 하신 일 곧 모세가 여

호수아에게 명령한 일이 다 마치기까지

궤를 멘 제사장들이 요단 가운데에 서

있고 백성은 속히 건넜으며

11 모든 백성이 건너기를 마친 후에 여호

와의 궤와 제사장들이 백성의 목전에서

건넜으며

12 르우벤 자손과 갓 자손과 므낫세 반 지

파는 모세가 그들에게 이른 것 같이 무

장하고 이스라엘 자손들보다 앞서 건너

갔으니

13 무장한 사만 명 가량이 여호와 앞에서

건너가 싸우려고 여리고 평지에 이르니

라

14 그 날에 여호와께서 모든 이스라엘의

목전에서 여호수아를 크게 하시매 그가

생존한 날 동안에 백성이 그를 두려워

하기를 모세를 두려워하던 것 같이 하

였더라

15 여호와께서 여호수아에게 말씀하여 이

르시되

16 증거궤를 멘 제사장들에게 명령하여 요

단에서 올라오게 하라 하신지라

17 여호수아가 제사장들에게 명령하여 이

르기를 요단에서 올라오라 하매

18 여호와의 언약궤를 멘 제사장들이 요단

가운데에서 나오며 그 발바닥으로 육지

를 밟는 동시에 요단 물이 본 곳으로 도

로 흘러서 전과 같이 언덕에 넘쳤더라

19 첫째 달 십일에 백성이 요단에서 올라

와 여리고 동쪽 경계 길갈에 진 치매

20 여호수아가 요단에서 가져온 그 열두

돌을 길갈에 세우고

21 이스라엘 자손들에게 말하여 이르되 후

일에 너희의 자손들이 그들의 아버지에

게 묻기를 이 돌들은 무슨 뜻이니이까

하거든

22 너희는 너희의 자손들에게 알게 하여

이르기를 이스라엘이 마른 땅을 밟고

이 요단을 건넜음이라

23 너희의 하나님 여호와께서 요단 물을

너희 앞에서 마르게 하사 너희를 건너

게 하신 것이 너희의 하나님 여호와께

서 우리 앞에 홍해를 말리시고 우리를

건너게 하심과 같았나니

24 이는 땅의 모든 백성에게 여호와의 손

이 강하신 것을 알게 하며 너희가 너희

의 하나님 여호와를 항상 경외하게 하

려 하심이라 하라

5 요단 서쪽의 아모리 사람의 모든 왕들

과 해변의 가나안 사람의 모든 왕들이

여호와께서 요단 물을 이스라엘 자손들

앞에서 말리시고 우리를 건너게 하셨음을 듣고 마음이 녹았고 이스라엘 자손들 때문에 정신을 잃었더라

이스라엘이 길갈에서 할례를 받다

2 그 때에 여호와께서 여호수아에게 이르시되 너는 부싯돌로 칼을 만들어 이스라엘 자손들에게 다시 할례를 행하라 하시매

3 여호수아가 부싯돌로 칼을 만들어 할례 산에서 이스라엘 자손들에게 할례를 행하니라

4 여호수아가 할례를 시행한 까닭은 이것이니 애굽에서 나온 모든 백성 중 남자 곧 모든 군사는 애굽에서 나온 후 광야 길에서 죽었는데

5 그 나온 백성은 다 할례를 받았으나 다만 애굽에서 나온 후 광야 길에서 난 자는 할례를 받지 못하였음이라

6 이스라엘 자손들이 여호와의 음성을 청종하지 아니하므로 여호와께서 그들에게 대하여 맹세하사 그들의 조상들에게 맹세하여 우리에게 주리라고 하신 땅 곧 젖과 꿀이 흐르는 땅을 그들이 보지 못하게 하리라 하시매 애굽에서 나온 족속 곧 군사들이 다 멸절하기까지 사십 년 동안을 광야에서 헤매었더니

7 그들의 대를 잇게 하신 이 자손에게 여호수아가 할례를 행하였으니 길에서는 그들에게 할례를 행하지 못하였으므로 할례 없는 자가 되었음이었더라

8 또 그 모든 백성에게 할례 행하기를 마치매 백성이 진중 각 처소에 머물며 낫기를 기다릴 때에

9 여호와께서 여호수아에게 이르시되 내가 오늘 애굽의 수치를 너희에게서 떠나가게 하였다 하셨으므로 그 곳 이름

을 오늘까지 길갈이라 하느니라

10 또 이스라엘 자손들이 길갈에 진 쳤고 그 달 십사일 저녁에는 여리고 평지에서 유월절을 지켰으며

11 유월절 이튿날에 그 땅의 소산물을 먹되 그 날에 무교병과 볶은 곡식을 먹었더라

12 또 그 땅의 소산물을 먹은 다음 날에 만나가 그쳤으니 이스라엘 사람들이 다시는 만나를 얻지 못하였고 그 해에 가나안 땅의 소출을 먹었더라

칼을 든 여호와의 군대 대장

13 여호수아가 여리고에 가까이 이르렀을 때에 눈을 들어 본즉 한 사람이 칼을 빼어 손에 들고 마주 서 있는지라 여호수아가 나아가서 그에게 묻되 너는 우리를 위하느냐 우리의 적들을 위하느냐 하니

14 그가 이르되 아니라 나는 여호와의 군대 대장으로 지금 왔느니라 하는지라 여호수아가 얼굴을 땅에 대고 엎드려 절하고 그에게 이르되 내 주여 종에게 무슨 말씀을 하려 하시나이까

15 여호와의 군대 대장이 여호수아에게 이르되 네 발에서 신을 벗으라 네가 선 곳은 거룩하니라 하니 여호수아가 그대로 행하니라

여리고 성이 무너지다

6 이스라엘 자손들로 말미암아 여리고는 굳게 닫혔고 출입하는 자가 없더라

2 여호와께서 여호수아에게 이르시되 보라 내가 여리고와 그 왕과 용사들을 네 손에 넘겨 주었으니

3 너희 모든 군사는 그 성을 둘러 성 주위를 매일 한 번씩 돌되 엿새 동안을 그리하라

4 제사장 일곱은 일곱 양각 나팔을 잡고

언약궤 앞에서 나아갈 것이요 일곱째

날에는 그 성을 일곱 번 돌며 그 제사

장들은 나팔을 불 것이며

5 제사장들이 양각 나팔을 길게 불어 그

나팔 소리가 너희에게 들릴 때에는 백

성은 다 큰 소리로 외쳐 부를 것이라 그

리하면 그 성벽이 무너져 내리리니 백

성은 각기 앞으로 올라갈지니라 하시매

6 눈의 아들 여호수아가 제사장들을 불러

그들에게 이르되 너희는 언약궤를 메고

제사장 일곱은 양각 나팔 일곱을 잡고

여호와의 궤 앞에서 나아가라 하고

7 또 백성에게 이르되 나아가서 그 성을

돌되 무장한 자들이 여호와의 궤 앞에

서 나아갈지니라 하니라

8 여호수아가 백성에게 이르기를 마치매

제사장 일곱은 양각 나팔 일곱을 잡고

여호와 앞에서 나아가며 나팔을 불고

여호와의 언약궤는 그 뒤를 따르며

9 그 무장한 자들은 나팔 부는 제사장들

앞에서 행진하며 후군은 궤 뒤를 따르

고 제사장들은 나팔을 불며 행진하더라

10 여호수아가 백성에게 명령하여 이르되

너희는 외치지 말며 너희 음성을 들리

게 하지 말며 너희 입에서 아무 말도

내지 말라 그리하다가 내가 너희에게

명령하여 외치라 하는 날에 외칠지니라

하고

11 여호와의 궤가 그 성을 한 번 돌게 하

고 그들이 진영으로 들어와서 진영에서

자니라

12 또 여호수아가 아침에 일찍이 일어나니

제사장들이 여호와의 궤를 메고

13 제사장 일곱은 양각 나팔 일곱을 잡고

여호와의 궤 앞에서 계속 행진하며 나

팔을 불고 무장한 자들은 그 앞에 행진하며 후군은 여호와의 궤 뒤를 따르고 제사장들은 나팔을 불며 행진하니라

14 그 둘째 날에도 그 성을 한 번 돌고 진영으로 돌아오니라 엿새 동안을 이같이 행하니라

15 일곱째 날 새벽에 그들이 일찍이 일어나서 전과 같은 방식으로 그 성을 일곱 번 도니 그 성을 일곱 번 돌기는 그 날뿐이었더라

16 일곱 번째에 제사장들이 나팔을 불 때에 여호수아가 백성에게 이르되 외치라 여호와께서 너희에게 이 성을 주셨느니라

17 이 성과 그 가운데에 있는 모든 것은 여호와께 온전히 바치되 기생 라합과 그 집에 동거하는 자는 모두 살려 주라 이는 우리가 보낸 사자들을 그가 숨겨 주었음이니라

18 너희는 온전히 바치고 그 바친 것 중에서 어떤 것이든지 취하여 너희가 이스라엘 진영으로 바치는 것이 되게 하여 고통을 당하게 되지 아니하도록 오직 너희는 그 바친 물건에 손대지 말라

19 은금과 동철 기구들은 다 여호와께 구별될 것이니 그것을 여호와의 곳간에 들일지니라 하니라

20 이에 백성은 외치고 제사장들은 나팔을 불매 백성이 나팔 소리를 들을 때에 크게 소리 질러 외치니 성벽이 무너져 내린지라 백성이 각기 앞으로 나아가 그 성에 들어가서 그 성을 점령하고

21 그 성 안에 있는 모든 것을 온전히 바치되 남녀 노소와 소와 양과 나귀를 칼날로 멸하니라

22 여호수아가 그 땅을 정탐한 두 사람에

게 이르되 그 기생의 집에 들어가서 너

희가 그 여인에게 맹세한 대로 그와 그

에게 속한 모든 것을 이끌어 내라 하매

23 정탐한 젊은이들이 들어가서 라합과 그

의 부모와 그의 형제와 그에게 속한 모

든 것을 이끌어 내고 또 그의 친족도

다 이끌어 내어 그들을 이스라엘의 진

영 밖에 두고

24 무리가 그 성과 그 가운데에 있는 모든

것을 불로 사르고 은금과 동철 기구는

여호와의 집 곳간에 두었더라

25 여호수아가 기생 라합과 그의 아버지의

가족과 그에게 속한 모든 것을 살렸으

므로 그가 오늘까지 이스라엘 중에 거

주하였으니 이는 여호수아가 여리고를

정탐하려고 보낸 사자들을 숨겼음이었

더라

26 여호수아가 그 때에 맹세하게 하여 이

르되 누구든지 일어나서 이 여리고 성

을 건축하는 자는 여호와 앞에서 저주

를 받을 것이라 그 기초를 쌓을 때에

그의 맏아들을 잃을 것이요 그 문을 세

울 때에 그의 막내아들을 잃으리라 하

였더라

27 여호와께서 여호수아와 함께 하시니 여

호수아의 소문이 그 온 땅에 퍼지니라

아간의 범죄

7 이스라엘 자손들이 온전히 바친 물건으

로 말미암아 범죄하였으니 이는 유다

지파 세라의 증손 삽디의 손자 갈미의

아들 아간이 온전히 바친 물건을 가졌

음이라 여호와께서 이스라엘 자손들에

게 진노하시니라

2 여호수아가 여리고에서 사람을 벧엘 동

쪽 벧아웬 곁에 있는 아이로 보내며 그

들에게 말하여 이르되 올라가서 그 땅

을 정탐하라 하매 그 사람들이 올라가

서 아이를 정탐하고

3 여호수아에게로 돌아와 그에게 이르되

백성을 다 올라가게 하지 말고 이삼천

명만 올라가서 아이를 치게 하소서 그

들은 소수이니 모든 백성을 그리로 보

내어 수고롭게 하지 마소서 하므로

4 백성 중 삼천 명쯤 그리로 올라갔다가

아이 사람 앞에서 도망하니

5 아이 사람이 그들을 삼십육 명쯤 쳐죽

이고 성문 앞에서부터 스바림까지 쫓아

가 내려가는 비탈에서 쳤으므로 백성의

마음이 녹아 물 같이 된지라

6 여호수아가 옷을 찢고 이스라엘 장로들

과 함께 여호와의 궤 앞에서 땅에 엎드

려 머리에 티끌을 뒤집어쓰고 저물도록

있다가

7 이르되 슬프도소이다 주 여호와여 어찌

하여 이 백성을 인도하여 요단을 건너

게 하시고 우리를 아모리 사람의 손에

넘겨 멸망시키려 하셨나이까 우리가 요

단 저쪽을 만족하게 여겨 거주하였더면

좋을 뻔하였나이다

8 주여 이스라엘이 그의 원수들 앞에서

돌아섰으니 내가 무슨 말을 하오리이까

9 가나안 사람과 이 땅의 모든 사람들이

듣고 우리를 둘러싸고 우리 이름을 세

상에서 끊으리니 주의 크신 이름을 위

하여 어떻게 하시려 하나이까 하니

10 여호와께서 여호수아에게 이르시되 일

어나라 어찌하여 이렇게 엎드렸느냐

11 이스라엘이 범죄하여 내가 그들에게 명

령한 나의 언약을 어겼으며 또한 그들

이 온전히 바친 물건을 가져가고 도둑

질하며 속이고 그것을 그들의 물건들

가운데에 두었느니라

12 그러므로 이스라엘 자손들이 그들의 원수 앞에 능히 맞서지 못하고 그 앞에서 돌아섰나니 이는 그들도 온전히 바친 것이 됨이라 그 온전히 바친 물건을 너희 중에서 멸하지 아니하면 내가 다시는 너희와 함께 있지 아니하리라

13 너는 일어나서 백성을 거룩하게 하여 이르기를 너희는 내일을 위하여 스스로 거룩하게 하라 이스라엘의 하나님 여호와의 말씀에 이스라엘아 너희 가운데에 온전히 바친 물건이 있나니 너희가 그 온전히 바친 물건을 너희 가운데에서 제하기까지는 네 원수들 앞에 능히 맞서지 못하리라

14 너희는 아침에 너희의 지파대로 가까이 나아오라 여호와께 뽑히는 그 지파는 그 족속대로 가까이 나아올 것이요 여호와께 뽑히는 족속은 그 가족대로 가까이 나아올 것이요 여호와께 뽑히는 그 가족은 그 남자들이 가까이 나아올 것이며

15 온전히 바친 물건을 가진 자로 뽑힌 자를 불사르되 그와 그의 모든 소유를 그리하라 이는 여호와의 언약을 어기고 이스라엘 가운데에서 망령된 일을 행하였음이라 하셨다 하라

16 이에 여호수아가 아침 일찍이 일어나서 이스라엘을 그의 지파대로 가까이 나아오게 하였더니 유다 지파가 뽑혔고

17 유다 족속을 가까이 나아오게 하였더니 세라 족속이 뽑혔고 세라 족속의 각 남자를 가까이 나아오게 하였더니 삽디가 뽑혔고

18 삽디의 가족 각 남자를 가까이 나아오게 하였더니 유다 지파 세라의 증손이요 삽디의 손자요 갈미의 아들인 아간

이 뽑혔더라

19 그러므로 여호수아가 아간에게 이르되 내 아들아 청하노니 이스라엘의 하나님 여호와께 영광을 돌려 그 앞에 자복하고 네가 행한 일을 내게 알게 하라 그 일을 내게 숨기지 말라 하니

20 아간이 여호수아에게 대답하여 이르되 참으로 나는 이스라엘의 하나님 여호와께 범죄하여 이러이러하게 행하였나이다

21 내가 노략한 물건 중에 시날 산의 아름다운 외투 한 벌과 은 이백 세겔과 그 무게가 오십 세겔 되는 금덩이 하나를 보고 탐내어 가졌나이다 보소서 이제 그 물건들을 내 장막 가운데 땅 속에 감추었는데 은은 그 밑에 있나이다 하더라

22 이에 여호수아가 사자들을 보내매 그의 장막에 달려가 본즉 물건이 그의 장막 안에 감추어져 있는데 은은 그 밑에 있는지라

23 그들이 그것을 장막 가운데서 취하여 여호수아와 이스라엘 모든 자손에게 가지고 오매 그들이 그것을 여호와 앞에 쏟아 놓으니라

24 여호수아가 이스라엘 모든 사람과 더불어 세라의 아들 아간을 잡고 그 은과 그 외투와 그 금덩이와 그의 아들들과 그의 딸들과 그의 소들과 그의 나귀들과 그의 양들과 그의 장막과 그에게 속한 모든 것을 이끌고 아골 골짜기로 가서

25 여호수아가 이르되 네가 어찌하여 우리를 괴롭게 하였느냐 여호와께서 오늘 너를 괴롭게 하시리라 하니 온 이스라엘이 그를 돌로 치고 물건들도 돌로 치

고 불사르고

26 그 위에 돌 무더기를 크게 쌓았더니 오늘까지 있더라 여호와께서 그의 맹렬한 진노를 그치시니 그러므로 그 곳 이름을 오늘까지 아골 골짜기라 부르더라

아이 성을 점령하다

8 여호와께서 여호수아에게 이르시되 두려워하지 말라 놀라지 말라 군사를 다 거느리고 일어나 아이로 올라가라 보라 내가 아이 왕과 그의 백성과 그의 성읍과 그의 땅을 다 네 손에 넘겨 주었으니

2 너는 여리고와 그 왕에게 행한 것 같이 아이와 그 왕에게 행하되 오직 거기서 탈취할 물건과 가축은 스스로 가지라 너는 아이 성 뒤에 복병을 둘지니라 하시니

3 이에 여호수아가 일어나서 군사와 함께 아이로 올라가려 하여 용사 삼만 명을

뽑아 밤에 보내며

4 그들에게 명령하여 이르되 너희는 성읍 뒤로 가서 성읍을 향하여 매복하되 그 성읍에서 너무 멀리 하지 말고 다 스스로 준비하라

5 나와 나를 따르는 모든 백성은 다 성읍으로 가까이 가리니 그들이 처음과 같이 우리에게로 쳐 올라올 것이라 그리할 때에 우리가 그들 앞에서 도망하면

6 그들이 나와서 우리를 추격하며 이르기를 그들이 처음과 같이 우리 앞에서 도망한다 하고 우리의 유인을 받아 그 성읍에서 멀리 떠날 것이라 우리가 그들 앞에서 도망하거든

7 너희는 매복한 곳에서 일어나 그 성읍을 점령하라 너희 하나님 여호와께서 그 성읍을 너희 손에 주시리라

8 너희가 그 성읍을 취하거든 그것을 불

살라 여호와의 말씀대로 행하라 보라

내가 너희에게 명령하였느니라 하고

9 그들을 보내매 그들이 매복할 곳으로

가서 아이 서쪽 벧엘과 아이 사이에 매

복하였고 여호수아는 그 밤에 백성 가

운데에서 잤더라

10 여호수아가 아침에 일찍이 일어나 백성

을 점호하고 이스라엘 장로들과 더불어

백성에 앞서 아이로 올라가매

11 그와 함께 한 군사가 다 올라가서 그

성읍 앞에 가까이 이르러 아이 북쪽에

진 치니 그와 아이 사이에는 한 골짜기

가 있더라

12 그가 약 오천 명을 택하여 성읍 서쪽

벧엘과 아이 사이에 매복시키니

13 이와 같이 성읍 북쪽에는 온 군대가 있

고 성읍 서쪽에는 복병이 있었더라 여

호수아가 그 밤에 골짜기 가운데로 들

어가니

14 아이 왕이 이를 보고 그 성읍 백성과

함께 일찍이 일어나 급히 나가 아라바

앞에 이르러 정한 때에 이스라엘과 싸

우려 하나 성읍 뒤에 복병이 있는 줄은

알지 못하였더라

15 여호수아와 온 이스라엘이 그들 앞에서

거짓으로 패한 척하여 광야 길로 도망

하매

16 그 성읍에 있는 모든 백성이 그들을

추격하려고 모여 여호수아를 추격하

며 유인함을 받아 아이 성읍을 멀리 떠

나니

17 아이와 벧엘에 이스라엘을 따라가지 아

니한 자가 하나도 없으며 성문을 열어

놓고 이스라엘을 추격하였더라

18 여호와께서 여호수아에게 이르시되 네

손에 잡은 단창을 들어 아이를 가리키

라 내가 이 성읍을 네 손에 넘겨 주리

라 여호수아가 그의 손에 잡은 단창을

들어 그 성읍을 가리키니

19 그의 손을 드는 순간에 복병이 그들의

자리에서 급히 일어나 성읍으로 달려

들어가서 점령하고 곧 성읍에 불을 놓

았더라

20 아이 사람이 뒤를 돌아본즉 그 성읍에

연기가 하늘에 닿은 것이 보이니 이 길

로도 저 길로도 도망할 수 없이 되었고

광야로 도망하던 이스라엘 백성은 그

추격하던 자에게로 돌아섰더라

21 여호수아와 온 이스라엘이 그 복병이

성읍을 점령함과 성읍에 연기가 오름을

보고 다시 돌이켜 아이 사람들을 쳐죽

이고

22 복병도 성읍에서 나와 그들을 치매 그

들이 이스라엘 중간에 든지라 어떤 사

람들은 이쪽에서 어떤 사람들은 저쪽에

서 쳐죽여서 한 사람도 남거나 도망하

지 못하게 하였고

23 아이 왕을 사로잡아 여호수아 앞으로

끌어 왔더라

24 이스라엘이 자기들을 광야로 추격하던

모든 아이 주민을 들에서 죽이되 그들

을 다 칼날에 엎드러지게 하여 진멸하

기를 마치고 온 이스라엘이 아이로 돌

아와서 칼날로 죽이매

25 그 날에 엎드러진 아이 사람들은 남녀

가 모두 만 이천 명이라

26 아이 주민들을 진멸하여 바치기까지 여

호수아가 단창을 잡아 든 손을 거두지

아니하였고

27 오직 그 성읍의 가축과 노략한 것은 여

호와께서 여호수아에게 명령하신 대로

이스라엘이 탈취하였더라

28 이에 여호수아가 아이를 불살라 그것으로 영원한 무더기를 만들었더니 오늘까지 황폐하였으며

29 그가 또 아이 왕을 저녁 때까지 나무에 달았다가 해 질 때에 명령하여 그의 시체를 나무에서 내려 그 성문 어귀에 던지고 그 위에 돌로 큰 무더기를 쌓았더니 그것이 오늘까지 있더라

에발 산에서 율법을 낭독하다

30 그 때에 여호수아가 이스라엘의 하나님 여호와를 위하여 에발 산에 한 제단을 쌓았으니

31 이는 여호와의 종 모세가 이스라엘 자손에게 명령한 것과 모세의 율법책에 기록된 대로 쇠 연장으로 다듬지 아니한 새 돌로 만든 제단이라 무리가 여호와께 번제물과 화목제물을 그 위에 드렸으며

32 여호수아가 거기서 모세가 기록한 율법을 이스라엘 자손의 목전에서 그 돌에 기록하매

33 온 이스라엘과 그 장로들과 관리들과 재판장들과 본토인뿐 아니라 이방인까지 여호와의 언약궤를 멘 레위 사람 제사장들 앞에서 궤의 좌우에 서되 절반은 그리심 산 앞에, 절반은 에발 산 앞에 섰으니 이는 전에 여호와의 종 모세가 이스라엘 백성에게 축복하라고 명령한 대로 함이라

34 그 후에 여호수아가 율법책에 기록된 모든 것 대로 축복과 저주하는 율법의 모든 말씀을 낭독하였으니

35 모세가 명령한 것은 여호수아가 이스라엘 온 회중과 여자들과 아이와 그들 중에 동행하는 거류민들 앞에서 낭독하지 아니한 말이 하나도 없었더라

기브온 주민들이 여호수아를 속이다

9 이 일 후에 요단 서쪽 산지와 평지와

레바논 앞 대해 연안에 있는 헷 사람과

아모리 사람과 가나안 사람과 브리스

사람과 히위 사람과 여부스 사람의 모

든 왕들이 이 일을 듣고

2 모여서 일심으로 여호수아와 이스라엘

에 맞서서 싸우려 하더라

3 기브온 주민들이 여호수아가 여리고와

아이에 행한 일을 듣고

4 꾀를 내어 사신의 모양을 꾸미되 해어

진 전대와 해어지고 찢어져서 기운 가

죽 포도주 부대를 나귀에 싣고

5 그 발에는 낡아서 기운 신을 신고 낡은

옷을 입고 다 마르고 곰팡이가 난 떡을

준비하고

6 그들이 길갈 진영으로 가서 여호수아에

게 이르러 그와 이스라엘 사람들에게

이르되 우리는 먼 나라에서 왔나이다

이제 우리와 조약을 맺읍시다 하니

7 이스라엘 사람들이 히위 사람에게 이르

되 너희가 우리 가운데에 거주하는 듯

하니 우리가 어떻게 너희와 조약을 맺

을 수 있으랴 하나

8 그들이 여호수아에게 이르되 우리는 당

신의 종들이니이다 하매 여호수아가 그

들에게 묻되 너희는 누구며 어디서 왔

느냐 하니

9 그들이 여호수아에게 대답하되 종들은

당신의 하나님 여호와의 이름으로 말미

암아 심히 먼 나라에서 왔사오니 이는

우리가 그의 소문과 그가 애굽에서 행

하신 모든 일을 들으며

10 또 그가 요단 동쪽에 있는 아모리 사람

의 두 왕들 곧 헤스본 왕 시혼과 아스

다롯에 있는 바산 왕 옥에게 행하신 모

든 일을 들었음이니이다

11 그러므로 우리 장로들과 우리 나라의

모든 주민이 우리에게 말하여 이르되

너희는 여행할 양식을 손에 가지고 가

서 그들을 만나서 그들에게 이르기를

우리는 당신들의 종들이니 이제 우리와

조약을 맺읍시다 하라 하였나이다

12 우리의 이 떡은 우리가 당신들에게로

오려고 떠나던 날에 우리들의 집에서

아직도 뜨거운 것을 양식으로 가지고

왔으나 보소서 이제 말랐고 곰팡이가

났으며

13 또 우리가 포도주를 담은 이 가죽 부대

도 새 것이었으나 찢어지게 되었으며

우리의 이 옷과 신도 여행이 매우 길었

으므로 낡아졌나이다 한지라

14 무리가 그들의 양식을 취하고는 어떻게

할지를 여호와께 묻지 아니하고

15 여호수아가 곧 그들과 화친하여 그들을

살리리라는 조약을 맺고 회중 족장들이

그들에게 맹세하였더라

16 그들과 조약을 맺은 후 사흘이 지나서

야 그들이 이웃에서 자기들 중에 거주

하는 자들이라 함을 들으니라

17 이스라엘 자손이 행군하여 셋째 날에

그들의 여러 성읍들에 이르렀으니 그들

의 성읍들은 기브온과 그비라와 브에롯

과 기럇여아림이라

18 그러나 회중 족장들이 이스라엘의 하나

님 여호와로 그들에게 맹세했기 때문에

이스라엘 자손이 그들을 치지 못한지라

그러므로 회중이 다 족장들을 원망하니

19 모든 족장이 온 회중에게 이르되 우리

가 이스라엘의 하나님 여호와로 그들에

게 맹세하였은즉 이제 그들을 건드리지

못하리라

20 우리가 그들에게 맹세한 맹약으로 말미암아 진노가 우리에게 임할까 하노니 이렇게 행하여 그들을 살리리라 하고

21 무리에게 이르되 그들을 살리라 하니 족장들이 그들에게 이른 대로 그들이 온 회중을 위하여 나무를 패며 물을 긷는 자가 되었더라

22 여호수아가 그들을 불러다가 말하여 이르되 너희가 우리 가운데에 거주하면서 어찌하여 심히 먼 곳에서 왔다고 하여 우리를 속였느냐

23 그러므로 너희가 저주를 받나니 너희가 대를 이어 종이 되어 다 내 하나님의 집을 위하여 나무를 패며 물을 긷는 자가 되리라 하니

24 그들이 여호수아에게 대답하여 이르되 당신의 하나님 여호와께서 그의 종 모세에게 명령하사 이 땅을 다 당신들에게 주고 이 땅의 모든 주민을 당신들 앞에서 멸하라 하신 것이 당신의 종들에게 분명히 들리므로 당신들로 말미암아 우리의 목숨을 잃을까 심히 두려워하여 이같이 하였나이다

25 보소서 이제 우리가 당신의 손에 있으니 당신의 의향에 좋고 옳은 대로 우리에게 행하소서 한지라

26 여호수아가 곧 그대로 그들에게 행하여 그들을 이스라엘 자손의 손에서 건져서 죽이지 못하게 하니라

27 그 날에 여호수아가 그들을 여호와께서 택하신 곳에서 회중을 위하며 여호와의 제단을 위하여 나무를 패며 물을 긷는 자들로 삼았더니 오늘까지 이르니라

여호수아가 기브온을 구하다

10 그 때에 여호수아가 아이를 빼앗아 진멸하되 여리고와 그 왕에게 행한 것 같

이 아이와 그 왕에게 행한 것과 또 기

브온 주민이 이스라엘과 화친하여 그

중에 있다 함을 예루살렘 왕 아도니세

덱이 듣고

2 크게 두려워하였으니 이는 기브온은 왕

도와 같은 큰 성임이요 아이보다 크고

그 사람들은 다 강함이라

3 예루살렘 왕 아도니세덱이 헤브론 왕

호함과 야르뭇 왕 비람과 라기스 왕 야

비아와 에글론 왕 드빌에게 보내어 이

르되

4 내게로 올라와 나를 도우라 우리가 기

브온을 치자 이는 기브온이 여호수아와

이스라엘 자손과 더불어 화친하였음이

니라 하매

5 아모리 족속의 다섯 왕들 곧 예루살렘

왕과 헤브론 왕과 야르뭇 왕과 라기스

왕과 에글론 왕이 함께 모여 자기들의

모든 군대를 거느리고 올라와 기브온에

대진하고 싸우니라

6 기브온 사람들이 길갈 진영에 사람을

보내어 여호수아에게 전하되 당신의 종

들 돕기를 더디게 하지 마시고 속히 우

리에게 올라와 우리를 구하소서 산지에

거주하는 아모리 사람의 왕들이 다 모

여 우리를 치나이다 하매

7 여호수아가 모든 군사와 용사와 더불어

길갈에서 올라가니라

8 그 때에 여호와께서 여호수아에게 이르

시되 그들을 두려워하지 말라 내가 그

들을 네 손에 넘겨 주었으니 그들 중에

서 한 사람도 너를 당할 자 없으리라

하신지라

9 여호수아가 길갈에서 밤새도록 올라가

갑자기 그들에게 이르니

10 여호와께서 그들을 이스라엘 앞에서 패

하게 하시므로 여호수아가 그들을 기브

온에서 크게 살륙하고 벧호론에 올라가

는 비탈에서 추격하여 아세가와 막게다

까지 이르니라

11 그들이 이스라엘 앞에서 도망하여 벧호

론의 비탈에서 내려갈 때에 여호와께서

하늘에서 큰 우박 덩이를 아세가에 이

르기까지 내리시매 그들이 죽었으니 이

스라엘 자손의 칼에 죽은 자보다 우박

에 죽은 자가 더 많았더라

12 여호와께서 아모리 사람을 이스라엘 자

손에게 넘겨 주시던 날에 여호수아가

여호와께 아뢰어 이스라엘의 목전에서

이르되 태양아 너는 기브온 위에 머무

르라 달아 너도 아얄론 골짜기에서 그

리할지어다 하매

13 태양이 머물고 달이 멈추기를 백성이

그 대적에게 원수를 갚기까지 하였느니

라 야살의 책에 태양이 중천에 머물러

서 거의 종일토록 속히 내려가지 아니

하였다고 기록되지 아니하였느냐

14 여호와께서 사람의 목소리를 들으신 이

같은 날은 전에도 없었고 후에도 없었

나니 이는 여호와께서 이스라엘을 위하

여 싸우셨음이니라

15 여호수아가 온 이스라엘과 더불어 길갈

진영으로 돌아왔더라

아모리의 모든 왕과 땅을 취하다

16 그 다섯 왕들이 도망하여 막게다의 굴

에 숨었더니

17 어떤 사람이 여호수아에게 고하여 이르

되 막게다의 굴에 그 다섯 왕들이 숨은

것을 발견하였나이다 하니

18 여호수아가 이르되 굴 어귀에 큰 돌을

굴려 막고 사람을 그 곁에 두어 그들을

지키게 하고

19 너희는 지체하지 말고 너희 대적의 뒤를 따라가 그 후군을 쳐서 그들이 자기들의 성읍에 들어가지 못하게 하라 너희 하나님 여호와께서 그들을 너희 손에 넘겨 주셨느니라 하고

20 여호수아와 이스라엘 자손이 그들을 크게 살륙하여 거의 멸하였고 그 남은 몇 사람은 견고한 성들로 들어간 고로

21 모든 백성이 평안히 막게다 진영으로 돌아와 여호수아에게 이르렀더니 혀를 놀려 이스라엘 자손을 대적하는 자가 없었더라

22 그 때에 여호수아가 이르되 굴 어귀를 열고 그 굴에서 그 다섯 왕들을 내게로 끌어내라 하매

23 그들이 그대로 하여 그 다섯 왕들 곧 예루살렘 왕과 헤브론 왕과 야르못 왕과 라기스 왕과 에글론 왕을 굴에서 그에게로 끌어내니라

24 그 왕들을 여호수아에게로 끌어내매 여호수아가 이스라엘 모든 사람을 부르고 자기와 함께 갔던 지휘관들에게 이르되 가까이 와서 이 왕들의 목을 발로 밟으라 하매 그들이 가까이 가서 그들의 목을 밟으매

25 여호수아가 그들에게 이르되 두려워하지 말며 놀라지 말고 강하고 담대하라 너희가 맞서서 싸우는 모든 대적에게 여호와께서 다 이와 같이 하시리라 하고

26 그 후에 여호수아가 그 왕들을 쳐죽여 다섯 나무에 매달고 저녁까지 나무에 달린 채로 두었다가

27 해 질 때에 여호수아가 명령하매 그들의 시체를 나무에서 내려 그들이 숨었던 굴 안에 던지고 굴 어귀를 큰 돌로

막았더니 오늘까지 그대로 있더라

28 그 날에 여호수아가 막게다를 취하고 칼날로 그 성읍과 왕을 쳐서 그 성읍과 그 중에 있는 모든 사람을 진멸하여 바치고 한 사람도 남기지 아니하였으니 막게다 왕에게 행한 것이 여리고 왕에게 행한 것과 같았더라

29 여호수아가 온 이스라엘과 더불어 막게다에서 립나로 나아가서 립나와 싸우매

30 여호와께서 또 그 성읍과 그 왕을 이스라엘의 손에 붙이신지라 칼날로 그 성읍과 그 중의 모든 사람을 쳐서 멸하여 한 사람도 남기지 아니하였으니 그 왕에게 행한 것이 여리고 왕에게 행한 것과 같았더라

31 여호수아가 또 온 이스라엘과 더불어 립나에서 라기스로 나아가서 대진하고 싸우더니

32 여호와께서 라기스를 이스라엘의 손에 넘겨 주신지라 이튿날에 그 성읍을 점령하고 칼날로 그것과 그 안의 모든 사람을 쳐서 멸하였으니 립나에 행한 것과 같았더라

33 그 때에 게셀 왕 호람이 라기스를 도우려고 올라오므로 여호수아가 그와 그의 백성을 쳐서 한 사람도 남기지 아니하였더라

34 여호수아가 온 이스라엘과 더불어 라기스에서 에글론으로 나아가서 대진하고 싸워

35 그 날에 그 성읍을 취하고 칼날로 그것을 쳐서 그 중에 있는 모든 사람을 당일에 진멸하여 바쳤으니 라기스에 행한 것과 같았더라

36 여호수아가 또 온 이스라엘과 더불어 에글론에서 헤브론으로 올라가서 싸워

37 그 성읍을 점령하고 그것과 그 왕과 그 속한 성읍들과 그 중의 모든 사람을 칼날로 쳐서 하나도 남기지 아니하였으니 그 성읍들과 그 중의 모든 사람을 진멸하여 바친 것이 에글론에 행한 것과 같았더라

38 여호수아가 온 이스라엘과 더불어 돌아와서 드빌에 이르러 싸워

39 그 성읍과 그 왕과 그 속한 성읍들을 점령하고 칼날로 그 성읍을 쳐서 그 안의 모든 사람을 진멸하여 바치고 하나도 남기지 아니하였으니 드빌과 그 왕에게 행한 것이 헤브론에 행한 것과 같았으며 립나와 그 왕에게 행한 것과 같았더라

40 이와 같이 여호수아가 그 온 땅 곧 산지와 네겝과 평지와 경사지와 그 모든 왕을 쳐서 하나도 남기지 아니하고 호흡이 있는 모든 자는 다 진멸하여 바쳤으니 이스라엘의 하나님 여호와께서 명령하신 것과 같았더라

41 여호수아가 또 가데스 바네아에서 가사까지와 온 고센 땅을 기브온에 이르기까지 치매

42 이스라엘의 하나님 여호와께서 이스라엘을 위하여 싸우셨으므로 여호수아가 이 모든 왕들과 그들의 땅을 단번에 빼앗으니라

43 여호수아가 온 이스라엘과 더불어 길갈 진영으로 돌아왔더라

가나안 북방을 취하다

11 하솔 왕 야빈이 이 소식을 듣고 마돈 왕 요밥과 시므론 왕과 악삽 왕과

2 및 북쪽 산지와 긴네롯 남쪽 아라바와 평지와 서쪽 돌의 높은 곳에 있는 왕들과

3 동쪽과 서쪽의 가나안 족속과 아모리

족속과 헷 족속과 브리스 족속과 산지

의 여부스 족속과 미스바 땅 헤르몬 산

아래 히위 족속에게 사람을 보내매

4 그들이 그 모든 군대를 거느리고 나왔

으니 백성이 많아 해변의 수많은 모래

같고 말과 병거도 심히 많았으며

5 이 왕들이 모두 모여 나아와서 이스라

엘과 싸우려고 메롬 물 가에 함께 진

쳤더라

6 여호와께서 여호수아에게 이르시되 그

들로 말미암아 두려워하지 말라 내일

이맘때에 내가 그들을 이스라엘 앞에

넘겨 주어 몰살시키리니 너는 그들의

말 뒷발의 힘줄을 끊고 그들의 병거를

불사르라 하시니라

7 이에 여호수아가 모든 군사와 함께 메

롬 물 가로 가서 갑자기 습격할 때에

8 여호와께서 그들을 이스라엘의 손에 넘

겨 주셨기 때문에 그들을 격파하고 큰

시돈과 미스르봇 마임까지 추격하고 동

쪽으로는 미스바 골짜기까지 추격하여

한 사람도 남기지 아니하고 쳐죽이고

9 여호수아가 여호와께서 자기에게 명령

하신 대로 행하여 그들의 말 뒷발의 힘

줄을 끊고 그들의 병거를 불로 살랐더라

10 하솔은 본래 그 모든 나라의 머리였더

니 그 때에 여호수아가 돌아와서 하솔

을 취하고 그 왕을 칼날로 쳐죽이고

11 그 가운데 모든 사람을 칼날로 쳐서 진

멸하여 호흡이 있는 자는 하나도 남기

지 아니하였고 또 하솔을 불로 살랐고

12 여호수아가 그 왕들의 모든 성읍과 그

모든 왕을 붙잡아 칼날로 쳐서 진멸하

여 바쳤으니 여호와의 종 모세가 명령

한 것과 같이 하였으되

13 여호수아가 하솔만 불살랐고 산 위에

세운 성읍들은 이스라엘이 불사르지 아

니하였으며

14 이 성읍들의 모든 재물과 가축은 이스

라엘 자손들이 탈취하고 모든 사람은

칼날로 쳐서 멸하여 호흡이 있는 자는

하나도 남기지 아니하였으니

15 여호와께서 그의 종 모세에게 명령하신

것을 모세는 여호수아에게 명령하였고

여호수아는 그대로 행하여 여호와께서

모세에게 명하신 모든 것을 하나도 행

하지 아니한 것이 없었더라

여호수아가 취한 지역

16 여호수아가 이같이 그 온 땅 곧 산지

와 온 네겝과 고센 온 땅과 평지와 아

라바와 이스라엘 산지와 평지를 점령

하였으니

17 곧 세일로 올라가는 할락 산에서부터

헤르몬 산 아래 레바논 골짜기의 바알

갓 까지라 그들의 왕들을 모두 잡아 쳐

죽였으며

18 여호수아가 그 모든 왕들과 싸운 지가

오랫동안이라

19 기브온 주민 히위 족속 외에는 이스라엘

자손과 화친한 성읍이 하나도 없고 이

스라엘 자손이 싸워서 다 점령하였으니

20 그들의 마음이 완악하여 이스라엘을 대

적하여 싸우러 온 것은 여호와께서 그

리하게 하신 것이라 그들을 진멸하여

바치게 하여 은혜를 입지 못하게 하시

고 여호와께서 모세에게 명령하신 대로

그들을 멸하려 하심이었더라

21 그 때에 여호수아가 가서 산지와 헤브

론과 드빌과 아납과 유다 온 산지와 이

스라엘의 온 산지에서 아낙 사람들을

멸절하고 그가 또 그들의 성읍들을 진

멸하여 바쳤으므로

22 이스라엘 자손의 땅에는 아낙 사람들이

하나도 남지 아니하였고 가사와 가드와

아스돗에만 남았더라

23 이와 같이 여호수아가 여호와께서 모세

에게 말씀하신 대로 그 온 땅을 점령하

여 이스라엘 지파의 구분에 따라 기업

으로 주매 그 땅에 전쟁이 그쳤더라

모세가 정복한 왕들

12 이스라엘 자손이 요단 저편 해 돋는 쪽

곧 아르논 골짜기에서 헤르몬 산까지의

동쪽 온 아라바를 차지하고 그 땅에서

쳐죽인 왕들은 이러하니라

2 시혼은 헤스본에 거주하던 아모리 족속

의 왕이라 그가 다스리던 땅은 아르논

골짜기 가에 있는 아로엘에서부터 골짜

기 가운데 성읍과 길르앗 절반 곧 암몬

자손의 경계 얍복 강까지이며

3 또 동방 아라바 긴네롯 바다까지이며

또 동방 아라바의 바다 곧 염해의 벧여

시못으로 통한 길까지와 남쪽으로 비스

가 산기슭까지이며

4 옥은 르바의 남은 족속으로서 아스다롯

과 에드레이에 거주하던 바산의 왕이라

5 그가 다스리던 땅은 헤르몬 산과 살르

가와 온 바산과 및 그술 사람과 마아가

사람의 경계까지의 길르앗 절반이니 헤

스본 왕 시혼의 경계에 접한 곳이라

6 여호와의 종 모세와 이스라엘 자손이

그들을 치고 여호와의 종 모세가 그 땅

을 르우벤 사람과 갓 사람과 므낫세 반

지파에게 기업으로 주었더라

여호수아가 정복한 왕들

7 여호수아와 이스라엘 자손이 요단 이

편 곧 서쪽 레바논 골짜기의 바알갓에

서부터 세일로 올라가는 곳 할락 산까

지 쳐서 멸한 그 땅의 왕들은 이러하

니라 (그 땅을 여호수아가 이스라엘의 지파들에게 구분에 따라 소유로 주었으니

8 곧 산지와 평지와 아라바와 경사지와 광야와 네겝 곧 헷 족속과 아모리 족속과 가나안 족속과 브리스 족속과 히위 족속과 여부스 족속의 땅이라)

9 하나는 여리고 왕이요 하나는 벧엘 곁의 아이 왕이요

10 하나는 예루살렘 왕이요 하나는 헤브론 왕이요 하나는 야르뭇 왕이요

11 하나는 라기스 왕이요

12 하나는 에글론 왕이요 하나는 게셀 왕이요

13 하나는 드빌 왕이요 하나는 게델 왕이요

14 하나는 호르마 왕이요 하나는 아랏 왕이요

15 하나는 립나 왕이요 하나는 아둘람 왕

16 하나는 막게다 왕이요 하나는 벧엘 왕이요

17 하나는 답부아 왕이요 하나는 헤벨 왕이요

18 하나는 아벡 왕이요 하나는 랏사론 왕이요

19 하나는 마돈 왕이요 하나는 하솔 왕이요

20 하나는 시므론 므론 왕이요 하나는 악삽 왕이요

21 하나는 다아낙 왕이요 하나는 므깃도 왕이요

22 하나는 게데스 왕이요 하나는 갈멜의 욕느암 왕이요

23 하나는 돌의 높은 곳의 돌 왕이요 하나는 길갈의 고임 왕이요

24 하나는 디르사 왕이라 모두 서른한 왕이었더라

정복하지 못한 지역

13 여호수아가 나이가 많아 늙으매 여호와께서 그에게 이르시되 너는 나이가 많아 늙었고 얻을 땅이 매우 많이 남아 있도다

2 이 남은 땅은 이러하니 블레셋 사람의 모든 지역과 그술 족속의 모든 지역

3 곧 애굽 앞 시홀 시내에서부터 가나안 사람에게 속한 북쪽 에그론 경계까지와 블레셋 사람의 다섯 통치자들의 땅 곧 가사 족속과 아스돗 족속과 아스글론 족속과 가드 족속과 에그론 족속과 또 남쪽 아위 족속의 땅과

4 또 가나안 족속의 모든 땅과 시돈 사람에게 속한 므아라와 아모리 족속의 경계 아벡까지와

5 또 그발 족속의 땅과 해 뜨는 곳의 온 레바논 곧 헤르몬 산 아래 바알갓에서부터 하맛에 들어가는 곳까지와

6 또 레바논에서부터 미스르봇마임까지 산지의 모든 주민 곧 모든 시돈 사람의 땅이라 내가 그들을 이스라엘 자손 앞에서 쫓아내리니 너는 내가 명령한 대로 그 땅을 이스라엘에게 분배하여 기업이 되게 하되

7 너는 이 땅을 아홉 지파와 므낫세 반 지파에게 나누어 기업이 되게 하라 하셨더라

요단 동쪽 기업의 분배

8 므낫세 반 지파와 함께 르우벤 족속과 갓 족속은 요단 저편 동쪽에서 그들의 기업을 모세에게 받았는데 여호와의 종 모세가 그들에게 준 것은 이러하니

9 곧 아르논 골짜기 가에 있는 아로엘에서부터 골짜기 가운데에 있는 성읍과 디본까지 이르는 메드바 온 평지와

10 헤스본에서 다스리던 아모리 족속의 왕 시혼의 모든 성읍 곧 암몬 자손의 경계까지와

11 길르앗과 및 그술 족속과 마아갓 족속의 지역과 온 헤르몬 산과 살르가까지 온 바산

12 곧 르바의 남은 족속으로서 아스다롯과 에드레이에서 다스리던 바산 왕 옥의 온 나라라 모세가 이 땅의 사람들을 쳐서 쫓아냈어도

13 그술 족속과 마아갓 족속은 이스라엘 자손이 쫓아내지 아니하였으므로 그술과 마아갓이 오늘까지 이스라엘 가운데에서 거주하니라

14 오직 레위 지파에게는 여호수아가 기업으로 준 것이 없었으니 이는 그에게 말씀하신 것과 같이 이스라엘의 하나님 여호와께 드리는 화제물이 그들의 기업이 되었음이더라

르우벤 자손의 기업

15 모세가 르우벤 자손의 지파에게 그들의 가족을 따라서 기업을 주었으니

16 그들의 지역은 아르논 골짜기 가에 있는 아로엘에서부터 골짜기 가운데 있는 성읍과 메드바 곁에 있는 온 평지와

17 헤스본과 그 평지에 있는 모든 성읍 곧 디본과 바못 바알과 벧 바알 므온과

18 야하스와 그데못과 메바앗과

19 기랴다임과 십마와 골짜기의 언덕에 있는 세렛 사할과

20 벳브올과 비스가 산기슭과 벧여시못과

21 평지 모든 성읍과 헤스본에서 다스리던 아모리 족속의 왕 시혼의 온 나라라 모세가 시혼을 그 땅에 거주하는 시혼의 군주들 곧 미디안의 귀족 에위와 레겜과 술과 훌과 레바와 함께 죽였으며

22 이스라엘 자손이 그들을 살륙하는 중에

브올의 아들 점술가 발람도 칼날로 죽

였더라

23 르우벤 자손의 서쪽 경계는 요단과 그

강 가라 이상은 르우벤 자손의 기업으

로 그 가족대로 받은 성읍들과 주변 마

을들이니라

갓 자손의 기업

24 모세가 갓 지파 곧 갓 자손에게도 그들

의 가족을 따라서 기업을 주었으니

25 그들의 지역은 야셀과 길르앗 모든 성

읍과 암몬 자손의 땅 절반 곧 랍바 앞

의 아로엘까지와

26 헤스본에서 라맛 미스베와 브도님까지

와 마하나임에서 드빌 지역까지와

27 골짜기에 있는 벧 하람과 벧니므라와

숙곳과 사본 곧 헤스본 왕 시혼의 나라

의 남은 땅 요단과 그 강 가에서부터

요단 동쪽 긴네렛 바다의 끝까지라

28 이는 갓 자손의 기업으로 그들의 가족

대로 받은 성읍들과 주변 마을들이니라

동쪽 므낫세 자손의 기업

29 모세가 므낫세 반 지파에게 기업을 주

었으되 므낫세 자손의 반 지파에게 그

들의 가족대로 주었으니

30 그 지역은 마하나임에서부터 온 바산

곧 바산 왕 옥의 온 나라와 바산에 있

는 야일의 모든 고을 육십 성읍과

31 길르앗 절반과 바산 왕 옥의 나라 성읍

아스다롯과 에드레이라 이는 므낫세의

아들 마길의 자손에게 돌린 것이니 곧

마길 자손의 절반이 그들의 가족대로

받으니라

32 요단 동쪽 여리고 맞은편 모압 평지에

서 모세가 분배한 기업이 이러하여도

33 오직 레위 지파에게는 모세가 기업을

주지 아니하였으니 이는 그들에게 말씀

하신 것과 같이 이스라엘의 하나님 여

호와께서 그들의 기업이 되심이었더라

요단 서쪽 기업의 분배

14 이것은 이스라엘 자손이 가나안 땅에서

받은 기업 곧 제사장 엘르아살과 눈의

아들 여호수아와 이스라엘 자손 지파의

족장들이 분배한 것이니라

2 여호와께서 모세에게 명령하신 대로 그

들의 기업을 제비 뽑아 아홉 지파와 반

지파에게 주었으니

3 이는 두 지파와 반 지파의 기업은 모세

가 요단 저쪽에서 주었음이요 레위 자

손에게는 그들 가운데에서 기업을 주지

아니하였으니

4 이는 요셉의 자손이 므낫세와 에브라임

의 두 지파가 되었음이라 이 땅에서 레

위 사람에게 아무 분깃도 주지 아니하

고 다만 거주할 성읍들과 가축과 재산

을 위한 목초지만 주었으니

5 이스라엘 자손이 여호와께서 모세에게

명령하신 것과 같이 행하여 그 땅을 나

누었더라

갈렙이 헤브론을 기업으로 받다

6 그 때에 유다 자손이 길갈에 있는 여호

수아에게 나아오고 그니스 사람 여분네

의 아들 갈렙이 여호수아에게 말하되

여호와께서 가데스 바네아에서 나와 당

신에게 대하여 하나님의 사람 모세에게

이르신 일을 당신이 아시는 바라

7 내 나이 사십 세에 여호와의 종 모세가

가데스 바네아에서 나를 보내어 이 땅

을 정탐하게 하였으므로 내가 성실한

마음으로 그에게 보고하였고

8 나와 함께 올라갔던 내 형제들은 백성

의 간담을 녹게 하였으나 나는 내 하나

님 여호와께 충성하였으므로

9 그 날에 모세가 맹세하여 이르되 네가 내 하나님 여호와께 충성하였은즉 네 발로 밟는 땅은 영원히 너와 네 자손의 기업이 되리라 하였나이다

10 이제 보소서 여호와께서 이 말씀을 모세에게 이르신 때로부터 이스라엘이 광야에서 방황한 이 사십오 년 동안을 여호와께서 말씀하신 대로 나를 생존하게 하셨나이다 오늘 내가 팔십오 세로되

11 모세가 나를 보내던 날과 같이 오늘도 내가 여전히 강건하니 내 힘이 그 때나 지금이나 같아서 싸움에나 출입에 감당할 수 있으니

12 그 날에 여호와께서 말씀하신 이 산지를 지금 내게 주소서 당신도 그 날에 들으셨거니와 그 곳에는 아낙 사람이 있고 그 성읍들은 크고 견고할지라도

여호와께서 나와 함께 하시면 내가 여호와께서 말씀하신 대로 그들을 쫓아내리이다 하니

13 여호수아가 여분네의 아들 갈렙을 위하여 축복하고 헤브론을 그에게 주어 기업을 삼게 하매

14 헤브론이 그니스 사람 여분네의 아들 갈렙의 기업이 되어 오늘까지 이르렀으니 이는 그가 이스라엘의 하나님 여호와를 온전히 좇았음이라

15 헤브론의 옛 이름은 기럇 아르바라 아르바는 아낙 사람 가운데에서 가장 큰 사람이었더라 그리고 그 땅에 전쟁이 그쳤더라

유다 자손의 땅

15 또 유다 자손의 지파가 그들의 가족대로 제비 뽑은 땅의 남쪽으로는 에돔 경계에 이르고 또 남쪽 끝은 신 광야까

지라

2 또 그들의 남쪽 경계는 염해의 끝 곧 남향한 해만에서부터

3 아그랍빔 비탈 남쪽으로 지나 신에 이르고 가데스 바네아 남쪽으로 올라가서 헤스론을 지나며 아달로 올라가서 돌이켜 갈가에 이르고

4 거기서 아스몬에 이르러 애굽 시내로 나아가 바다에 이르러 경계의 끝이 되나니 이것이 너희 남쪽 경계가 되리라

5 그 동쪽 경계는 염해이니 요단 끝까지요 그 북쪽 경계는 요단 끝에 있는 해만에서부터

6 벧 호글라로 올라가서 벧 아라바 북쪽을 지나 르우벤 자손 보한의 돌에 이르고

7 또 아골 골짜기에서부터 드빌을 지나 북쪽으로 올라가서 그 강 남쪽에 있는 아둠밈 비탈 맞은편 길갈을 향하고 나

아가 엔 세메스 물들을 지나 엔로겔에 이르며

8 또 힌놈의 아들의 골짜기로 올라가서 여부스 곧 예루살렘 남쪽 어깨에 이르며 또 힌놈의 골짜기 앞 서쪽에 있는 산 꼭대기로 올라가나니 이곳은 르바임 골짜기 북쪽 끝이며

9 또 이 산 꼭대기에서부터 넵도아 샘물까지 이르러 에브론 산 성읍들로 나아가고 또 바알라 곧 기럇 여아림으로 접어들며

10 또 바알라에서부터 서쪽으로 돌이켜 세일 산에 이르러 여아림 산 곧 그살론 곁 북쪽에 이르고 또 벧 세메스로 내려가서 딤나를 지나고

11 또 에그론 비탈 북쪽으로 나아가 식그론으로 접어들어 바알라 산을 지나고 얍느엘에 이르나니 그 끝은 바다며

12 서쪽 경계는 대해와 그 해안이니 유다 자손이 그들의 가족대로 받은 사방 경계가 이러하니라

갈렙이 헤브론과 드빌을 정복하다 (삿 1:11-15)

13 여호와께서 여호수아에게 명령하신 대로 여호수아가 기럇 아르바 곧 헤브론을 유다 자손 중에서 분깃으로 여분네의 아들 갈렙에게 주었으니 아르바는 아낙의 아버지였더라

14 갈렙이 거기서 아낙의 소생 그 세 아들 곧 세새와 아히만과 달매를 쫓아내었고

15 거기서 올라가서 드빌 주민을 쳤는데 드빌의 본 이름은 기럇 세벨이라

16 갈렙이 말하기를 기럇 세벨을 쳐서 그 것을 점령하는 자에게는 내가 내 딸 악사를 아내로 주리라 하였더니

17 갈렙의 아우 그나스의 아들인 옷니엘이 그것을 점령함으로 갈렙이 자기 딸 악사를 그에게 아내로 주었더라

18 악사가 출가할 때에 그에게 청하여 자기 아버지에게 밭을 구하자 하고 나귀에서 내리매 갈렙이 그에게 묻되 네가 무엇을 원하느냐 하니

19 이르되 내게 복을 주소서 아버지께서 나를 네겝 땅으로 보내시오니 샘물도 내게 주소서 하매 갈렙이 윗샘과 아랫샘을 그에게 주었더라

유다 자손의 기업

20 유다 자손의 지파가 그들의 가족대로 받은 기업은 이러하니라

21 유다 자손의 지파의 남쪽 끝 에돔 경계에 접근한 성읍들은 갑스엘과 에델과 야굴과

22 기나와 디모나와 아다다와

23 게데스와 하솔과 잇난과

24 십과 델렘과 브알롯과

25 하솔 하닷다와 그리욧 헤스론 곧 하솔과

26 아맘과 세마와 몰라다와

27 하살갓다와 헤스몬과 벧 벨렛과

28 하살 수알과 브엘세바와 비스요댜와

29 바알라와 이임과 에셈과

30 엘돌랏과 그실과 홀마와

31 시글락과 맛만나와 산산나와

32 르바옷과 실힘과 아인과 림몬이니 모두

스물아홉 성읍과 그 마을들이었으며

33 평지에는 에스다올과 소라와 아스나와

34 사노아와 엔간님과 답부아와 에남과

35 야르뭇과 아둘람과 소고와 아세가와

36 사아라임과 아디다임과 그데라와 그데

로다임이니 열네 성읍과 그 마을들이었

으며

37 스난과 하다사와 믹달갓과

38 딜르안과 미스베와 욕드엘과

39 라기스와 보스갓과 에글론과

40 갑본과 라맘과 기들리스와

41 그데롯과 벧다곤과 나아마와 막게다이

니 열여섯 성읍과 그 마을들이었으며

42 립나와 에델과 아산과

43 입다와 아스나와 느십과

44 그일라와 악십과 마레사니 아홉 성읍과

그 마을들이었으며

45 에그론과 그 촌락들과 그 마을들과

46 에그론에서부터 바다까지 아스돗 곁에

있는 모든 성읍과 그 마을들이었으며

47 아스돗과 그 촌락들과 그 마을들과 가

사와 그 촌락들과 그 마을들이니 애굽

시내와 대해의 경계에까지 이르렀으며

48 산지는 사밀과 얏딜과 소고와

49 단나와 기럇 산나 곧 드빌과

50 아납과 에스드모와 아님과

51 고센과 홀론과 길로이니 열한 성읍과

그 마을들이었으며

52 아랍과 두마와 에산과

53 야님과 벧 답부아와 아베가와

54 훔다와 기럇 아르바 곧 헤브론과 시올

이니 아홉 성읍과 그 마을들이었으며

55 마온과 갈멜과 십과 윳다와

56 이스르엘과 욕드암과 사노아와

57 가인과 기브아와 딤나니 열 성읍과 그

마을들이었으며

58 할훌과 벧술과 그돌과

59 마아랏과 벧 아놋과 엘드곤이니 여섯

성읍과 그 마을들이었으며

60 기럇 바알 곧 기럇 여아림과 랍바이니

두 성읍과 그 마을들이었으며

61 광야에는 벧 아라바와 밋딘과 스가가와

62 닙산과 소금 성읍과 엔 게디니 여섯 성

읍과 그 마을들이었더라

63 예루살렘 주민 여부스 족속을 유다 자

손이 쫓아내지 못하였으므로 여부스 족

속이 오늘까지 유다 자손과 함께 예루

살렘에 거주하니라

에브라임과 서쪽 므낫세 자손의 기업

16 요셉 자손이 제비 뽑은 것은 여리고 샘

동쪽 곧 여리고 곁 요단으로부터 광야

로 들어가 여리고로부터 벧엘 산지로

올라가고

2 벧엘에서부터 루스로 나아가 아렉 족속

의 경계를 지나 아다롯에 이르고

3 서쪽으로 내려가서 야블렛 족속의 경계

와 아래 벧호론과 게셀에까지 이르고

그 끝은 바다라

4 요셉의 자손 므낫세와 에브라임이 그들

의 기업을 받았더라

에브라임 자손의 기업

5 에브라임 자손이 그들의 가족대로 받은

지역은 이러하니라 그들의 기업의 경계

는 동쪽으로 아다롯 앗달에서 윗 벧호

론에 이르고

6 또 서쪽으로 나아가 북쪽 믹므다에 이
르고 동쪽으로 돌아 다아낫 실로에 이
르러 야노아 동쪽을 지나고

7 야노아에서부터 아다롯과 나아라로 내
려가 여리고를 만나서 요단으로 나아
가고

8 또 답부아에서부터 서쪽으로 지나서 가
나 시내에 이르나니 그 끝은 바다라 에
브라임 자손의 지파가 그들의 가족대로
받은 기업이 이러하였고

9 그 외에 므낫세 자손의 기업 중에서 에
브라임 자손을 위하여 구분한 모든 성
읍과 그 마을들도 있었더라

10 그들이 게셀에 거주하는 가나안 족속을
쫓아내지 아니하였으므로 가나안 족속
이 오늘까지 에브라임 가운데에 거주하
며 노역하는 종이 되니라

서쪽 므낫세 자손의 기업

17 므낫세 지파를 위하여 제비 뽑은 것은
이러하니라 므낫세는 요셉의 장자였고
므낫세의 장자 마길은 길르앗의 아버지
라 그는 용사였기 때문에 길르앗과 바
산을 받았으므로

2 므낫세의 남은 자손을 위하여 그들의
가족대로 제비를 뽑았는데 그들은 곧
아비에셀의 자손과 헬렉의 자손과 아스
리엘의 자손과 세겜의 자손과 헤벨의
자손과 스미다의 자손이니 그들의 가족
대로 요셉의 아들 므낫세의 남자 자손
들이며

3 헤벨의 아들 길르앗의 손자 마길의 증
손 므낫세의 현손 슬로브핫은 아들이
없고 딸뿐이요 그 딸들의 이름은 말라
와 노아와 호글라와 밀가와 디르사라

4 그들이 제사장 엘르아살과 눈의 아들

여호수아와 지도자들 앞에 나아와서 말

하기를 여호와께서 모세에게 명령하사

우리 형제 중에서 우리에게 기업을 주

라 하셨다 하매 여호와의 명령을 따라

그들에게 그들의 아버지 형제들 중에서

기업을 주므로

5 요단 동쪽 길르앗과 바산 외에 므낫세

에게 열 분깃이 돌아갔으니

6 므낫세의 여자 자손들이 그의 남자 자

손들 중에서 기업을 받은 까닭이었으며

길르앗 땅은 므낫세의 남은 자손들에게

속하였더라

7 므낫세의 경계는 아셀에서부터 세겜 앞

믹므닷까지이며 그 오른쪽으로 가서 엔

답부아 주민의 경계에 이르나니

8 답부아 땅은 므낫세에게 속하였으되 므

낫세 경계에 있는 답부아는 에브라임

자손에게 속하였으며

9 또 그 경계가 가나 시내로 내려가서 그

시내 남쪽에 이르나니 므낫세의 성읍

중에 이 성읍들은 에브라임에게 속하였

으며 므낫세의 경계는 그 시내 북쪽이

요 그 끝은 바다이며

10 남쪽으로는 에브라임에 속하였고 북쪽

으로는 므낫세에 속하였고 바다가 그

경계가 되었으며 그들의 땅의 북쪽은

아셀에 이르고 동쪽은 잇사갈에 이르렀

으며

11 잇사갈과 아셀에도 므낫세의 소유가 있

으니 곧 벧스안과 그 마을들과 이블르

암과 그 마을들과 돌의 주민과 그 마을

들이요 또 엔돌 주민과 그 마을들과 다

아낙 주민과 그 마을들과 므깃도 주민

과 그 마을들 세 언덕 지역이라

12 그러나 므낫세 자손이 그 성읍들의 주

민을 쫓아내지 못하매 가나안 족속이

결심하고 그 땅에 거주하였더니

13 이스라엘 자손이 강성한 후에야 가나안 족속에게 노역을 시켰고 다 쫓아내지 아니하였더라

에브라임과 므낫세 지파가 땅을 더 요구함

14 요셉 자손이 여호수아에게 말하여 이르되 여호와께서 지금까지 내게 복을 주시므로 내가 큰 민족이 되었거늘 당신이 나의 기업을 위하여 한 제비, 한 분깃으로만 내게 주심은 어찌함이니이까 하니

15 여호수아가 그들에게 이르되 네가 큰 민족이 되므로 에브라임 산지가 네게 너무 좁을진대 브리스 족속과 르바임 족속의 땅 삼림에 올라가서 스스로 개척하라 하니라

16 요셉 자손이 이르되 그 산지는 우리에게 넉넉하지도 못하고 골짜기 땅에 거주하는 모든 가나안 족속에게는 벧 스안과 그 마을들에 거주하는 자이든지 이스르엘 골짜기에 거주하는 자이든지 다 철 병거가 있나이다 하니

17 여호수아가 다시 요셉의 족속 곧 에브라임과 므낫세에게 말하여 이르되 너는 큰 민족이요 큰 권능이 있은즉 한 분깃만 가질 것이 아니라

18 그 산지도 네 것이 되리니 비록 삼림이라도 네가 개척하라 그 끝까지 네 것이 되리라 가나안 족속이 비록 철 병거를 가졌고 강할지라도 네가 능히 그를 쫓아내리라 하였더라

나머지 땅 분배

18 이스라엘 자손의 온 회중이 실로에 모여서 거기에 회막을 세웠으며 그 땅은 그들 앞에서 돌아와 정복되었더라

2 그러나 이스라엘 자손 중에 그 기업의

분배를 받지 못한 자가 아직도 일곱 지

파라

3 여호수아가 이스라엘 자손에게 이르되

너희가 너희 조상의 하나님 여호와께서

너희에게 주신 땅을 점령하러 가기를

어느 때까지 지체하겠느냐

4 너희는 각 지파에 세 사람씩 선정하라

내가 그들을 보내리니 그들은 일어나서

그 땅에 두루 다니며 그들의 기업에 따

라 그 땅을 그려 가지고 내게로 돌아올

것이라

5 그들이 그 땅을 일곱 부분으로 나누되

유다는 남쪽 자기 지역에 있고 요셉의

족속은 북쪽에 있는 그들의 지역에 있

으니

6 그 땅을 일곱 부분으로 그려서 이 곳

내게로 가져오라 그러면 내가 여기서

너희를 위하여 우리 하나님 여호와 앞

에서 제비를 뽑으리라

7 레위 사람은 너희 중에 분깃이 없나니

여호와의 제사장 직분이 그들의 기업이

됨이며 갓과 르우벤과 므낫세 반 지파

는 요단 저편 동쪽에서 이미 기업을 받

았나니 이는 여호와의 종 모세가 그들

에게 준 것이니라 하더라

8 그 사람들이 일어나 떠나니 여호수아가

그 땅을 그리러 가는 사람들에게 명령

하여 이르되 가서 그 땅으로 두루 다니

며 그것을 그려 가지고 내게로 돌아오

라 내가 여기 실로의 여호와 앞에서 너

희를 위하여 제비를 뽑으리라 하니

9 그 사람들이 가서 그 땅으로 두루 다니

며 성읍들을 따라서 일곱 부분으로 책

에 그려서 실로 진영에 돌아와 여호수

아에게 나아오니

10 여호수아가 그들을 위하여 실로의 여호

와 앞에서 제비를 뽑고 그가 거기서 이

스라엘 자손의 분파대로 그 땅을 분배

하였더라

베냐민 자손의 기업

11 베냐민 자손 지파를 위하여 그들의 가

족대로 제비를 뽑았으니 그 제비 뽑은

땅의 경계는 유다 자손과 요셉 자손의

중간이라

12 그들의 북방 경계는 요단에서부터 여리

고 북쪽으로 올라가서 서쪽 산지를 넘

어서 또 올라가서 벧아웬 황무지에 이

르며

13 또 그 경계가 거기서부터 루스로 나아

가서 루스 남쪽에 이르나니 루스는 곧

벧엘이며 또 그 경계가 아다롯 앗달로

내려가서 아래 벧호론 남쪽 산 곁으로

지나고

14 벧호론 앞 남쪽 산에서부터 서쪽으로

돌아 남쪽으로 향하여 유다 자손의 성

읍 기럇 바알 곧 기럇 여아림에 이르러

끝이 되나니 이는 서쪽 경계며

15 남쪽 경계는 기럇 여아림 끝에서부터

서쪽으로 나아가 넵도아 물 근원에 이

르고

16 르바임 골짜기 북쪽 힌놈의 아들 골짜

기 앞에 있는 산 끝으로 내려가고 또

힌놈의 골짜기로 내려가서 여부스 남쪽

에 이르러 엔 로겔로 내려가고

17 또 북쪽으로 접어들어 엔 세메스로 나

아가서 아둠밈 비탈 맞은편 글릴롯으로

나아가서 르우벤 자손 보한의 돌까지

내려가고

18 북으로 아라바 맞은편을 지나 아라바로

내려가고

19 또 북으로 벧 호글라 곁을 지나서 요단

남쪽 끝에 있는 염해의 북쪽 해만이 그

경계의 끝이 되나니 이는 남쪽 경계며

20 동쪽 경계는 요단이니 이는 베냐민 자손이 그들의 가족대로 받은 기업의 사방 경계였더라

21 베냐민 자손의 지파가 그들의 가족대로 받은 성읍들은 여리고와 벧 호글라와 에멕 그시스와

22 벧 아라바와 스마라임과 벧엘과

23 아윔과 바라와 오브라와

24 그발 암모니와 오브니와 게바이니 열두 성읍과 또 그 마을들이며

25 기브온과 라마와 브에롯과

26 미스베와 그비라와 모사와

27 레겜과 이르브엘과 다랄라와

28 셀라와 엘렙과 여부스 곧 예루살렘과 기부앗과 기럇이니 열네 성읍이요 또 그 마을들이라 이는 베냐민 자손이 그들의 가족대로 받은 기업이었더라

시므온 자손의 기업

19 둘째로 시므온 곧 시므온 자손의 지파를 위하여 그들의 가족대로 제비를 뽑았으니 그들의 기업은 유다 자손의 기업 중에서라

2 그들이 받은 기업은 브엘세바 곧 세바와 몰라다와

3 하살 수알과 발라와 에셈과

4 엘돌랏과 브둘과 호르마와

5 시글락과 벧 말가봇과 하살수사와

6 벧 르바옷과 사루헨이니 열세 성읍이요 또 그 마을들이며

7 또 아인과 림몬과 에델과 아산이니 네 성읍이요 또 그 마을들이며

8 또 네겝의 라마 곧 바알랏 브엘까지 이 성읍들을 둘러 있는 모든 마을들이니 이는 시므온 자손의 지파가 그들의 가족대로 받은 기업이라

9 시므온 자손의 이 기업은 유다 자손의 기업 중에서 취하였으니 이는 유다 자손의 분깃이 자기들에게 너무 많으므로 시므온 자손이 자기의 기업을 그들의 기업 중에서 받음이었더라

스불론 자손의 기업

10 셋째로 스불론 자손을 위하여 그들의 가족대로 제비를 뽑았으니 그들의 기업의 경계는 사릿까지이며

11 서쪽으로 올라가서 마랄라에 이르러 답베셋을 만나 욕느암 앞 시내를 만나고

12 사릿에서부터 동쪽으로 돌아 해 뜨는 쪽을 향하여 기슬롯 다볼의 경계에 이르고 다브랏으로 나가서 야비아로 올라가고

13 또 거기서부터 동쪽으로 가드 헤벨을 지나 엣 가신에 이르고 네아까지 연결된 림몬으로 나아가서

14 북쪽으로 돌아 한나돈에 이르고 입다엘 골짜기에 이르러 끝이 되며

15 또 갓닷과 나할랄과 시므론과 이달라와 베들레헴이니 모두 열두 성읍과 그 마을들이라

16 스불론 자손이 그들의 가족대로 받은 기업은 이 성읍들과 그 마을들이었더라

잇사갈 자손의 기업

17 넷째로 잇사갈 곧 잇사갈 자손을 위하여 그들의 가족대로 제비를 뽑았으니

18 그들의 지역은 이스르엘과 그술롯과 수넴과

19 하바라임과 시온과 아나하랏과

20 랍빗과 기시온과 에베스와

21 레멧과 엔 간님과 엔핫다와 벧 바세스이며

22 그 경계는 다볼과 사하수마와 벧 세메스에 이르고 그 끝은 요단이니 모두 열

여섯 성읍과 그 마을들이라

23 잇사갈 자손 지파가 그 가족대로 받은

기업은 이 성읍들과 그 마을들이었더라

아셀 자손의 기업

24 다섯째로 아셀 자손의 지파를 위하여

그 가족대로 제비를 뽑았으니

25 그들의 지역은 헬갓과 할리와 베덴과

악삽과

26 알람멜렉과 아맛과 미살이며 그 경계의

서쪽은 갈멜을 만나 시홀 립낫에 이르

고

27 해 뜨는 쪽으로 돌아 벧 다곤에 이르며

스불론을 만나고 북쪽으로 입다 엘 골

짜기를 만나 벧에멕과 느이엘에 이르고

가불 왼쪽으로 나아가서

28 에브론과 르홉과 함몬과 가나를 지나

큰 시돈까지 이르고

29 돌아서 라마와 견고한 성읍 두로에 이

르고 돌아서 호사에 이르고 악십 지방

곁 바다가 끝이 되며

30 또 움마와 아벡과 르홉이니 모두 스물

두 성읍과 그 마을들이라

31 아셀 자손의 지파가 그 가족대로 받은

기업은 이 성읍들과 그 마을들이었더라

납달리 자손의 기업

32 여섯째로 납달리 자손을 위하여 납달리

자손의 가족대로 제비를 뽑았으니

33 그들의 지역은 헬렙과 사아난님의 상수

리나무에서부터 아다미 네겝과 얍느엘

을 지나 락굼까지요 그 끝은 요단이며

34 서쪽으로 돌아 아스놋 다볼에 이르고

그 곳에서부터 훅곡으로 나아가 남쪽은

스불론에 이르고 서쪽은 아셀에 이르며

해 뜨는 쪽은 요단에서 유다에 이르고

35 그 견고한 성읍들은 싯딤과 세르와 함

맛과 락갓과 긴네렛과

36 아다마와 라마와 하솔과

37 게데스와 에드레이와 엔 하솔과

38 이론과 믹다렐과 호렘과 벧 아낫과 벧

세메스니 모두 열아홉 성읍과 그 마을

들이라

39 납달리 자손의 지파가 그 가족대로 받

은 기업은 이 성읍들과 그 마을들이었

더라

단 자손의 기업

40 일곱째로 단 자손의 지파를 위하여 그

들의 가족대로 제비를 뽑았으니

41 그들의 기업의 지역은 소라와 에스다올

과 이르세메스와

42 사알랍빈과 아얄론과 이들라와

43 엘론과 딤나와 에그론과

44 엘드게와 깁브돈과 바알랏과

45 여훗과 브네브락과 가드 림몬과

46 메얄곤과 락곤과 욥바 맞은편 경계까

지라

47 그런데 단 자손의 경계는 더욱 확장되

었으니 이는 단 자손이 올라가서 레셈

과 싸워 그것을 점령하여 칼날로 치고

그것을 차지하여 거기 거주하였음이라

그들의 조상 단의 이름을 따라서 레셈

을 단이라 하였더라

48 단 자손의 지파가 그에 딸린 가족대로

받은 기업은 이 성읍들과 그들의 마을

들이었더라

기업의 땅 나누기를 마치다

49 이스라엘 자손이 그들의 경계를 따라서

기업의 땅 나누기를 마치고 자기들 중

에서 눈의 아들 여호수아에게 기업을

주었으니

50 곧 여호와의 명령대로 여호수아가 요구

한 성읍 에브라임 산지 딤낫 세라를 주

매 여호수아가 그 성읍을 건설하고 거

기 거주하였더라

51 제사장 엘르아살과 눈의 아들 여호수아
와 이스라엘 자손의 지파의 족장들이
실로에 있는 회막 문 여호와 앞에서 제
비 뽑아 나눈 기업이 이러하니라 이에
땅 나누는 일을 마쳤더라

도피성

20 여호와께서 여호수아에게 말씀하여
이르시되

2 이스라엘 자손에게 말하여 이르기를 내
가 모세를 통하여 너희에게 말한 도피
성들을 너희를 위해 정하여

3 부지중에 실수로 사람을 죽인 자를 그
리로 도망하게 하라 이는 너희를 위해
피의 보복자를 피할 곳이니라

4 이 성읍들 중의 하나에 도피하는 자는
그 성읍에 들어가는 문 어귀에 서서 그
성읍의 장로들의 귀에 자기의 사건을

말할 것이요 그들은 그를 성읍에 받아
들여 한 곳을 주어 자기들 중에 거주하
게 하고

5 피의 보복자가 그의 뒤를 따라온다 할
지라도 그들은 그 살인자를 그의 손에
내주지 말지니 이는 본래 미워함이 없
이 부지중에 그의 이웃을 죽였음이라

6 그 살인자는 회중 앞에 서서 재판을 받
기까지 또는 그 당시 대제사장이 죽기
까지 그 성읍에 거주하다가 그 후에 그
살인자는 그 성읍 곧 자기가 도망하여
나온 자기 성읍 자기 집으로 돌아갈지
니라 하라 하시니라

7 이에 그들이 납달리의 산지 갈릴리 게
데스와 에브라임 산지의 세겜과 유다
산지의 기럇 아르바 곧 헤브론과

8 여리고 동쪽 요단 저쪽 르우벤 지파 중
에서 평지 광야의 베셀과 갓 지파 중에

서 길르앗 라못과 므낫세 지파 중에서

바산 골란을 구별하였으니

9 이는 곧 이스라엘 모든 자손과 그들 중에 거류하는 거류민을 위하여 선정된 성읍들로서 누구든지 부지중에 살인한 자가 그리로 도망하여 그가 회중 앞에 설 때까지 피의 보복자의 손에 죽지 아니하게 하기 위함이라

레위 사람의 성읍

21 그 때에 레위 사람의 족장들이 제사장 엘르아살과 눈의 아들 여호수아와 이스라엘 자손의 지파 족장들에게 나아와

2 가나안 땅 실로에서 그들에게 말하여 이르되 여호와께서 모세에게 명령하사 우리가 거주할 성읍들과 우리 가축을 위해 그 목초지들을 우리에게 주라 하셨나이다 하매

3 이스라엘 자손이 여호와의 명령을 따라

자기의 기업에서 이 성읍들과 그 목초지들을 레위 사람에게 주니라

4 그핫 가족을 위하여 제비를 뽑았는데 레위 사람 중 제사장 아론의 자손들은 유다 지파와 시므온 지파와 베냐민 지파 중에서 제비 뽑은 대로 열세 성읍을 받았고

5 그핫 자손들 중에 남은 자는 에브라임 지파의 가족과 단 지파와 므낫세 반 지파 중에서 제비 뽑은 대로 열 성읍을 받았으며

6 게르손 자손들은 잇사갈 지파의 가족들과 아셀 지파와 납달리 지파와 바산에 있는 므낫세 반 지파 중에서 제비 뽑은 대로 열세 성읍을 받았더라

7 므라리 자손들은 그 가족대로 르우벤 지파와 갓 지파와 스불론 지파 중에서 열두 성읍을 받았더라

8 여호와께서 모세에게 명령하신 대로 이
스라엘 자손이 제비 뽑아 레위 사람에
게 준 성읍들과 그 목초지들이 이러하
니라

9 유다 자손의 지파와 시므온 자손의 지
파 중에서는 이 아래에 기명한 성읍들
을 주었는데

10 레위 자손 중 그핫 가족들에 속한 아론
자손이 첫째로 제비 뽑혔으므로

11 아낙의 아버지 아르바의 성읍 유다 산
지 기럇 아르바 곧 헤브론과 그 주위의
목초지를 그들에게 주었고

12 그 성읍의 밭과 그 촌락들은 여분네의
아들 갈렙에게 주어 소유가 되게 하였
더라

13 제사장 아론의 자손에게 준 것은 살인
자의 도피성 헤브론과 그 목초지이요
또 립나와 그 목초지와

14 얏딜과 그 목초지와 에스드모아와 그
목초지와

15 홀론과 그 목초지와 드빌과 그 목초지
와

16 아인과 그 목초지와 윳다와 그 목초지
와 벧 세메스와 그 목초지이니 이 두
지파에서 아홉 성읍을 냈고

17 또 베냐민 지파 중에서는 기브온과 그
목초지와 게바와 그 목초지와

18 아나돗과 그 목초지와 알몬과 그 목초
지 곧 네 성읍을 냈으니

19 제사장 아론 자손의 성읍은 모두 열세
성읍과 그 목초지들이었더라

20 레위 사람인 그핫 자손 중에 남은 자들
의 가족들 곧 그핫 자손에게는 제비 뽑
아 에브라임 지파 중에서 그 성읍들을
주었으니

21 곧 살인자의 도피성 에브라임 산지 세

겜과 그 목초지이요 또 게셀과 그 목초

지와

22 깁사임과 그 목초지와 벧호론과 그 목

초지이니 네 성읍이요

23 또 단 지파 중에서 준 것은 엘드게와

그 목초지와 깁브돈과 그 목초지와

24 아얄론과 그 목초지와 가드 림몬과 그

목초지이니 네 성읍이요

25 또 므낫세 반 지파 중에서 준 것은 다

아낙과 그 목초지와 가드 림몬과 그 목

초지이니 두 성읍이라

26 그핫 자손의 남은 가족들을 위한 성읍

들은 모두 열 성읍과 그 목초지들이었

더라

27 레위 가족의 게르손 자손에게는 므낫세

반 지파 중에서 살인자의 도피성 바산

골란과 그 목초지를 주었고 또 브에스

드라와 그 목초지를 주었으니 두 성읍

이요

28 잇사갈 지파 중에서는 기시온과 그 목

초지와 다브랏과 그 목초지와

29 야르뭇과 그 목초지와 엔 간님과 그 목

초지를 주었으니 네 성읍이요

30 아셀 지파 중에서는 미살과 그 목초지

와 압돈과 그 목초지와

31 헬갓과 그 목초지와 르홉과 그 목초지

를 주었으니 네 성읍이요

32 납달리 지파 중에서는 살인자의 도피성

갈릴리 게데스와 그 목초지를 주었고

또 함못 돌과 그 목초지와 가르단과 그

목초지를 주었으니 세 성읍이라

33 게르손 사람이 그 가족대로 받은 성읍

은 모두 열세 성읍과 그 목초지들이었

더라

34 그 남은 레위 사람 므라리 자손의 가족

들에게 준 것은 스불론 지파 중에서 욕

느암과 그 목초지와 가르다와 그 목초

지와

35 딤나와 그 목초지와 나할랄과 그 목초

지이니 네 성읍이요

36 르우벤 지파 중에서 준 것은 베셀과 그

목초지와 야하스와 그 목초지와

37 그데못과 그 목초지와 므바앗과 그 목

초지이니 네 성읍이요

38 갓 지파 중에서 준 것은 살인자의 도피

성 길르앗 라못과 그 목초지이요 또 마

하나임과 그 목초지와

39 헤스본과 그 목초지와 야셀과 그 목초

지이니 모두 네 성읍이라

40 이는 레위 가족의 남은 자 곧 므라리

자손이 그들의 가족대로 받은 성읍이니

그들이 제비 뽑아 얻은 성읍이 열두 성

읍이었더라

41 레위 사람들이 이스라엘 자손의 기업

중에서 받은 성읍은 모두 마흔여덟 성

읍이요 또 그 목초지들이라

42 이 각 성읍의 주위에 목초지가 있었고

모든 성읍이 다 그러하였더라

약속하신 온 땅을 차지하다

43 여호와께서 이스라엘의 조상들에게 맹

세하사 주리라 하신 온 땅을 이와 같이

이스라엘에게 다 주셨으므로 그들이 그

것을 차지하여 거기에 거주하였으니

44 여호와께서 그들의 주위에 안식을 주셨

으되 그 조상들에게 맹세하신 대로 하

셨으므로 그들의 모든 원수들 중에 그

들과 맞선 자가 하나도 없었으니 이는

여호와께서 그들의 모든 원수들을 그들

의 손에 넘겨 주셨음이니라

45 여호와께서 이스라엘 족속에게 말씀하

신 선한 말씀이 하나도 남음이 없이 다

응하였더라

여호수아가 동쪽 지파들을 보내다

22 그 때에 여호수아가 르우벤 사람과 갓 사람과 므낫세 반 지파를 불러서

2 그들에게 이르되 여호와의 종 모세가 너희에게 명령한 것을 너희가 다 지키며 또 내가 너희에게 명령한 모든 일에 너희가 내 말을 순종하여

3 오늘까지 날이 오래도록 너희가 너희 형제를 떠나지 아니하고 오직 너희의 하나님 여호와께서 명령하신 그 책임을 지키도다

4 이제는 너희의 하나님 여호와께서 이미 말씀하신 대로 너희 형제에게 안식을 주셨으니 그런즉 이제 너희는 여호와의 종 모세가 요단 저쪽에서 너희에게 준 소유지로 가서 너희의 장막으로 돌아가되

5 오직 여호와의 종 모세가 너희에게 명령한 명령과 율법을 반드시 행하여 너희의 하나님 여호와를 사랑하고 그의 모든 길로 행하며 그의 계명을 지켜 그에게 친근히 하고 너희의 마음을 다하며 성품을 다하여 그를 섬길지니라 하고

6 여호수아가 그들에게 축복하여 보내매 그들이 자기 장막으로 갔더라

7 므낫세 반 지파에게는 모세가 바산에서 기업을 주었고 그 남은 반 지파에게는 여호수아가 요단 이쪽 서쪽에서 그들의 형제들과 함께 기업을 준지라 여호수아가 그들을 그들의 장막으로 돌려보낼 때에 그들에게 축복하고

8 말하여 이르되 너희는 많은 재산과 심히 많은 가축과 은과 금과 구리와 쇠와 심히 많은 의복을 가지고 너희의 장막으로 돌아가서 너희의 원수들에게서 탈취한 것을 너희의 형제와 나눌지니라

하매

9 르우벤 자손과 갓 자손과 므낫세 반 지파가 가나안 땅 실로에서 이스라엘 자손을 떠나 여호와께서 모세에게 명령하신 대로 받은 땅 곧 그들의 소유지 길르앗으로 가니라

요단 가에 제단을 쌓다

10 르우벤 자손과 갓 자손과 므낫세 반 지파가 가나안 땅 요단 언덕 가에 이르자 거기서 요단 가에 제단을 쌓았는데 보기에 큰 제단이었더라

11 이스라엘 자손이 들은즉 이르기를 르우벤 자손과 갓 자손과 므낫세 반 지파가 가나안 땅의 맨 앞쪽 요단 언덕 가 이스라엘 자손에게 속한 쪽에 제단을 쌓았다 하는지라

12 이스라엘 자손이 이를 듣자 곧 이스라엘 자손의 온 회중이 실로에 모여서 그

들과 싸우러 가려 하니라

13 이스라엘 자손이 제사장 엘르아살의 아들 비느하스를 길르앗 땅으로 보내어 르우벤 자손과 갓 자손과 므낫세 반 지파를 보게 하되

14 이스라엘 각 지파에서 한 지도자씩 열 지도자들을 그와 함께 하게 하니 그들은 각기 그들의 조상들의 가문의 수령으로서 이스라엘 중에서 천부장들이라

15 그들이 길르앗 땅에 이르러 르우벤 자손과 갓 자손과 므낫세 반 지파에게 나아가서 그들에게 말하여 이르되

16 여호와의 온 회중이 말하기를 너희가 어찌하여 이스라엘 하나님께 범죄하여 오늘 여호와를 따르는 데서 돌아서서 너희를 위하여 제단을 쌓아 너희가 오늘 여호와께 거역하고자 하느냐

17 브올의 죄악으로 말미암아 여호와의 회

중에 재앙이 내렸으나 오늘까지 우리가

그 죄에서 정결함을 받지 못하였거늘

그 죄악이 우리에게 부족하여서

18 오늘 너희가 돌이켜 여호와를 따르지

아니하려고 하느냐 너희가 오늘 여호와

를 배역하면 내일은 그가 이스라엘 온

회중에게 진노하시리라

19 그런데 너희의 소유지가 만일 깨끗하지

아니하거든 여호와의 성막이 있는 여호

와의 소유지로 건너와 우리 중에서 소

유지를 나누어 가질 것이니라 오직 우

리 하나님 여호와의 제단 외에 다른 제

단을 쌓음으로 여호와를 거역하지 말며

우리에게도 거역하지 말라

20 세라의 아들 아간이 온전히 바친 물건

에 대하여 범죄하므로 이스라엘 온 회

중에 진노가 임하지 아니하였느냐 그의

죄악으로 멸망한 자가 그 한 사람만이

아니었느니라 하니라

21 르우벤 자손과 갓 자손과 므낫세 반 지

파가 이스라엘 천천의 수령들에게 대답

하여 이르되

22 전능하신 자 하나님 여호와, 전능하신

자 하나님 여호와께서 아시나니 이스라

엘도 장차 알리라 이 일이 만일 여호와

를 거역함이거나 범죄함이거든 주께서

는 오늘 우리를 구원하지 마시옵소서

23 우리가 제단을 쌓은 것이 돌이켜 여호

와를 따르지 아니하려 함이거나 또는

그 위에 번제나 소제를 드리려 함이거

나 또는 화목제물을 드리려 함이거든

여호와는 친히 벌하시옵소서

24 우리가 목적이 있어서 주의하고 이같이

하였노라 곧 생각하기를 후일에 너희의

자손이 우리 자손에게 말하여 이르기를

너희가 이스라엘 하나님 여호와와 무슨

상관이 있느냐

25 너희 르우벤 자손 갓 자손아 여호와께
서 우리와 너희 사이에 요단으로 경계
를 삼으셨나니 너희는 여호와께 받을
분깃이 없느니라 하여 너희의 자손이
우리 자손에게 여호와 경외하기를 그치
게 할까 하여

26 우리가 말하기를 우리가 이제 한 제단
쌓기를 준비하자 하였노니 이는 번제를
위함도 아니요 다른 제사를 위함도 아
니라

27 우리가 여호와 앞에서 우리의 번제와
우리의 다른 제사와 우리의 화목제로
섬기는 것을 우리와 너희 사이와 우리
의 후대 사이에 증거가 되게 할 뿐으로
서 너희 자손들이 후일에 우리 자손들
에게 이르기를 너희는 여호와께 받을
분깃이 없다 하지 못하게 하려 함이라

28 우리가 말하였거니와 만일 그들이 후
일에 우리에게나 우리 후대에게 이같
이 말하면 우리가 말하기를 우리 조상
이 지은 여호와의 제단 모형을 보라 이
는 번제를 위한 것도 아니요 다른 제사
를 위한 것도 아니라 오직 우리와 너희
사이에 증거만 되게 할 뿐이라

29 우리가 번제나 소제나 다른 제사를 위
하여 우리 하나님 여호와의 성막 앞에
있는 제단 외에 제단을 쌓음으로 여호
와를 거역하고 오늘 여호와를 따르는
데에서 돌아서려는 것은 결단코 아니라
하리라

30 제사장 비느하스와 그와 함께 한 회중
의 지도자들 곧 이스라엘 천천의 수령
들이 르우벤 자손과 갓 자손과 므낫세
자손의 말을 듣고 좋게 여긴지라

31 제사장 엘르아살의 아들 비느하스가 르

우벤 자손과 갓 자손과 므낫세 자손에게 이르되 우리가 오늘 여호와께서 우리 중에 계신 줄을 아노니 이는 너희가 이 죄를 여호와께 범하지 아니하였음이니라 너희가 이제 이스라엘 자손을 여호와의 손에서 건져내었느니라 하고

32 제사장 엘르아살의 아들 비느하스와 지도자들이 르우벤 자손과 갓 자손을 떠나 길르앗 땅에서 가나안 땅 이스라엘 자손에게 돌아와 그들에게 보고하매

33 그 일이 이스라엘 자손을 즐겁게 한지라 이스라엘 자손이 하나님을 찬송하고 르우벤 자손과 갓 자손이 거주하는 땅에 가서 싸워 그것을 멸하자 하는 말을 다시는 하지 아니하였더라

34 르우벤 자손과 갓 자손이 그 제단을 엣이라 불렀으니 우리 사이에 이 제단은 여호와께서 하나님이 되시는 증거라 함이었더라

여호수아의 마지막 말

23 여호와께서 주위의 모든 원수들로부터 이스라엘을 쉬게 하신 지 오랜 후에 여호수아가 나이 많아 늙은지라

2 여호수아가 온 이스라엘 곧 그들의 장로들과 수령들과 재판장들과 관리들을 불러다가 그들에게 이르되 나는 나이가 많아 늙었도다

3 너희의 하나님 여호와께서 너희를 위하여 이 모든 나라에 행하신 일을 너희가 다 보았거니와 너희의 하나님 여호와 그는 너희를 위하여 싸우신 이시니라

4 보라 내가 요단에서부터 해 지는 쪽 대해까지의 남아 있는 나라들과 이미 멸한 모든 나라를 내가 너희를 위하여 제비 뽑아 너희의 지파에게 기업이 되게 하였느니라

5 너희의 하나님 여호와 그가 너희 앞에서 그들을 쫓아내사 너희 목전에서 그들을 떠나게 하시리니 너희의 하나님 여호와께서 너희에게 말씀하신 대로 너희가 그 땅을 차지할 것이라

6 그러므로 너희는 크게 힘써 모세의 율법 책에 기록된 것을 다 지켜 행하라 그것을 떠나 우로나 좌로나 치우치지 말라

7 너희 중에 남아 있는 이 민족들 중에 들어 가지 말라 그들의 신들의 이름을 부르지 말라 그것들을 가리켜 맹세하지 말라 또 그것을 섬겨서 그것들에게 절하지 말라

8 오직 너희의 하나님 여호와께 가까이 하기를 오늘까지 행한 것 같이 하라

9 이는 여호와께서 강대한 나라들을 너희의 앞에서 쫓아내셨으므로 오늘까지 너

희에게 맞선 자가 하나도 없었느니라

10 너희 중 한 사람이 천 명을 쫓으리니 이는 너희의 하나님 여호와 그가 너희에게 말씀하신 것 같이 너희를 위하여 싸우심이라

11 그러므로 스스로 조심하여 너희의 하나님 여호와를 사랑하라

12 너희가 만일 돌아서서 너희 중에 남아 있는 이 민족들을 가까이 하여 더불어 혼인하며 서로 왕래하면

13 확실히 알라 너희의 하나님 여호와께서 이 민족들을 너희 목전에서 다시는 쫓아내지 아니하시리니 그들이 너희에게 올무가 되며 덫이 되며 너희의 옆구리에 채찍이 되며 너희의 눈에 가시가 되어서 너희가 마침내 너희의 하나님 여호와께서 너희에게 주신 이 아름다운 땅에서 멸하리라

14 보라 나는 오늘 온 세상이 가는 길로 가려니와 너희의 하나님 여호와께서 너희에게 대하여 말씀하신 모든 선한 말씀이 하나도 틀리지 아니하고 다 너희에게 응하여 그 중에 하나도 어김이 없음을 너희 모든 사람은 마음과 뜻으로 아는 바라

15 너희의 하나님 여호와께서 너희에게 말씀하신 모든 선한 말씀이 너희에게 임한 것 같이 여호와께서 모든 불길한 말씀도 너희에게 임하게 하사 너희의 하나님 여호와께서 너희에게 주신 이 아름다운 땅에서 너희를 멸절하기까지 하실 것이라

16 만일 너희가 너희의 하나님 여호와께서 너희에게 명령하신 언약을 범하고 가서 다른 신들을 섬겨 그들에게 절하면 여호와의 진노가 너희에게 미치리니 너희

에게 주신 아름다운 땅에서 너희가 속히 멸망하리라 하니라

여호수아가 세겜에 모인 백성에게 이르다

24 여호수아가 이스라엘 모든 지파를 세겜에 모으고 이스라엘 장로들과 그들의 수령들과 재판장들과 관리들을 부르매 그들이 하나님 앞에 나와 선지라

2 여호수아가 모든 백성에게 이르되 이스라엘의 하나님 여호와께서 이같이 말씀하시기를 옛적에 너희의 조상들 곧 아브라함의 아버지, 나홀의 아버지 데라가 강 저쪽에 거주하여 다른 신들을 섬겼으나

3 내가 너희의 조상 아브라함을 강 저쪽에서 이끌어 내어 가나안 온 땅에 두루 행하게 하고 그의 씨를 번성하게 하려고 그에게 이삭을 주었으며

4 이삭에게는 야곱과 에서를 주었고 에서

에게는 세일 산을 소유로 주었으나 야

곱과 그의 자손들은 애굽으로 내려갔으

므로

5 내가 모세와 아론을 보내었고 또 애굽

에 재앙을 내렸나니 곧 내가 그들 가운

데 행한 것과 같고 그 후에 너희를 인

도하여 내었노라

6 내가 너희의 조상들을 애굽에서 인도하

여 내어 바다에 이르게 한즉 애굽 사람

들이 병거와 마병을 거느리고 너희의

조상들을 홍해까지 쫓아오므로

7 너희의 조상들이 나 여호와께 부르짖기

로 내가 너희와 애굽 사람들 사이에 흑

암을 두고 바다를 이끌어 그들을 덮었

나니 내가 애굽에서 행한 일을 너희의

눈이 보았으며 또 너희가 많은 날을 광

야에서 거주하였느니라

8 내가 또 너희를 인도하여 요단 저쪽에

거주하는 아모리 족속의 땅으로 들어가

게 하매 그들이 너희와 싸우기로 내가

그들을 너희 손에 넘겨 주매 너희가 그

땅을 점령하였고 나는 그들을 너희 앞

에서 멸절시켰으며

9 또한 모압 왕 십볼의 아들 발락이 일어

나 이스라엘과 싸우더니 사람을 보내어

브올의 아들 발람을 불러다가 너희를

저주하게 하려 하였으나

10 내가 발람을 위해 듣기를 원하지 아니

하였으므로 그가 오히려 너희를 축복하

였고 나는 너희를 그의 손에서 건져내

었으며

11 너희가 요단을 건너 여리고에 이른즉

여리고 주민들 곧 아모리 족속과 브리

스 족속과 가나안 족속과 헷 족속과 기

르가스 족속과 히위 족속과 여부스 족

속이 너희와 싸우기로 내가 그들을 너

희의 손에 넘겨 주었으며

12 내가 왕벌을 너희 앞에 보내어 그 아모
리 족속의 두 왕을 너희 앞에서 쫓아내
게 하였나니 너희의 칼이나 너희의 활
로써 이같이 한 것이 아니며

13 내가 또 너희가 수고하지 아니한 땅과
너희가 건설하지 아니한 성읍들을 너희
에게 주었더니 너희가 그 가운데에 거
주하며 너희는 또 너희가 심지 아니한
포도원과 감람원의 열매를 먹는다 하셨
느니라

14 그러므로 이제는 여호와를 경외하며 온
전함과 진실함으로 그를 섬기라 너희의
조상들이 강 저쪽과 애굽에서 섬기던
신들을 치워 버리고 여호와만 섬기라

15 만일 여호와를 섬기는 것이 너희에게
좋지 않게 보이거든 너희 조상들이 강
저쪽에서 섬기던 신들이든지 또는 너희

가 거주하는 땅에 있는 아모리 족속의
신들이든지 너희가 섬길 자를 오늘 택
하라 오직 나와 내 집은 여호와를 섬기
겠노라 하니

16 백성이 대답하여 이르되 우리가 결단코
여호와를 버리고 다른 신들을 섬기기를
하지 아니하오리니

17 이는 우리 하나님 여호와께서 친히 우
리와 우리 조상들을 인도하여 애굽 땅
종 되었던 집에서 올라오게 하시고 우
리 목전에서 그 큰 이적들을 행하시고
우리가 행한 모든 길과 우리가 지나온
모든 백성들 중에서 우리를 보호하셨음
이며

18 여호와께서 또 모든 백성들과 이 땅에
거주하던 아모리 족속을 우리 앞에서
쫓아내셨음이라 그러므로 우리도 여호
와를 섬기리니 그는 우리 하나님이심이

니이다 하니라

19 여호수아가 백성에게 이르되 너희가 여호와를 능히 섬기지 못할 것은 그는 거룩하신 하나님이시요 질투하시는 하나님이시니 너희의 잘못과 죄들을 사하지 아니하실 것임이라

20 만일 너희가 여호와를 버리고 이방 신들을 섬기면 너희에게 복을 내리신 후에라도 돌이켜 너희에게 재앙을 내리시고 너희를 멸하시리라 하니

21 백성이 여호수아에게 말하되 아니니이다 우리가 여호와를 섬기겠나이다 하는지라

22 여호수아가 백성에게 이르되 너희가 여호와를 택하고 그를 섬기리라 하였으니 스스로 증인이 되었느니라 하니 그들이 이르되 우리가 증인이 되었나이다 하더라

23 여호수아가 이르되 그러면 이제 너희 중에 있는 이방 신들을 치워 버리고 너희의 마음을 이스라엘의 하나님 여호와께로 향하라 하니

24 백성이 여호수아에게 말하되 우리 하나님 여호와를 우리가 섬기고 그의 목소리를 우리가 청종하리이다 하는지라

25 그 날에 여호수아가 세겜에서 백성과 더불어 언약을 맺고 그들을 위하여 율례와 법도를 제정하였더라

26 여호수아가 이 모든 말씀을 하나님의 율법책에 기록하고 큰 돌을 가져다가 거기 여호와의 성소 곁에 있는 상수리나무 아래에 세우고

27 모든 백성에게 이르되 보라 이 돌이 우리에게 증거가 되리니 이는 여호와께서 우리에게 하신 모든 말씀을 이 돌이 들었음이니라 그런즉 너희가 너희의 하나

님을 부인하지 못하도록 이 돌이 증거

가 되리라 하고

28 백성을 보내어 각기 기업으로 돌아가게

하였더라

여호수아와 엘르아살이 죽다

29 이 일 후에 여호와의 종 눈의 아들 여

호수아가 백십 세에 죽으매

30 그들이 그를 그의 기업의 경내 딤낫 세

라에 장사하였으니 딤낫 세라는 에브라

임 산지 가아스 산 북쪽이었더라

31 이스라엘이 여호수아가 사는 날 동안과

여호수아 뒤에 생존한 장로들 곧 여호

와께서 이스라엘을 위하여 행하신 모든

일을 아는 자들이 사는 날 동안 여호와

를 섬겼더라

32 또 이스라엘 자손이 애굽에서 가져 온

요셉의 뼈를 세겜에 장사하였으니 이곳

은 야곱이 백 크시타를 주고 세겜의 아

버지 하몰의 자손들에게서 산 밭이라

그것이 요셉 자손의 기업이 되었더라

33 아론의 아들 엘르아살도 죽으매 그들이

그를 그의 아들 비느하스가 에브라임

산지에서 받은 산에 장사하였더라

사사기

유다와 시므온 지파가 아도니 베섹을 잡다

1 여호수아가 죽은 후에 이스라엘 자손이 여호와께 여쭈어 이르되 우리 가운데 누가 먼저 올라가서 가나안 족속과 싸우리이까

2 여호와께서 이르시되 유다가 올라갈지니라 보라 내가 이 땅을 그의 손에 넘겨 주었노라 하시니라

3 유다가 그의 형제 시므온에게 이르되 내가 제비 뽑아 얻은 땅에 나와 함께 올라가서 가나안 족속과 싸우자 그리하면 나도 네가 제비 뽑아 얻은 땅에 함께 가리라 하니 이에 시므온이 그와 함께 가니라

4 유다가 올라가매 여호와께서 가나안 족속과 브리스 족속을 그들의 손에 넘겨 주시니 그들이 베섹에서 만 명을 죽이고

5 또 베섹에서 아도니 베섹을 만나 그와 싸워서 가나안 족속과 브리스 족속을 죽이니

6 아도니 베섹이 도망하는지라 그를 쫓아가서 잡아 그의 엄지손가락과 엄지발가락을 자르매

7 아도니 베섹이 이르되 옛적에 칠십 명의 왕들이 그들의 엄지손가락과 엄지발가락이 잘리고 내 상 아래에서 먹을 것을 줍더니 하나님이 내가 행한 대로 내게 갚으심이로다 하니라 무리가 그를 끌고 예루살렘에 이르렀더니 그가 거기서 죽었더라

유다 지파가 예루살렘과 헤브론을 치다

8 유다 자손이 예루살렘을 쳐서 점령하여 칼날로 치고 그 성을 불살랐으며

9 그 후에 유다 자손이 내려가서 산지와 남방과 평지에 거주하는 가나안 족속과

싸웠고

10 유다가 또 가서 헤브론에 거주하는 가

나안 족속을 쳐서 세새와 아히만과 달

매를 죽였더라 헤브론의 본 이름은 기

럇 아르바였더라

옷니엘이 드빌을 치다 (수 15:13-19)

11 거기서 나아가서 드빌의 주민들을 쳤으

니 드빌의 본 이름은 기럇 세벨이라

12 갈렙이 말하기를 기럇 세벨을 쳐서 그

것을 점령하는 자에게는 내 딸 악사를

아내로 주리라 하였더니

13 갈렙의 아우 그나스의 아들인 옷니엘이

그것을 점령하였으므로 갈렙이 그의 딸

악사를 그에게 아내로 주었더라

14 악사가 출가할 때에 그에게 청하여 자

기 아버지에게 밭을 구하자 하고 나귀

에서 내리매 갈렙이 묻되 네가 무엇을

원하느냐 하니

15 이르되 내게 복을 주소서 아버지께서

나를 남방으로 보내시니 샘물도 내게

주소서 하매 갈렙이 윗샘과 아랫샘을

그에게 주었더라

유다와 베냐민 지파의 승리

16 모세의 장인은 겐 사람이라 그의 자손

이 유다 자손과 함께 종려나무 성읍에

서 올라가서 아랏 남방의 유다 황무지

에 이르러 그 백성 중에 거주하니라

17 유다가 그의 형제 시므온과 함께 가서

스밧에 거주하는 가나안 족속을 쳐서

그 곳을 진멸하였으므로 그 성읍의 이

름을 호르마라 하니라

18 유다가 또 가사 및 그 지역과 아스글론

및 그 지역과 에그론 및 그 지역을 점

령하였고

19 여호와께서 유다와 함께 계셨으므로 그

가 산지 주민을 쫓아내었으나 골짜기의

주민들은 철 병거가 있으므로 그들을

쫓아내지 못하였으며

20 그들이 모세가 명령한 대로 헤브론을

갈렙에게 주었더니 그가 거기서 아낙의

세 아들을 쫓아내었고

21 베냐민 자손은 예루살렘에 거주하는 여

부스 족속을 쫓아내지 못하였으므로 여

부스 족속이 베냐민 자손과 함께 오늘

까지 예루살렘에 거주하니라

에브라임과 므낫세 지파가 벧엘을 치다

22 요셉 가문도 벧엘을 치러 올라가니 여

호와께서 그와 함께 하시니라

23 요셉 가문이 벧엘을 정탐하게 하였는데

그 성읍의 본 이름은 루스라

24 정탐꾼들이 그 성읍에서 한 사람이 나

오는 것을 보고 그에게 이르되 청하노

니 이 성읍의 입구를 우리에게 보이라

그리하면 우리가 네게 선대하리라 하매

25 그 사람이 성읍의 입구를 가리킨지라 이

에 그들이 칼날로 그 성읍을 쳤으되 오

직 그 사람과 그의 가족을 놓아 보내매

26 그 사람이 헷 사람들의 땅에 가서 성

읍을 건축하고 그것의 이름을 루스라

하였더니 오늘까지 그 곳의 이름이 되

니라

쫓아내지 못한 가나안 족속

27 므낫세가 벧스안과 그에 딸린 마을들의

주민과 다아낙과 그에 딸린 마을들의

주민과 돌과 그에 딸린 마을들의 주민

과 이블르암과 그에 딸린 마을들의 주

민과 므깃도와 그에 딸린 마을들의 주

민들을 쫓아내지 못하매 가나안 족속이

결심하고 그 땅에 거주하였더니

28 이스라엘이 강성한 후에야 가나안 족속

에게 노역을 시켰고 다 쫓아내지 아니

하였더라

29 에브라임이 게셀에 거주하는 가나안 족속을 쫓아내지 못하매 가나안 족속이 게셀에서 그들 중에 거주하였더라

30 스불론은 기드론 주민과 나할롤 주민을 쫓아내지 못하였으므로 가나안 족속이 그들 중에 거주하면서 노역을 하였더라

31 아셀이 악고 주민과 시돈 주민과 알랍과 악십과 헬바와 아빅과 르홉 주민을 쫓아내지 못하고

32 아셀 족속이 그 땅의 주민 가나안 족속 가운데 거주하였으니 이는 그들을 쫓아내지 못함이었더라

33 납달리는 벧세메스 주민과 벧아낫 주민을 쫓아내지 못하고 그 땅의 주민 가나안 족속 가운데 거주하였으나 벧세메스와 벧아낫 주민들이 그들에게 노역을 하였더라

34 아모리 족속이 단 자손을 산지로 몰아넣고 골짜기에 내려오기를 용납하지 아니하였으며

35 결심하고 헤레스 산과 아얄론과 사알빔에 거주하였더니 요셉의 가문의 힘이 강성하매 아모리 족속이 마침내는 노역을 하였으며

36 아모리 족속의 경계는 아그랍빔 비탈의 바위부터 위쪽이었더라

여호와의 사자가 보김에 나타나다

2 여호와의 사자가 길갈에서부터 보김으로 올라와 말하되 내가 너희를 애굽에서 올라오게 하여 내가 너희의 조상들에게 맹세한 땅으로 들어가게 하였으며 또 내가 이르기를 내가 너희와 함께 한 언약을 영원히 어기지 아니하리니

2 너희는 이 땅의 주민과 언약을 맺지 말며 그들의 제단들을 헐라 하였거늘 너희가 내 목소리를 듣지 아니하였으니

어찌하여 그리하였느냐

3 그러므로 내가 또 말하기를 내가 그들을 너희 앞에서 쫓아내지 아니하리니 그들이 너희 옆구리에 가시가 될 것이며 그들의 신들이 너희에게 올무가 되리라 하였노라

4 여호와의 사자가 이스라엘 모든 자손에게 이 말씀을 이르매 백성이 소리를 높여 운지라

5 그러므로 그 곳을 이름하여 보김이라 하고 그들이 거기서 여호와께 제사를 드렸더라

여호수아가 죽다

6 전에 여호수아가 백성을 보내매 이스라엘 자손이 각기 그들의 기업으로 가서 땅을 차지하였고

7 백성이 여호수아가 사는 날 동안과 여호수아 뒤에 생존한 장로들 곧 여호와께서 이스라엘을 위하여 행하신 모든 큰 일을 본 자들이 사는 날 동안에 여호와를 섬겼더라

8 여호와의 종 눈의 아들 여호수아가 백십 세에 죽으매

9 무리가 그의 기업의 경내 에브라임 산지 가아스 산 북쪽 딤낫 헤레스에 장사하였고

10 그 세대의 사람도 다 그 조상들에게로 돌아갔고 그 후에 일어난 다른 세대는 여호와를 알지 못하며 여호와께서 이스라엘을 위하여 행하신 일도 알지 못하였더라

이스라엘이 여호와를 버리다

11 이스라엘 자손이 여호와의 목전에 악을 행하여 바알들을 섬기며

12 애굽 땅에서 그들을 인도하여 내신 그들의 조상들의 하나님 여호와를 버리고

다른 신들 곧 그들의 주위에 있는 백성

의 신들을 따라 그들에게 절하여 여호

와를 진노하시게 하였으되

13 곧 그들이 여호와를 버리고 바알과 아

스다롯을 섬겼으므로

14 여호와께서 이스라엘에게 진노하사 노

략하는 자의 손에 넘겨 주사 그들이 노

략을 당하게 하시며 또 주위에 있는 모

든 대적의 손에 팔아 넘기시매 그들이

다시는 대적을 당하지 못하였으며

15 그들이 어디로 가든지 여호와의 손이

그들에게 재앙을 내리시니 곧 여호와께

서 말씀하신 것과 같고 여호와께서 그

들에게 맹세하신 것과 같아서 그들의

괴로움이 심하였더라

16 여호와께서 사사들을 세우사 노략자의

손에서 그들을 구원하게 하셨으나

17 그들이 그 사사들에게도 순종하지 아니

하고 오히려 다른 신들을 따라가 음행

하며 그들에게 절하고 여호와의 명령을

순종하던 그들의 조상들이 행하던 길에

서 속히 치우쳐 떠나서 그와 같이 행하

지 아니하였더라

18 여호와께서 그들을 위하여 사사들을 세

우실 때에는 그 사사와 함께 하셨고 그

사사가 사는 날 동안에는 여호와께서

그들을 대적의 손에서 구원하셨으니 이

는 그들이 대적에게 압박과 괴롭게 함

을 받아 슬피 부르짖으므로 여호와께서

뜻을 돌이키셨음이거늘

19 그 사사가 죽은 후에는 그들이 돌이켜

그들의 조상들보다 더욱 타락하여 다른

신들을 따라 섬기며 그들에게 절하고

그들의 행위와 패역한 길을 그치지 아

니하였으므로

20 여호와께서 이스라엘에게 진노하여 이

르시되 이 백성이 내가 그들의 조상들

에게 명령한 언약을 어기고 나의 목소

리를 순종하지 아니하였은즉

21 나도 여호수아가 죽을 때에 남겨 둔 이

방 민족들을 다시는 그들 앞에서 하나

도 쫓아내지 아니하리니

22 이는 이스라엘이 그들의 조상들이 지킨

것 같이 나 여호와의 도를 지켜 행하나

아니하나 그들을 시험하려 함이라 하시

니라

23 여호와께서 그 이방 민족들을 머물러

두사 그들을 속히 쫓아내지 아니하셨으

며 여호수아의 손에 넘겨 주지 아니하

셨더라

그 땅에 남겨 두신 사람들

3 여호와께서 가나안의 모든 전쟁들을 알

지 못한 이스라엘을 시험하려 하시며

2 이스라엘 자손의 세대 중에 아직 전쟁

을 알지 못하는 자들에게 그것을 가르

쳐 알게 하려 하사 남겨 두신 이방 민

족들은

3 블레셋의 다섯 군주들과 모든 가나안

족속과 시돈 족속과 바알 헤르몬 산에

서부터 하맛 입구까지 레바논 산에 거

주하는 히위 족속이라

4 남겨 두신 이 이방 민족들로 이스라엘

을 시험하사 여호와께서 모세를 통하여

그들의 조상들에게 이르신 명령들을 순

종하는지 알고자 하셨더라

5 그러므로 이스라엘 자손은 가나안 족속

과 헷 족속과 아모리 족속과 브리스 족

속과 히위 족속과 여부스 족속 가운데

에 거주하면서

6 그들의 딸들을 맞아 아내로 삼으며 자

기 딸들을 그들의 아들들에게 주고 또

그들의 신들을 섬겼더라

사사 옷니엘

7 이스라엘 자손이 여호와의 목전에 악을 행하여 자기들의 하나님 여호와를 잊어 버리고 바알들과 아세라들을 섬긴지라

8 여호와께서 이스라엘에게 진노하사 그들을 메소보다미아 왕 구산 리사다임의 손에 파셨으므로 이스라엘 자손이 구산 리사다임을 팔 년 동안 섬겼더니

9 이스라엘 자손이 여호와께 부르짖으매 여호와께서 이스라엘 자손을 위하여 한 구원자를 세워 그들을 구원하게 하시니 그는 곧 갈렙의 아우 그나스의 아들 옷니엘이라

10 여호와의 영이 그에게 임하셨으므로 그가 이스라엘의 사사가 되어 나가서 싸울 때에 여호와께서 메소보다미아 왕 구산 리사다임을 그의 손에 넘겨 주시매 옷니엘의 손이 구산 리사다임을 이기니라

11 그 땅이 평온한 지 사십 년에 그나스의 아들 옷니엘이 죽었더라

사사 에훗

12 이스라엘 자손이 또 여호와의 목전에 악을 행하니라 이스라엘 자손이 여호와의 목전에 악을 행하므로 여호와께서 모압 왕 에글론을 강성하게 하사 그들을 대적하게 하시매

13 에글론이 암몬과 아말렉 자손들을 모아 가지고 와서 이스라엘을 쳐서 종려나무 성읍을 점령한지라

14 이에 이스라엘 자손이 모압 왕 에글론을 열여덟 해 동안 섬기니라

15 이스라엘 자손이 여호와께 부르짖으매 여호와께서 그들을 위하여 한 구원자를 세우셨으니 그는 곧 베냐민 사람 게라의 아들 왼손잡이 에훗이라 이스라엘

자손이 그를 통하여 모압 왕 에글론에게 공물을 바칠 때에

16 에훗이 길이가 한 규빗 되는 좌우에 날 선 칼을 만들어 그의 오른쪽 허벅지 옷 속에 차고

17 공물을 모압 왕 에글론에게 바쳤는데 에글론은 매우 비둔한 자였더라

18 에훗이 공물 바치기를 마친 후에 공물을 메고 온 자들을 보내고

19 자기는 길갈 근처 돌 뜨는 곳에서부터 돌아와서 이르되 왕이여 내가 은밀한 일을 왕에게 아뢰려 하나이다 하니 왕이 명령하여 조용히 하라 하매 모셔 선 자들이 다 물러간지라

20 에훗이 그에게로 들어가니 왕은 서늘한 다락방에 홀로 앉아 있는 중이라 에훗이 이르되 내가 하나님의 명령을 받들어 왕에게 아뢸 일이 있나이다 하매 왕

이 그의 좌석에서 일어나니

21 에훗이 왼손을 뻗쳐 그의 오른쪽 허벅지 위에서 칼을 빼어 왕의 몸을 찌르매

22 칼자루도 날을 따라 들어가서 그 끝이 등 뒤까지 나갔고 그가 칼을 그의 몸에서 빼내지 아니하였으므로 기름이 칼날에 엉겼더라

23 에훗이 현관에 나와서 다락문들을 뒤에서 닫아 잠그니라

24 에훗이 나간 후에 왕의 신하들이 들어와서 다락문들이 잠겼음을 보고 이르되 왕이 분명히 서늘한 방에서 그의 발을 가리우신다 하고

25 그들이 오래 기다려도 왕이 다락문들을 열지 아니하는지라 열쇠를 가지고 열어 본즉 그들의 군주가 이미 땅에 엎드러져 죽었더라

26 그들이 기다리는 동안에 에훗이 피하

여 돌 뜨는 곳을 지나 스이라로 도망하니라

27 그가 이르러 에브라임 산지에서 나팔을 불매 이스라엘 자손이 산지에서 그를 따라 내려오니 에훗이 앞서 가며

28 그들에게 이르되 나를 따르라 여호와께서 너희의 원수들인 모압을 너희의 손에 넘겨 주셨느니라 하매 무리가 에훗을 따라 내려가 모압 맞은편 요단 강 나루를 장악하여 한 사람도 건너지 못하게 하였고

29 그 때에 모압 사람 약 만 명을 죽였으니 모두 장사요 모두 용사라 한 사람도 도망하지 못하였더라

30 그 날에 모압이 이스라엘 수하에 굴복하매 그 땅이 팔십 년 동안 평온하였더라

사사 삼갈

31 에훗 후에는 아낫의 아들 삼갈이 있어

소 모는 막대기로 블레셋 사람 육백 명을 죽였고 그도 이스라엘을 구원하였더라

사사 드보라

4 에훗이 죽으니 이스라엘 자손이 또 여호와의 목전에 악을 행하매

2 여호와께서 하솔에서 통치하는 가나안 왕 야빈의 손에 그들을 파셨으니 그의 군대 장관은 하로셋 학고임에 거주하는 시스라요

3 야빈 왕은 철 병거 구백 대가 있어 이십 년 동안 이스라엘 자손을 심히 학대했으므로 이스라엘 자손이 여호와께 부르짖었더라

4 그 때에 랍비돗의 아내 여선지자 드보라가 이스라엘의 사사가 되었는데

5 그는 에브라임 산지 라마와 벧엘 사이 드보라의 종려나무 아래에 거주하였고

이스라엘 자손은 그에게 나아가 재판을

받더라

6 드보라가 사람을 보내어 아비노암의 아

들 바락을 납달리 게데스에서 불러다가

그에게 이르되 이스라엘의 하나님 여호

와께서 이같이 명령하지 아니하셨느냐

너는 납달리 자손과 스불론 자손 만 명

을 거느리고 다볼 산으로 가라

7 내가 야빈의 군대 장관 시스라와 그의

병거들과 그의 무리를 기손 강으로 이

끌어 네게 이르게 하고 그를 네 손에

넘겨 주리라 하셨느니라

8 바락이 그에게 이르되 만일 당신이 나

와 함께 가면 내가 가려니와 만일 당신

이 나와 함께 가지 아니하면 나도 가지

아니하겠노라 하니

9 이르되 내가 반드시 너와 함께 가리라

그러나 네가 이번에 가는 길에서는 영

광을 얻지 못하리니 이는 여호와께서

시스라를 여인의 손에 파실 것임이니라

하고 드보라가 일어나 바락과 함께 게

데스로 가니라

10 바락이 스불론과 납달리를 게데스로 부

르니 만 명이 그를 따라 올라가고 드보

라도 그와 함께 올라가니라

11 모세의 장인 호밥의 자손 중 겐 사람

헤벨이 자기 족속을 떠나 게데스에 가

까운 사아난님 상수리나무 곁에 이르러

장막을 쳤더라

12 아비노암의 아들 바락이 다볼 산에 오

른 것을 사람들이 시스라에게 알리매

13 시스라가 모든 병거 곧 철 병거 구백

대와 자기와 함께 있는 모든 백성을 하

로셋학고임에서부터 기손 강으로 모은

지라

14 드보라가 바락에게 이르되 일어나라 이

는 여호와께서 시스라를 네 손에 넘겨

주신 날이라 여호와께서 너에 앞서 나

가지 아니하시느냐 하는지라 이에 바락

이 만 명을 거느리고 다볼 산에서 내려

가니

15 여호와께서 바락 앞에서 시스라와 그의

모든 병거와 그의 온 군대를 칼날로 혼

란에 빠지게 하시매 시스라가 병거에서

내려 걸어서 도망한지라

16 바락이 그의 병거들과 군대를 추격하여

하로셋학고임에 이르니 시스라의 온 군

대가 다 칼에 엎드러졌고 한 사람도 남

은 자가 없었더라

17 시스라가 걸어서 도망하여 겐 사람 헤

벨의 아내 야엘의 장막에 이르렀으니

이는 하솔 왕 야빈과 겐 사람 헤벨의

집 사이에는 화평이 있음이라

18 야엘이 나가 시스라를 영접하며 그에게

말하되 나의 주여 들어오소서 내게로

들어오시고 두려워하지 마소서 하매 그

가 그 장막에 들어가니 야엘이 이불로

그를 덮으니라

19 시스라가 그에게 말하되 청하노니 내게

물을 조금 마시게 하라 내가 목이 마르

다 하매 우유 부대를 열어 그에게 마시

게 하고 그를 덮으니

20 그가 또 이르되 장막 문에 섰다가 만일

사람이 와서 네게 묻기를 여기 어떤 사람

이 있느냐 하거든 너는 없다 하라 하고

21 그가 깊이 잠드니 헤벨의 아내 야엘이

장막 말뚝을 가지고 손에 방망이를 들

고 그에게로 가만히 가서 말뚝을 그의

관자놀이에 박으매 말뚝이 꿰뚫고 땅에

박히니 그가 기절하여 죽으니라

22 바락이 시스라를 추격할 때에 야엘이

나가서 그를 맞아 그에게 이르되 오라

네가 찾는 그 사람을 내가 네게 보이리

라 하매 바락이 그에게 들어가 보니 시

스라가 엎드러져 죽었고 말뚝이 그의

관자놀이에 박혔더라

23 이와 같이 이 날에 하나님이 가나안 왕

야빈을 이스라엘 자손 앞에 굴복하게

하신지라

24 이스라엘 자손의 손이 가나안 왕 야빈

을 점점 더 눌러서 마침내 가나안 왕

야빈을 진멸하였더라

드보라와 바락의 노래

5 이 날에 드보라와 아비노암의 아들 바

락이 노래하여 이르되

2 이스라엘의 영솔자들이 영솔하였고 백

성이 즐거이 헌신하였으니 여호와를 찬

송하라

3 너희 왕들아 들으라 통치자들아 귀를

기울이라 나 곧 내가 여호와를 노래할

것이요 이스라엘의 하나님 여호와를 찬

송하리로다

4 여호와여 주께서 세일에서부터 나오시

고 에돔 들에서부터 진행하실 때에 땅

이 진동하고 하늘이 물을 내리고 구름

도 물을 내렸나이다

5 산들이 여호와 앞에서 진동하니 저 시

내 산도 이스라엘의 하나님 여호와 앞

에서 진동하였도다

6 아낫의 아들 삼갈의 날에 또는 야엘의

날에는 대로가 비었고 길의 행인들은

오솔길로 다녔도다

7 이스라엘에는 마을 사람들이 그쳤으니

나 드보라가 일어나 이스라엘의 어머니

가 되기까지 그쳤도다

8 무리가 새 신들을 택하였으므로 그 때

에 전쟁이 성문에 이르렀으나 이스라엘

의 사만 명 중에 방패와 창이 보였던가

9 내 마음이 이스라엘의 방백을 사모함은

그들이 백성 중에서 즐거이 헌신하였음

이니 여호와를 찬송하라

10 흰 나귀를 탄 자들, 양탄자에 앉은 자

들, 길에 행하는 자들아 전파할지어다

11 활 쏘는 자들의 소리로부터 멀리 떨어

진 물 긷는 곳에서도 여호와의 공의로

우신 일을 전하라 이스라엘에서 마을

사람들을 위한 의로우신 일을 노래하라

그 때에 여호와의 백성이 성문에 내려

갔도다

12 깰지어다 깰지어다 드보라여 깰지어다

깰지어다 너는 노래할지어다 일어날지

어다 바락이여 아비노암의 아들이여 네

가 사로잡은 자를 끌고 갈지어다

13 그 때에 남은 귀인과 백성이 내려왔고

여호와께서 나를 위하여 용사를 치시려

고 내려오셨도다

14 에브라임에게서 나온 자들은 아말렉에

뿌리 박힌 자들이요 베냐민은 백성들

중에서 너를 따르는 자들이요 마길에게

서는 명령하는 자들이 내려왔고 스불론

에게서는 대장군의 지팡이를 잡은 자들

이 내려왔도다

15 잇사갈의 방백들이 드보라와 함께 하니

잇사갈과 같이 바락도 그의 뒤를 따라

골짜기로 달려 내려가니 르우벤 시냇가

에서 큰 결심이 있었도다

16 네가 양의 우리 가운데에 앉아서 목자

의 피리 부는 소리를 들음은 어찌 됨이

냐 르우벤 시냇가에서 큰 결심이 있었

도다

17 길르앗은 요단 강 저쪽에 거주하며 단

은 배에 머무름이 어찌 됨이냐 아셀은

해변에 앉으며 자기 항만에 거주하도다

18 스불론은 죽음을 무릅쓰고 목숨을 아끼

지 아니한 백성이요 납달리도 들의 높

은 곳에서 그러하도다

19 왕들이 와서 싸울 때에 가나안 왕들이

므깃도 물 가 다아낙에서 싸웠으나 은

을 탈취하지 못하였도다

20 별들이 하늘에서부터 싸우되 그들이 다

니는 길에서 시스라와 싸웠도다

21 기손 강은 그 무리를 표류시켰으니 이

기손 강은 옛 강이라 내 영혼아 네가

힘 있는 자를 밟았도다

22 그 때에 군마가 빨리 달리니 말굽 소리

가 땅을 울리도다

23 여호와의 사자의 말씀에 메로스를 저주

하라 너희가 거듭거듭 그 주민들을 저

주할 것은 그들이 와서 여호와를 돕지

아니하며 여호와를 도와 용사를 치지

아니함이니라 하시도다

24 겐 사람 헤벨의 아내 야엘은 다른 여인

들보다 복을 받을 것이니 장막에 있는

여인들보다 더욱 복을 받을 것이로다

25 시스라가 물을 구하매 우유를 주되 곧

엉긴 우유를 귀한 그릇에 담아 주었고

26 손으로 장막 말뚝을 잡으며 오른손에

일꾼들의 방망이를 들고 시스라를 쳐서

그의 머리를 뚫되 곧 그의 관자놀이를

꿰뚫었도다

27 그가 그의 발 앞에 꾸부러지며 엎드러

지고 쓰러졌고 그의 발 앞에 꾸부러져

엎드러져서 그 꾸부러진 곳에 엎드러져

죽었도다

28 시스라의 어머니가 창문을 통하여 바라

보며 창살을 통하여 부르짖기를 그의 병

거가 어찌하여 더디 오는가 그의 병거

들의 걸음이 어찌하여 늦어지는가 하매

29 그의 지혜로운 시녀들이 대답하였겠고

그도 스스로 대답하기를

30 그들이 어찌 노략물을 얻지 못하였으랴 그것을 나누지 못하였으랴 사람마다 한 두 처녀를 얻었으리로다 시스라는 채색 옷을 노략하였으리니 그것은 수 놓은 채색 옷이리로다 곧 양쪽에 수 놓은 채색 옷이리니 노략한 자의 목에 꾸미리로다 하였으리라

31 여호와여 주의 원수들은 다 이와 같이 망하게 하시고 주를 사랑하는 자들은 해가 힘 있게 돋음 같게 하시옵소서 하니라 그 땅이 사십 년 동안 평온하였더라

사사 기드온

6 이스라엘 자손이 또 여호와의 목전에 악을 행하였으므로 여호와께서 칠 년 동안 그들을 미디안의 손에 넘겨 주시니

2 미디안의 손이 이스라엘을 이긴지라 이스라엘 자손이 미디안으로 말미암아 산에서 웅덩이와 굴과 산성을 자기들을 위하여 만들었으며

3 이스라엘이 파종한 때면 미디안과 아말렉과 동방 사람들이 치러 올라와서

4 진을 치고 가사에 이르도록 토지 소산을 멸하여 이스라엘 가운데에 먹을 것을 남겨 두지 아니하며 양이나 소나 나귀도 남기지 아니하니

5 이는 그들이 그들의 짐승과 장막을 가지고 올라와 메뚜기 떼 같이 많이 들어오니 그 사람과 낙타가 무수함이라 그들이 그 땅에 들어와 멸하려 하니

6 이스라엘이 미디안으로 말미암아 궁핍함이 심한지라 이에 이스라엘 자손이 여호와께 부르짖었더라

7 이스라엘 자손이 미디안으로 말미암아 여호와께 부르짖었으므로

8 여호와께서 이스라엘 자손에게 한 선

192

지자를 보내시니 그가 그들에게 이르

되 여호와께서 이같이 말씀하시기를 이

스라엘의 하나님 내가 너희를 애굽에서

인도하여 내며 너희를 그 종 되었던 집

에서 나오게 하여

9 애굽 사람의 손과 너희를 학대하는 모

든 자의 손에서 너희를 건져내고 그들

을 너희 앞에서 쫓아내고 그 땅을 너희

에게 주었으며

10 내가 또 너희에게 이르기를 나는 너희

의 하나님 여호와이니 너희가 거주하는

아모리 사람의 땅의 신들을 두려워하지

말라 하였으나 너희가 내 목소리를 듣

지 아니하였느니라 하셨다 하니라

11 여호와의 사자가 아비에셀 사람 요아스

에게 속한 오브라에 이르러 상수리나무

아래에 앉으니라 마침 요아스의 아들

기드온이 미디안 사람에게 알리지 아니

하려 하여 밀을 포도주 틀에서 타작하

더니

12 여호와의 사자가 기드온에게 나타나 이

르되 큰 용사여 여호와께서 너와 함께

계시도다 하매

13 기드온이 그에게 대답하되 오 나의 주

여 여호와께서 우리와 함께 계시면 어

찌하여 이 모든 일이 우리에게 일어났

나이까 또 우리 조상들이 일찍이 우리

에게 이르기를 여호와께서 우리를 애

굽에서 올라오게 하신 것이 아니냐 한

그 모든 이적이 어디 있나이까 이제 여

호와께서 우리를 버리사 미디안의 손에

우리를 넘겨 주셨나이다 하니

14 여호와께서 그를 향하여 이르시되 너는

가서 이 너의 힘으로 이스라엘을 미디

안의 손에서 구원하라 내가 너를 보낸

것이 아니냐 하시니라

15 그러나 기드온이 그에게 대답하되 오 주여 내가 무엇으로 이스라엘을 구원하리이까 보소서 나의 집은 므낫세 중에 극히 약하고 나는 내 아버지 집에서 가장 작은 자니이다 하니

16 여호와께서 그에게 이르시되 내가 반드시 너와 함께 하리니 네가 미디안 사람 치기를 한 사람을 치듯 하리라 하시니라

17 기드온이 그에게 대답하되 만일 내가 주께 은혜를 얻었사오면 나와 말씀하신 이가 주 되시는 표징을 내게 보이소서

18 내가 예물을 가지고 다시 주께로 와서 그것을 주 앞에 드리기까지 이 곳을 떠나지 마시기를 원하나이다 하니 그가 이르되 내가 너 돌아올 때까지 머무르리라 하니라

19 기드온이 가서 염소 새끼 하나를 준비하고 가루 한 에바로 무교병을 만들고 고기를 소쿠리에 담고 국을 양푼에 담아 상수리나무 아래 그에게로 가져다가 드리매

20 하나님의 사자가 그에게 이르되 고기와 무교병을 가져다가 이 바위 위에 놓고 국을 부으라 하니 기드온이 그대로 하니라

21 여호와의 사자가 손에 잡은 지팡이 끝을 내밀어 고기와 무교병에 대니 불이 바위에서 나와 고기와 무교병을 살랐고 여호와의 사자는 떠나서 보이지 아니한지라

22 기드온이 그가 여호와의 사자인 줄을 알고 이르되 슬프도소이다 주 여호와여 내가 여호와의 사자를 대면하여 보았나이다 하니

23 여호와께서 그에게 이르시되 너는 안심하라 두려워하지 말라 죽지 아니하리라

하시니라

24 기드온이 여호와를 위하여 거기서 제단을 쌓고 그것을 여호와 살롬이라 하였더라 그것이 오늘까지 아비에셀 사람에게 속한 오브라에 있더라

25 그 날 밤에 여호와께서 기드온에게 이르시되 네 아버지에게 있는 수소 곧 칠 년 된 둘째 수소를 끌어 오고 네 아버지에게 있는 바알의 제단을 헐며 그 곁의 아세라 상을 찍고

26 또 이 산성 꼭대기에 네 하나님 여호와를 위하여 규례대로 한 제단을 쌓고 그 둘째 수소를 잡아 네가 찍은 아세라 나무로 번제를 드릴지니라 하시니라

27 이에 기드온이 종 열 사람을 데리고 여호와께서 그에게 말씀하신 대로 행하되 그의 아버지의 가문과 그 성읍 사람들을 두려워하므로 이 일을 감히 낮에 행

하지 못하고 밤에 행하니라

28 그 성읍 사람들이 아침에 일찍이 일어나 본즉 바알의 제단이 파괴되었으며 그 곁의 아세라가 찍혔고 새로 쌓은 제단 위에 그 둘째 수소를 드렸는지라

29 서로 물어 이르되 이것이 누구의 소행인가 하고 그들이 캐어 물은 후에 이르되 요아스의 아들 기드온이 이를 행하였도다 하고

30 성읍 사람들이 요아스에게 이르되 네 아들을 끌어내라 그는 당연히 죽을지니 이는 바알의 제단을 파괴하고 그 곁의 아세라를 찍었음이니라 하니

31 요아스가 자기를 둘러선 모든 자에게 이르되 너희가 바알을 위하여 다투느냐 너희가 바알을 구원하겠느냐 그를 위하여 다투는 자는 아침까지 죽임을 당하리라 바알이 과연 신일진대 그의 제단

을 파괴하였은즉 그가 자신을 위해 다

툴 것이니라 하니라

32 그 날에 기드온을 여룹바알이라 불렀으

니 이는 그가 바알의 제단을 파괴하였

으므로 바알이 그와 더불어 다툴 것이

라 함이었더라

33 그 때에 미디안과 아말렉과 동방 사람

들이 다 함께 모여 요단 강을 건너와서

이스르엘 골짜기에 진을 친지라

34 여호와의 영이 기드온에게 임하시니 기

드온이 나팔을 불매 아비에셀이 그의

뒤를 따라 부름을 받으니라

35 기드온이 또 사자들을 온 므낫세에 두

루 보내매 그들도 모여서 그를 따르고

또 사자들을 아셀과 스불론과 납달리에

보내매 그 무리도 올라와 그를 영접하

더라

36 기드온이 하나님께 여쭈되 주께서 이미

말씀하심 같이 내 손으로 이스라엘을

구원하시려거든

37 보소서 내가 양털 한 뭉치를 타작 마당

에 두리니 만일 이슬이 양털에만 있고

주변 땅은 마르면 주께서 이미 말씀하

심 같이 내 손으로 이스라엘을 구원하

실 줄을 내가 알겠나이다 하였더니

38 그대로 된지라 이튿날 기드온이 일찍이

일어나서 양털을 가져다가 그 양털에서

이슬을 짜니 물이 그릇에 가득하더라

39 기드온이 또 하나님께 여쭈되 주여 내

게 노하지 마옵소서 내가 이번만 말하

리이다 구하옵나니 내게 이번만 양털로

시험하게 하소서 원하건대 양털만 마르

고 그 주변 땅에는 다 이슬이 있게 하

옵소서 하였더니

40 그 밤에 하나님이 그대로 행하시니 곧

양털만 마르고 그 주변 땅에는 다 이슬

이 있었더라

기드온이 미디안을 치다

7 여룹바알이라 하는 기드온과 그를 따르는 모든 백성이 일찍이 일어나 하롯 샘 곁에 진을 쳤고 미디안의 진영은 그들의 북쪽이요 모레 산 앞 골짜기에 있었더라

2 여호와께서 기드온에게 이르시되 너를 따르는 백성이 너무 많은즉 내가 그들의 손에 미디안 사람을 넘겨 주지 아니하리니 이는 이스라엘이 나를 거슬러 스스로 자랑하기를 내 손이 나를 구원하였다 할까 함이니라

3 이제 너는 백성의 귀에 외쳐 이르기를 누구든지 두려워 떠는 자는 길르앗 산을 떠나 돌아가라 하라 하시니 이에 돌아간 백성이 이만 이천 명이요 남은 자가 만 명이었더라

4 여호와께서 또 기드온에게 이르시되 백성이 아직도 많으니 그들을 인도하여 물 가로 내려가라 거기서 내가 너를 위하여 그들을 시험하리라 내가 누구를 가리켜 네게 이르기를 이 사람이 너와 함께 가리라 하면 그는 너와 함께 갈 것이요 내가 누구를 가리켜 네게 이르기를 이 사람은 너와 함께 가지 말 것이니라 하면 그는 가지 말 것이니라 하신지라

5 이에 백성을 인도하여 물 가에 내려가매 여호와께서 기드온에게 이르시되 누구든지 개가 핥는 것 같이 혀로 물을 핥는 자들을 너는 따로 세우고 또 누구든지 무릎을 꿇고 마시는 자들도 그와 같이 하라 하시더니

6 손으로 움켜 입에 대고 핥는 자의 수는 삼백 명이요 그 외의 백성은 다 무릎을

끓고 물을 마신지라

7 여호와께서 기드온에게 이르시되 내가 이 물을 핥아 먹은 삼백 명으로 너희를 구원하며 미디안을 네 손에 넘겨 주리니 남은 백성은 각각 자기의 처소로 돌아갈 것이니라 하시니

8 이에 백성이 양식과 나팔을 손에 든지라 기드온이 이스라엘 모든 백성을 각각 그의 장막으로 돌려보내고 그 삼백 명은 머물게 하니라 미디안 진영은 그 아래 골짜기 가운데에 있었더라

9 그 밤에 여호와께서 기드온에게 이르시되 일어나 진영으로 내려가라 내가 그것을 네 손에 넘겨 주었느니라

10 만일 네가 내려가기를 두려워하거든 네 부하 부라와 함께 그 진영으로 내려가서

11 그들이 하는 말을 들으라 그 후에 네 손이 강하여져서 그 진영으로 내려가리라 하시니 기드온이 이에 그의 부하 부라와 함께 군대가 있는 진영 근처로 내려간즉

12 미디안과 아말렉과 동방의 모든 사람들이 골짜기에 누웠는데 메뚜기의 많은 수와 같고 그들의 낙타의 수가 많아 해변의 모래가 많음 같은지라

13 기드온이 그 곳에 이른즉 어떤 사람이 그의 친구에게 꿈을 말하여 이르기를 보라 내가 한 꿈을 꾸었는데 꿈에 보리떡 한 덩어리가 미디안 진영으로 굴러들어와 한 장막에 이르러 그것을 쳐서 무너뜨려 위쪽으로 엎으니 그 장막이 쓰러지더라

14 그의 친구가 대답하여 이르되 이는 다른 것이 아니라 이스라엘 사람 요아스의 아들 기드온의 칼이라 하나님이 미

디안과 그 모든 진영을 그의 손에 넘겨

주셨느니라 하더라

15 기드온이 그 꿈과 해몽하는 말을 듣고

경배하며 이스라엘 진영으로 돌아와 이

르되 일어나라 여호와께서 미디안과 그

모든 진영을 너희 손에 넘겨 주셨느니

라 하고

16 삼백 명을 세 대로 나누어 각 손에 나

팔과 빈 항아리를 들리고 항아리 안에

는 횃불을 감추게 하고

17 그들에게 이르되 너희는 나만 보고 내

가 하는 대로 하되 내가 그 진영 근처

에 이르러서 내가 하는 대로 너희도 그

리하여

18 나와 나를 따르는 자가 다 나팔을 불거

든 너희도 모든 진영 주위에서 나팔을

불며 이르기를 여호와를 위하라, 기드

온을 위하라 하라 하니라

19 기드온과 그와 함께 한 백 명이 이경

초에 진영 근처에 이른즉 바로 파수꾼

들을 교대한 때라 그들이 나팔을 불며

손에 가졌던 항아리를 부수니라

20 세 대가 나팔을 불며 항아리를 부수고

왼손에 횃불을 들고 오른손에 나팔을

들어 불며 외쳐 이르되 여호와와 기드

온의 칼이다 하고

21 각기 제자리에 서서 그 진영을 에워싸

매 그 온 진영의 군사들이 뛰고 부르짖

으며 도망하였는데

22 삼백 명이 나팔을 불 때에 여호와께서

그 온 진영에서 친구끼리 칼로 치게 하

시므로 적군이 도망하여 스레라의 벧

싯다에 이르고 또 답밧에 가까운 아벨

므홀라의 경계에 이르렀으며

23 이스라엘 사람들은 납달리와 아셀과 온

므낫세에서부터 부름을 받고 미디안을

추격하였더라

24 기드온이 사자들을 보내서 에브라임 온 산지로 두루 다니게 하여 이르기를 내려와서 미디안을 치고 그들을 앞질러 벧 바라와 요단 강에 이르는 수로를 점령하라 하매 이에 에브라임 사람들이 다 모여 벧 바라와 요단 강에 이르는 수로를 점령하고

25 또 미디안의 두 방백 오렙과 스엡을 사로잡아 오렙은 오렙 바위에서 죽이고 스엡은 스엡 포도주 틀에서 죽이고 미디안을 추격하였고 오렙과 스엡의 머리를 요단 강 건너편에서 기드온에게 가져왔더라

기드온이 죽인 미디안 왕들

8 에브라임 사람들이 기드온에게 이르되 네가 미디안과 싸우러 갈 때에 우리를 부르지 아니하였으니 우리를 이같이 대접함은 어찌 됨이냐 하고 그와 크게 다투는지라

2 기드온이 그들에게 이르되 내가 이제 행한 일이 너희가 한 것에 비교되겠느냐 에브라임의 끝물 포도가 아비에셀의 맏물 포도보다 낫지 아니하냐

3 하나님이 미디안의 방백 오렙과 스엡을 너희 손에 넘겨 주셨으니 내가 한 일이 어찌 능히 너희가 한 것에 비교되겠느냐 하니라 기드온이 이 말을 하매 그 때에 그들의 노여움이 풀리니라

4 기드온과 그와 함께 한 자 삼백 명이 요단 강에 이르러 건너고 비록 피곤하나 추격하며

5 그가 숙곳 사람들에게 이르되 나를 따르는 백성이 피곤하니 청하건대 그들에게 떡덩이를 주라 나는 미디안의 왕들인 세바와 살문나의 뒤를 추격하고 있

노라 하니

6 숙곳의 방백들이 이르되 세바와 살문
나의 손이 지금 네 손 안에 있다는거냐
어찌 우리가 네 군대에게 떡을 주겠느
냐 하는지라

7 기드온이 이르되 그러면 여호와께서 세
바와 살문나를 내 손에 넘겨 주신 후에
내가 들가시와 찔레로 너희 살을 찢으
리라 하고

8 거기서 브누엘로 올라가서 그들에게도
그같이 구한즉 브누엘 사람들의 대답도
숙곳 사람들의 대답과 같은지라

9 기드온이 또 브누엘 사람들에게 말하여
이르되 내가 평안히 돌아올 때에 이 망
대를 헐리라 하니라

10 이 때에 세바와 살문나가 갈골에 있는
데 동방 사람의 모든 군대 중에 칼 든
자 십이만 명이 죽었고 그 남은 만 오

천 명 가량은 그들을 따라와서 거기에
있더라

11 적군이 안심하고 있는 중에 기드온이
노바와 욕브하 동쪽 장막에 거주하는
자의 길로 올라가서 그 적진을 치니

12 세바와 살문나가 도망하는지라 기드온
이 그들의 뒤를 추격하여 미디안의 두
왕 세바와 살문나를 사로잡고 그 온 진
영을 격파하니라

13 요아스의 아들 기드온이 헤레스 비탈
전장에서 돌아오다가

14 숙곳 사람 중 한 소년을 잡아 그를 심
문하매 그가 숙곳의 방백들과 장로들
칠십칠 명을 그에게 적어 준지라

15 기드온이 숙곳 사람들에게 이르러 말
하되 너희가 전에 나를 희롱하여 이르
기를 세바와 살문나의 손이 지금 네 손
안에 있다는거냐 어찌 우리가 네 피곤

한 사람들에게 떡을 주겠느냐 한 그 세

바와 살문나를 보라 하고

16 그 성읍의 장로들을 붙잡아 들가시와

찔레로 숙곳 사람들을 징벌하고

17 브누엘 망대를 헐며 그 성읍 사람들을

죽이니라

18 이에 그가 세바와 살문나에게 말하되

너희가 다볼에서 죽인 자들은 어떠한

사람들이더냐 하니 대답하되 그들이 너

와 같아서 하나 같이 왕자들의 모습과

같더라 하니라

19 그가 이르되 그들은 내 형제들이며 내

어머니의 아들들이니라 여호와께서 살

아 계심을 두고 맹세하노니 너희가 만

일 그들을 살렸더라면 나도 너희를 죽

이지 아니하였으리라 하고

20 그의 맏아들 여델에게 이르되 일어나

그들을 죽이라 하였으나 그 소년이 그

의 칼을 빼지 못하였으니 이는 아직 어

려서 두려워함이었더라

21 세바와 살문나가 이르되 네가 일어나

우리를 치라 사람이 어떠하면 그의 힘

도 그러하니라 하니 기드온이 일어나

세바와 살문나를 죽이고 그들의 낙타

목에 있던 초승달 장식들을 떼어서 가

지니라

22 그 때에 이스라엘 사람들이 기드온에

게 이르되 당신이 우리를 미디안의 손

에서 구원하셨으니 당신과 당신의 아들

과 당신의 손자가 우리를 다스리소서

하는지라

23 기드온이 그들에게 이르되 내가 너희를

다스리지 아니하겠고 나의 아들도 너희

를 다스리지 아니할 것이요 여호와께서

너희를 다스리시리라 하니라

24 기드온이 또 그들에게 이르되 내가 너

희에게 요청할 일이 있으니 너희는 각

기 탈취한 귀고리를 내게 줄지니라 하

였으니 이는 그들이 이스마엘 사람들이

므로 금 귀고리가 있었음이라

25 무리가 대답하되 우리가 즐거이 드리리

이다 하고 겉옷을 펴고 각기 탈취한 귀

고리를 그 가운데에 던지니

26 기드온이 요청한 금 귀고리의 무게가

금 천칠백 세겔이요 그 외에 또 초승달

장식들과 패물과 미디안 왕들이 입었던

자색 의복과 또 그 외에 그들의 낙타

목에 둘렀던 사슬이 있었더라

27 기드온이 그 금으로 에봇 하나를 만들

어 자기의 성읍 오브라에 두었더니 온

이스라엘이 그것을 음란하게 위하므로

그것이 기드온과 그의 집에 올무가 되

니라

28 미디안이 이스라엘 자손 앞에 복종하

여 다시는 그 머리를 들지 못하였으므

로 기드온이 사는 사십 년 동안 그 땅

이 평온하였더라

기드온이 죽다

29 요아스의 아들 여룹바알이 돌아가서 자

기 집에 거주하였는데

30 기드온이 아내가 많으므로 그의 몸에서

낳은 아들이 칠십 명이었고

31 세겜에 있는 그의 첩도 아들을 낳았으

므로 그 이름을 아비멜렉이라 하였더라

32 요아스의 아들 기드온이 나이가 많아

죽으매 아비에셀 사람의 오브라에 있는

그의 아버지 요아스의 묘실에 장사되었

더라

33 기드온이 이미 죽으매 이스라엘 자손

이 돌아서서 바알들을 따라가 음행하였

으며 또 바알브릿을 자기들의 신으로

삼고

34 이스라엘 자손이 주위의 모든 원수들의 손에서 자기들을 건져내신 여호와 자기들의 하나님을 기억하지 아니하며

35 또 여룹바알이라 하는 기드온이 이스라엘에 베푼 모든 은혜를 따라 그의 집을 후대하지도 아니하였더라

아비멜렉

9 여룹바알의 아들 아비멜렉이 세겜에 가서 그의 어머니의 형제에게 이르러 그들과 그의 외조부의 집의 온 가족에게 말하여 이르되

2 청하노니 너희는 세겜의 모든 사람들의 귀에 말하라 여룹바알의 아들 칠십 명이 다 너희를 다스림과 한 사람이 너희를 다스림이 어느 것이 너희에게 나으냐 또 나는 너희와 골육임을 기억하라 하니

3 그의 어머니의 형제들이 그를 위하여 이 모든 말을 세겜의 모든 사람들의 귀에 말하매 그들의 마음이 아비멜렉에게로 기울어서 이르기를 그는 우리 형제라 하고

4 바알브릿 신전에서 은 칠십 개를 내어 그에게 주매 아비멜렉이 그것으로 방탕하고 경박한 사람들을 사서 자기를 따르게 하고

5 오브라에 있는 그의 아버지의 집으로 가서 여룹바알의 아들 곧 자기 형제 칠십 명을 한 바위 위에서 죽였으되 다만 여룹바알의 막내 아들 요담은 스스로 숨었으므로 남으니라

6 세겜의 모든 사람과 밀로 모든 족속이 모여서 세겜에 있는 상수리나무 기둥 곁에서 아비멜렉을 왕으로 삼으니라

7 사람들이 요담에게 그 일을 알리매 요담이 그리심 산 꼭대기로 가서 서서 그

의 목소리를 높여 그들에게 외쳐 이르

되 세겜 사람들아 내 말을 들으라 그리

하여야 하나님이 너희의 말을 들으시

리라

8 하루는 나무들이 나가서 기름을 부어

자신들 위에 왕으로 삼으려 하여 감람

나무에게 이르되 너는 우리 위에 왕이

되라 하매

9 감람나무가 그들에게 이르되 내게 있는

나의 기름은 하나님과 사람을 영화롭게

하나니 내가 어찌 그것을 버리고 가서

나무들 위에 우쭐대리요 한지라

10 나무들이 또 무화과나무에게 이르되 너

는 와서 우리 위에 왕이 되라 하매

11 무화과나무가 그들에게 이르되 나의 단

것과 나의 아름다운 열매를 내가 어찌

버리고 가서 나무들 위에 우쭐대리요

한지라

12 나무들이 또 포도나무에게 이르되 너는

와서 우리 위에 왕이 되라 하매

13 포도나무가 그들에게 이르되 하나님과

사람을 기쁘게 하는 내 포도주를 내가

어찌 버리고 가서 나무들 위에 우쭐대

리요 한지라

14 이에 모든 나무가 가시나무에게 이르되

너는 와서 우리 위에 왕이 되라 하매

15 가시나무가 나무들에게 이르되 만일 너

희가 참으로 내게 기름을 부어 너희 위

에 왕으로 삼겠거든 와서 내 그늘에 피

하라 그리하지 아니하면 불이 가시나무

에서 나와서 레바논의 백향목을 사를

것이니라 하였느니라

16 이제 너희가 아비멜렉을 세워 왕으로

삼았으니 너희가 행한 것이 과연 진실

하고 의로우냐 이것이 여룹바알과 그의

집을 선대함이냐 이것이 그의 손이 행

한 대로 그에게 보답함이냐

17 우리 아버지가 전에 죽음을 무릅쓰고 너희를 위하여 싸워 미디안의 손에서 너희를 건져냈거늘

18 너희가 오늘 일어나 우리 아버지의 집을 쳐서 그의 아들 칠십 명을 한 바위 위에서 죽이고 그의 여종의 아들 아비멜렉이 너희 형제가 된다고 그를 세워 세겜 사람들 위에 왕으로 삼았도다

19 만일 너희가 오늘 여룹바알과 그의 집을 대접한 것이 진실하고 의로운 일이면 너희가 아비멜렉으로 말미암아 기뻐할 것이요 아비멜렉도 너희로 말미암아 기뻐하려니와

20 그렇지 아니하면 아비멜렉에게서 불이 나와서 세겜 사람들과 밀로의 집을 사를 것이요 세겜 사람들과 밀로의 집에서도 불이 나와 아비멜렉을 사를 것이

니라 하고

21 요담이 그의 형제 아비멜렉 앞에서 도망하여 피해서 브엘로 가서 거기에 거주하니라

22 아비멜렉이 이스라엘을 다스린 지 삼 년에

23 하나님이 아비멜렉과 세겜 사람들 사이에 악한 영을 보내시매 세겜 사람들이 아비멜렉을 배반하였으니

24 이는 여룹바알의 아들 칠십 명에게 저지른 포학한 일을 갚되 그들을 죽여 피흘린 죄를 그들의 형제 아비멜렉과 아비멜렉의 손을 도와 그의 형제들을 죽이게 한 세겜 사람들에게로 돌아가게 하심이라

25 세겜 사람들이 산들의 꼭대기에 사람을 매복시켜 아비멜렉을 엿보게 하고 그 길로 지나는 모든 자를 다 강탈하게 하

니 어떤 사람이 그것을 아비멜렉에게

알리니라

26 에벳의 아들 가알이 그의 형제와 더불

어 세겜에 이르니 세겜 사람들이 그를

신뢰하니라

27 그들이 밭에 가서 포도를 거두어다가

밟아 짜서 연회를 베풀고 그들의 신당

에 들어가서 먹고 마시며 아비멜렉을

저주하니

28 에벳의 아들 가알이 이르되 아비멜렉은

누구며 세겜은 누구기에 우리가 아비멜

렉을 섬기리요 그가 여룹바알의 아들이

아니냐 그의 신복은 스불이 아니냐 차

라리 세겜의 아버지 하몰의 후손을 섬

길 것이라 우리가 어찌 아비멜렉을 섬

기리요

29 이 백성이 내 수하에 있었더라면 내가

아비멜렉을 제거하였으리라 하고 아비

멜렉에게 이르되 네 군대를 증원해서

나오라 하니라

30 그 성읍의 방백 스불이 에벳의 아들 가

알의 말을 듣고 노하여

31 사자들을 아비멜렉에게 가만히 보내어

이르되 보소서 에벳의 아들 가알과 그

의 형제들이 세겜에 이르러 그 성읍이

당신을 대적하게 하니

32 당신은 당신과 함께 있는 백성과 더불

어 밤에 일어나 밭에 매복하였다가

33 아침 해 뜰 때에 당신이 일찍 일어나

이 성읍을 엄습하면 가알 및 그와 함께

있는 백성이 나와서 당신을 대적하리니

당신은 기회를 보아 그에게 행하소서

하니

34 아비멜렉과 그와 함께 있는 모든 백성

이 밤에 일어나 네 떼로 나누어 세겜에

맞서 매복하였더니

35 에벳의 아들 가알이 나와서 성읍 문 입

구에 설 때에 아비멜렉과 그와 함께 있

는 백성이 매복하였던 곳에서 일어난

지라

36 가알이 그 백성을 보고 스불에게 이르

되 보라 백성이 산 꼭대기에서부터 내

려오는도다 하니 스불이 그에게 이르되

네가 산 그림자를 사람으로 보았느니라

하는지라

37 가알이 다시 말하여 이르되 보라 백성

이 밭 가운데를 따라 내려오고 또 한

떼는 므오느님 상수리나무 길을 따라

오는도다 하니

38 스불이 그에게 이르되 네가 전에 말하

기를 아비멜렉이 누구이기에 우리가 그

를 섬기리요 하던 그 입이 이제 어디

있느냐 이들이 네가 업신여기던 그 백

성이 아니냐 청하노니 이제 나가서 그

들과 싸우라 하니

39 가알이 세겜 사람들보다 앞에 서서 나

가 아비멜렉과 싸우다가

40 아비멜렉이 그를 추격하니 그 앞에서

도망하였고 부상하여 엎드러진 자가 많

아 성문 입구까지 이르렀더라

41 아비멜렉은 아루마에 거주하고 스불은

가알과 그의 형제들을 쫓아내어 세겜에

거주하지 못하게 하더니

42 이튿날 백성이 밭으로 나오매 사람들이

그것을 아비멜렉에게 알리니라

43 아비멜렉이 자기 백성을 세 무리로 나

누어 밭에 매복시켰더니 백성이 성에서

나오는 것을 보고 일어나 그들을 치되

44 아비멜렉과 그 떼는 돌격하여 성문 입

구에 서고 두 무리는 밭에 있는 자들에

게 돌격하여 그들을 죽이니

45 아비멜렉이 그 날 종일토록 그 성을 쳐

서 마침내는 점령하고 거기 있는 백성을

죽이며 그 성을 헐고 소금을 뿌리니라

46 세겜 망대의 모든 사람들이 이를 듣고

엘브릿 신전의 보루로 들어갔더니

47 세겜 망대의 모든 사람들이 모인 것이

아비멜렉에게 알려지매

48 아비멜렉 및 그와 함께 있는 모든 백성

이 살몬 산에 오르고 아비멜렉이 손에

도끼를 들고 나뭇가지를 찍어 그것을

들어올려 자기 어깨에 메고 그와 함께

있는 백성에게 이르되 너희는 내가 행

하는 것을 보나니 빨리 나와 같이 행하

라 하니

49 모든 백성들도 각각 나뭇가지를 찍어서

아비멜렉을 따라 보루 위에 놓고 그것

들이 얹혀 있는 보루에 불을 놓으매 세

겜 망대에 있는 사람들이 다 죽었으니

남녀가 약 천 명이었더라

50 아비멜렉이 데베스에 가서 데베스에 맞

서 진 치고 그것을 점령하였더니

51 성읍 중에 견고한 망대가 있으므로 그

성읍 백성의 남녀가 모두 그리로 도망

하여 들어가서 문을 잠그고 망대 꼭대

기로 올라간지라

52 아비멜렉이 망대 앞에 이르러 공격하며

망대의 문에 가까이 나아가서 그것을

불사르려 하더니

53 한 여인이 맷돌 위짝을 아비멜렉의 머

리 위에 내려 던져 그의 두개골을 깨뜨

리니

54 아비멜렉이 자기의 무기를 든 청년을

급히 불러 그에게 이르되 너는 칼을 빼

어 나를 죽이라 사람들이 나를 가리켜

이르기를 여자가 그를 죽였다 할까 하

노라 하니 그 청년이 그를 찌르매 그가

죽은지라

55 이스라엘 사람들이 아비멜렉이 죽은 것을 보고 각각 자기 처소로 떠나갔더라

56 아비멜렉이 그의 형제 칠십 명을 죽여 자기 아버지에게 행한 악행을 하나님이 이같이 갚으셨고

57 또 세겜 사람들의 모든 악행을 하나님이 그들의 머리에 갚으셨으니 여룹바알의 아들 요담의 저주가 그들에게 응하니라

사사 돌라

10 아비멜렉의 뒤를 이어서 잇사갈 사람 도도의 손자 부아의 아들 돌라가 일어나서 이스라엘을 구원하니라 그가 에브라임 산지 사밀에 거주하면서

2 이스라엘의 사사가 된 지 이십삼 년 만에 죽으매 사밀에 장사되었더라

사사 야일

3 그 후에 길르앗 사람 야일이 일어나서 이십이 년 동안 이스라엘의 사사가 되니라

4 그에게 아들 삼십 명이 있어 어린 나귀 삼십을 탔고 성읍 삼십을 가졌는데 그 성읍들은 길르앗 땅에 있고 오늘까지 하봇야일이라 부르더라

5 야일이 죽으매 가몬에 장사되었더라

사사 입다

6 이스라엘 자손이 다시 여호와의 목전에 악을 행하여 바알들과 아스다롯과 아람의 신들과 시돈의 신들과 모압의 신들과 암몬 자손의 신들과 블레셋 사람들의 신들을 섬기고 여호와를 버리고 그를 섬기지 아니하므로

7 여호와께서 이스라엘에게 진노하사 블레셋 사람들의 손과 암몬 자손의 손에 그들을 파시매

8 그 해에 그들이 요단 강 저쪽 길르앗에

있는 아모리 족속의 땅에 있는 모든 이

스라엘 자손을 쳤으며 열여덟 해 동안

억압하였더라

9 암몬 자손이 또 요단을 건너서 유다와

베냐민과 에브라임 족속과 싸우므로 이

스라엘의 곤고가 심하였더라

10 이스라엘 자손이 여호와께 부르짖어 이

르되 우리가 우리 하나님을 버리고 바

알들을 섬김으로 주께 범죄하였나이다

하니

11 여호와께서 이스라엘 자손에게 이르시

되 내가 애굽 사람과 아모리 사람과 암

몬 자손과 블레셋 사람에게서 너희를

구원하지 아니하였느냐

12 또 시돈 사람과 아말렉 사람과 마온 사

람이 너희를 압제할 때에 너희가 내게

부르짖으므로 내가 너희를 그들의 손에

서 구원하였거늘

13 너희가 나를 버리고 다른 신들을 섬기

니 그러므로 내가 다시는 너희를 구원

하지 아니하리라

14 가서 너희가 택한 신들에게 부르짖어

너희의 환난 때에 그들이 너희를 구원

하게 하라 하신지라

15 이스라엘 자손이 여호와께 여쭈되 우리

가 범죄하였사오니 주께서 보시기에 좋

은 대로 우리에게 행하시려니와 오직

주께 구하옵나니 오늘 우리를 건져내옵

소서 하고

16 자기 가운데에서 이방 신들을 제하여

버리고 여호와를 섬기매 여호와께서 이

스라엘의 곤고로 말미암아 마음에 근심

하시니라

17 그 때에 암몬 자손이 모여서 길르앗에

진을 쳤으므로 이스라엘 자손도 모여서

미스바에 진을 치고

18 길르앗 백성과 방백들이 서로 이르되

누가 먼저 나가서 암몬 자손과 싸움을

시작하랴 그가 길르앗 모든 주민의 머

리가 되리라 하니라

11 길르앗 사람 입다는 큰 용사였으니 기

생이 길르앗에게서 낳은 아들이었고

2 길르앗의 아내도 그의 아들들을 낳았더

라 그 아내의 아들들이 자라매 입다를

쫓아내며 그에게 이르되 너는 다른 여

인의 자식이니 우리 아버지의 집에서

기업을 잇지 못하리라 한지라

3 이에 입다가 그의 형제들을 피하여 돕

땅에 거주하매 잡류가 그에게로 모여

와서 그와 함께 출입하였더라

4 얼마 후에 암몬 자손이 이스라엘을 치

려 하니라

5 암몬 자손이 이스라엘을 치려 할 때에

길르앗 장로들이 입다를 데려오려고 돕

땅에 가서

6 입다에게 이르되 우리가 암몬 자손과

싸우려 하니 당신은 와서 우리의 장관

이 되라 하니

7 입다가 길르앗 장로들에게 이르되 너희

가 전에 나를 미워하여 내 아버지 집에

서 쫓아내지 아니하였느냐 이제 너희가

환난을 당하였다고 어찌하여 내게 왔느

냐 하니라

8 그러므로 길르앗 장로들이 입다에게 이

르되 이제 우리가 당신을 찾아온 것은

우리와 함께 가서 암몬 자손과 싸우게

하려 함이니 그리하면 당신이 우리 길

르앗 모든 주민의 머리가 되리라 하매

9 입다가 길르앗 장로들에게 이르되 너희

가 나를 데리고 고향으로 돌아가서 암

몬 자손과 싸우게 할 때에 만일 여호와

께서 그들을 내게 넘겨 주시면 내가 과

연 너희의 머리가 되겠느냐 하니

10 길르앗 장로들이 입다에게 이르되 여

호와는 우리 사이의 증인이시니 당신

의 말대로 우리가 그렇게 행하리이다

하니라

11 이에 입다가 길르앗 장로들과 함께 가

니 백성이 그를 자기들의 머리와 장관

을 삼은지라 입다가 미스바에서 자기의

말을 다 여호와 앞에 아뢰니라

12 입다가 암몬 자손의 왕에게 사자들을

보내 이르되 네가 나와 무슨 상관이 있

기에 내 땅을 치러 내게 왔느냐 하니

13 암몬 자손의 왕이 입다의 사자들에게

대답하되 이스라엘이 애굽에서 올라올

때에 아르논에서부터 얍복과 요단까지

내 땅을 점령했기 때문이니 이제 그것

을 평화롭게 돌려 달라 하니라

14 입다가 암몬 자손의 왕에게 다시 사자

들을 보내

15 그에게 이르되 입다가 이같이 말하노라

이스라엘이 모압 땅과 암몬 자손의 땅

을 점령하지 아니하였느니라

16 이스라엘이 애굽에서 올라올 때에 광야

로 행하여 홍해에 이르고 가데스에 이

르러서는

17 이스라엘이 사자들을 에돔 왕에게 보내

어 이르기를 청하건대 나를 네 땅 가운

데로 지나게 하라 하였으나 에돔 왕이

이를 듣지 아니하였고 또 그와 같이 사

람을 모압 왕에게도 보냈으나 그도 허

락하지 아니하므로 이스라엘이 가데스

에 머물렀더니

18 그 후에 광야를 지나 에돔 땅과 모압

땅을 돌아서 모압 땅의 해 뜨는 쪽으로

들어가 아르논 저쪽에 진 쳤고 아르논

은 모압의 경계이므로 모압 지역 안에

는 들어가지 아니하였으며

19 이스라엘이 헤스본 왕 곧 아모리 족속의 왕 시혼에게 사자들을 보내어 그에게 이르되 청하건대 우리를 당신의 땅으로 지나 우리의 곳에 이르게 하라 하였으나

20 시혼이 이스라엘을 믿지 아니하여 그의 지역으로 지나지 못하게 할 뿐 아니라 그의 모든 백성을 모아 야하스에 진 치고 이스라엘을 치므로

21 이스라엘의 하나님 여호와께서 시혼과 그의 모든 백성을 이스라엘의 손에 넘겨 주시매 이스라엘이 그들을 쳐서 그 땅 주민 아모리 족속의 온 땅을 점령하되

22 아르논에서부터 얍복까지와 광야에서부터 요단까지 아모리 족속의 온 지역을 점령하였느니라

23 이스라엘의 하나님 여호와께서 이같이 아모리 족속을 자기 백성 이스라엘 앞에서 쫓아내셨거늘 네가 그 땅을 얻고자 하는 것이 옳으냐

24 네 신 그모스가 네게 주어 차지하게 한 것을 네가 차지하지 아니하겠느냐 우리 하나님 여호와께서 우리 앞에서 어떤 사람이든지 쫓아내시면 그것을 우리가 차지하리라

25 이제 네가 모압 왕 십볼의 아들 발락보다 더 나은 것이 있느냐 그가 이스라엘과 더불어 다툰 일이 있었느냐 싸운 일이 있었느냐

26 이스라엘이 헤스본과 그 마을들과 아로엘과 그 마을들과 아르논 강 가에 있는 모든 성읍에 거주한 지 삼백 년이거늘 그 동안에 너희가 어찌하여 도로 찾지 아니하였느냐

27 내가 네게 죄를 짓지 아니하였거늘 네가 나를 쳐서 내게 악을 행하고자 하는도다 원하건대 심판하시는 여호와께서 오늘 이스라엘 자손과 암몬 자손 사이에 판결하시옵소서 하였으나

28 암몬 자손의 왕이 입다가 사람을 보내어 말한 것을 듣지 아니하였더라

29 이에 여호와의 영이 입다에게 임하시니 입다가 길르앗과 므낫세를 지나서 길르앗의 미스베에 이르고 길르앗의 미스베에서부터 암몬 자손에게로 나아갈 때에

30 그가 여호와께 서원하여 이르되 주께서 과연 암몬 자손을 내 손에 넘겨 주시면

31 내가 암몬 자손에게서 평안히 돌아올 때에 누구든지 내 집 문에서 나와서 나를 영접하는 그는 여호와께 돌릴 것이니 내가 그를 번제물로 드리겠나이다 하니라

32 이에 입다가 암몬 자손에게 이르러 그들과 싸우더니 여호와께서 그들을 그의 손에 넘겨 주시매

33 아로엘에서부터 민닛에 이르기까지 이십 성읍을 치고 또 아벨 그라밈까지 매우 크게 무찌르니 이에 암몬 자손이 이스라엘 자손 앞에 항복하였더라

입다의 딸

34 입다가 미스바에 있는 자기 집에 이를 때에 보라 그의 딸이 소고를 잡고 춤추며 나와서 영접하니 이는 그의 무남독녀라

35 입다가 이를 보고 자기 옷을 찢으며 이르되 어찌할꼬 내 딸이여 너는 나를 참담하게 하는 자요 너는 나를 괴롭게 하는 자 중의 하나로다 내가 여호와를 향하여 입을 열었으니 능히 돌이키지 못하리로다 하니

36 딸이 그에게 이르되 나의 아버지여 아버지께서 여호와를 향하여 입을 여셨으니 아버지의 입에서 낸 말씀대로 내게 행하소서 이는 여호와께서 아버지를 위하여 아버지의 대적 암몬 자손에게 원수를 갚으셨음이니이다 하니라

37 또 그의 아버지에게 이르되 이 일만 내게 허락하사 나를 두 달만 버려 두소서 내가 내 여자 친구들과 산에 가서 나의 처녀로 죽음을 인하여 애곡하겠나이다 하니

38 그가 이르되 가라 하고 두 달을 기한하고 그를 보내니 그가 그 여자 친구들과 가서 산 위에서 처녀로 죽음을 인하여 애곡하고

39 두 달 만에 그의 아버지에게로 돌아온지라 그는 자기가 서원한 대로 딸에게 행하니 딸이 남자를 알지 못하였더라 이것이 이스라엘에 관습이 되어

40 이스라엘의 딸들이 해마다 가서 길르앗 사람 입다의 딸을 위하여 나흘씩 애곡하더라

입다와 에브라임 사람들

12 에브라임 사람들이 모여 북쪽으로 가서 입다에게 이르되 네가 암몬 자손과 싸우러 건너갈 때에 어찌하여 우리를 불러 너와 함께 가게 하지 아니하였느냐 우리가 반드시 너와 네 집을 불사르리라 하니

2 입다가 그들에게 이르되 나와 내 백성이 암몬 자손과 크게 싸울 때에 내가 너희를 부르되 너희가 나를 그들의 손에서 구원하지 아니한 고로

3 나는 너희가 도와 주지 아니하는 것을 보고 내 목숨을 돌보지 아니하고 건너가서 암몬 자손을 쳤더니 여호와께서

그들을 내 손에 넘겨 주셨거늘 너희가

어찌하여 오늘 내게 올라와서 나와 더

불어 싸우고자 하느냐 하니라

4 입다가 길르앗 사람을 다 모으고 에브

라임과 싸웠으며 길르앗 사람들이 에브

라임을 쳐서 무찔렀으니 이는 에브라임

의 말이 너희 길르앗 사람은 본래 에브

라임에서 도망한 자로서 에브라임과 므

낫세 중에 있다 하였음이라

5 길르앗 사람이 에브라임 사람보다 앞서

요단 강 나루턱을 장악하고 에브라임

사람의 도망하는 자가 말하기를 청하건

대 나를 건너가게 하라 하면 길르앗 사

람이 그에게 묻기를 네가 에브라임 사

람이냐 하여 그가 만일 아니라 하면

6 그에게 이르기를 쉽볼렛이라 발음하라

하여 에브라임 사람이 그렇게 바로 말

하지 못하고 십볼렛이라 발음하면 길

르앗 사람이 곧 그를 잡아서 요단 강

나루턱에서 죽였더라 그 때에 에브라

임 사람의 죽은 자가 사만 이천 명이었

더라

7 입다가 이스라엘의 사사가 된 지 육 년

이라 길르앗 사람 입다가 죽으매 길르

앗에 있는 그의 성읍에 장사되었더라

사사 입산

8 그 뒤를 이어 베들레헴의 입산이 이스

라엘의 사사가 되었더라

9 그가 아들 삼십 명과 딸 삼십 명을 두

었더니 그가 딸들을 밖으로 시집 보냈

고 아들들을 위하여는 밖에서 여자 삼

십 명을 데려왔더라 그가 이스라엘의

사사가 된 지 칠 년이라

10 입산이 죽으매 베들레헴에 장사되었

더라

11 그 뒤를 이어 스불론 사람 엘론이 이스

라엘의 사사가 되어 십 년 동안 이스라

엘을 다스렸더라

12 스불론 사람 엘론이 죽으매 스불론 땅

아얄론에 장사되었더라

사사 압돈

13 그 뒤를 이어 비라돈 사람 힐렐의 아들

압돈이 이스라엘의 사사가 되었더라

14 그에게 아들 사십 명과 손자 삼십 명이

있어 어린 나귀 칠십 마리를 탔더라 압

돈이 이스라엘의 사사가 된 지 팔 년

이라

15 비라돈 사람 힐렐의 아들 압돈이 죽으

매 에브라임 땅 아말렉 사람의 산지 비

라돈에 장사되었더라

삼손이 태어나다

13 이스라엘 자손이 다시 여호와의 목전에

악을 행하였으므로 여호와께서 그들을

사십 년 동안 블레셋 사람의 손에 넘겨

주시니라

2 소라 땅에 단 지파의 가족 중에 마노아

라 이름하는 자가 있더라 그의 아내가

임신하지 못하므로 출산하지 못하더니

3 여호와의 사자가 그 여인에게 나타나서

그에게 이르시되 보라 네가 본래 임신

하지 못하므로 출산하지 못하였으나 이

제 임신하여 아들을 낳으리니

4 그러므로 너는 삼가 포도주와 독주를

마시지 말며 어떤 부정한 것도 먹지 말

지니라

5 보라 네가 임신하여 아들을 낳으리니

그의 머리 위에 삭도를 대지 말라 이

아이는 태에서 나옴으로부터 하나님께

바쳐진 나실인이 됨이라 그가 블레셋

사람의 손에서 이스라엘을 구원하기 시

작하리라 하시니

6 이에 그 여인이 가서 그의 남편에게 말

하여 이르되 하나님의 사람이 내게 오

셨는데 그의 모습이 하나님의 사자의

용모 같아서 심히 두려우므로 어디서부

터 왔는지를 내가 묻지 못하였고 그도

자기 이름을 내게 이르지 아니하였으며

7 그가 내게 이르기를 보라 네가 임신하

여 아들을 낳으리니 이제 포도주와 독

주를 마시지 말며 어떤 부정한 것도 먹

지 말라 이 아이는 태에서부터 그가 죽

는 날까지 하나님께 바쳐진 나실인이

됨이라 하더이다 하니라

8 마노아가 여호와께 기도하여 이르되 주

여 구하옵나니 주께서 보내셨던 하나님

의 사람을 우리에게 다시 오게 하사 우

리가 그 낳을 아이에게 어떻게 행할지

를 우리에게 가르치게 하소서 하니

9 하나님이 마노아의 목소리를 들으시니

라 여인이 밭에 앉았을 때에 하나님의

사자가 다시 그에게 임하였으나 그의

남편 마노아는 함께 있지 아니한지라

10 여인이 급히 달려가서 그의 남편에게 알

리어 이르되 보소서 전일에 내게 오셨

던 그 사람이 내게 나타났나이다 하매

11 마노아가 일어나 아내를 따라가서 그

사람에게 이르러 그에게 묻되 당신이

이 여인에게 말씀하신 그 사람이니이까

하니 이르되 내가 그로다 하니라

12 마노아가 이르되 이제 당신의 말씀대

로 되기를 원하나이다 이 아이를 어떻

게 기르며 우리가 그에게 어떻게 행하

리이까

13 여호와의 사자가 마노아에게 이르되

내가 여인에게 말한 것들을 그가 다 삼

가서

14 포도나무의 소산을 먹지 말며 포도주와

독주를 마시지 말며 어떤 부정한 것도

219

먹지 말고 내가 그에게 명령한 것은 다

지킬 것이니라 하니라

15 마노아가 여호와의 사자에게 말하되 구

하옵나니 당신은 우리에게 머물러서 우

리가 당신을 위하여 염소 새끼 하나를

준비하게 하소서 하니

16 여호와의 사자가 마노아에게 이르되 네

가 비록 나를 머물게 하나 내가 네 음

식을 먹지 아니하리라 번제를 준비하려

거든 마땅히 여호와께 드릴지니라 하니

이는 그가 여호와의 사자인 줄을 마노

아가 알지 못함이었더라

17 마노아가 또 여호와의 사자에게 말하되

당신의 이름이 무엇이니이까 당신의 말

씀이 이루어질 때에 우리가 당신을 존

귀히 여기리이다 하니

18 여호와의 사자가 그에게 이르되 어찌하

여 내 이름을 묻느냐 내 이름은 기묘자

라 하니라

19 이에 마노아가 염소 새끼와 소제물을

가져다가 바위 위에서 여호와께 드리매

이적이 일어난지라 마노아와 그의 아내

가 본즉

20 불꽃이 제단에서부터 하늘로 올라가는

동시에 여호와의 사자가 제단 불꽃에

휩싸여 올라간지라 마노아와 그의 아내

가 그것을 보고 그들의 얼굴을 땅에 대

고 엎드리니라

21 여호와의 사자가 마노아와 그의 아내에

게 다시 나타나지 아니하니 마노아가

그제야 그가 여호와의 사자인 줄 알고

22 그의 아내에게 이르되 우리가 하나님을

보았으니 반드시 죽으리로다 하니

23 그의 아내가 그에게 이르되 여호와께서

우리를 죽이려 하셨더라면 우리 손에서

번제와 소제를 받지 아니하셨을 것이요

이 모든 일을 보이지 아니하셨을 것이

며 이제 이런 말씀도 우리에게 이르지

아니하셨으리이다 하였더라

24 그 여인이 아들을 낳으매 그의 이름을

삼손이라 하니라 그 아이가 자라매 여

호와께서 그에게 복을 주시더니

25 소라와 에스다올 사이 마하네단에서

여호와의 영이 그를 움직이기 시작하

셨더라

삼손과 딤나의 여자

14 삼손이 딤나에 내려가서 거기서 블레셋

사람의 딸들 중에서 한 여자를 보고

2 올라와서 자기 부모에게 말하여 이르되

내가 딤나에서 블레셋 사람의 딸들 중

에서 한 여자를 보았사오니 이제 그를

맞이하여 내 아내로 삼게 하소서 하매

3 그의 부모가 그에게 이르되 네 형제들

의 딸들 중에나 내 백성 중에 어찌 여

자가 없어서 네가 할례 받지 아니한 블

레셋 사람에게 가서 아내를 맞으려 하

느냐 하니 삼손이 그의 아버지에게 이

르되 내가 그 여자를 좋아하오니 나를

위하여 그 여자를 데려오소서 하니라

4 그 때에 블레셋 사람이 이스라엘을 다

스린 까닭에 삼손이 틈을 타서 블레셋

사람을 치려 함이었으나 그의 부모는

이 일이 여호와께로부터 나온 것인 줄

은 알지 못하였더라

5 삼손이 그의 부모와 함께 딤나에 내려

가 딤나의 포도원에 이른즉 젊은 사자

가 그를 보고 소리 지르는지라

6 여호와의 영이 삼손에게 강하게 임하니

그가 손에 아무것도 없이 그 사자를 염

소 새끼를 찢는 것 같이 찢었으나 그는

자기가 행한 일을 부모에게 알리지 아

니하였더라

7 그가 내려가서 그 여자와 말하니 그 여자가 삼손의 눈에 들었더라

8 얼마 후에 삼손이 그 여자를 맞이하려고 다시 가다가 돌이켜 그 사자의 주검을 본즉 사자의 몸에 벌 떼와 꿀이 있는지라

9 손으로 그 꿀을 떠서 걸어가며 먹고 그의 부모에게 이르러 그들에게 그것을 드려서 먹게 하였으나 그 꿀을 사자의 몸에서 떠왔다고는 알리지 아니하였더라

10 삼손의 아버지가 여자에게로 내려가매 삼손이 거기서 잔치를 베풀었으니 청년들은 이렇게 행하는 풍속이 있음이더라

11 무리가 삼손을 보고 삼십 명을 데려와서 친구를 삼아 그와 함께 하게 한지라

12 삼손이 그들에게 이르되 이제 내가 너희에게 수수께끼를 내리니 잔치하는 이레 동안에 너희가 그것을 풀어 내게 말

하면 내가 베옷 삼십 벌과 겉옷 삼십 벌을 너희에게 주리라

13 그러나 그것을 능히 내게 말하지 못하면 너희가 내게 베옷 삼십 벌과 겉옷 삼십 벌을 줄지니라 하니 그들이 이르되 네가 수수께끼를 내면 우리가 그것을 들으리라 하매

14 삼손이 그들에게 이르되 먹는 자에게서 먹는 것이 나오고 강한 자에게서 단 것이 나왔느니라 하니라 그들이 사흘이 되도록 수수께끼를 풀지 못하였더라

15 일곱째 날에 이르러 그들이 삼손의 아내에게 이르되 너는 네 남편을 꾀어 그 수수께끼를 우리에게 알려 달라 하라 그렇지 아니하면 너와 네 아버지의 집을 불사르리라 너희가 우리의 소유를 빼앗고자 하여 우리를 청한 것이 아니냐 그렇지 아니하냐 하니

16 삼손의 아내가 그의 앞에서 울며 이르되 당신이 나를 미워할 뿐이요 사랑하지 아니하는도다 우리 민족에게 수수께끼를 말하고 그 뜻을 내게 알려 주지 아니하도다 하는지라 삼손이 그에게 이르되 보라 내가 그것을 나의 부모에게도 알려 주지 아니하였거든 어찌 그대에게 알게 하리요 하였으나

17 칠 일 동안 그들이 잔치할 때 그의 아내가 그 앞에서 울며 그에게 강요함으로 일곱째 날에는 그가 그의 아내에게 수수께끼를 알려 주매 그의 아내가 그것을 자기 백성들에게 알려 주었더라

18 일곱째 날 해 지기 전에 성읍 사람들이 삼손에게 이르되 무엇이 꿀보다 달겠으며 무엇이 사자보다 강하겠느냐 한지라 삼손이 그들에게 이르되 너희가 내 암송아지로 밭 갈지 아니하였더라면 내 수수께끼를 능히 풀지 못하였으리라 하니라

19 여호와의 영이 삼손에게 갑자기 임하시매 삼손이 아스글론에 내려가서 그 곳 사람 삼십 명을 쳐죽이고 노략하여 수수께끼 푼 자들에게 옷을 주고 심히 노하여 그의 아버지의 집으로 올라갔고

20 삼손의 아내는 삼손의 친구였던 그의 친구에게 준 바 되었더라

15 얼마 후 밀 거둘 때에 삼손이 염소 새끼를 가지고 그의 아내에게로 찾아 가서 이르되 내가 방에 들어가 내 아내를 보고자 하노라 하니 장인이 들어오지 못하게 하고

2 이르되 네가 그를 심히 미워하는 줄 알고 그를 네 친구에게 주었노라 그의 동생이 그보다 더 아름답지 아니하냐 청하노니 너는 그를 대신하여 동생을 아

내로 맞이하라 하니

3 삼손이 그들에게 이르되 이번은 내가 블레셋 사람들을 해할지라도 그들에게 대하여 내게 허물이 없을 것이니라 하고

4 삼손이 가서 여우 삼백 마리를 붙들어서 그 꼬리와 꼬리를 매고 홰를 가지고 그 두 꼬리 사이에 한 홰를 달고

5 홰에 불을 붙이고 그것을 블레셋 사람들의 곡식 밭으로 몰아 들여서 곡식 단과 아직 베지 아니한 곡식과 포도원과 감람나무들을 사른지라

6 블레셋 사람들이 이르되 누가 이 일을 행하였느냐 하니 사람들이 대답하되 딤나 사람의 사위 삼손이니 장인이 삼손의 아내를 빼앗아 그의 친구에게 준 까닭이라 하였더라 블레셋 사람들이 올라가서 그 여인과 그의 아버지를 불사르니라

7 삼손이 그들에게 이르되 너희가 이같이 행하였은즉 내가 너희에게 원수를 갚고야 말리라 하고

8 블레셋 사람들의 정강이와 넓적다리를 크게 쳐서 죽이고 내려가서 에담 바위 틈에 머물렀더라

삼손이 블레셋을 치다

9 이에 블레셋 사람들이 올라와 유다에 진을 치고 레히에 가득한지라

10 유다 사람들이 이르되 너희가 어찌하여 올라와서 우리를 치느냐 그들이 대답하되 우리가 올라온 것은 삼손을 결박하여 그가 우리에게 행한 대로 그에게 행하려 함이로라 하는지라

11 유다 사람 삼천 명이 에담 바위 틈에 내려가서 삼손에게 이르되 너는 블레셋 사람이 우리를 다스리는 줄을 알지 못하느냐 네가 어찌하여 우리에게 이같이

행하였느냐 하니 삼손이 그들에게 이르

되 그들이 내게 행한 대로 나도 그들에

게 행하였노라 하니라

12 그들이 삼손에게 이르되 우리가 너를

결박하여 블레셋 사람의 손에 넘겨 주

려고 내려왔노라 하니 삼손이 그들에게

이르되 너희가 나를 치지 아니하겠다고

내게 맹세하라 하매

13 그들이 삼손에게 말하여 이르되 아니라

우리가 다만 너를 단단히 결박하여 그

들의 손에 넘겨 줄 뿐이요 우리가 결단

코 너를 죽이지 아니하리라 하고 새 밧

줄 둘로 결박하고 바위 틈에서 그를 끌

어내니라

14 삼손이 레히에 이르매 블레셋 사람들이

그에게로 마주 나가며 소리 지를 때 여

호와의 영이 삼손에게 갑자기 임하시매

그의 팔 위의 밧줄이 불탄 삼과 같이

그의 결박되었던 손에서 떨어진지라

15 삼손이 나귀의 새 턱뼈를 보고 손을 내

밀어 집어들고 그것으로 천 명을 죽이고

16 이르되 나귀의 턱뼈로 한 더미, 두 더

미를 쌓았음이여 나귀의 턱뼈로 내가

천 명을 죽였도다 하니라

17 그가 말을 마치고 턱뼈를 자기 손에서

내던지고 그 곳을 라맛 레히라 이름하

였더라

18 삼손이 심히 목이 말라 여호와께 부르

짖어 이르되 주께서 종의 손을 통하여

이 큰 구원을 베푸셨사오나 내가 이제

목말라 죽어서 할례 받지 못한 자들의

손에 떨어지겠나이다 하니

19 하나님이 레히에서 한 우묵한 곳을 터

뜨리시니 거기서 물이 솟아나오는지라

삼손이 그것을 마시고 정신이 회복되어

소생하니 그러므로 그 샘 이름을 엔학

고 레라 불렀으며 그 샘이 오늘까지 레

히에 있더라

20 블레셋 사람의 때에 삼손이 이스라엘의

사사로 이십 년 동안 지냈더라

삼손이 가사에 가다

16 삼손이 가사에 가서 거기서 한 기생을

보고 그에게로 들어갔더니

2 가사 사람들에게 삼손이 왔다고 알려지

매 그들이 곧 그를 에워싸고 밤새도록

성문에 매복하고 밤새도록 조용히 하며

이르기를 새벽이 되거든 그를 죽이리라

하였더라

3 삼손이 밤중까지 누워 있다가 그 밤중

에 일어나 성 문짝들과 두 문설주와 문

빗장을 빼어 가지고 그것을 모두 어깨

에 메고 헤브론 앞산 꼭대기로 가니라

삼손과 들릴라

4 이 후에 삼손이 소렉 골짜기의 들릴라

라 이름하는 여인을 사랑하매

5 블레셋 사람의 방백들이 그 여인에게로

올라가서 그에게 이르되 삼손을 꾀어서

무엇으로 말미암아 그 큰 힘이 생기는

지 그리고 우리가 어떻게 하면 능히 그

를 결박하여 굴복하게 할 수 있을는지

알아보라 그리하면 우리가 각각 은 천

백 개씩을 네게 주리라 하니

6 들릴라가 삼손에게 말하되 청하건대 당

신의 큰 힘이 무엇으로 말미암아 생기

며 어떻게 하면 능히 당신을 결박하여

굴복하게 할 수 있을는지 내게 말하라

하니

7 삼손이 그에게 이르되 만일 마르지 아

니한 새 활줄 일곱으로 나를 결박하면

내가 약해져서 다른 사람과 같으리라

8 블레셋 사람의 방백들이 마르지 아니한

새 활줄 일곱을 여인에게로 가져오매

그가 그것으로 삼손을 결박하고

9 이미 사람을 방 안에 매복시켰으므로

삼손에게 말하되 삼손이여 블레셋 사람

들이 당신에게 들이닥쳤느니라 하니 삼

손이 그 줄들을 끊기를 불탄 삼실을 끊

음 같이 하였고 그의 힘의 근원은 알아

내지 못하니라

10 들릴라가 삼손에게 이르되 보라 당신이

나를 희롱하여 내게 거짓말을 하였도다

청하건대 무엇으로 당신을 결박할 수

있을는지 이제는 내게 말하라 하니

11 삼손이 그에게 이르되 만일 쓰지 아니

한 새 밧줄들로 나를 결박하면 내가 약

해져서 다른 사람과 같으리라 하니라

12 들릴라가 새 밧줄들을 가져다가 그것들

로 그를 결박하고 그에게 이르되 삼손

이여 블레셋 사람이 당신에게 들이닥쳤

느니라 하니 삼손이 팔 위의 줄 끊기를

실을 끊음 같이 하였고 그 때에도 사람

이 방 안에 매복하였더라

13 들릴라가 삼손에게 이르되 당신이 이

때까지 나를 희롱하여 내게 거짓말을

하였도다 내가 무엇으로 당신을 결박할

수 있을는지 내게 말하라 하니 삼손이

그에게 이르되 그대가 만일 나의 머리

털 일곱 가닥을 베틀의 날실에 섞어 짜

면 되리라 하는지라

14 들릴라가 바디로 그 머리털을 단단히

짜고 그에게 이르되 삼손이여 블레셋

사람들이 당신에게 들이닥쳤느니라 하

니 삼손이 잠을 깨어 베틀의 바디와 날

실을 다 빼내니라

15 들릴라가 삼손에게 이르되 당신의 마음

이 내게 있지 아니하면서 당신이 어찌

나를 사랑한다 하느냐 당신이 이로써

세 번이나 나를 희롱하고 당신의 큰 힘

이 무엇으로 말미암아 생기는지를 내게

말하지 아니하였도다 하며

16 날마다 그 말로 그를 재촉하여 조르매

삼손의 마음이 번뇌하여 죽을 지경이라

17 삼손이 진심을 드러내어 그에게 이르되

내 머리 위에는 삭도를 대지 아니하였

나니 이는 내가 모태에서부터 하나님의

나실인이 되었음이라 만일 내 머리가

밀리면 내 힘이 내게서 떠나고 나는 약

해져서 다른 사람과 같으리라 하니라

18 들릴라가 삼손이 진심을 다 알려 주므

로 사람을 보내어 블레셋 사람들의 방

백들을 불러 이르되 삼손이 내게 진심

을 알려 주었으니 이제 한 번만 올라오

라 하니 블레셋 방백들이 손에 은을 가

지고 그 여인에게로 올라오니라

19 들릴라가 삼손에게 자기 무릎을 베고

자게 하고 사람을 불러 그의 머리털 일

곱 가닥을 밀고 괴롭게 하여 본즉 그의

힘이 없어졌더라

20 들릴라가 이르되 삼손이여 블레셋 사람

이 당신에게 들이닥쳤느니라 하니 삼손

이 잠을 깨며 이르기를 내가 전과 같이

나가서 몸을 떨치리라 하였으나 여호와

께서 이미 자기를 떠나신 줄을 깨닫지

못하였더라

21 블레셋 사람들이 그를 붙잡아 그의 눈

을 빼고 끌고 가사에 내려가 놋 줄로

매고 그에게 옥에서 맷돌을 돌리게 하

였더라

22 그의 머리털이 밀린 후에 다시 자라기

시작하니라

삼손이 죽다

23 블레셋 사람의 방백들이 이르되 우리의

신이 우리 원수 삼손을 우리 손에 넘겨

주었다 하고 다 모여 그들의 신 다곤에

게 큰 제사를 드리고 즐거워하고

24 백성들도 삼손을 보았으므로 이르되 우

리의 땅을 망쳐 놓고 우리의 많은 사람

을 죽인 원수를 우리의 신이 우리 손에

넘겨 주었다 하고 자기들의 신을 찬양

하며

25 그들의 마음이 즐거울 때에 이르되 삼

손을 불러다가 우리를 위하여 재주를

부리게 하자 하고 옥에서 삼손을 불러

내매 삼손이 그들을 위하여 재주를 부

리니라 그들이 삼손을 두 기둥 사이에

세웠더니

26 삼손이 자기 손을 붙든 소년에게 이르

되 나에게 이 집을 버틴 기둥을 찾아

그것을 의지하게 하라 하니라

27 그 집에는 남녀가 가득하니 블레셋 모

든 방백들도 거기에 있고 지붕에 있는

남녀도 삼천 명 가량이라 다 삼손이 재

주 부리는 것을 보더라

28 삼손이 여호와께 부르짖어 이르되 주

여호와여 구하옵나니 나를 생각하옵소

서 하나님이여 구하옵나니 이번만 나를

강하게 하사 나의 두 눈을 뺀 블레셋

사람에게 원수를 단번에 갚게 하옵소서

하고

29 삼손이 집을 버틴 두 기둥 가운데 하나

는 왼손으로 하나는 오른손으로 껴 의

지하고

30 삼손이 이르되 블레셋 사람과 함께 죽

기를 원하노라 하고 힘을 다하여 몸을

굽히매 그 집이 곧 무너져 그 안에 있

는 모든 방백들과 온 백성에게 덮이니

삼손이 죽을 때에 죽인 자가 살았을 때

에 죽인 자보다 더욱 많았더라

31 그의 형제와 아버지의 온 집이 다 내려

가서 그의 시체를 가지고 올라가서 소

라와 에스다올 사이 그의 아버지 마노

아의 장지에 장사하니라 삼손이 이스라

엘의 사사로 이십 년 동안 지냈더라

미가 집의 제사장

17 에브라임 산지에 미가라 이름하는 사람

이 있더니

2 그의 어머니에게 이르되 어머니께서 은

천백을 잃어버리셨으므로 저주하시고

내 귀에도 말씀하셨더니 보소서 그 은

이 내게 있나이다 내가 그것을 가졌나

이다 하니 그의 어머니가 이르되 내 아

들이 여호와께 복 받기를 원하노라 하

니라

3 미가가 은 천백을 그의 어머니에게 도

로 주매 그의 어머니가 이르되 내가 내

아들을 위하여 한 신상을 새기며 한 신

상을 부어 만들기 위해 내 손에서 이 은

을 여호와께 거룩히 드리노라 그러므

로 내가 이제 이 은을 네게 도로 주리라

4 미가가 그 은을 그의 어머니에게 도로

주었으므로 어머니가 그 은 이백을 가

져다 은장색에게 주어 한 신상을 새기

고 한 신상을 부어 만들었더니 그 신상

이 미가의 집에 있더라

5 그 사람 미가에게 신당이 있으므로 그

가 에봇과 드라빔을 만들고 한 아들을

세워 그의 제사장으로 삼았더라

6 그 때에는 이스라엘에 왕이 없었으므로

사람마다 자기 소견에 옳은 대로 행하

였더라

7 유다 가족에 속한 유다 베들레헴에 한

청년이 있었으니 그는 레위인으로서 거

기서 거류하였더라

8 그 사람이 거주할 곳을 찾고자 하여 그

성읍 유다 베들레헴을 떠나 가다가 에브

라임 산지로 가서 미가의 집에 이르매

9 미가가 그에게 묻되 너는 어디서부터 오느냐 하니 그가 이르되 나는 유다 베들레헴의 레위인으로서 거류할 곳을 찾으러 가노라 하는지라

10 미가가 그에게 이르되 네가 나와 함께 거주하며 나를 위하여 아버지와 제사장이 되라 내가 해마다 은 열과 의복 한 벌과 먹을 것을 주리라 하므로 그 레위인이 들어갔더라

11 그 레위인이 그 사람과 함께 거주하기를 만족하게 생각했으니 이는 그 청년이 미가의 아들 중 하나 같이 됨이라

12 미가가 그 레위인을 거룩하게 구별하매 그 청년이 미가의 제사장이 되어 그 집에 있었더라

13 이에 미가가 이르되 레위인이 내 제사장이 되었으니 이제 여호와께서 내게 복 주실 줄을 아노라 하니라

미가와 단 지파

18 그 때에 이스라엘에 왕이 없었고 단 지파는 그 때에 거주할 기업의 땅을 구하는 중이었으니 이는 그들이 이스라엘 지파 중에서 그 때까지 기업을 분배 받지 못하였음이라

2 단 자손이 소라와 에스다올에서부터 그들의 가족 가운데 용맹스런 다섯 사람을 보내어 땅을 정탐하고 살피게 하며 그들에게 이르되 너희는 가서 땅을 살펴보라 하매 그들이 에브라임 산지에 가서 미가의 집에 이르러 거기서 유숙하니라

3 그들이 미가의 집에 있을 때에 그 레위 청년의 음성을 알아듣고 그리로 돌아가서 그에게 이르되 누가 너를 이리로 인도하였으며 네가 여기서 무엇을 하며 여기서 무엇을 얻었느냐 하니

4 그가 그들에게 이르되 미가가 이러이러

하게 나를 대접하고 나를 고용하여 나를

자기의 제사장으로 삼았느니라 하니라

5 그들이 그에게 이르되 청하건대 우리

를 위하여 하나님께 물어 보아서 우리

가 가는 길이 형통할는지 우리에게 알

게 하라 하니

6 그 제사장이 그들에게 이르되 평안히

가라 너희가 가는 길은 여호와 앞에 있

느니라 하니라

7 이에 다섯 사람이 떠나 라이스에 이르

러 거기 있는 백성을 본즉 염려 없이

거주하며 시돈 사람들이 사는 것처럼

평온하며 안전하니 그 땅에는 부족한

것이 없으며 부를 누리며 시돈 사람들

과 거리가 멀고 어떤 사람과도 상종하

지 아니함이라

8 그들이 소라와 에스다올에 돌아가서 그

들의 형제들에게 이르매 형제들이 그들

에게 묻되 너희가 보기에 어떠하더냐

하니

9 이르되 일어나 그들을 치러 올라가자

우리가 그 땅을 본즉 매우 좋더라 너희

는 가만히 있느냐 나아가서 그 땅 얻기

를 게을리 하지 말라

10 너희가 가면 평화로운 백성을 만날 것

이요 그 땅은 넓고 그 곳에는 세상에

있는 것이 하나도 부족함이 없느니라

하나님이 그 땅을 너희 손에 넘겨 주셨

느니라 하는지라

11 단 지파의 가족 중 육백 명이 무기를

지니고 소라와 에스다올에서 출발하여

12 올라가서 유다에 있는 기럇여아림에 진

치니 그러므로 그 곳 이름이 오늘까지

마하네 단이며 그 곳은 기럇여아림 뒤

에 있더라

13 무리가 거기서 떠나 에브라임 산지 미가의 집에 이르니라

14 전에 라이스 땅을 정탐하러 갔던 다섯 사람이 그 형제들에게 말하여 이르되 이 집에 에봇과 드라빔과 새긴 신상과 부어 만든 신상이 있는 줄을 너희가 아느냐 그런즉 이제 너희는 마땅히 행할 것을 생각하라 하고

15 다섯 사람이 그 쪽으로 향하여 그 청년 레위 사람의 집 곧 미가의 집에 이르러 그에게 문안하고

16 단 자손 육백 명은 무기를 지니고 문 입구에 서니라

17 그 땅을 정탐하러 갔던 다섯 사람이 그리로 들어가서 새긴 신상과 에봇과 드라빔과 부어 만든 신상을 가져갈 때에 그 제사장은 무기를 지닌 육백 명과 함께 문 입구에 섰더니

18 그 다섯 사람이 미가의 집에 들어가서 그 새긴 신상과 에봇과 드라빔과 부어 만든 신상을 가지고 나오매 그 제사장이 그들에게 묻되 너희가 무엇을 하느냐 하니

19 그들이 그에게 이르되 잠잠하라 네 손을 입에 대라 우리와 함께 가서 우리의 아버지와 제사장이 되라 네가 한 사람의 집의 제사장이 되는 것과 이스라엘의 한 지파 한 족속의 제사장이 되는 것 중에서 어느 것이 낫겠느냐 하는지라

20 그 제사장이 마음에 기뻐하여 에봇과 드라빔과 새긴 우상을 받아 가지고 그 백성 가운데로 들어가니라

21 그들이 돌이켜서 어린 아이들과 가축과 값진 물건들을 앞세우고 길을 떠나더니

22 그들이 미가의 집을 멀리 떠난 때에 미

가의 이웃집 사람들이 모여서 단 자손을 따라 붙어서

23 단 자손을 부르는지라 그들이 얼굴을 돌려 미가에게 이르되 네가 무슨 일로 이같이 모아 가지고 왔느냐 하니

24 미가가 이르되 내가 만든 신들과 제사장을 빼앗아 갔으니 이제 내게 오히려 남은 것이 무엇이냐 너희가 어찌하여 나더러 무슨 일이냐고 하느냐 하는지라

25 단 자손이 그에게 이르되 네 목소리를 우리에게 들리게 하지 말라 노한 자들이 너희를 쳐서 네 생명과 네 가족의 생명을 잃게 할까 하노라 하고

26 단 자손이 자기 길을 간지라 미가가 단 자손이 자기보다 강한 것을 보고 돌이켜 집으로 돌아갔더라

27 단 자손이 미가가 만든 것과 그 제사장을 취하여 라이스에 이르러 한가하고

걱정 없이 사는 백성을 만나 칼날로 그들을 치며 그 성읍을 불사르되

28 그들을 구원할 자가 없었으니 그 성읍이 베드르홉 가까운 골짜기에 있어서 시돈과 거리가 멀고 상종하는 사람도 없음이었더라 단 자손이 성읍을 세우고 거기 거주하면서

29 이스라엘에게서 태어난 그들의 조상 단의 이름을 따라 그 성읍을 단이라 하니라 그 성읍의 본 이름은 라이스였더라

30 단 자손이 자기들을 위하여 그 새긴 신상을 세웠고 모세의 손자요 게르솜의 아들인 요나단과 그의 자손은 단 지파의 제사장이 되어 그 땅 백성이 사로잡히는 날까지 이르렀더라

31 하나님의 집이 실로에 있을 동안에 미가가 만든 바 새긴 신상이 단 자손에게 있었더라

어떤 레위 사람과 그의 첩

19 이스라엘에 왕이 없을 그 때에 에브라임 산지 구석에 거류하는 어떤 레위 사람이 유다 베들레헴에서 첩을 맞이하였더니

2 그 첩이 행음하고 남편을 떠나 유다 베들레헴 그의 아버지의 집에 돌아가서 거기서 넉 달 동안을 지내매

3 그의 남편이 그 여자에게 다정하게 말하고 그를 데려오고자 하여 하인 한 사람과 나귀 두 마리를 데리고 그에게로 가매 여자가 그를 인도하여 아버지의 집에 들어가니 그 여자의 아버지가 그를 보고 기뻐하니라

4 그의 장인 곧 그 여자의 아버지가 그를 머물게 하매 그가 삼 일 동안 그와 함께 머물며 먹고 마시며 거기서 유숙하다가

5 넷째 날 아침에 일찍이 일어나 떠나고자 하매 그 여자의 아버지가 그의 사위에게 이르되 떡을 조금 먹고 그대의 기력을 돋운 후에 그대의 길을 가라 하니라

6 두 사람이 앉아서 함께 먹고 마시매 그 여자의 아버지가 그 사람에게 이르되 청하노니 이 밤을 여기서 유숙하여 그대의 마음을 즐겁게 하라 하니

7 그 사람이 일어나서 가고자 하되 그의 장인의 간청으로 거기서 다시 유숙하더니

8 다섯째 날 아침에 일찍이 일어나 떠나고자 하매 그 여자의 아버지가 이르되 청하노니 그대의 기력을 돋우고 해가 기울도록 머물라 하므로 두 사람이 함께 먹고

9 그 사람이 첩과 하인과 더불어 일어나 떠나고자 하매 그의 장인 곧 그 여자의

235

아버지가 그에게 이르되 보라 이제 날

이 저물어 가니 청하건대 이 밤도 유숙

하라 보라 해가 기울었느니라 그대는

여기서 유숙하여 그대의 마음을 즐겁게

하고 내일 일찍이 그대의 길을 가서 그

대의 집으로 돌아가라 하니

10 그 사람이 다시 밤을 지내고자 하지 아

니하여 일어나서 떠나 여부스 맞은편에

이르렀으니 여부스는 곧 예루살렘이라

안장 지운 나귀 두 마리와 첩이 그와

함께 하였더라

11 그들이 여부스에 가까이 갔을 때에 해

가 지려 하는지라 종이 주인에게 이르

되 청하건대 우리가 돌이켜 여부스 사

람의 이 성읍에 들어가서 유숙하십시다

하니

12 주인이 그에게 이르되 우리가 돌이켜

이스라엘 자손에게 속하지 아니한 이방

사람의 성읍으로 들어갈 것이 아니니

기브아로 나아가리라 하고

13 또 그 종에게 이르되 우리가 기브아나

라마 중 한 곳에 가서 거기서 유숙하자

하고

14 모두 앞으로 나아가더니 베냐민에 속한

기브아에 가까이 이르러 해가 진지라

15 기브아에 가서 유숙하려고 그리로 돌아

들어가서 성읍 넓은 거리에 앉아 있으

나 그를 집으로 영접하여 유숙하게 하

는 자가 없었더라

16 저녁 때에 한 노인이 밭에서 일하다가

돌아오니 그 사람은 본래 에브라임 산

지 사람으로서 기브아에 거류하는 자요

그 곳 사람들은 베냐민 자손이더라

17 노인이 눈을 들어 성읍 넓은 거리에

나그네가 있는 것을 본지라 노인이 묻

되 그대는 어디로 가며 어디서 왔느냐

하니

18 그가 그에게 이르되 우리는 유다 베들레헴에서 에브라임 산지 구석으로 가나이다 나는 그 곳 사람으로서 유다 베들레헴에 갔다가 이제 여호와의 집으로 가는 중인데 나를 자기 집으로 영접하는 사람이 없나이다

19 우리에게는 나귀들에게 먹일 짚과 여물이 있고 나와 당신의 여종과 당신의 종인 우리들과 함께 한 청년에게 먹을 양식과 포도주가 있어 무엇이든지 부족함이 없나이다 하는지라

20 그 노인이 이르되 그대는 안심하라 그대의 쓸 것은 모두 내가 담당할 것이니 거리에서는 유숙하지 말라 하고

21 그를 데리고 자기 집에 들어가서 나귀에게 먹이니 그들이 발을 씻고 먹고 마시니라

22 그들이 마음을 즐겁게 할 때에 그 성읍의 불량배들이 그 집을 에워싸고 문을 두들기며 집 주인 노인에게 말하여 이르되 네 집에 들어온 사람을 끌어내라 우리가 그와 관계하리라 하니

23 집 주인 그 사람이 그들에게로 나와서 이르되 아니라 내 형제들아 청하노니 이같은 악행을 저지르지 말라 이 사람이 내 집에 들어왔으니 이런 망령된 일을 행하지 말라

24 보라 여기 내 처녀 딸과 이 사람의 첩이 있은즉 내가 그들을 끌어내리니 너희가 그들을 욕보이든지 너희 눈에 좋은 대로 행하되 오직 이 사람에게는 이런 망령된 일을 행하지 말라 하나

25 무리가 듣지 아니하므로 그 사람이 자기 첩을 붙잡아 그들에게 밖으로 끌어내매 그들이 그 여자와 관계하였고 밤

새도록 그 여자를 능욕하다가 새벽 미

명에 놓은지라

26 동틀 때에 여인이 자기의 주인이 있는

그 사람의 집 문에 이르러 엎드러져 밝

기까지 거기 엎드러져 있더라

27 그의 주인이 일찍이 일어나 집 문을 열

고 떠나고자 하더니 그 여인이 집 문에

엎드러져 있고 그의 두 손이 문지방에

있는 것을 보고

28 그에게 이르되 일어나라 우리가 떠나가

자 하나 아무 대답이 없는지라 이에 그

의 시체를 나귀에 싣고 행하여 자기 곳

에 돌아가서

29 그 집에 이르러서는 칼을 가지고 자기

첩의 시체를 거두어 그 마디를 찍어 열

두 덩이에 나누고 그것을 이스라엘 사

방에 두루 보내매

30 그것을 보는 자가 다 이르되 이스라엘

자손이 애굽 땅에서 올라온 날부터 오

늘까지 이런 일은 일어나지도 아니하였

고 보지도 못하였도다 이 일을 생각하

고 상의한 후에 말하자 하니라

이스라엘이 전쟁 준비를 하다

20 이에 모든 이스라엘 자손이 단에서부

터 브엘세바까지와 길르앗 땅에서 나와

서 그 회중이 일제히 미스바에서 여호

와 앞에 모였으니

2 온 백성의 어른 곧 이스라엘 모든 지파

의 어른들은 하나님 백성의 총회에 섰

고 칼을 빼는 보병은 사십만 명이었

으며

3 이스라엘 자손이 미스바에 올라간 것을

베냐민 자손이 들었더라 이스라엘 자손

이 이르되 이 악한 일이 어떻게 일어났

는지 우리에게 말하라 하니

4 레위 사람 곧 죽임을 당한 여인의 남편

이 대답하여 이르되 내가 내 첩과 더불어 베냐민에 속한 기브아에 유숙하러 갔더니

5 기브아 사람들이 나를 치러 일어나서 밤에 내가 묵고 있던 집을 에워싸고 나를 죽이려 하고 내 첩을 욕보여 그를 죽게 한지라

6 내가 내 첩의 시체를 거두어 쪼개서 이스라엘 기업의 온 땅에 보냈나니 이는 그들이 이스라엘 중에서 음행과 망령된 일을 행하였기 때문이라

7 이스라엘 자손들아 너희가 다 여기 있은즉 너희의 의견과 방책을 낼지니라 하니라

8 모든 백성이 일제히 일어나 이르되 우리가 한 사람도 자기 장막으로 돌아가지 말며 한 사람도 자기 집으로 들어가지 말고

9 우리가 이제 기브아 사람에게 이렇게 행하리니 곧 제비를 뽑아서 그들을 치되

10 우리가 이스라엘 모든 지파 중에서 백명에 열명, 천명에 백명, 만명에 천명을 뽑아 그 백성을 위하여 양식을 준비하고 그들에게 베냐민의 기브아에 가서 그 무리가 이스라엘 중에서 망령된 일을 행한 대로 징계하게 하리라 하니라

11 이와 같이 이스라엘 모든 사람이 하나같이 합심하여 그 성읍을 치려고 모였더라

12 이스라엘 지파들이 베냐민 온 지파에 사람들을 보내어 두루 다니며 이르기를 너희 중에서 생긴 이 악행이 어찌 됨이냐

13 그런즉 이제 기브아 사람들 곧 그 불량

배들을 우리에게 넘겨 주어서 우리가

그들을 죽여 이스라엘 중에서 악을 제

거하여 버리게 하라 하나 베냐민 자손

이 그들의 형제 이스라엘 자손의 말을

듣지 아니하고

14 도리어 성읍들로부터 기브아에 모이고

나가서 이스라엘 자손과 싸우고자 하

니라

15 그 때에 그 성읍들로부터 나온 베냐민

자손의 수는 칼을 빼는 자가 모두 이만

육천 명이요 그 외에 기브아 주민 중

택한 자가 칠백 명인데

16 이 모든 백성 중에서 택한 칠백 명은

다 왼손잡이라 물매로 돌을 던지면 조

금도 틀림이 없는 자들이더라

이스라엘과 베냐민 자손이 싸우다

17 베냐민 자손 외에 이스라엘 사람으로서

칼을 빼는 자의 수는 사십만 명이니 다

전사라

18 이스라엘 자손이 일어나 벧엘에 올라가

서 하나님께 여쭈어 이르되 우리 중에

누가 먼저 올라가서 베냐민 자손과 싸

우리이까 하니 여호와께서 말씀하시되

유다가 먼저 갈지니라 하시니라

19 이스라엘 자손이 아침에 일어나 기브아

를 대하여 진을 치니라

20 이스라엘 사람이 나가 베냐민과 싸우려

고 전열을 갖추고 기브아에서 그들과

싸우고자 하매

21 베냐민 자손이 기브아에서 나와서 당일

에 이스라엘 사람 이만 이천 명을 땅에

엎드러뜨렸으나

22 이스라엘 사람들이 스스로 용기를 내어

첫날 전열을 갖추었던 곳에서 다시 전

열을 갖추니라

23 이스라엘 자손이 올라가 여호와 앞에서

저물도록 울며 여호와께 여쭈어 이르되

내가 다시 나아가서 내 형제 베냐민 자

손과 싸우리이까 하니 여호와께서 말씀

하시되 올라가서 치라 하시니라

24 그 이튿날에 이스라엘 자손이 베냐민

자손을 치러 나아가매

25 베냐민도 그 이튿날에 기브아에서 그들

을 치러 나와서 다시 이스라엘 자손 만

팔천 명을 땅에 엎드러뜨렸으니 다 칼

을 빼는 자였더라

26 이에 온 이스라엘 자손 모든 백성이 올

라가 벧엘에 이르러 울며 거기서 여호

와 앞에 앉아서 그 날이 저물도록 금식

하고 번제와 화목제를 여호와 앞에 드

리고

27 이스라엘 자손이 여호와께 물으니라 그

때에는 하나님의 언약궤가 거기 있고

28 아론의 손자인 엘르아살의 아들 비느하

스가 그 앞에 모시고 섰더라 이스라엘

자손들이 여쭈기를 우리가 다시 나아가

내 형제 베냐민 자손과 싸우리이까 말

리이까 하니 여호와께서 이르시되 올

라가라 내일은 내가 그를 네 손에 넘겨

주리라 하시는지라

29 이스라엘이 기브아 주위에 군사를 매복

하니라

30 이스라엘 자손이 셋째 날에 베냐민 자

손을 치러 올라가서 전과 같이 기브아

에 맞서 전열을 갖추매

31 베냐민 자손이 나와서 백성을 맞더니

꾀임에 빠져 성읍을 떠났더라 그들이

큰 길 곧 한쪽은 벧엘로 올라가는 길이

요 한쪽은 기브아의 들로 가는 길에서

백성을 쳐서 전과 같이 이스라엘 사람

삼십 명 가량을 죽이기 시작하며

32 베냐민 자손이 스스로 이르기를 이들이

처음과 같이 우리 앞에서 패한다 하나

이스라엘 자손은 이르기를 우리가 도망

하여 그들을 성읍에서 큰 길로 꾀어내

자 하고

33 이스라엘 사람이 모두 그들의 처소에서

일어나서 바알다말에서 전열을 갖추었

고 이스라엘의 복병은 그 장소 곧 기브

아 초장에서 쏟아져 나왔더라

34 온 이스라엘 사람 중에서 택한 사람 만

명이 기브아에 이르러 치매 싸움이 치

열하나 베냐민 사람은 화가 자기에게

미친 줄을 알지 못하였더라

35 여호와께서 이스라엘 앞에서 베냐민을

치시매 당일에 이스라엘 자손이 베냐민

사람 이만 오천백 명을 죽였으니 다 칼

을 빼는 자였더라

이스라엘이 승리한 방법

36 이에 베냐민 자손이 자기가 패한 것을

깨달았으니 이는 이스라엘 사람이 기브

아에 매복한 군사를 믿고 잠깐 베냐민

사람 앞을 피하매

37 복병이 급히 나와 기브아로 돌격하고

나아가며 칼날로 온 성읍을 쳤음이더라

38 처음에 이스라엘 사람과 복병 사이에

약속하기를 성읍에서 큰 연기가 치솟는

것으로 군호를 삼자 하고

39 이스라엘 사람은 싸우다가 물러가고 베

냐민 사람은 이스라엘 사람 삼십 명 가

량을 쳐죽이기를 시작하며 이르기를 이

들이 틀림없이 처음 싸움 같이 우리에

게 패한다 하다가

40 연기 구름이 기둥 같이 성읍 가운데에

서 치솟을 때에 베냐민 사람이 뒤를

돌아보매 온 성읍에 연기가 하늘에 닿

았고

41 이스라엘 사람은 돌아서는지라 베냐민

사람들이 화가 자기들에게 미친 것을 보고 심히 놀라

42 이스라엘 사람 앞에서 몸을 돌려 광야 길로 향하였으나 군사가 급히 추격하며 각 성읍에서 나온 자를 그 가운데에서 진멸하니라

43 그들이 베냐민 사람을 에워싸고 기브아 앞 동쪽까지 추격하며 그 쉬는 곳에서 짓밟으매

44 베냐민 중에서 엎드러진 자가 만 팔천 명이니 다 용사더라

45 그들이 몸을 돌려 광야로 도망하였으나 림몬 바위에 이르는 큰 길에서 이스라엘이 또 오천 명을 이삭 줍듯 하고 또 급히 그 뒤를 따라 기돔에 이르러 또 이천 명을 죽였으니

46 이 날에 베냐민 사람으로서 칼을 빼는 자가 엎드러진 것이 모두 이만 오천 명

이니 다 용사였더라

47 베냐민 사람 육백 명이 돌이켜 광야로 도망하여 림몬 바위에 이르러 거기에서 넉 달 동안을 지냈더라

48 이스라엘 사람이 베냐민 자손에게로 돌아와서 온 성읍과 가축과 만나는 자를 다 칼날로 치고 닥치는 성읍은 모두 다 불살랐더라

베냐민 자손의 아내

21 이스라엘 사람들이 미스바에서 맹세하여 이르기를 우리 중에 누구든지 딸을 베냐민 사람에게 아내로 주지 아니하리라 하였더라

2 백성이 벧엘에 이르러 거기서 저녁까지 하나님 앞에 앉아서 큰 소리로 울며

3 이르되 이스라엘의 하나님 여호와여 어찌하여 이스라엘에 이런 일이 생겨서 오늘 이스라엘 중에 한 지파가 없어지

게 하시나이까 하더니

4 이튿날에 백성이 일찍이 일어나 거기에 한 제단을 쌓고 번제와 화목제를 드렸더라

5 이스라엘 자손이 이르되 이스라엘 온 지파 중에 총회와 함께 하여 여호와 앞에 올라오지 아니한 자가 누구냐 하니 이는 그들이 크게 맹세하기를 미스바에 와서 여호와 앞에 이르지 아니하는 자는 반드시 죽일 것이라 하였음이라

6 이스라엘 자손이 그들의 형제 베냐민을 위하여 뉘우쳐 이르되 오늘 이스라엘 중에 한 지파가 끊어졌도다

7 그 남은 자들에게 우리가 어떻게 하면 아내를 얻게 하리요 우리가 전에 여호와로 맹세하여 우리의 딸을 그들의 아내로 주지 아니하리라 하였도다

8 또 이르되 이스라엘 지파 중 미스바에 올라와서 여호와께 이르지 아니한 자가 누구냐 하고 본즉 야베스 길르앗에서는 한 사람도 진영에 이르러 총회에 참여하지 아니하였으니

9 백성을 계수할 때에 야베스 길르앗 주민이 하나도 거기 없음을 보았음이라

10 회중이 큰 용사 만 이천 명을 그리로 보내며 그들에게 명령하여 이르되 가서 야베스 길르앗 주민과 부녀와 어린 아이를 칼날로 치라

11 너희가 행할 일은 모든 남자 및 남자와 잔 여자를 진멸하여 바칠 것이니라 하였더라

12 그들이 야베스 길르앗 주민 중에서 젊은 처녀 사백 명을 얻었으니 이는 아직 남자와 동침한 일이 없어 남자를 알지 못하는 자라 그들을 실로 진영으로 데려오니 이 곳은 가나안 땅이더라

13 온 회중이 림몬 바위에 있는 베냐민 자손에게 사람을 보내어 평화를 공포하게 하였더니

14 그 때에 베냐민이 돌아온지라 이에 이스라엘 사람이 야베스 길르앗 여자들 중에서 살려 둔 여자들을 그들에게 주었으나 아직도 부족하므로

15 백성들이 베냐민을 위하여 뉘우쳤으니 이는 여호와께서 이스라엘 지파들 중에 한 지파가 빠지게 하셨음이었더라

16 회중의 장로들이 이르되 베냐민의 여인이 다 멸절되었으니 이제 그 남은 자들에게 어떻게 하여야 아내를 얻게 할까 하고

17 또 이르되 베냐민 중 도망하여 살아 남은 자에게 마땅히 기업이 있어야 하리니 그리하면 이스라엘 중에 한 지파가 사라짐이 없으리라

18 그러나 우리가 우리의 딸을 그들의 아내로 주지 못하리니 이는 이스라엘 자손이 맹세하여 이르기를 딸을 베냐민에게 아내로 주는 자는 저주를 받으리라 하였음이로다 하니라

19 또 이르되 보라 벧엘 북쪽 르보나 남쪽 벧엘에서 세겜으로 올라가는 큰 길 동쪽 실로에 매년 여호와의 명절이 있도다 하고

20 베냐민 자손에게 명령하여 이르되 가서 포도원에 숨어

21 보다가 실로의 여자들이 춤을 추러 나오거든 너희는 포도원에서 나와서 실로의 딸 중에서 각각 하나를 붙들어 가지고 자기의 아내로 삼아 베냐민 땅으로 돌아가라

22 만일 그의 아버지나 형제가 와서 우리에게 시비하면 우리가 그에게 말하기를

청하건대 너희는 우리에게 은혜를 베풀

어 그들을 우리에게 줄지니라 이는 우

리가 전쟁할 때에 각 사람을 위하여 그

의 아내를 얻어 주지 못하였고 너희가

자의로 그들에게 준 것이 아니니 너희

에게 죄가 없을 것임이니라 하겠노라

하매

23 베냐민 자손이 그같이 행하여 춤추는

여자들 중에서 자기들의 숫자대로 붙

들어 아내로 삼아 자기 기업에 돌아가

서 성읍들을 건축하고 거기에 거주하

였더라

24 그 때에 이스라엘 자손이 그 곳에서 각

기 자기의 지파, 자기의 가족에게로 돌

아갔으니 곧 각기 그 곳에서 나와서 자

기의 기업으로 돌아갔더라

25 그 때에 이스라엘에 왕이 없으므로 사

람이 각기 자기의 소견에 옳은 대로 행

하였더라

룻기

엘리멜렉과 그 가족의 모압 이주

1 사사들이 치리하던 때에 그 땅에 흉년이 드니라 유다 베들레헴에 한 사람이 그의 아내와 두 아들을 데리고 모압 지방에 가서 거류하였는데

2 그 사람의 이름은 엘리멜렉이요 그의 아내의 이름은 나오미요 그의 두 아들의 이름은 말론과 기룐이니 유다 베들레헴 에브랏 사람들이더라 그들이 모압 지방에 들어가서 거기 살더니

3 나오미의 남편 엘리멜렉이 죽고 나오미와 그의 두 아들이 남았으며

4 그들은 모압 여자 중에서 그들의 아내를 맞이하였는데 하나의 이름은 오르바요 하나의 이름은 룻이더라 그들이 거기에 거주한 지 십 년쯤에

5 말론과 기룐 두 사람이 다 죽고 그 여인은 두 아들과 남편의 뒤에 남았더라

나오미와 룻이 베들레헴으로 오다

6 그 여인이 모압 지방에서 여호와께서 자기 백성을 돌보시사 그들에게 양식을 주셨다 함을 듣고 이에 두 며느리와 함께 일어나 모압 지방에서 돌아오려 하여

7 있던 곳에서 나오고 두 며느리도 그와 함께 하여 유다 땅으로 돌아오려고 길을 가다가

8 나오미가 두 며느리에게 이르되 너희는 각기 너희 어머니의 집으로 돌아가라 너희가 죽은 자들과 나를 선대한 것 같이 여호와께서 너희를 선대하시기를 원하며

9 여호와께서 너희에게 허락하사 각기 남편의 집에서 위로를 받게 하시기를 원하노라 하고 그들에게 입 맞추매 그들이 소리를 높여 울며

10 나오미에게 이르되 아니니이다 우리는

어머니와 함께 어머니의 백성에게로 돌

아가겠나이다 하는지라

11 나오미가 이르되 내 딸들아 돌아가라

너희가 어찌 나와 함께 가려느냐 내 태

중에 너희의 남편 될 아들들이 아직 있

느냐

12 내 딸들아 되돌아 가라 나는 늙었으니

남편을 두지 못할지라 가령 내가 소망

이 있다고 말한다든지 오늘 밤에 남편

을 두어 아들들을 낳는다 하더라도

13 너희가 어찌 그들이 자라기를 기다리겠

으며 어찌 남편 없이 지내겠다고 결심

하겠느냐 내 딸들아 그렇지 아니하니라

여호와의 손이 나를 치셨으므로 나는

너희로 말미암아 더욱 마음이 아프도다

하매

14 그들이 소리를 높여 다시 울더니 오르

바는 그의 시어머니에게 입 맞추되 룻

은 그를 붙좇았더라

15 나오미가 또 이르되 보라 네 동서는 그

의 백성과 그의 신들에게로 돌아가나니

너도 너의 동서를 따라 돌아가라 하니

16 룻이 이르되 내게 어머니를 떠나며 어

머니를 따르지 말고 돌아가라 강권하지

마옵소서 어머니께서 가시는 곳에 나도

가고 어머니께서 머무시는 곳에서 나도

머물겠나이다 어머니의 백성이 나의 백

성이 되고 어머니의 하나님이 나의 하

나님이 되시리니

17 어머니께서 죽으시는 곳에서 나도 죽어

거기 묻힐 것이라 만일 내가 죽는 일

외에 어머니를 떠나면 여호와께서 내게

벌을 내리시고 더 내리시기를 원하나이

다 하는지라

18 나오미가 룻이 자기와 함께 가기로 굳

게 결심함을 보고 그에게 말하기를 그

치니라

19 이에 그 두 사람이 베들레헴까지 갔더라 베들레헴에 이를 때에 온 성읍이 그들로 말미암아 떠들며 이르기를 이이가 나오미냐 하는지라

20 나오미가 그들에게 이르되 나를 나오미라 부르지 말고 나를 마라라 부르라 이는 전능자가 나를 심히 괴롭게 하셨음이니라

21 내가 풍족하게 나갔더니 여호와께서 내게 비어 돌아오게 하셨느니라 여호와께서 나를 징벌하셨고 전능자가 나를 괴롭게 하셨거늘 너희가 어찌 나를 나오미라 부르느냐 하니라

22 나오미가 모압 지방에서 그의 며느리 모압 여인 룻과 함께 돌아왔는데 그들이 보리 추수 시작할 때에 베들레헴에 이르렀더라

룻이 보아스를 만나다

2 나오미의 남편 엘리멜렉의 친족으로 유력한 자가 있으니 그의 이름은 보아스더라

2 모압 여인 룻이 나오미에게 이르되 원하건대 내가 밭으로 가서 내가 누구에게 은혜를 입으면 그를 따라서 이삭을 줍겠나이다 하니 나오미가 그에게 이르되 내 딸아 갈지어다 하매

3 룻이 가서 베는 자를 따라 밭에서 이삭을 줍는데 우연히 엘리멜렉의 친족 보아스에게 속한 밭에 이르렀더라

4 마침 보아스가 베들레헴에서부터 와서 베는 자들에게 이르되 여호와께서 너희와 함께 하시기를 원하노라 하니 그들이 대답하되 여호와께서 당신에게 복 주시기를 원하나이다 하니라

5 보아스가 베는 자들을 거느린 사환에게

이르되 이는 누구의 소녀냐 하니

6 베는 자를 거느린 사환이 대답하여 이르되 이는 나오미와 함께 모압 지방에서 돌아온 모압 소녀인데

7 그의 말이 나로 베는 자를 따라 단 사이에서 이삭을 줍게 하소서 하였고 아침부터 와서는 잠시 집에서 쉰 외에 지금까지 계속하는 중이니이다

8 보아스가 룻에게 이르되 내 딸아 들으라 이삭을 주우러 다른 밭으로 가지 말며 여기서 떠나지 말고 나의 소녀들과 함께 있으라

9 그들이 베는 밭을 보고 그들을 따르라 내가 그 소년들에게 명령하여 너를 건드리지 말라 하였느니라 목이 마르거든 그릇에 가서 소년들이 길어 온 것을 마실지니라 하는지라

10 룻이 엎드려 얼굴을 땅에 대고 절하며

그에게 이르되 나는 이방 여인이거늘 당신이 어찌하여 내게 은혜를 베푸시며 나를 돌보시나이까 하니

11 보아스가 그에게 대답하여 이르되 네 남편이 죽은 후로 네가 시어머니에게 행한 모든 것과 네 부모와 고국을 떠나 전에 알지 못하던 백성에게로 온 일이 내게 분명히 알려졌느니라

12 여호와께서 네가 행한 일에 보답하시기를 원하며 이스라엘의 하나님 여호와께서 그의 날개 아래에 보호를 받으러 온 네게 온전한 상 주시기를 원하노라 하는지라

13 룻이 이르되 내 주여 내가 당신께 은혜 입기를 원하나이다 나는 당신의 하녀 중의 하나와도 같지 못하오나 당신이 이 하녀를 위로하시고 마음을 기쁘게 하는 말씀을 하셨나이다 하니라

14 식사할 때에 보아스가 룻에게 이르되 이리로 와서 떡을 먹으며 네 떡 조각을 초에 찍으라 하므로 룻이 곡식 베는 자 곁에 앉으니 그가 볶은 곡식을 주매 룻 이 배불리 먹고 남았더라

15 룻이 이삭을 주우러 일어날 때에 보아 스가 자기 소년들에게 명령하여 이르되 그에게 곡식 단 사이에서 줍게 하고 책 망하지 말며

16 또 그를 위하여 곡식 다발에서 조금씩 뽑아 버려서 그에게 줍게 하고 꾸짖지 말라 하니라

17 룻이 밭에서 저녁까지 줍고 그 주운 것 을 떠니 보리가 한 에바쯤 되는지라

18 그것을 가지고 성읍에 들어가서 시어머 니에게 그 주운 것을 보이고 그가 배불 리 먹고 남긴 것을 내어 시어머니에게 드리매

19 시어머니가 그에게 이르되 오늘 어디 서 주웠느냐 어디서 일을 하였느냐 너 를 돌본 자에게 복이 있기를 원하노라 하니 룻이 누구에게서 일했는지를 시 어머니에게 알게 하여 이르되 오늘 일 하게 한 사람의 이름은 보아스니이다 하는지라

20 나오미가 자기 며느리에게 이르되 그가 여호와로부터 복 받기를 원하노라 그가 살아 있는 자와 죽은 자에게 은혜 베풀 기를 그치지 아니하도다 하고 나오미가 또 그에게 이르되 그 사람은 우리와 가 까우니 우리 기업을 무를 자 중의 하나 이니라 하니라

21 모압 여인 룻이 이르되 그가 내게 또 이르기를 내 추수를 다 마치기까지 너 는 내 소년들에게 가까이 있으라 하더 이다 하니

22 나오미가 며느리 룻에게 이르되 내 딸 아 너는 그의 소녀들과 함께 나가고 다른 밭에서 사람을 만나지 아니하는 것이 좋으니라 하는지라

23 이에 룻이 보아스의 소녀들에게 가까이 있어서 보리 추수와 밀 추수를 마치기까지 이삭을 주우며 그의 시어머니와 함께 거주하니라

룻이 보아스와 가까워지다

3 룻의 시어머니 나오미가 그에게 이르되 내 딸아 내가 너를 위하여 안식할 곳을 구하여 너를 복되게 하여야 하지 않겠느냐

2 네가 함께 하던 하녀들을 둔 보아스는 우리의 친족이 아니냐 보라 그가 오늘 밤에 타작 마당에서 보리를 까불리라

3 그런즉 너는 목욕하고 기름을 바르고 의복을 입고 타작 마당에 내려가서 그 사람이 먹고 마시기를 다 하기까지는 그에게 보이지 말고

4 그가 누울 때에 너는 그가 눕는 곳을 알았다가 들어가서 그의 발치 이불을 들고 거기 누우라 그가 네 할 일을 네게 알게 하리라 하니

5 룻이 시어머니에게 이르되 어머니의 말씀대로 내가 다 행하리이다 하니라

6 그가 타작 마당으로 내려가서 시어머니의 명령대로 다 하니라

7 보아스가 먹고 마시고 마음이 즐거워 가서 곡식 단 더미의 끝에 눕는지라 룻이 가만히 가서 그의 발치 이불을 들고 거기 누웠더라

8 밤중에 그가 놀라 몸을 돌이켜 본즉 한 여인이 자기 발치에 누워 있는지라

9 이르되 네가 누구냐 하니 대답하되 나는 당신의 여종 룻이오니 당신의 옷자

락을 펴 당신의 여종을 덮으소서 이는

당신이 기업을 무를 자가 됨이니이다

하니

10 그가 이르되 내 딸아 여호와께서 네게

복 주시기를 원하노라 네가 가난하건

부하건 젊은 자를 따르지 아니하였으니

네가 베푼 인애가 처음보다 나중이 더

하도다

11 그리고 이제 내 딸아 두려워하지 말라

내가 네 말대로 네게 다 행하리라 네가

현숙한 여자인 줄을 나의 성읍 백성이

다 아느니라

12 참으로 나는 기업을 무를 자이나 기업

무를 자로서 나보다 더 가까운 사람이

있으니

13 이 밤에 여기서 머무르라 아침에 그

가 기업 무를 자의 책임을 네게 이행하

려 하면 좋으니 그가 그 기업 무를 자

의 책임을 행할 것이니라 만일 그가 기

업 무를 자의 책임을 네게 이행하기를

기뻐하지 아니하면 여호와께서 살아 계

심을 두고 맹세하노니 내가 기업 무를

자의 책임을 네게 이행하리라 아침까지

누워 있을지니라 하는지라

14 룻이 새벽까지 그의 발치에 누웠다가

사람이 서로 알아보기 어려울 때에 일

어났으니 보아스가 말하기를 여인이 타

작 마당에 들어온 것을 사람이 알지 못

하여야 할 것이라 하였음이라

15 보아스가 이르되 네 겉옷을 가져다가

그것을 펴서 잡으라 하매 그것을 펴서

잡으니 보리를 여섯 번 되어 룻에게 지

워 주고 성읍으로 들어가니라

16 룻이 시어머니에게 가니 그가 이르되

내 딸아 어떻게 되었느냐 하니 룻이 그

사람이 자기에게 행한 것을 다 알리고

17 이르되 그가 내게 이 보리를 여섯 번 되어 주며 이르기를 빈 손으로 네 시어머니에게 가지 말라 하더이다 하니라

18 이에 시어머니가 이르되 내 딸아 이 사건이 어떻게 될지 알기까지 앉아 있으라 그 사람이 오늘 이 일을 성취하기 전에는 쉬지 아니하리라 하니라

룻이 보아스와 결혼하다

4 보아스가 성문으로 올라가서 거기 앉아 있더니 마침 보아스가 말하던 기업 무를 자가 지나가는지라 보아스가 그에게 이르되 아무개여 이리로 와서 앉으라 하니 그가 와서 앉으매

2 보아스가 그 성읍 장로 열 명을 청하여 이르되 당신들은 여기 앉으라 하니 그들이 앉으매

3 보아스가 그 기업 무를 자에게 이르되 모압 지방에서 돌아온 나오미가 우리 형제 엘리멜렉의 소유지를 팔려 하므로

4 내가 여기 앉은 이들과 내 백성의 장로들 앞에서 그것을 사라고 네게 말하여 알게 하려 하였노라 만일 네가 무르려면 무르려니와 만일 네가 무르지 아니하려거든 내게 고하여 알게 하라 네 다음은 나요 그 외에는 무를 자가 없느니라 하니 그가 이르되 내가 무르리라 하는지라

5 보아스가 이르되 네가 나오미의 손에서 그 밭을 사는 날에 곧 죽은 자의 아내 모압 여인 룻에게서 사서 그 죽은 자의 기업을 그의 이름으로 세워야 할지니라 하니

6 그 기업 무를 자가 이르되 나는 내 기업에 손해가 있을까 하여 나를 위하여 무르지 못하노니 내가 무를 것을 네가 무르라 나는 무르지 못하겠노라 하는

지라

7 옛적 이스라엘 중에는 모든 것을 무르

거나 교환하는 일을 확정하기 위하여

사람이 그의 신을 벗어 그의 이웃에게

주더니 이것이 이스라엘 중에 증명하는

전례가 된지라

8 이에 그 기업 무를 자가 보아스에게 이

르되 네가 너를 위하여 사라 하고 그의

신을 벗는지라

9 보아스가 장로들과 모든 백성에게 이르

되 내가 엘리멜렉과 기룐과 말론에게

있던 모든 것을 나오미의 손에서 산 일

에 너희가 오늘 증인이 되었고

10 또 말론의 아내 모압 여인 룻을 사서

나의 아내로 맞이하고 그 죽은 자의 기

업을 그의 이름으로 세워 그의 이름이

그의 형제 중과 그 곳 성문에서 끊어지

지 아니하게 함에 너희가 오늘 증인이

되었느니라 하니

11 성문에 있는 모든 백성과 장로들이 이

르되 우리가 증인이 되나니 여호와께서

네 집에 들어가는 여인으로 이스라엘의

집을 세운 라헬과 레아 두 사람과 같게

하시고 네가 에브랏에서 유력하고 베들

레헴에서 유명하게 하시기를 원하며

12 여호와께서 이 젊은 여자로 말미암아

네게 상속자를 주사 네 집이 다말이 유

다에게 낳아준 베레스의 집과 같게 하

시기를 원하노라 하니라

13 이에 보아스가 룻을 맞이하여 아내로

삼고 그에게 들어갔더니 여호와께서 그

에게 임신하게 하시므로 그가 아들을

낳은지라

14 여인들이 나오미에게 이르되 찬송할지

로다 여호와께서 오늘 네게 기업 무를

자가 없게 하지 아니하셨도다 이 아이

의 이름이 이스라엘 중에 유명하게 되

기를 원하노라

15 이는 네 생명의 회복자이며 네 노년의

봉양자라 곧 너를 사랑하며 일곱 아들

보다 귀한 네 며느리가 낳은 자로다 하

니라

16 나오미가 아기를 받아 품에 품고 그의

양육자가 되니

17 그의 이웃 여인들이 그에게 이름을 지

어 주되 나오미에게 아들이 태어났다

하여 그의 이름을 오벳이라 하였는데

그는 다윗의 아버지인 이새의 아버지였

더라

18 베레스의 계보는 이러하니라 베레스는

헤스론을 낳고

19 헤스론은 람을 낳았고 람은 암미나답을

낳았고

20 암미나답은 나손을 낳았고 나손은 살몬

을 낳았고

21 살몬은 보아스를 낳았고 보아스는 오벳

을 낳았고

22 오벳은 이새를 낳고 이새는 다윗을 낳

았더라

사무엘상

엘가나의 실로 순례

1 에브라임 산지 라마다임소빔에 에브라임 사람 엘가나라 하는 사람이 있었으니 그는 여로함의 아들이요 엘리후의 손자요 도후의 증손이요 숩의 현손이더라

2 그에게 두 아내가 있었으니 한 사람의 이름은 한나요 한 사람의 이름은 브닌나라 브닌나에게는 자식이 있고 한나에게는 자식이 없었더라

3 이 사람이 매년 자기 성읍에서 나와서 실로에 올라가서 만군의 여호와께 예배하며 제사를 드렸는데 엘리의 두 아들 홉니와 비느하스가 여호와의 제사장으로 거기에 있었더라

4 엘가나가 제사를 드리는 날에는 제물의 분깃을 그의 아내 브닌나와 그의 모든 자녀에게 주고

5 한나에게는 갑절을 주니 이는 그를 사랑함이라 그러나 여호와께서 그에게 임신하지 못하게 하시니

6 여호와께서 그에게 임신하지 못하게 하시므로 그의 적수인 브닌나가 그를 심히 격분하게 하여 괴롭게 하더라

7 매년 한나가 여호와의 집에 올라갈 때마다 남편이 그같이 하매 브닌나가 그를 격분시키므로 그가 울고 먹지 아니하니

8 그의 남편 엘가나가 그에게 이르되 한나여 어찌하여 울며 어찌하여 먹지 아니하며 어찌하여 그대의 마음이 슬프냐 내가 그대에게 열 아들보다 낫지 아니하냐 하니라

한나와 엘리

9 그들이 실로에서 먹고 마신 후에 한나가 일어나니 그 때에 제사장 엘리는 여

호와의 전 문설주 곁 의자에 앉아 있었

더라

10 한나가 마음이 괴로워서 여호와께 기도

하고 통곡하며

11 서원하여 이르되 만군의 여호와여 만일

주의 여종의 고통을 돌보시고 나를 기

억하사 주의 여종을 잊지 아니하시고

주의 여종에게 아들을 주시면 내가 그

의 평생에 그를 여호와께 드리고 삭도

를 그의 머리에 대지 아니하겠나이다

12 그가 여호와 앞에 오래 기도하는 동안

에 엘리가 그의 입을 주목한즉

13 한나가 속으로 말하매 입술만 움직이고

음성은 들리지 아니하므로 엘리는 그가

취한 줄로 생각한지라

14 엘리가 그에게 이르되 네가 언제까지

취하여 있겠느냐 포도주를 끊으라 하니

15 한나가 대답하여 이르되 내 주여 그렇

지 아니하니이다 나는 마음이 슬픈 여

자라 포도주나 독주를 마신 것이 아니

요 여호와 앞에 내 심정을 통한 것뿐이

오니

16 당신의 여종을 악한 여자로 여기지 마

옵소서 내가 지금까지 말한 것은 나의

원통함과 격분됨이 많기 때문이니이다

하는지라

17 엘리가 대답하여 이르되 평안히 가라

이스라엘의 하나님이 네가 기도하여 구

한 것을 허락하시기를 원하노라 하니

18 이르되 당신의 여종이 당신께 은혜 입

기를 원하나이다 하고 가서 먹고 얼굴

에 다시는 근심 빛이 없더라

사무엘의 출생과 봉헌

19 그들이 아침에 일찍이 일어나 여호와

앞에 경배하고 돌아가 라마의 자기 집

에 이르니라 엘가나가 그의 아내 한나

와 동침하매 여호와께서 그를 생각하신 지라

20 한나가 임신하고 때가 이르매 아들을 낳아 사무엘이라 이름하였으니 이는 내가 여호와께 그를 구하였다 함이더라

21 그 사람 엘가나와 그의 온 집이 여호와께 매년제와 서원제를 드리러 올라갈 때에

22 오직 한나는 올라가지 아니하고 그의 남편에게 이르되 아이를 젖 떼거든 내가 그를 데리고 가서 여호와 앞에 뵙게 하고 거기에 영원히 있게 하리이다 하니

23 그의 남편 엘가나가 그에게 이르되 그대의 소견에 좋은 대로 하여 그를 젖 떼기까지 기다리라 오직 여호와께서 그의 말씀대로 이루시기를 원하노라 하니라 이에 그 여자가 그의 아들을 양육하며 그가 젖 떼기까지 기다리다가

24 젖을 뗀 후에 그를 데리고 올라갈새 수소 세 마리와 밀가루 한 에바와 포도주 한 가죽부대를 가지고 실로 여호와의 집에 나아갔는데 아이가 어리더라

25 그들이 수소를 잡고 아이를 데리고 엘리에게 가서

26 한나가 이르되 내 주여 당신의 사심으로 맹세하나이다 나는 여기서 내 주 당신 곁에 서서 여호와께 기도하던 여자라

27 이 아이를 위하여 내가 기도하였더니 내가 구하여 기도한 바를 여호와께서 내게 허락하신지라

28 그러므로 나도 그를 여호와께 드리되 그의 평생을 여호와께 드리나이다 하고 그가 거기서 여호와께 경배하니라

한나의 기도

2 한나가 기도하여 이르되 내 마음이 여호와로 말미암아 즐거워하며 내 뿔이

여호와로 말미암아 높아졌으며 내 입이 내 원수들을 향하여 크게 열렸으니 이는 내가 주의 구원으로 말미암아 기뻐함이니이다

2 여호와와 같이 거룩하신 이가 없으시니 이는 주 밖에 다른 이가 없고 우리 하나님 같은 반석도 없으심이니이다

3 심히 교만한 말을 다시 하지 말 것이며 오만한 말을 너희의 입에서 내지 말지어다 여호와는 지식의 하나님이시라 행동을 달아 보시느니라

4 용사의 활은 꺾이고 넘어진 자는 힘으로 띠를 띠도다

5 풍족하던 자들은 양식을 위하여 품을 팔고 주리던 자들은 다시 주리지 아니하도다 전에 임신하지 못하던 자는 일곱을 낳았고 많은 자녀를 둔 자는 쇠약하도다

6 여호와는 죽이기도 하시고 살리기도 하시며 스올에 내리게도 하시고 거기에서 올리기도 하시는도다

7 여호와는 가난하게도 하시고 부하게도 하시며 낮추기도 하시고 높이기도 하시는도다

8 가난한 자를 진토에서 일으키시며 빈궁한 자를 거름더미에서 올리사 귀족들과 함께 앉게 하시며 영광의 자리를 차지하게 하시는도다 땅의 기둥들은 여호와의 것이라 여호와께서 세계를 그것들 위에 세우셨도다

9 그가 그의 거룩한 자들의 발을 지키실 것이요 악인들을 흑암 중에서 잠잠하게 하시리니 힘으로는 이길 사람이 없음이로다

10 여호와를 대적하는 자는 산산이 깨어질 것이라 하늘에서 우레로 그들을 치시리

로다 여호와께서 땅 끝까지 심판을 내

리시고 자기 왕에게 힘을 주시며 자기

의 기름 부음을 받은 자의 뿔을 높이시

리로다 하니라

11 엘가나는 라마의 자기 집으로 돌아가고

그 아이는 제사장 엘리 앞에서 여호와

를 섬기니라

행실이 나쁜 엘리의 아들들

12 엘리의 아들들은 행실이 나빠 여호와를

알지 못하더라

13 그 제사장들이 백성에게 행하는 관습은

이러하니 곧 어떤 사람이 제사를 드리

고 그 고기를 삶을 때에 제사장의 사환

이 손에 세 살 갈고리를 가지고 와서

14 그것으로 냄비에나 솥에나 큰 솥에나

가마에 찔러 넣어 갈고리에 걸려 나오

는 것은 제사장이 자기 것으로 가지되

실로에서 그 곳에 온 모든 이스라엘 사

람에게 이같이 할 뿐 아니라

15 기름을 태우기 전에도 제사장의 사환이

와서 제사 드리는 사람에게 이르기를

제사장에게 구워 드릴 고기를 내라 그

가 네게 삶은 고기를 원하지 아니하고

날 것을 원하신다 하다가

16 그 사람이 이르기를 반드시 먼저 기름

을 태운 후에 네 마음에 원하는 대로

가지라 하면 그가 말하기를 아니라 지

금 내게 내라 그렇지 아니하면 내가 억

지로 빼앗으리라 하였으니

17 이 소년들의 죄가 여호와 앞에 심히 큼

은 그들이 여호와의 제사를 멸시함이었

더라

실로에 머문 사무엘

18 사무엘은 어렸을 때에 세마포 에봇을

입고 여호와 앞에서 섬겼더라

19 그의 어머니가 매년 드리는 제사를 드

리러 그의 남편과 함께 올라갈 때마다

작은 겉옷을 지어다가 그에게 주었더니

20 엘리가 엘가나와 그의 아내에게 축복하

여 이르되 여호와께서 이 여인으로 말

미암아 네게 다른 후사를 주사 이가 여

호와께 간구하여 얻어 바친 아들을 대

신하게 하시기를 원하노라 하였더니 그

들이 자기 집으로 돌아가매

21 여호와께서 한나를 돌보시사 그로 하

여금 임신하여 세 아들과 두 딸을 낳게

하셨고 아이 사무엘은 여호와 앞에서

자라니라

엘리와 그의 아들들

22 엘리가 매우 늙었더니 그의 아들들이

온 이스라엘에게 행한 모든 일과 회막

문에서 수종 드는 여인들과 동침하였음

을 듣고

23 그들에게 이르되 너희가 어찌하여 이런

일을 하느냐 내가 너희의 악행을 이 모

든 백성에게서 듣노라

24 내 아들들아 그리하지 말라 내게 들리

는 소문이 좋지 아니하니라 너희가 여

호와의 백성으로 범죄하게 하는도다

25 사람이 사람에게 범죄하면 하나님이 심

판하시려니와 만일 사람이 여호와께 범

죄하면 누가 그를 위하여 간구하겠느냐

하되 그들이 자기 아버지의 말을 듣지

아니하였으니 이는 여호와께서 그들을

죽이기로 뜻하셨음이더라

26 아이 사무엘이 점점 자라매 여호와와

사람들에게 은총을 더욱 받더라

엘리의 집에 내린 저주

27 하나님의 사람이 엘리에게 와서 그에게

이르되 여호와의 말씀에 너희 조상의

집이 애굽에서 바로의 집에 속하였을

때에 내가 그들에게 나타나지 아니하였

느냐

28 이스라엘 모든 지파 중에서 내가 그를

택하여 내 제사장으로 삼아 그가 내 제

단에 올라 분향하며 내 앞에서 에봇을

입게 하지 아니하였느냐 이스라엘 자손

이 드리는 모든 화제를 내가 네 조상의

집에 주지 아니하였느냐

29 너희는 어찌하여 내가 내 처소에서 명

령한 내 제물과 예물을 밟으며 네 아들

들을 나보다 더 중히 여겨 내 백성 이

스라엘이 드리는 가장 좋은 것으로 너

희들을 살지게 하느냐

30 그러므로 이스라엘의 하나님 나 여호와

가 말하노라 내가 전에 네 집과 네 조

상의 집이 내 앞에 영원히 행하리라 하

였으나 이제 나 여호와가 말하노니 결

단코 그렇게 하지 아니하리라 나를 존

중히 여기는 자를 내가 존중히 여기고

나를 멸시하는 자를 내가 경멸하리라

31 보라 내가 네 팔과 네 조상의 집 팔을

끊어 네 집에 노인이 하나도 없게 하는

날이 이를지라

32 이스라엘에게 모든 복을 내리는 중에

너는 내 처소의 환난을 볼 것이요 네

집에 영원토록 노인이 없을 것이며

33 내 제단에서 내가 끊어 버리지 아니할

네 사람이 네 눈을 쇠잔하게 하고 네

마음을 슬프게 할 것이요 네 집에서 출

산되는 모든 자가 젊어서 죽으리라

34 네 두 아들 홉니와 비느하스가 한 날에

죽으리니 그 둘이 당할 그 일이 네게

표징이 되리라

35 내가 나를 위하여 충실한 제사장을 일

으키리니 그 사람은 내 마음, 내 뜻대

로 행할 것이라 내가 그를 위하여 견고

한 집을 세우리니 그가 나의 기름 부음

을 받은 자 앞에서 영구히 행하리라

36 그리고 네 집에 남은 사람이 각기 와서

은 한 조각과 떡 한 덩이를 위하여 그

에게 엎드려 이르되 청하노니 내게 제

사장의 직분 하나를 맡겨 내게 떡 조각

을 먹게 하소서 하리라 하셨다 하니라

여호와께서 사무엘을 부르시다

3 아이 사무엘이 엘리 앞에서 여호와를

섬길 때에는 여호와의 말씀이 희귀하여

이상이 흔히 보이지 않았더라

2 엘리의 눈이 점점 어두워 가서 잘 보지

못하는 그 때에 그가 자기 처소에 누웠고

3 하나님의 등불은 아직 꺼지지 아니하였

으며 사무엘은 하나님의 궤 있는 여호

와의 전 안에 누웠더니

4 여호와께서 사무엘을 부르시는지라 그

가 대답하되 내가 여기 있나이다 하고

5 엘리에게로 달려가서 이르되 당신이 나

를 부르셨기로 내가 여기 있나이다 하

니 그가 이르되 나는 부르지 아니하였

으니 다시 누우라 하는지라 그가 가서

누웠더니

6 여호와께서 다시 사무엘을 부르시는지

라 사무엘이 일어나 엘리에게로 가서

이르되 당신이 나를 부르셨기로 내가

여기 있나이다 하니 그가 대답하되 내

아들아 내가 부르지 아니하였으니 다시

누우라 하니라

7 사무엘이 아직 여호와를 알지 못하고

여호와의 말씀도 아직 그에게 나타나지

아니한 때라

8 여호와께서 세 번째 사무엘을 부르시는

지라 그가 일어나 엘리에게로 가서 이

르되 당신이 나를 부르셨기로 내가 여

기 있나이다 하니 엘리가 여호와께서

이 아이를 부르신 줄을 깨닫고

9 엘리가 사무엘에게 이르되 가서 누웠다

가 그가 너를 부르시거든 네가 말하기

를 여호와여 말씀하옵소서 주의 종이

듣겠나이다 하라 하니 이에 사무엘이

가서 자기 처소에 누우니라

10 여호와께서 임하여 서서 전과 같이 사

무엘아 사무엘아 부르시는지라 사무엘

이 이르되 말씀하옵소서 주의 종이 듣

겠나이다 하니

11 여호와께서 사무엘에게 이르시되 보라

내가 이스라엘 중에 한 일을 행하리니

그것을 듣는 자마다 두 귀가 울리리라

12 내가 엘리의 집에 대하여 말한 것을 처

음부터 끝까지 그 날에 그에게 다 이루

리라

13 내가 그의 집을 영원토록 심판하겠다고

그에게 말한 것은 그가 아는 죄악 때문

이니 이는 그가 자기의 아들들이 저주

를 자청하되 금하지 아니하였음이니라

14 그러므로 내가 엘리의 집에 대하여 맹

세하기를 엘리 집의 죄악은 제물로나

예물로나 영원히 속죄함을 받지 못하리

라 하였노라 하셨더라

15 사무엘이 아침까지 누웠다가 여호와의

집의 문을 열었으나 그 이상을 엘리에

게 알게 하기를 두려워하더니

16 엘리가 사무엘을 불러 이르되 내 아들

사무엘아 하니 그가 대답하되 내가 여

기 있나이다 하니 그가

17 이르되 네게 무엇을 말씀하셨느냐 청하

노니 내게 숨기지 말라 네게 말씀하신

모든 것을 하나라도 숨기면 하나님이

네게 벌을 내리시고 또 내리시기를 원

하노라 하는지라

18 사무엘이 그것을 그에게 자세히 말하

고 조금도 숨기지 아니하니 그가 이르

되 이는 여호와이시니 선하신 대로 하

실 것이니라 하니라

19 사무엘이 자라매 여호와께서 그와 함께

계셔서 그의 말이 하나도 땅에 떨어지

지 않게 하시니

20 단에서부터 브엘세바까지의 온 이스라

엘이 사무엘은 여호와의 선지자로 세우

심을 입은 줄을 알았더라

21 여호와께서 실로에서 다시 나타나시되

여호와께서 실로에서 여호와의 말씀으

로 사무엘에게 자기를 나타내시니라

4 사무엘의 말이 온 이스라엘에 전파되

니라

언약궤를 빼앗기다

이스라엘은 나가서 블레셋 사람들과 싸

우려고 에벤에셀 곁에 진 치고 블레셋

사람들은 아벡에 진 쳤더니

2 블레셋 사람들이 이스라엘에 대하여 전

열을 벌이니라 그 둘이 싸우다가 이스

라엘이 블레셋 사람들 앞에서 패하여

그들에게 전쟁에서 죽임을 당한 군사가

사천 명 가량이라

3 백성이 진영으로 돌아오매 이스라엘 장

로들이 이르되 여호와께서 어찌하여 우

리에게 오늘 블레셋 사람들 앞에 패하

게 하셨는고 여호와의 언약궤를 실로에

서 우리에게로 가져다가 우리 중에 있

게 하여 그것으로 우리를 우리 원수들

의 손에서 구원하게 하자 하니

4 이에 백성이 실로에 사람을 보내어 그

룹 사이에 계신 만군의 여호와의 언약

궤를 거기서 가져왔고 엘리의 두 아들

홉니와 비느하스는 하나님의 언약궤와

함께 거기에 있었더라

5 여호와의 언약궤가 진영에 들어올 때에

온 이스라엘이 큰 소리로 외치매 땅이

울린지라

6 블레셋 사람이 그 외치는 소리를 듣고 이르되 히브리 진영에서 큰 소리로 외침은 어찌 됨이냐 하다가 여호와의 궤가 진영에 들어온 줄을 깨달은지라

7 블레셋 사람이 두려워하여 이르되 신이 진영에 이르렀도다 하고 또 이르되 우리에게 화로다 전날에는 이런 일이 없었도다

8 우리에게 화로다 누가 우리를 이 능한 신들의 손에서 건지리요 그들은 광야에서 여러 가지 재앙으로 애굽인을 친 신들이니라

9 너희 블레셋 사람들아 강하게 되며 대장부가 되라 너희가 히브리 사람의 종이 되기를 그들이 너희의 종이 되었던 것 같이 되지 말고 대장부 같이 되어 싸우라 하고

10 블레셋 사람들이 쳤더니 이스라엘이 패하여 각기 장막으로 도망하였고 살륙이 심히 커서 이스라엘 보병의 엎드러진 자가 삼만 명이었으며

11 하나님의 궤는 빼앗겼고 엘리의 두 아들 홉니와 비느하스는 죽임을 당하였더라

엘리가 죽다

12 당일에 어떤 베냐민 사람이 진영에서 달려나와 자기의 옷을 찢고 자기의 머리에 티끌을 덮어쓰고 실로에 이르니라

13 그가 이를 때는 엘리가 길 옆 자기의 의자에 앉아 기다리며 그의 마음이 하나님의 궤로 말미암아 떨릴 즈음이라 그 사람이 성읍에 들어오며 알리매 온 성읍이 부르짖는지라

14 엘리가 그 부르짖는 소리를 듣고 이르

되 이 떠드는 소리는 어찌 됨이냐 그

사람이 빨리 가서 엘리에게 말하니

15 그 때에 엘리의 나이가 구십팔 세라 그

의 눈이 어두워서 보지 못하더라

16 그 사람이 엘리에게 말하되 나는 진중

에서 나온 자라 내가 오늘 진중에서 도

망하여 왔나이다 엘리가 이르되 내 아

들아 일이 어떻게 되었느냐

17 소식을 전하는 자가 대답하여 이르되

이스라엘이 블레셋 사람들 앞에서 도망

하였고 백성 중에는 큰 살륙이 있었고

당신의 두 아들 홉니와 비느하스도 죽

임을 당하였고 하나님의 궤는 빼앗겼나

이다

18 하나님의 궤를 말할 때에 엘리가 자기

의자에서 뒤로 넘어져 문 곁에서 목이

부러져 죽었으니 나이가 많고 비대한

까닭이라 그가 이스라엘의 사사가 된

지 사십 년이었더라

비느하스의 아내가 죽다

19 그의 며느리인 비느하스의 아내가 임신

하여 해산 때가 가까웠더니 하나님의

궤를 빼앗긴 것과 그의 시아버지와 남

편이 죽은 소식을 듣고 갑자기 아파서

몸을 구푸려 해산하고

20 죽어갈 때에 곁에 서 있던 여인들이 그

에게 이르되 두려워하지 말라 네가 아

들을 낳았다 하되 그가 대답하지도 아

니하며 관념하지도 아니하고

21 이르기를 영광이 이스라엘에서 떠났다

하고 아이 이름을 이가봇이라 하였으니

하나님의 궤가 빼앗겼고 그의 시아버지

와 남편이 죽었기 때문이며

22 또 이르기를 하나님의 궤를 빼앗겼으

므로 영광이 이스라엘에서 떠났다 하

였더라

블레셋 사람에게 빼앗긴 언약궤

5 블레셋 사람들이 하나님의 궤를 빼앗아

가지고 에벤에셀에서부터 아스돗에 이

르니라

2 블레셋 사람들이 하나님의 궤를 가지고

다곤의 신전에 들어가서 다곤 곁에 두

었더니

3 아스돗 사람들이 이튿날 일찍이 일어나

본즉 다곤이 여호와의 궤 앞에서 엎드

러져 그 얼굴이 땅에 닿았는지라 그들

이 다곤을 일으켜 다시 그 자리에 세웠

더니

4 그 이튿날 아침에 그들이 일찍이 일어

나 본즉 다곤이 여호와의 궤 앞에서 또

다시 엎드러져 얼굴이 땅에 닿았고 그

머리와 두 손목은 끊어져 문지방에 있

고 다곤의 몸뚱이만 남았더라

5 그러므로 다곤의 제사장들이나 다곤의

신전에 들어가는 자는 오늘까지 아스돗

에 있는 다곤의 문지방을 밟지 아니하

더라

6 여호와의 손이 아스돗 사람에게 엄중히

더하사 독한 종기의 재앙으로 아스돗과

그 지역을 쳐서 망하게 하니

7 아스돗 사람들이 이를 보고 이르되 이

스라엘 신의 궤를 우리와 함께 있지 못

하게 할지라 그의 손이 우리와 우리 신

다곤을 친다 하고

8 이에 사람을 보내어 블레셋 사람들의

모든 방백을 모으고 이르되 우리가 이

스라엘 신의 궤를 어찌하랴 하니 그들

이 대답하되 이스라엘 신의 궤를 가드

로 옮겨 가라 하므로 이스라엘 신의 궤

를 옮겨 갔더니

9 그것을 옮겨 간 후에 여호와의 손이 심

히 큰 환난을 그 성읍에 더하사 성읍

사람들의 작은 자와 큰 자를 다 쳐서

독한 종기가 나게 하신지라

10 이에 그들이 하나님의 궤를 에그론으로

보내니라 하나님의 궤가 에그론에 이른

즉 에그론 사람이 부르짖어 이르되 그

들이 이스라엘 신의 궤를 우리에게로

가져다가 우리와 우리 백성을 죽이려

한다 하고

11 이에 사람을 보내어 블레셋 모든 방백

을 모으고 이르되 이스라엘 신의 궤

를 보내어 그 있던 곳으로 돌아가게 하

고 우리와 우리 백성이 죽임 당함을 면

하게 하자 하니 이는 온 성읍이 사망의

환난을 당함이라 거기서 하나님의 손이

엄중하시므로

12 죽지 아니한 사람들은 독한 종기로 치

심을 당해 성읍의 부르짖음이 하늘에

사무쳤더라

언약궤가 돌아오다

6 여호와의 궤가 블레셋 사람들의 지방에

있은 지 일곱 달이라

2 블레셋 사람들이 제사장들과 복술자들

을 불러서 이르되 우리가 여호와의 궤

를 어떻게 할까 그것을 어떻게 그 있던

곳으로 보낼 것인지 우리에게 가르치라

3 그들이 이르되 이스라엘 신의 궤를 보

내려거든 거저 보내지 말고 그에게 속

건제를 드려야 할지니라 그리하면 병도

낫고 그의 손을 너희에게서 옮기지 아

니하는 이유도 알리라 하니

4 그들이 이르되 무엇으로 그에게 드릴

속건제를 삼을까 하니 이르되 블레셋

사람의 방백의 수효대로 금 독종 다섯

과 금 쥐 다섯 마리라야 하리니 너희

와 너희 통치자에게 내린 재앙이 같음

이니라

5 그러므로 너희는 너희의 독한 종기의

형상과 땅을 해롭게 하는 쥐의 형상을

만들어 이스라엘 신께 영광을 돌리라

그가 혹 그의 손을 너희와 너희의 신들

과 너희 땅에서 가볍게 하실까 하노라

6 애굽인과 바로가 그들의 마음을 완악하

게 한 것 같이 어찌하여 너희가 너희의

마음을 완악하게 하겠느냐 그가 그들

중에서 재앙을 내린 후에 그들이 백성

을 가게 하므로 백성이 떠나지 아니하

였느냐

7 그러므로 새 수레를 하나 만들고 멍에

를 메어 보지 아니한 젖 나는 소 두 마

리를 끌어다가 소에 수레를 메우고 그

송아지들은 떼어 집으로 돌려보내고

8 여호와의 궤를 가져다가 수레에 싣고

속건제로 드릴 금으로 만든 물건들은

상자에 담아 궤 곁에 두고 그것을 보내

어 가게 하고

9 보고 있다가 만일 궤가 그 본 지역 길

로 올라가서 벧세메스로 가면 이 큰 재

앙은 그가 우리에게 내린 것이요 그렇

지 아니하면 우리를 친 것이 그의 손이

아니요 우연히 당한 것인 줄 알리라 하

니라

10 그 사람들이 그같이 하여 젖 나는 소

둘을 끌어다가 수레를 메우고 송아지들

은 집에 가두고

11 여호와의 궤와 및 금 쥐와 그들의 독종

의 형상을 담은 상자를 수레 위에 실으니

12 암소가 벧세메스 길로 바로 행하여 대

로로 가며 갈 때에 울고 좌우로 치우치

지 아니하였고 블레셋 방백들은 벧세메

스 경계선까지 따라 가니라

13 벧세메스 사람들이 골짜기에서 밀을 베

다가 눈을 들어 궤를 보고 그 본 것을

기뻐하더니

14 수레가 벧세메스 사람 여호수아의 밭

큰 돌 있는 곳에 이르러 선지라 무리가

수레의 나무를 패고 그 암소들을 번제

물로 여호와께 드리고

15 레위인은 여호와의 궤와 그 궤와 함께

있는 금 보물 담긴 상자를 내려다가 큰

돌 위에 두매 그 날에 벧세메스 사람들

이 여호와께 번제와 다른 제사를 드리

니라

16 블레셋 다섯 방백이 이것을 보고 그 날

에 에그론으로 돌아갔더라

17 블레셋 사람이 여호와께 속건제물로 드

린 금 독종은 이러하니 아스돗을 위하

여 하나요 가사를 위하여 하나요 아스

글론을 위하여 하나요 가드를 위하여

하나요 에그론을 위하여 하나이며

18 드린 바 금 쥐들은 견고한 성읍에서부

터 시골의 마을에까지 그리고 사람들

이 여호와의 궤를 놓은 큰 돌에 이르기

까지 다섯 방백들에게 속한 블레셋 사

람들의 모든 성읍들의 수대로였더라 그

돌은 벧세메스 사람 여호수아의 밭에

오늘까지 있더라

언약궤를 기럇여아림으로 보내다

19 벧세메스 사람들이 여호와의 궤를 들여

다 본 까닭에 그들을 치사 (오만) 칠

십 명을 죽이신지라 여호와께서 백성을

쳐서 크게 살륙하셨으므로 백성이 슬피

울었더라

20 벧세메스 사람들이 이르되 이 거룩하신

하나님 여호와 앞에 누가 능히 서리요

그를 우리에게서 누구에게로 올라가시

게 할까 하고

21 전령들을 기럇여아림 주민에게 보내어

이르되 블레셋 사람들이 여호와의 궤를

도로 가져왔으니 너희는 내려와서 그것

을 너희에게로 옮겨 가라

7 기럇여아림 사람들이 와서 여호와의

궤를 옮겨 산에 사는 아비나답의 집에

들여놓고 그의 아들 엘리아살을 거룩

하게 구별하여 여호와의 궤를 지키게

하였더니

2 궤가 기럇여아림에 들어간 날부터 이십

년 동안 오래 있은지라 이스라엘 온 족

속이 여호와를 사모하니라

사무엘이 이스라엘을 다스리다

3 사무엘이 이스라엘 온 족속에게 말하여

이르되 만일 너희가 전심으로 여호와께

돌아오려거든 이방 신들과 아스다롯을

너희 중에서 제거하고 너희 마음을 여

호와께로 향하여 그만을 섬기라 그리하

면 너희를 블레셋 사람의 손에서 건져

내시리라

4 이에 이스라엘 자손이 바알들과 아스다

롯을 제거하고 여호와만 섬기니라

5 사무엘이 이르되 온 이스라엘은 미스바

로 모이라 내가 너희를 위하여 여호와

께 기도하리라 하매

6 그들이 미스바에 모여 물을 길어 여호

와 앞에 붓고 그 날 종일 금식하고 거

기에서 이르되 우리가 여호와께 범죄하

였나이다 하니라 사무엘이 미스바에서

이스라엘 자손을 다스리니라

7 이스라엘 자손이 미스바에 모였다 함을

블레셋 사람들이 듣고 그들의 방백들이

이스라엘을 치러 올라온지라 이스라엘

자손들이 듣고 블레셋 사람들을 두려워

하여

8 이스라엘 자손이 사무엘에게 이르되 당

신은 우리를 위하여 우리 하나님 여호

와께 쉬지 말고 부르짖어 우리를 블레

셋 사람들의 손에서 구원하시게 하소서

하니

9 사무엘이 젖 먹는 어린 양 하나를 가져

다가 온전한 번제를 여호와께 드리고

이스라엘을 위하여 여호와께 부르짖으

매 여호와께서 응답하셨더라

10 사무엘이 번제를 드릴 때에 블레셋 사

람이 이스라엘과 싸우려고 가까이 오매

그 날에 여호와께서 블레셋 사람에게

큰 우레를 발하여 그들을 어지럽게 하

시니 그들이 이스라엘 앞에 패한지라

11 이스라엘 사람들이 미스바에서 나가서

블레셋 사람들을 추격하여 벧갈 아래에

이르기까지 쳤더라

12 사무엘이 돌을 취하여 미스바와 센 사

이에 세워 이르되 여호와께서 여기까지

우리를 도우셨다 하고 그 이름을 에벤

에셀이라 하니라

13 이에 블레셋 사람들이 굴복하여 다시는

이스라엘 지역 안에 들어오지 못하였으

며 여호와의 손이 사무엘이 사는 날 동

안에 블레셋 사람을 막으시매

14 블레셋 사람들이 이스라엘에게서 빼앗

았던 성읍이 에그론부터 가드까지 이스

라엘에게 회복되니 이스라엘이 그 사방

지역을 블레셋 사람들의 손에서 도로

찾았고 또 이스라엘과 아모리 사람 사

이에 평화가 있었더라

15 사무엘이 사는 날 동안에 이스라엘을

다스렸으되

16 해마다 벧엘과 길갈과 미스바로 순회

하여 그 모든 곳에서 이스라엘을 다스

렸고

17 라마로 돌아왔으니 이는 거기에 자기

집이 있음이니라 거기서도 이스라엘을

다스렸으며 또 거기에 여호와를 위하여

제단을 쌓았더라

백성이 왕을 요구하다

8 사무엘이 늙으매 그의 아들들을 이스라엘 사사로 삼으니

2 장자의 이름은 요엘이요 차자의 이름은 아비야라 그들이 브엘세바에서 사사가 되니라

3 그의 아들들이 자기 아버지의 행위를 따르지 아니하고 이익을 따라 뇌물을 받고 판결을 굽게 하니라

4 이스라엘 모든 장로가 모여 라마에 있는 사무엘에게 나아가서

5 그에게 이르되 보소서 당신은 늙고 당신의 아들들은 당신의 행위를 따르지 아니하니 모든 나라와 같이 우리에게 왕을 세워 우리를 다스리게 하소서 한지라

6 우리에게 왕을 주어 우리를 다스리게 하라 했을 때에 사무엘이 그것을 기뻐하지 아니하여 여호와께 기도하매

7 여호와께서 사무엘에게 이르시되 백성이 네게 한 말을 다 들으라 이는 그들이 너를 버림이 아니요 나를 버려 자기들의 왕이 되지 못하게 함이니라

8 내가 그들을 애굽에서 인도하여 낸 날부터 오늘까지 그들이 모든 행사로 나를 버리고 다른 신들을 섬김 같이 네게도 그리하는도다

9 그러므로 그들의 말을 듣되 너는 그들에게 엄히 경고하고 그들을 다스릴 왕의 제도를 가르치라

10 사무엘이 왕을 요구하는 백성에게 여호와의 모든 말씀을 말하여

11 이르되 너희를 다스릴 왕의 제도는 이러하니라 그가 너희 아들들을 데려다가 그의 병거와 말을 어거하게 하리니 그

들이 그 병거 앞에서 달릴 것이며

12 그가 또 너희의 아들들을 천부장과 오

십부장을 삼을 것이며 자기 밭을 갈게

하고 자기 추수를 하게 할 것이며 자

기 무기와 병거의 장비도 만들게 할

것이며

13 그가 또 너희의 딸들을 데려다가 향료

만드는 자와 요리하는 자와 떡 굽는 자

로 삼을 것이며

14 그가 또 너희의 밭과 포도원과 감람원

에서 제일 좋은 것을 가져다가 자기의

신하들에게 줄 것이며

15 그가 또 너희의 곡식과 포도원 소산의

십일조를 거두어 자기의 관리와 신하에

게 줄 것이며

16 그가 또 너희의 노비와 가장 아름다운

소년과 나귀들을 끌어다가 자기 일을

시킬 것이며

17 너희의 양 떼의 십분의 일을 거두어 가

리니 너희가 그의 종이 될 것이라

18 그 날에 너희는 너희가 택한 왕으로 말

미암아 부르짖되 그 날에 여호와께서

너희에게 응답하지 아니하시리라 하니

19 백성이 사무엘의 말 듣기를 거절하여

이르되 아니로소이다 우리도 우리 왕이

있어야 하리니

20 우리도 다른 나라들 같이 되어 우리의

왕이 우리를 다스리며 우리 앞에 나가

서 우리의 싸움을 싸워야 할 것이니이

다 하는지라

21 사무엘이 백성의 말을 다 듣고 여호와

께 아뢰매

22 여호와께서 사무엘에게 이르시되 그들

의 말을 들어 왕을 세우라 하시니 사무

엘이 이스라엘 사람들에게 이르되 너희

는 각기 성읍으로 돌아가라 하니라

사울이 사무엘을 만나다

9 베냐민 지파에 기스라 이름하는 유력한 사람이 있으니 그는 아비엘의 아들이요 스롤의 손자요 베고랏의 증손이요 아비아의 현손이며 베냐민 사람이더라

2 기스에게 아들이 있으니 그의 이름은 사울이요 준수한 소년이라 이스라엘 자손 중에 그보다 더 준수한 자가 없고 키는 모든 백성보다 어깨 위만큼 더 컸더라

3 사울의 아버지 기스가 암나귀들을 잃고 그의 아들 사울에게 이르되 너는 일어나 한 사환을 데리고 가서 암나귀들을 찾으라 하매

4 그가 에브라임 산지와 살리사 땅으로 두루 다녀 보았으나 찾지 못하고 사알림 땅으로 두루 다녀 보았으나 그 곳에는 없었고 베냐민 사람의 땅으로 두루 다녀 보았으나 찾지 못하니라

5 그들이 숩 땅에 이른 때에 사울이 함께 가던 사환에게 이르되 돌아가자 내 아버지께서 암나귀 생각은 고사하고 우리를 위하여 걱정하실까 두려워하노라 하니

6 그가 대답하되 보소서 이 성읍에 하나님의 사람이 있는데 존경을 받는 사람이라 그가 말한 것은 반드시 다 응하나니 그리로 가사이다 그가 혹 우리가 갈 길을 가르쳐 줄까 하나이다 하는지라

7 사울이 그의 사환에게 이르되 우리가 가면 그 사람에게 무엇을 드리겠느냐 우리 주머니에 먹을 것이 다하였으니 하나님의 사람에게 드릴 예물이 없도다 무엇이 있느냐 하니

8 사환이 사울에게 다시 대답하여 이르되 보소서 내 손에 은 한 세겔의 사분

의 일이 있으니 하나님의 사람에게 드

려 우리 길을 가르쳐 달라 하겠나이다

하더라

9 (옛적 이스라엘에 사람이 하나님께 가

서 물으려 하면 말하기를 선견자에게로

가자 하였으니 지금 선지자라 하는 자

를 옛적에는 선견자라 일컬었더라)

10 사울이 그의 사환에게 이르되 네 말이

옳다 가자 하고 그들이 하나님의 사람

이 있는 성읍으로 가니라

11 그들이 성읍을 향한 비탈길로 올라가다

가 물 길으러 나오는 소녀들을 만나 그

들에게 묻되 선견자가 여기 있느냐 하니

12 그들이 대답하여 이르되 있나이다 보소

서 그가 당신보다 앞서 갔으니 빨리 가

소서 백성이 오늘 산당에서 제사를 드리

므로 그가 오늘 성읍에 들어오셨나이다

13 당신들이 성읍으로 들어가면 그가 먹으

러 산당에 올라가기 전에 곧 만나리이

다 그가 오기 전에는 백성이 먹지 아니

하나니 이는 그가 제물을 축사한 후에

야 청함을 받은 자가 먹음이니이다 그

러므로 지금 올라가소서 곧 그를 만나

리이다 하는지라

14 그들이 성읍으로 올라가서 그리로 들어

갈 때에 사무엘이 마침 산당으로 올라

가려고 마주 나오더라

15 사울이 오기 전날에 여호와께서 사무엘

에게 알게 하여 이르시되

16 내일 이맘 때에 내가 베냐민 땅에서 한

사람을 네게로 보내리니 너는 그에게

기름을 부어 내 백성 이스라엘의 지도

자로 삼으라 그가 내 백성을 블레셋 사

람들의 손에서 구원하리라 내 백성의

부르짖음이 내게 상달되었으므로 내가

그들을 돌보았노라 하셨더니

17 사무엘이 사울을 볼 때에 여호와께서 그에게 이르시되 보라 이는 내가 네게 말한 사람이니 이가 내 백성을 다스리리라 하시니라

18 사울이 성문 안 사무엘에게 나아가 이르되 선견자의 집이 어디인지 청하건대 내게 가르치소서 하니

19 사무엘이 사울에게 대답하여 이르되 내가 선견자이니라 너는 내 앞서 산당으로 올라가라 너희가 오늘 나와 함께 먹을 것이요 아침에는 내가 너를 보내되 네 마음에 있는 것을 다 네게 말하리라

20 사흘 전에 잃은 네 암나귀들을 염려하지 말라 찾았느니라 온 이스라엘이 사모하는 자가 누구냐 너와 네 아버지의 온 집이 아니냐 하는지라

21 사울이 대답하여 이르되 나는 이스라엘 지파의 가장 작은 지파 베냐민 사람이 아니니이까 또 나의 가족은 베냐민 지파 모든 가족 중에 가장 미약하지 아니하니이까 당신이 어찌하여 내게 이같이 말씀하시나이까 하니

22 사무엘이 사울과 그의 사환을 인도하여 객실로 들어가서 청한 자 중 상석에 앉게 하였는데 객은 삼십 명 가량이었더라

23 사무엘이 요리인에게 이르되 내가 네게 주며 네게 두라고 말한 그 부분을 가져오라

24 요리인이 넓적다리와 그것에 붙은 것을 가져다가 사울 앞에 놓는지라 사무엘이 이르되 보라 이는 두었던 것이니 네 앞에 놓고 먹으라 내가 백성을 청할 때부터 너를 위하여 이것을 두고 이 때를 기다리게 하였느니라 그 날에 사울이 사무엘과 함께 먹으니라

281

사무엘이 사울에게 기름을 붓다

25 그들이 산당에서 내려 성읍에 들어가서

는 사무엘이 사울과 함께 지붕에서 담

화하고

26 그들이 일찍이 일어날새 동틀 때쯤이라

사무엘이 지붕에서 사울을 불러 이르되

일어나라 내가 너를 보내리라 하매 사

울이 일어나고 그 두 사람 사울과 사무

엘이 함께 밖으로 나가서

27 성읍 끝에 이르매 사무엘이 사울에게

이르되 사환에게 우리를 앞서게 하라

하니라 사환이 앞서가므로 또 이르되

너는 이제 잠깐 서 있으라 내가 하나님

의 말씀을 네게 들려 주리라 하더라

10 이에 사무엘이 기름병을 가져다가 사울

의 머리에 붓고 입맞추며 이르되 여호

와께서 네게 기름을 부으사 그의 기업

의 지도자로 삼지 아니하셨느냐

2 네가 오늘 나를 떠나가다가 베냐민 경

계 셀사에 있는 라헬의 묘실 곁에서 두

사람을 만나리니 그들이 네게 이르기를

네가 찾으러 갔던 암나귀들을 찾은지

라 네 아버지가 암나귀들의 염려는 놓

았으나 너희로 말미암아 걱정하여 이르

되 내 아들을 위하여 어찌하리요 하더

라 할 것이요

3 네가 거기서 더 나아가서 다볼 상수리

나무에 이르면 거기서 하나님을 뵈오려

고 벧엘로 올라가는 세 사람을 만나리

니 한 사람은 염소 새끼 셋을 이끌었고

한 사람은 떡 세 덩이를 가졌고 한 사

람은 포도주 한 가죽부대를 가진 자라

4 그들이 네게 문안하고 떡 두 덩이를 주

겠고 너는 그의 손에서 받으리라

5 그 후에 네가 하나님의 산에 이르리니

그 곳에는 블레셋 사람들의 영문이 있

느니라 네가 그리로 가서 그 성읍으로

들어갈 때에 선지자의 무리가 산당에서

부터 비파와 소고와 저와 수금을 앞세

우고 예언하며 내려오는 것을 만날 것

이요

6 네게는 여호와의 영이 크게 임하리니

너도 그들과 함께 예언을 하고 변하여

새 사람이 되리라

7 이 징조가 네게 임하거든 너는 기회를

따라 행하라 하나님이 너와 함께 하시

느니라

8 너는 나보다 앞서 길갈로 내려가라 내

가 네게로 내려가서 번제와 화목제를

드리리니 내가 네게 가서 네가 행할 것

을 가르칠 때까지 칠 일 동안 기다리라

9 그가 사무엘에게서 떠나려고 몸을 돌이

킬 때에 하나님이 새 마음을 주셨고 그

날 그 징조도 다 응하니라

10 그들이 산에 이를 때에 선지자의 무리

가 그를 영접하고 하나님의 영이 사울

에게 크게 임하므로 그가 그들 중에서

예언을 하니

11 전에 사울을 알던 모든 사람들이 사울

이 선지자들과 함께 예언함을 보고 서

로 이르되 기스의 아들에게 무슨 일이

일어났느냐 사울도 선지자들 중에 있느

냐 하고

12 그 곳의 어떤 사람은 말하여 이르되 그

들의 아버지가 누구냐 한지라 그러므로

속담이 되어 이르되 사울도 선지자들

중에 있느냐 하더라

13 사울이 예언하기를 마치고 산당으로 가

니라

14 사울의 숙부가 사울과 그의 사환에게

이르되 너희가 어디로 갔더냐 사울이

이르되 암나귀들을 찾다가 찾지 못하므

로 사무엘에게 갔었나이다 하니

15 사울의 숙부가 이르되 청하노니 사무엘

이 너희에게 이른 말을 내게 말하라 하

니라

16 사울이 그의 숙부에게 말하되 그가 암

나귀들을 찾았다고 우리에게 분명히 말

하더이다 하고 사무엘이 말하던 나라의

일은 말하지 아니하니라

사울이 왕으로 뽑히다

17 사무엘이 백성을 미스바로 불러 여호와

앞에 모으고

18 이스라엘 자손에게 이르되 이스라엘 하

나님 여호와께서 이같이 말씀하시기를

내가 이스라엘을 애굽에서 인도하여 내

고 너희를 애굽인의 손과 너희를 압제

하는 모든 나라의 손에서 건져내었느니

라 하셨거늘

19 너희는 너희를 모든 재난과 고통 중에

서 친히 구원하여 내신 너희의 하나님

을 오늘 버리고 이르기를 우리 위에 왕

을 세우라 하는도다 그런즉 이제 너희

의 지파대로 천 명씩 여호와 앞에 나아

오라 하고

20 사무엘이 이에 이스라엘 모든 지파를

가까이 오게 하였더니 베냐민 지파가

뽑혔고

21 베냐민 지파를 그들의 가족별로 가까이

오게 하였더니 마드리의 가족이 뽑혔고

그 중에서 기스의 아들 사울이 뽑혔으

나 그를 찾아도 찾지 못한지라

22 그러므로 그들이 또 여호와께 묻되 그

사람이 여기 왔나이까 여호와께서 대답

하시되 그가 짐보따리들 사이에 숨었느

니라 하셨더라

23 그들이 달려 가서 거기서 그를 데려오

매 그가 백성 중에 서니 다른 사람보다

어깨 위만큼 컸더라

24 사무엘이 모든 백성에게 이르되 너희는

여호와께서 택하신 자를 보느냐 모든

백성 중에 짝할 이가 없느니라 하니 모

든 백성이 왕의 만세를 외쳐 부르니라

25 사무엘이 나라의 제도를 백성에게 말하

고 책에 기록하여 여호와 앞에 두고 모

든 백성을 각기 집으로 보내매

26 사울도 기브아 자기 집으로 갈 때에 마

음이 하나님께 감동된 유력한 자들과

함께 갔느니라

27 어떤 불량배는 이르되 이 사람이 어떻

게 우리를 구원하겠느냐 하고 멸시하며

예물을 바치지 아니하였으나 그는 잠잠

하였더라

사울이 암몬 사람을 치다

11 암몬 사람 나하스가 올라와서 길르앗

야베스에 맞서 진 치매 야베스 모든 사

람들이 나하스에게 이르되 우리와 언약

하자 그리하면 우리가 너를 섬기리라

하니

2 암몬 사람 나하스가 그들에게 이르되

내가 너희 오른 눈을 다 빼야 너희와

언약하리라 내가 온 이스라엘을 이같이

모욕하리라

3 야베스 장로들이 그에게 이르되 우리에

게 이레 동안 말미를 주어 우리가 이스

라엘 온 지역에 전령들을 보내게 하라

만일 우리를 구원할 자가 없으면 네게

나아가리라 하니라

4 이에 전령들이 사울이 사는 기브아에

이르러 이 말을 백성에게 전하매 모든

백성이 소리를 높여 울더니

5 마침 사울이 밭에서 소를 몰고 오다가

이르되 백성이 무슨 일로 우느냐 하니

그들이 야베스 사람의 말을 전하니라

6 사울이 이 말을 들을 때에 하나님의 영에게 크게 감동되매 그의 노가 크게 일어나

7 한 겨리의 소를 잡아 각을 뜨고 전령들의 손으로 그것을 이스라엘 모든 지역에 두루 보내어 이르되 누구든지 나와서 사울과 사무엘을 따르지 아니하면 그의 소들도 이와 같이 하리라 하였더니 여호와의 두려움이 백성에게 임하매 그들이 한 사람 같이 나온지라

8 사울이 베섹에서 그들의 수를 세어 보니 이스라엘 자손이 삼십만 명이요 유다 사람이 삼만 명이더라

9 무리가 와 있는 전령들에게 이르되 너희는 길르앗 야베스 사람에게 이같이 이르기를 내일 해가 더울 때에 너희가 구원을 받으리라 하라 전령들이 돌아가서 야베스 사람들에게 전하매 그들이 기뻐하니라

10 야베스 사람들이 이에 이르되 우리가 내일 너희에게 나아가리니 너희 생각에 좋을 대로 우리에게 다 행하라 하니라

11 이튿날 사울이 백성을 삼 대로 나누고 새벽에 적진 한가운데로 들어가서 날이 더울 때까지 암몬 사람들을 치매 남은 자가 다 흩어져서 둘도 함께 한 자가 없었더라

사무엘이 길갈에서 사울을 왕으로 세우다

12 백성이 사무엘에게 이르되 사울이 어찌 우리를 다스리겠느냐 한 자가 누구니이까 그들을 끌어내소서 우리가 죽이겠나이다

13 사울이 이르되 이 날에는 사람을 죽이지 못하리니 여호와께서 오늘 이스라엘 중에 구원을 베푸셨음이니라

14 사무엘이 백성에게 이르되 오라 우리가

길갈로 가서 나라를 새롭게 하자

15 모든 백성이 길갈로 가서 거기서 여호와 앞에서 사울을 왕으로 삼고 길갈에서 여호와 앞에 화목제를 드리고 사울과 이스라엘 모든 사람이 거기서 크게 기뻐하니라

사무엘의 마지막 말

12 사무엘이 온 이스라엘에게 이르되 보라 너희가 내게 한 말을 내가 다 듣고 너희 위에 왕을 세웠더니

2 이제 왕이 너희 앞에 출입하느니라 보라 나는 늙어 머리가 희어졌고 내 아들들도 너희와 함께 있느니라 내가 어려서부터 오늘까지 너희 앞에 출입하였거니와

3 내가 여기 있나니 여호와 앞과 그의 기름 부음을 받은 자 앞에서 내게 대하여 증언하라 내가 누구의 소를 빼앗았느냐 누구의 나귀를 빼앗았느냐 누구를 속였느냐 누구를 압제하였느냐 내 눈을 흐리게 하는 뇌물을 누구의 손에서 받았느냐 그리하였으면 내가 그것을 너희에게 갚으리라 하니

4 그들이 이르되 당신이 우리를 속이지 아니하였고 압제하지 아니하였고 누구의 손에서든지 아무것도 빼앗은 것이 없나이다 하니라

5 사무엘이 백성에게 이르되 너희가 내 손에서 아무것도 찾아낸 것이 없음을 여호와께서 너희에게 대하여 증언하시며 그의 기름 부음을 받은 자도 오늘 증언하느니라 하니 그들이 이르되 그가 증언하시나이다 하니라

6 사무엘이 백성에게 이르되 모세와 아론을 세우시며 너희 조상들을 애굽 땅에서 인도하여 내신 이는 여호와이시니

7 그런즉 가만히 서 있으라 여호와께서 너희와 너희 조상들에게 행하신 모든 공의로운 일에 대하여 내가 여호와 앞에서 너희와 담론하리라

8 야곱이 애굽에 들어간 후 너희 조상들이 여호와께 부르짖으매 여호와께서 모세와 아론을 보내사 그 두 사람으로 너희 조상들을 애굽에서 인도해 내어 이곳에 살게 하셨으나

9 그들이 그들의 하나님 여호와를 잊은지라 여호와께서 그들을 하솔 군사령관 시스라의 손과 블레셋 사람들의 손과 모압 왕의 손에 넘기셨더니 그들이 저희를 치매

10 백성이 여호와께 부르짖어 이르되 우리가 여호와를 버리고 바알들과 아스다롯을 섬김으로 범죄하였나이다 그러하오나 이제 우리를 원수들의 손에서 건져

내소서 그리하시면 우리가 주를 섬기겠나이다 하매

11 여호와께서 여룹바알과 베단과 입다와 나 사무엘을 보내사 너희를 너희 사방 원수의 손에서 건져내사 너희에게 안전하게 살게 하셨거늘

12 너희가 암몬 자손의 왕 나하스가 너희를 치러 옴을 보고 너희의 하나님 여호와께서는 너희의 왕이 되심에도 불구하고 너희가 내게 이르기를 아니라 우리를 다스릴 왕이 있어야 하겠다 하였도다

13 이제 너희가 구한 왕, 너희가 택한 왕을 보라 여호와께서 너희 위에 왕을 세우셨느니라

14 너희가 만일 여호와를 경외하여 그를 섬기며 그의 목소리를 듣고 여호와의 명령을 거역하지 아니하며 또 너희와 너희를 다스리는 왕이 너희의 하나님

여호와를 따르면 좋겠지마는

15 너희가 만일 여호와의 목소리를 듣지

아니하고 여호와의 명령을 거역하면 여

호와의 손이 너희의 조상들을 치신 것

같이 너희를 치실 것이라

16 너희는 이제 가만히 서서 여호와께서

너희 목전에서 행하시는 이 큰 일을

보라

17 오늘은 밀 베는 때가 아니냐 내가 여호

와께 아뢰리니 여호와께서 우레와 비를

보내사 너희가 왕을 구한 일 곧 여호와

의 목전에서 범한 죄악이 큼을 너희에

게 밝히 알게 하시리라

18 이에 사무엘이 여호와께 아뢰매 여호와

께서 그 날에 우레와 비를 보내시니 모

든 백성이 여호와와 사무엘을 크게 두

려워하니라

19 모든 백성이 사무엘에게 이르되 당신의

종들을 위하여 당신의 하나님 여호와께

기도하여 우리가 죽지 않게 하소서 우

리가 우리의 모든 죄에 왕을 구하는 악

을 더하였나이다

20 사무엘이 백성에게 이르되 두려워하지

말라 너희가 과연 이 모든 악을 행하였

으나 여호와를 따르는 데에서 돌아서지

말고 오직 너희의 마음을 다하여 여호

와를 섬기라

21 돌아서서 유익하게도 못하며 구원하지

도 못하는 헛된 것을 따르지 말라 그들

은 헛되니라

22 여호와께서는 너희를 자기 백성으로 삼

으신 것을 기뻐하셨으므로 여호와께서

는 그의 크신 이름을 위해서라도 자기

백성을 버리지 아니하실 것이요

23 나는 너희를 위하여 기도하기를 쉬는

죄를 여호와 앞에 결단코 범하지 아니

하고 선하고 의로운 길을 너희에게 가

르칠 것인즉

24 너희는 여호와께서 너희를 위하여 행하

신 그 큰 일을 생각하여 오직 그를 경

외하며 너희의 마음을 다하여 진실히

섬기라

25 만일 너희가 여전히 악을 행하면 너희

와 너희 왕이 다 멸망하리라

사울이 블레셋과 싸우다

13 사울이 왕이 될 때에 사십 세라 그가

이스라엘을 다스린 지 이 년에

2 이스라엘 사람 삼천 명을 택하여 그 중

에서 이천 명은 자기와 함께 믹마스와

벧엘 산에 있게 하고 일천 명은 요나단

과 함께 베냐민 기브아에 있게 하고 남

은 백성은 각기 장막으로 보내니라

3 요나단이 게바에 있는 블레셋 사람의

수비대를 치매 블레셋 사람이 이를 들

은지라 사울이 온 땅에 나팔을 불어 이

르되 히브리 사람들은 들으라 하니

4 온 이스라엘이 사울이 블레셋 사람들의

수비대를 친 것과 이스라엘이 블레셋

사람들의 미움을 받게 되었다 함을 듣

고 그 백성이 길갈로 모여 사울을 따르

니라

5 블레셋 사람들이 이스라엘과 싸우려고

모였는데 병거가 삼만이요 마병이 육천

명이요 백성은 해변의 모래 같이 많더

라 그들이 올라와 벧아웬 동쪽 믹마스

에 진 치매

6 이스라엘 사람들이 위급함을 보고 절박

하여 굴과 수풀과 바위 틈과 은밀한 곳

과 웅덩이에 숨으며

7 어떤 히브리 사람들은 요단을 건너 갓과

길르앗 땅으로 가되 사울은 아직 길갈

에 있고 그를 따른 모든 백성은 떨더라

8 사울은 사무엘이 정한 기한대로 이레 동안을 기다렸으나 사무엘이 길갈로 오지 아니하매 백성이 사울에게서 흩어지는지라

9 사울이 이르되 번제와 화목제물을 이리로 가져오라 하여 번제를 드렸더니

10 번제 드리기를 마치자 사무엘이 온지라 사울이 나가 맞으며 문안하매

11 사무엘이 이르되 왕이 행하신 것이 무엇이냐 하니 사울이 이르되 백성은 내게서 흩어지고 당신은 정한 날 안에 오지 아니하고 블레셋 사람은 믹마스에 모였음을 내가 보았으므로

12 이에 내가 이르기를 블레셋 사람들이 나를 치러 길갈로 내려오겠거늘 내가 여호와께 은혜를 간구하지 못하였다 하고 부득이하여 번제를 드렸나이다 하니라

13 사무엘이 사울에게 이르되 왕이 망령되이 행하였도다 왕이 왕의 하나님 여호와께서 왕에게 내리신 명령을 지키지 아니하였도다 그리하였더라면 여호와께서 이스라엘 위에 왕의 나라를 영원히 세우셨을 것이거늘

14 지금은 왕의 나라가 길지 못할 것이라 여호와께서 왕에게 명령하신 바를 왕이 지키지 아니하였으므로 여호와께서 그의 마음에 맞는 사람을 구하여 여호와께서 그를 그의 백성의 지도자로 삼으셨느니라 하고

15 사무엘이 일어나 길갈에서 떠나 베냐민 기브아로 올라가니라 사울이 자기와 함께 한 백성의 수를 세어 보니 육백 명 가량이라

16 사울과 그의 아들 요나단과 그들과 함께 한 백성은 베냐민 게바에 있고 블레셋 사람들은 믹마스에 진 쳤더니

17 노략꾼들이 세 대로 블레셋 사람들의 진영에서 나와서 한 대는 오브라 길을 따라서 수알 땅에 이르렀고

18 한 대는 벧호론 길로 향하였고 한 대는 광야쪽으로 스보임 골짜기가 내려다 보이는 지역 길로 향하였더라

19 그 때에 이스라엘 온 땅에 철공이 없었으니 이는 블레셋 사람들이 말하기를 히브리 사람이 칼이나 창을 만들까 두렵다 하였음이라

20 온 이스라엘 사람들이 각기 보습이나 삽이나 도끼나 괭이를 벼리려면 블레셋 사람들에게로 내려갔었는데

21 곧 그들이 괭이나 삽이나 쇠스랑이나 도끼나 쇠채찍이 무딜 때에 그리하였으므로

22 싸우는 날에 사울과 요나단과 함께 한 백성의 손에는 칼이나 창이 없고 오직 사울과 그의 아들 요나단에게만 있었더라

23 블레셋 사람들의 부대가 나와서 믹마스 어귀에 이르렀더라

요나단이 블레셋을 습격하다

14 하루는 사울의 아들 요나단이 자기의 무기를 든 소년에게 이르되 우리가 건너편 블레셋 사람들의 부대로 건너가자 하고 그의 아버지에게는 아뢰지 아니하였더라

2 사울이 기브아 변두리 미그론에 있는 석류나무 아래에 머물렀고 함께 한 백성은 육백 명 가량이며

3 아히야는 에봇을 입고 거기 있었으니 그는 이가봇의 형제 아히둡의 아들이요 비느하스의 손자요 실로에서 여호와의 제사장이 되었던 엘리의 증손이었더라 백성은 요나단이 간 줄을 알지 못하

니라

4 요나단이 블레셋 사람들에게로 건너가
려 하는 어귀 사이 이쪽에는 험한 바위
가 있고 저쪽에도 험한 바위가 있는데
하나의 이름은 보세스요 하나의 이름은
세네라

5 한 바위는 북쪽에서 믹마스 앞에 일어
섰고 하나는 남쪽에서 게바 앞에 일어
섰더라

6 요나단이 자기의 무기를 든 소년에게
이르되 우리가 이 할례 받지 않은 자들
에게로 건너가자 여호와께서 우리를 위
하여 일하실까 하노라 여호와의 구원은
사람이 많고 적음에 달리지 아니하였느
니라

7 무기를 든 자가 그에게 이르되 당신의
마음에 있는 대로 다 행하여 앞서 가소
서 내가 당신과 마음을 같이 하여 따르

리이다

8 요나단이 이르되 보라 우리가 그 사람
들에게로 건너가서 그들에게 보이리니

9 그들이 만일 우리에게 이르기를 우리가
너희에게로 가기를 기다리라 하면 우리
는 우리가 있는 곳에 가만히 서서 그들
에게로 올라가지 말 것이요

10 그들이 만일 말하기를 우리에게로 올라
오라 하면 우리가 올라갈 것은 여호와
께서 그들을 우리 손에 넘기셨음이니
이것이 우리에게 표징이 되리라 하고

11 둘이 다 블레셋 사람들에게 보이매 블
레셋 사람이 이르되 보라 히브리 사람
이 그들이 숨었던 구멍에서 나온다 하고

12 그 부대 사람들이 요나단과 그의 무기
를 든 자에게 이르되 우리에게로 올라
오라 너희에게 보여 줄 것이 있느니라
한지라 요나단이 자기의 무기를 든 자

에게 이르되 나를 따라 올라오라 여호

와께서 그들을 이스라엘의 손에 넘기셨

느니라 하고

13 요나단이 손 발로 기어 올라갔고 그 무

기를 든 자도 따랐더라 블레셋 사람들

이 요나단 앞에서 엎드러지매 무기를

든 자가 따라가며 죽였으니

14 요나단과 그 무기를 든 자가 반나절 갈

이 땅 안에서 처음으로 쳐죽인 자가 이

십 명 가량이라

15 들에 있는 진영과 모든 백성들이 공포

에 떨었고 부대와 노략꾼들도 떨었으

며 땅도 진동하였으니 이는 큰 떨림이

었더라

블레셋 군인들이 칼로 서로를 치다

16 베냐민 기브아에 있는 사울의 파수꾼이

바라본즉 허다한 블레셋 사람들이 무너

져 이리 저리 흩어지더라

17 사울이 자기와 함께 한 백성에게 이르

되 우리에게서 누가 나갔는지 점호하여

보라 하여 점호한즉 요나단과 그의 무

기를 든 자가 없어졌더라

18 사울이 아히야에게 이르되 하나님의 궤

를 이리로 가져오라 하니 그 때에 하나

님의 궤가 이스라엘 자손과 함께 있음

이니라

19 사울이 제사장에게 말할 때에 블레셋

사람들의 진영에 소동이 점점 더한지라

사울이 제사장에게 이르되 네 손을 거

두라 하고

20 사울과 그와 함께 한 모든 백성이 모여

전장에 가서 본즉 블레셋 사람들이 각

각 칼로 자기의 동무들을 치므로 크게

혼란하였더라

21 전에 블레셋 사람들과 함께 하던 히브

리 사람이 사방에서 블레셋 사람들과

함께 진영에 들어왔더니 그들이 돌이켜 사울과 요나단과 함께 한 이스라엘 사람들과 합하였고

22 에브라임 산지에 숨었던 이스라엘 모든 사람도 블레셋 사람들이 도망함을 듣고 싸우러 나와서 그들을 추격하였더라

23 여호와께서 그 날에 이스라엘을 구원하시므로 전쟁이 벧아웬을 지나니라

사울의 맹세와 요나단의 실수

24 이 날에 이스라엘 백성들이 피곤하였으니 이는 사울이 백성에게 맹세시켜 경계하여 이르기를 저녁 곧 내가 내 원수에게 보복하는 때까지 아무 음식물이든지 먹는 사람은 저주를 받을지어다 하였음이라 그러므로 모든 백성이 음식물을 맛보지 못하고

25 그들이 다 수풀에 들어간즉 땅에 꿀이 있더라

26 백성이 수풀로 들어갈 때에 꿀이 흐르는 것을 보고도 그들이 맹세를 두려워하여 손을 그 입에 대는 자가 없었으나

27 요나단은 그의 아버지가 백성에게 맹세하여 명령할 때에 듣지 못하였으므로 손에 가진 지팡이 끝을 내밀어 벌집의 꿀을 찍고 그의 손을 돌려 입에 대매 눈이 밝아졌더라

28 그 때에 백성 중 한 사람이 말하여 이르되 당신의 부친이 백성에게 맹세하여 엄히 말씀하시기를 오늘 음식물을 먹는 사람은 저주를 받을지어다 하셨나이다 그러므로 백성이 피곤하였나이다 하니

29 요나단이 이르되 내 아버지께서 이 땅을 곤란하게 하셨도다 보라 내가 이 꿀 조금을 맛보고도 내 눈이 이렇게 밝아졌거든

30 하물며 백성이 오늘 그 대적에게서 탈

취하여 얻은 것을 임의로 먹었더라면

블레셋 사람을 살륙함이 더욱 많지 아

니하였겠느냐

31 그 날에 백성이 믹마스에서부터 아얄론

에 이르기까지 블레셋 사람들을 쳤으므

로 그들이 심히 피곤한지라

32 백성이 이에 탈취한 물건에 달려가서

양과 소와 송아지들을 끌어다가 그것을

땅에서 잡아 피째 먹었더니

33 무리가 사울에게 전하여 이르되 보소서

백성이 고기를 피째 먹어 여호와께 범

죄하였나이다 사울이 이르되 너희가 믿

음 없이 행하였도다 이제 큰 돌을 내게

로 굴려 오라 하고

34 또 사울이 이르되 너희는 백성 중에 흩

어져 다니며 그들에게 이르기를 사람

은 각기 소와 양을 이리로 끌어다가 여

기서 잡아 먹되 피째로 먹어 여호와께

범죄하지 말라 하라 하매 그 밤에 모든

백성이 각각 자기의 소를 끌어다가 거

기서 잡으니라

35 사울이 여호와를 위하여 제단을 쌓았으

니 이는 그가 여호와를 위하여 처음 쌓

은 제단이었더라

36 사울이 이르되 우리가 밤에 블레셋 사

람들을 추격하여 동틀 때까지 그들 중

에서 탈취하고 한 사람도 남기지 말자

무리가 이르되 왕의 생각에 좋은 대로

하소서 할 때에 제사장이 이르되 이리

로 와서 하나님께로 나아가사이다 하매

37 사울이 하나님께 묻자오되 내가 블레셋

사람들을 추격하리이까 주께서 그들을

이스라엘의 손에 넘기시겠나이까 하되

그 날에 대답하지 아니하시는지라

38 사울이 이르되 너희 군대의 지휘관들아

다 이리로 오라 오늘 이 죄가 누구에게

있나 알아보자

39 이스라엘을 구원하신 여호와께서 살아 계심을 두고 맹세하노니 내 아들 요나단에게 있다 할지라도 반드시 죽으리라 하되 모든 백성 중 한 사람도 대답하지 아니하매

40 이에 그가 온 이스라엘에게 이르되 너희는 저쪽에 있으라 나와 내 아들 요나단은 이쪽에 있으리라 백성이 사울에게 말하되 왕의 생각에 좋은 대로 하소서 하니라

41 이에 사울이 이스라엘의 하나님 여호와께 아뢰되 원하건대 실상을 보이소서 하였더니 요나단과 사울이 뽑히고 백성은 면한지라

42 사울이 이르되 나와 내 아들 요나단 사이에 뽑으라 하였더니 요나단이 뽑히니라

43 사울이 요나단에게 이르되 네가 행한 것을 내게 말하라 요나단이 말하여 이르되 내가 다만 내 손에 가진 지팡이 끝으로 꿀을 조금 맛보았을 뿐이오나 내가 죽을 수밖에 없나이다

44 사울이 이르되 요나단아 네가 반드시 죽으리라 그렇지 않으면 하나님이 내게 벌을 내리시고 또 내리시기를 원하노라 하니

45 백성이 사울에게 말하되 이스라엘에 이 큰 구원을 이룬 요나단이 죽겠나이까 결단코 그렇지 아니하니이다 여호와의 살아 계심을 두고 맹세하옵나니 그의 머리털 하나도 땅에 떨어지지 아니할 것은 그가 오늘 하나님과 동역하였음이니이다 하여 백성이 요나단을 구원하여 죽지 않게 하니라

46 사울이 블레셋 사람들 추격하기를 그치

고 올라가매 블레셋 사람들이 자기 곳

으로 돌아가니라

사울의 업적과 그 집안

47 사울이 이스라엘 왕위에 오른 후에 사

방에 있는 모든 대적 곧 모압과 암몬

자손과 에돔과 소바의 왕들과 블레셋

사람들을 쳤는데 향하는 곳마다 이겼고

48 용감하게 아말렉 사람들을 치고 이스라

엘을 그 약탈하는 자들의 손에서 건졌

더라

49 사울의 아들은 요나단과 이스위와 말기

수아요 그의 두 딸의 이름은 이러하니

맏딸의 이름은 메랍이요 작은 딸의 이

름은 미갈이며

50 사울의 아내의 이름은 아히노암이니 아

히마아스의 딸이요 그의 군사령관의 이

름은 아브넬이니 사울의 숙부 넬의 아

들이며

51 사울의 아버지는 기스요 아브넬의 아버

지는 넬이니 아비엘의 아들이었더라

52 사울이 사는 날 동안에 블레셋 사람과

큰 싸움이 있었으므로 사울이 힘 센 사

람이나 용감한 사람을 보면 그들을 불

러모았더라

사울이 아말렉을 치다

15 사무엘이 사울에게 이르되 여호와께서

나를 보내어 왕에게 기름을 부어 그의

백성 이스라엘 위에 왕으로 삼으셨은즉

이제 왕은 여호와의 말씀을 들으소서

2 만군의 여호와께서 이같이 말씀하시기

를 아말렉이 이스라엘에게 행한 일 곧

애굽에서 나올 때에 길에서 대적한 일

로 내가 그들을 벌하노니

3 지금 가서 아말렉을 쳐서 그들의 모든

소유를 남기지 말고 진멸하되 남녀와

소아와 젖 먹는 아이와 우양과 낙타와

나귀를 죽이라 하셨나이다 하니

4 사울이 백성을 소집하고 그들을 들라임

에서 세어 보니 보병이 이십만 명이요

유다 사람이 만 명이라

5 사울이 아말렉 성에 이르러 골짜기에

복병시키니라

6 사울이 겐 사람에게 이르되 아말렉 사

람 중에서 떠나 가라 그들과 함께 너희

를 멸하게 될까 하노라 이스라엘 모든

자손이 애굽에서 올라올 때에 너희가

그들을 선대하였느니라 이에 겐 사람이

아말렉 사람 중에서 떠나니라

7 사울이 하윌라에서부터 애굽 앞 술에

이르기까지 아말렉 사람을 치고

8 아말렉 사람의 왕 아각을 사로잡고 칼

날로 그의 모든 백성을 진멸하였으되

9 사울과 백성이 아각과 그의 양과 소의

가장 좋은 것 또는 기름진 것과 어린

양과 모든 좋은 것을 남기고 진멸하기

를 즐겨 아니하고 가치 없고 하찮은 것

은 진멸하니라

여호와께서 사울을 버리시다

10 여호와의 말씀이 사무엘에게 임하니라

이르시되

11 내가 사울을 왕으로 세운 것을 후회하

노니 그가 돌이켜서 나를 따르지 아니

하며 내 명령을 행하지 아니하였음이니

라 하신지라 사무엘이 근심하여 온 밤

을 여호와께 부르짖으니라

12 사무엘이 사울을 만나려고 아침에 일찍

이 일어났더니 어떤 사람이 사무엘에게

말하여 이르되 사울이 갈멜에 이르러

자기를 위하여 기념비를 세우고 발길을

돌려 길갈로 내려갔다 하는지라

13 사무엘이 사울에게 이른즉 사울이 그에

게 이르되 원하건대 당신은 여호와께

299

복을 받으소서 내가 여호와의 명령을

행하였나이다 하니

14 사무엘이 이르되 그러면 내 귀에 들려

오는 이 양의 소리와 내게 들리는 소의

소리는 어찌 됨이니이까 하니라

15 사울이 이르되 그것은 무리가 아말렉

사람에게서 끌어 온 것인데 백성이 당

신의 하나님 여호와께 제사하려 하여

양들과 소들 중에서 가장 좋은 것을 남

김이요 그 외의 것은 우리가 진멸하였

나이다 하는지라

16 사무엘이 사울에게 이르되 가만히 계시

옵소서 간 밤에 여호와께서 내게 이르

신 것을 왕에게 말하리이다 하니 그가

이르되 말씀하소서

17 사무엘이 이르되 왕이 스스로 작게 여

길 그 때에 이스라엘 지파의 머리가 되

지 아니하셨나이까 여호와께서 왕에게

기름을 부어 이스라엘 왕을 삼으시고

18 또 여호와께서 왕을 길로 보내시며 이

르시기를 가서 죄인 아말렉 사람을 진

멸하되 다 없어지기까지 치라 하셨거늘

19 어찌하여 왕이 여호와의 목소리를 청종

하지 아니하고 탈취하기에만 급하여 여

호와께서 악하게 여기시는 일을 행하였

나이까

20 사울이 사무엘에게 이르되 나는 실로

여호와의 목소리를 청종하여 여호와께

서 보내신 길로 가서 아말렉 왕 아각

을 끌어 왔고 아말렉 사람들을 진멸하

였으나

21 다만 백성이 그 마땅히 멸할 것 중에서

가장 좋은 것으로 길갈에서 당신의 하

나님 여호와께 제사하려고 양과 소를

끌어 왔나이다 하는지라

22 사무엘이 이르되 여호와께서 번제와 다

른 제사를 그의 목소리를 청종하는 것

을 좋아하심 같이 좋아하시겠나이까 순

종이 제사보다 낫고 듣는 것이 숫양의

기름보다 나으니

23 이는 거역하는 것은 점치는 죄와 같고

완고한 것은 사신 우상에게 절하는 죄

와 같음이라 왕이 여호와의 말씀을 버

렸으므로 여호와께서도 왕을 버려 왕이

되지 못하게 하셨나이다 하니

24 사울이 사무엘에게 이르되 내가 범죄하

였나이다 내가 여호와의 명령과 당신의

말씀을 어긴 것은 내가 백성을 두려워

하여 그들의 말을 청종하였음이니이다

25 청하오니 지금 내 죄를 사하고 나와 함

께 돌아가서 나로 하여금 여호와께 경

배하게 하소서 하니

26 사무엘이 사울에게 이르되 나는 왕과

함께 돌아가지 아니하리니 이는 왕이

여호와의 말씀을 버렸으므로 여호와께

서 왕을 버려 이스라엘 왕이 되지 못하

게 하셨음이니이다 하고

27 사무엘이 가려고 돌아설 때에 사울이

그의 겉옷자락을 붙잡으매 찢어진지라

28 사무엘이 그에게 이르되 여호와께서 오

늘 이스라엘 나라를 왕에게서 떼어 왕

보다 나은 왕의 이웃에게 주셨나이다

29 이스라엘의 지존자는 거짓이나 변개함

이 없으시니 그는 사람이 아니시므로

결코 변개하지 않으심이니이다 하니

30 사울이 이르되 내가 범죄하였을지라도

이제 청하옵나니 내 백성의 장로들 앞

과 이스라엘 앞에서 나를 높이사 나와

함께 돌아가서 내가 당신의 하나님 여

호와께 경배하게 하소서 하더라

31 이에 사무엘이 돌이켜 사울을 따라가매

사울이 여호와께 경배하니라

사무엘이 아각을 처형하다

32 사무엘이 이르되 너희는 아말렉 사람의 왕 아각을 내게로 끌어 오라 하였더니 아각이 즐거이 오며 이르되 진실로 사망의 괴로움이 지났도다 하니라

33 사무엘이 이르되 네 칼이 여인들에게 자식이 없게 한 것 같이 여인 중 네 어미에게 자식이 없으리라 하고 그가 길갈에서 여호와 앞에서 아각을 찍어 쪼개니라

사무엘이 다윗에게 기름을 붓다

34 이에 사무엘은 라마로 가고 사울은 사울 기브아 자기의 집으로 올라가니라

35 사무엘이 죽는 날까지 사울을 다시 가서 보지 아니하였으니 이는 그가 사울을 위하여 슬퍼함이었고 여호와께서는 사울을 이스라엘 왕으로 삼으신 것을 후회하셨더라

16 여호와께서 사무엘에게 이르시되 내가 이미 사울을 버려 이스라엘 왕이 되지 못하게 하였거늘 네가 그를 위하여 언제까지 슬퍼하겠느냐 너는 뿔에 기름을 채워 가지고 가라 내가 너를 베들레헴 사람 이새에게로 보내리니 이는 내가 그의 아들 중에서 한 왕을 보았느니라 하시는지라

2 사무엘이 이르되 내가 어찌 갈 수 있으리이까 사울이 들으면 나를 죽이리이다 하니 여호와께서 이르시되 너는 암송아지를 끌고 가서 말하기를 내가 여호와께 제사를 드리러 왔다 하고

3 이새를 제사에 청하라 내가 네게 행할 일을 가르치리니 내가 네게 알게 하는 자에게 나를 위하여 기름을 부을지니라

4 사무엘이 여호와의 말씀대로 행하여 베들레헴에 이르매 성읍 장로들이 떨며

그를 영접하여 이르되 평강을 위하여

오시나이까

5 이르되 평강을 위함이니라 내가 여호와

께 제사하러 왔으니 스스로 성결하게

하고 와서 나와 함께 제사하자 하고 이

새와 그의 아들들을 성결하게 하고 제

사에 청하니라

6 그들이 오매 사무엘이 엘리압을 보고

마음에 이르기를 여호와의 기름 부으실

자가 과연 주님 앞에 있도다 하였더니

7 여호와께서 사무엘에게 이르시되 그의

용모와 키를 보지 말라 내가 이미 그를

버렸노라 내가 보는 것은 사람과 같지

아니하니 사람은 외모를 보거니와 나

여호와는 중심을 보느니라 하시더라

8 이새가 아비나답을 불러 사무엘 앞을 지

나가게 하매 사무엘이 이르되 이도 여

호와께서 택하지 아니하셨느니라 하니

9 이새가 삼마로 지나게 하매 사무엘이

이르되 이도 여호와께서 택하지 아니하

셨느니라 하니라

10 이새가 그의 아들 일곱을 다 사무엘 앞

으로 지나가게 하나 사무엘이 이새에게

이르되 여호와께서 이들을 택하지 아니

하셨느니라 하고

11 또 사무엘이 이새에게 이르되 네 아들

들이 다 여기 있느냐 이새가 이르되 아

직 막내가 남았는데 그는 양을 지키나

이다 사무엘이 이새에게 이르되 사람을

보내어 그를 데려오라 그가 여기 오기

까지는 우리가 식사 자리에 앉지 아니

하겠노라

12 이에 사람을 보내어 그를 데려오매 그

의 빛이 붉고 눈이 빼어나고 얼굴이 아

름답더라 여호와께서 이르시되 이가 그

니 일어나 기름을 부으라 하시는지라

303

13 사무엘이 기름 뿔병을 가져다가 그의 형

제 중에서 그에게 부었더니 이 날 이후

로 다윗이 여호와의 영에게 크게 감동

되니라 사무엘이 떠나서 라마로 가니라

사울을 섬기게 된 다윗

14 여호와의 영이 사울에게서 떠나고 여호

와께서 부리시는 악령이 그를 번뇌하게

한지라

15 사울의 신하들이 그에게 이르되 보소서

하나님께서 부리시는 악령이 왕을 번뇌

하게 하온즉

16 원하건대 우리 주께서는 당신 앞에서

모시는 신하들에게 명령하여 수금을 잘

타는 사람을 구하게 하소서 하나님께서

부리시는 악령이 왕에게 이를 때에 그

가 손으로 타면 왕이 나으시리이다 하

는지라

17 사울이 신하에게 이르되 나를 위하여

잘 타는 사람을 구하여 내게로 데려오

라 하니

18 소년 중 한 사람이 대답하여 이르되 내

가 베들레헴 사람 이새의 아들을 본즉

수금을 탈 줄 알고 용기와 무용과 구변

이 있는 준수한 자라 여호와께서 그와

함께 계시더이다 하더라

19 사울이 이에 전령들을 이새에게 보내어

이르되 양 치는 네 아들 다윗을 내게로

보내라 하매

20 이새가 떡과 한 가죽부대의 포도주와

염소 새끼를 나귀에 실리고 그의 아들

다윗을 시켜 사울에게 보내니

21 다윗이 사울에게 이르러 그 앞에 모셔

서매 사울이 그를 크게 사랑하여 자기

의 무기를 드는 자로 삼고

22 또 사울이 이새에게 사람을 보내어 이

르되 원하건대 다윗을 내 앞에 모셔 서

게 하라 그가 내게 은총을 얻었느니라

하니라

23 하나님께서 부리시는 악령이 사울에게

이를 때에 다윗이 수금을 들고 와서 손

으로 탄즉 사울이 상쾌하여 낫고 악령

이 그에게서 떠나더라

골리앗이 이스라엘의 군대를 모욕하다

17 블레셋 사람들이 그들의 군대를 모으고

싸우고자 하여 유다에 속한 소고에 모

여 소고와 아세가 사이의 에베스담밈에

진 치매

2 사울과 이스라엘 사람들이 모여서 엘라

골짜기에 진 치고 블레셋 사람들을 대

하여 전열을 벌였으니

3 블레셋 사람들은 이쪽 산에 섰고 이스

라엘은 저쪽 산에 섰고 그 사이에는 골

짜기가 있었더라

4 블레셋 사람들의 진영에서 싸움을 돋우

는 자가 왔는데 그의 이름은 골리앗이

요 가드 사람이라 그의 키는 여섯 규빗

한 뼘이요

5 머리에는 놋 투구를 썼고 몸에는 비늘

갑옷을 입었으니 그 갑옷의 무게가 놋

오천 세겔이며

6 그의 다리에는 놋 각반을 쳤고 어깨 사

이에는 놋 단창을 메었으니

7 그 창 자루는 베틀 채 같고 창 날은 철

육백 세겔이며 방패 든 자가 앞서 행하

더라

8 그가 서서 이스라엘 군대를 향하여 외

쳐 이르되 너희가 어찌하여 나와서 전

열을 벌였느냐 나는 블레셋 사람이 아

니며 너희는 사울의 신복이 아니냐 너

희는 한 사람을 택하여 내게로 내려보

내라

9 그가 나와 싸워서 나를 죽이면 우리가

너희의 종이 되겠고 만일 내가 이겨 그

를 죽이면 너희가 우리의 종이 되어 우

리를 섬길 것이니라

10 그 블레셋 사람이 또 이르되 내가 오늘

이스라엘의 군대를 모욕하였으니 사람

을 보내어 나와 더불어 싸우게 하라 한

지라

11 사울과 온 이스라엘이 블레셋 사람의

이 말을 듣고 놀라 크게 두려워하니라

사울의 진영에 나타난 다윗

12 다윗은 유다 베들레헴 에브랏 사람 이

새라 하는 사람의 아들이었는데 이새는

사울 당시 사람 중에 나이가 많아 늙은

사람으로서 여덟 아들이 있는 중

13 그 장성한 세 아들은 사울을 따라 싸움

에 나갔으니 싸움에 나간 세 아들의 이

름은 장자 엘리압이요 그 다음은 아비

나답이요 셋째는 삼마며

14 다윗은 막내라 장성한 세 사람은 사울

을 따랐고

15 다윗은 사울에게로 왕래하며 베들레헴

에서 그의 아버지의 양을 칠 때에

16 그 블레셋 사람이 사십 일을 조석으로

나와서 몸을 나타내었더라

17 이새가 그의 아들 다윗에게 이르되 지

금 네 형들을 위하여 이 볶은 곡식 한

에바와 이 떡 열 덩이를 가지고 진영으

로 속히 가서 네 형들에게 주고

18 이 치즈 열 덩이를 가져다가 그들의 천

부장에게 주고 네 형들의 안부를 살피

고 증표를 가져오라

19 그 때에 사울과 그들과 이스라엘 모든

사람들은 엘라 골짜기에서 블레셋 사람

들과 싸우는 중이더라

20 다윗이 아침에 일찍이 일어나서 양을

양 지키는 자에게 맡기고 이새가 명령

한 대로 가지고 가서 진영에 이른즉 마

침 군대가 전장에 나와서 싸우려고 고

함치며,

21 이스라엘과 블레셋 사람들이 전열을 벌

이고 양군이 서로 대치하였더라

22 다윗이 자기의 짐을 짐 지키는 자의 손

에 맡기고 군대로 달려가서 형들에게

문안하고

23 그들과 함께 말할 때에 마침 블레셋 사

람의 싸움 돋우는 가드 사람 골리앗이

라 하는 자가 그 전열에서 나와서 전과

같은 말을 하매 다윗이 들으니라

24 이스라엘 모든 사람이 그 사람을 보고

심히 두려워하여 그 앞에서 도망하며

25 이스라엘 사람들이 이르되 너희가 이

올라 온 사람을 보았느냐 참으로 이스

라엘을 모욕하러 왔도다 그를 죽이는

사람은 왕이 많은 재물로 부하게 하고

그의 딸을 그에게 주고 그 아버지의 집

을 이스라엘 중에서 세금을 면제하게

하시리라

26 다윗이 곁에 서 있는 사람들에게 말하

여 이르되 이 블레셋 사람을 죽여 이스

라엘의 치욕을 제거하는 사람에게는 어

떠한 대우를 하겠느냐 이 할례 받지 않

은 블레셋 사람이 누구이기에 살아 계

시는 하나님의 군대를 모욕하겠느냐

27 백성이 전과 같이 말하여 이르되 그를

죽이는 사람에게는 이러이러하게 하시

리라 하니라

28 큰형 엘리압이 다윗이 사람들에게 하는

말을 들은지라 그가 다윗에게 노를 발

하여 이르되 네가 어찌하여 이리로 내

려왔느냐 들에 있는 양들을 누구에게

맡겼느냐 나는 네 교만과 네 마음의 완

악함을 아노니 네가 전쟁을 구경하러

왔도다

29 다윗이 이르되 내가 무엇을 하였나이까 어찌 이유가 없으리이까 하고

30 돌아서서 다른 사람을 향하여 전과 같이 말하매 백성이 전과 같이 대답하니라

31 어떤 사람이 다윗이 한 말을 듣고 그것을 사울에게 전하였으므로 사울이 다윗을 부른지라

32 다윗이 사울에게 말하되 그로 말미암아 사람이 낙담하지 말 것이라 주의 종이 가서 저 블레셋 사람과 싸우리이다 하니

33 사울이 다윗에게 이르되 네가 가서 저 블레셋 사람과 싸울 수 없으리니 너는 소년이요 그는 어려서부터 용사임이니라

34 다윗이 사울에게 말하되 주의 종이 아버지의 양을 지킬 때에 사자나 곰이 와서 양 떼에서 새끼를 물어가면

35 내가 따라가서 그것을 치고 그 입에서 새끼를 건져내었고 그것이 일어나 나를 해하고자 하면 내가 그 수염을 잡고 그것을 쳐죽였나이다

36 주의 종이 사자와 곰도 쳤은즉 살아 계시는 하나님의 군대를 모욕한 이 할례 받지 않은 블레셋 사람이리이까 그가 그 짐승의 하나와 같이 되리이다

37 또 다윗이 이르되 여호와께서 나를 사자의 발톱과 곰의 발톱에서 건져내셨은즉 나를 이 블레셋 사람의 손에서도 건져내시리이다 사울이 다윗에게 이르되 가라 여호와께서 너와 함께 계시기를 원하노라

38 이에 사울이 자기 군복을 다윗에게 입히고 놋 투구를 그의 머리에 씌우고 또 그에게 갑옷을 입히매

39 다윗이 칼을 군복 위에 차고는 익숙하

지 못하므로 시험적으로 걸어 보다가 사

울에게 말하되 익숙하지 못하니 이것을

입고 가지 못하겠나이다 하고 곧 벗고

40 손에 막대기를 가지고 시내에서 매끄러

운 돌 다섯을 골라서 자기 목자의 제구

곧 주머니에 넣고 손에 물매를 가지고

블레셋 사람에게로 나아가니라

다윗이 골리앗을 이기다

41 블레셋 사람이 방패 든 사람을 앞세우

고 다윗에게로 점점 가까이 나아가니라

42 그 블레셋 사람이 둘러보다가 다윗을

보고 업신여기니 이는 그가 젊고 붉고

용모가 아름다움이라

43 블레셋 사람이 다윗에게 이르되 네가

나를 개로 여기고 막대기를 가지고 내

게 나아왔느냐 하고 그의 신들의 이름

으로 다윗을 저주하고

44 그 블레셋 사람이 또 다윗에게 이르되

내게로 오라 내가 네 살을 공중의 새들

과 들짐승들에게 주리라 하는지라

45 다윗이 블레셋 사람에게 이르되 너는

칼과 창과 단창으로 내게 나아 오거니

와 나는 만군의 여호와의 이름 곧 네가

모욕하는 이스라엘 군대의 하나님의 이

름으로 네게 나아가노라

46 오늘 여호와께서 너를 내 손에 넘기시

리니 내가 너를 쳐서 네 목을 베고 블

레셋 군대의 시체를 오늘 공중의 새와

땅의 들짐승에게 주어 온 땅으로 이스

라엘에 하나님이 계신 줄 알게 하겠고

47 또 여호와의 구원하심이 칼과 창에 있

지 아니함을 이 무리에게 알게 하리라

전쟁은 여호와께 속한 것인즉 그가 너

희를 우리 손에 넘기시리라

48 블레셋 사람이 일어나 다윗에게로 마주

가까이 올 때에 다윗이 블레셋 사람을

향하여 빨리 달리며

49 손을 주머니에 넣어 돌을 가지고 물매로 던져 블레셋 사람의 이마를 치매 돌이 그의 이마에 박히니 땅에 엎드러지니라

50 다윗이 이같이 물매와 돌로 블레셋 사람을 이기고 그를 쳐죽였으나 자기 손에는 칼이 없었더라

51 다윗이 달려가서 블레셋 사람을 밟고 그의 칼을 그 칼 집에서 빼내어 그 칼로 그를 죽이고 그의 머리를 베니 블레셋 사람들이 자기 용사의 죽음을 보고 도망하는지라

52 이스라엘과 유다 사람들이 일어나서 소리 지르며 블레셋 사람들을 쫓아 가이와 에그론 성문까지 이르렀고 블레셋 사람들의 부상자들은 사아라임 가는 길에서부터 가드와 에그론까지 엎드러졌

더라

53 이스라엘 자손이 블레셋 사람들을 쫓다가 돌아와서 그들의 진영을 노략하였고

54 다윗은 그 블레셋 사람의 머리를 예루살렘으로 가져가고 갑주는 자기 장막에 두니라

다윗이 사울 앞에 서다

55 사울은 다윗이 블레셋 사람을 향하여 나아감을 보고 군사령관 아브넬에게 묻되 아브넬아 이 소년이 누구의 아들이냐 아브넬이 이르되 왕이여 왕의 사심으로 맹세하옵나니 내가 알지 못하나이다 하매

56 왕이 이르되 너는 이 청년이 누구의 아들인가 물어보라 하였더니

57 다윗이 그 블레셋 사람을 죽이고 돌아올 때에 그 블레셋 사람의 머리가 그의 손에 있는 채 아브넬이 그를 사울 앞으

로 인도하니

58 사울이 그에게 묻되 소년이여 누구의
아들이냐 하니 다윗이 대답하되 나는
주의 종 베들레헴 사람 이새의 아들이
니이다 하니라

18 다윗이 사울에게 말하기를 마치매 요나
단의 마음이 다윗의 마음과 하나가 되
어 요나단이 그를 자기 생명 같이 사랑
하니라

2 그 날에 사울은 다윗을 머무르게 하고
그의 아버지의 집으로 다시 돌아가기를
허락하지 아니하였고

3 요나단은 다윗을 자기 생명 같이 사랑
하여 더불어 언약을 맺었으며

4 요나단이 자기가 입었던 겉옷을 벗어
다윗에게 주었고 자기의 군복과 칼과
활과 띠도 그리하였더라

5 다윗은 사울이 보내는 곳마다 가서 지

혜롭게 행하매 사울이 그를 군대의 장
으로 삼았더니 온 백성이 합당히 여겼
고 사울의 신하들도 합당히 여겼더라

사울이 불쾌하여 다윗을 주목하다

6 무리가 돌아올 때 곧 다윗이 블레셋 사
람을 죽이고 돌아올 때에 여인들이 이
스라엘 모든 성읍에서 나와서 노래하며
춤추며 소고와 경쇠를 가지고 왕 사울
을 환영하는데

7 여인들이 뛰놀며 노래하여 이르되 사울
이 죽인 자는 천천이요 다윗은 만만이
로다 한지라

8 사울이 그 말에 불쾌하여 심히 노하여
이르되 다윗에게는 만만을 돌리고 내
게는 천천만 돌리니 그가 더 얻을 것이
나라 말고 무엇이냐 하고

9 그 날 후로 사울이 다윗을 주목하였더라

10 그 이튿날 하나님께서 부리시는 악령이

사울에게 힘 있게 내리매 그가 집 안에

서 정신 없이 떠들어대므로 다윗이 평

일과 같이 손으로 수금을 타는데 그 때

에 사울의 손에 창이 있는지라

11 그가 스스로 이르기를 내가 다윗을 벽

에 박으리라 하고 사울이 그 창을 던졌

으나 다윗이 그의 앞에서 두 번 피하였

더라

12 여호와께서 사울을 떠나 다윗과 함께

계시므로 사울이 그를 두려워한지라

13 그러므로 사울이 그를 자기 곁에서 떠

나게 하고 그를 천부장으로 삼으매 그

가 백성 앞에 출입하며

14 다윗이 그의 모든 일을 지혜롭게 행하

니라 여호와께서 그와 함께 계시니라

15 사울은 다윗이 크게 지혜롭게 행함을

보고 그를 두려워하였으나

16 온 이스라엘과 유다는 다윗을 사랑하였

으니 그가 자기들 앞에 출입하기 때문

이었더라

다윗이 사울의 사위가 되다

17 사울이 다윗에게 이르되 내 맏딸 메랍

을 네게 아내로 주리니 오직 너는 나를

위하여 용기를 내어 여호와의 싸움을

싸우라 하니 이는 그가 생각하기를 내

손을 그에게 대지 않고 블레셋 사람들

의 손을 그에게 대게 하리라 함이라

18 다윗이 사울에게 이르되 내가 누구며

이스라엘 중에 내 친족이나 내 아버지

의 집이 무엇이기에 내가 왕의 사위가

되리이까 하였더니

19 사울의 딸 메랍을 다윗에게 줄 시기에

므홀랏 사람 아드리엘에게 아내로 주었

더라

20 사울의 딸 미갈이 다윗을 사랑하매 어

떤 사람이 사울에게 알린지라 사울이

그 일을 좋게 여겨

21 스스로 이르되 내가 딸을 그에게 주어

서 그에게 올무가 되게 하고 블레셋 사

람들의 손으로 그를 치게 하리라 하고

이에 사울이 다윗에게 이르되 네가 오

늘 다시 내 사위가 되리라 하니라

22 사울이 그의 신하들에게 명령하되 너희

는 다윗에게 비밀히 말하여 이르기를

보라 왕이 너를 기뻐하시고 모든 신하

도 너를 사랑하나니 그런즉 네가 왕의

사위가 되는 것이 가하니라 하라

23 사울의 신하들이 이 말을 다윗의 귀에

전하매 다윗이 이르되 왕의 사위 되는

것을 너희는 작은 일로 보느냐 나는 가

난하고 천한 사람이라 한지라

24 사울의 신하들이 사울에게 말하여 이

르되 다윗이 이러이러하게 말하더이다

하니

25 사울이 이르되 너희는 다윗에게 이같이

말하기를 왕이 아무 것도 원하지 아니

하고 다만 왕의 원수의 보복으로 블레

셋 사람들의 포피 백 개를 원하신다 하

라 하였으니 이는 사울의 생각에 다윗

을 블레셋 사람들의 손에 죽게 하리라

함이라

26 사울의 신하들이 이 말을 다윗에게 아

뢰매 다윗이 왕의 사위 되는 것을 좋게

여기므로 결혼할 날이 차기 전에

27 다윗이 일어나서 그의 부하들과 함께 가

서 블레셋 사람 이백 명을 죽이고 그

들의 포피를 가져다가 수대로 왕께 드

려 왕의 사위가 되고자 하니 사울이 그

의 딸 미갈을 다윗에게 아내로 주었더라

28 여호와께서 다윗과 함께 계심을 사울이

보고 알았고 사울의 딸 미갈도 그를 사

랑하므로

29 사울이 다윗을 더욱더욱 두려워하여 평

생에 다윗의 대적이 되니라

30 블레셋 사람들의 방백들이 싸우러 나오

면 그들이 나올 때마다 다윗이 사울의

모든 신하보다 더 지혜롭게 행하매 이

에 그의 이름이 심히 귀하게 되니라

사울이 다윗을 죽이려 하다

19 사울이 그의 아들 요나단과 그의 모든

신하에게 다윗을 죽이라 말하였더니 사

울의 아들 요나단이 다윗을 심히 좋아

하므로

2 그가 다윗에게 말하여 이르되 내 아버

지 사울이 너를 죽이기를 꾀하시느니라

그러므로 이제 청하노니 아침에 조심하

여 은밀한 곳에 숨어 있으라

3 내가 나가서 네가 있는 들에서 내 아버

지 곁에 서서 네 일을 내 아버지와 말

하다가 무엇을 보면 네게 알려 주리라

하고

4 요나단이 그의 아버지 사울에게 다윗을

칭찬하여 이르되 원하건대 왕은 신하

다윗에게 범죄하지 마옵소서 그는 왕께

득죄하지 아니하였고 그가 왕께 행한

일은 심히 선함이니이다

5 그가 자기 생명을 아끼지 아니하고 블

레셋 사람을 죽였고 여호와께서는 온

이스라엘을 위하여 큰 구원을 이루셨으

므로 왕이 이를 보고 기뻐하셨거늘 어

찌 까닭 없이 다윗을 죽여 무죄한 피를

흘려 범죄하려 하시나이까

6 사울이 요나단의 말을 듣고 맹세하되

여호와께서 살아 계심을 두고 맹세하거

니와 그가 죽임을 당하지 아니하리라

7 요나단이 다윗을 불러 그 모든 일을 그

에게 알리고 요나단이 그를 사울에게로

인도하니 그가 사울 앞에 전과 같이 있

었더라

8 전쟁이 다시 있으므로 다윗이 나가서 블레셋 사람들과 싸워 그들을 크게 쳐 죽이매 그들이 그 앞에서 도망하니라

9 사울이 손에 단창을 가지고 그의 집에 앉았을 때에 여호와께서 부리시는 악령이 사울에게 접하였으므로 다윗이 손으로 수금을 탈 때에

10 사울이 단창으로 다윗을 벽에 박으려 하였으나 그는 사울의 앞을 피하고 사울의 창은 벽에 박힌지라 다윗이 그 밤에 도피하매

11 사울이 전령들을 다윗의 집에 보내어 그를 지키다가 아침에 그를 죽이게 하려 한지라 다윗의 아내 미갈이 다윗에게 말하여 이르되 당신이 이 밤에 당신의 생명을 구하지 아니하면 내일에는 죽임을 당하리라 하고

12 미갈이 다윗을 창에서 달아 내리매 그가 피하여 도망하니라

13 미갈이 우상을 가져다가 침상에 누이고 염소 털로 엮은 것을 그 머리에 씌우고 의복으로 그것을 덮었더니

14 사울이 전령들을 보내어 다윗을 잡으려 하매 미갈이 이르되 그가 병들었느니라

15 사울이 또 전령들을 보내어 다윗을 보라 하며 이르되 그를 침상째 내게로 들고 오라 내가 그를 죽이리라

16 전령들이 들어가 본즉 침상에는 우상이 있고 염소 털로 엮은 것이 그 머리에 있었더라

17 사울이 미갈에게 이르되 너는 어찌하여 이처럼 나를 속여 내 대적을 놓아 피하게 하였느냐 미갈이 사울에게 대답하되 그가 내게 이르기를 나를 놓아 가게 하라 어찌하여 나로 너를 죽이게 하겠느

냐 하더이다 하니라

18 다윗이 도피하여 라마로 가서 사무엘에게로 나아가서 사울이 자기에게 행한 일을 다 전하였고 다윗과 사무엘이 나욧으로 가서 살았더라

19 어떤 사람이 사울에게 전하여 이르되 다윗이 라마 나욧에 있더이다 하매

20 사울이 다윗을 잡으러 전령들을 보냈더니 그들이 선지자 무리가 예언하는 것과 사무엘이 그들의 수령으로 선 것을 볼 때에 하나님의 영이 사울의 전령들에게 임하매 그들도 예언을 한지라

21 어떤 사람이 그것을 사울에게 알리매 사울이 다른 전령들을 보냈더니 그들도 예언을 했으므로 사울이 세 번째 다시 전령들을 보냈더니 그들도 예언을 한지라

22 이에 사울도 라마로 가서 세구에 있는 큰 우물에 도착하여 물어 이르되 사무엘과 다윗이 어디 있느냐 어떤 사람이 이르되 라마 나욧에 있나이다

23 사울이 라마 나욧으로 가니라 하나님의 영이 그에게도 임하시니 그가 라마 나욧에 이르기까지 걸어가며 예언을 하였으며

24 그가 또 그의 옷을 벗고 사무엘 앞에서 예언을 하며 하루 밤낮을 벗은 몸으로 누웠더라 그러므로 속담에 이르기를 사울도 선지자 중에 있느냐 하니라

요나단이 다윗을 돕다

20 다윗이 라마 나욧에서 도망하여 요나단에게 이르되 내가 무엇을 하였으며 내 죄악이 무엇이며 네 아버지 앞에서 내 죄가 무엇이기에 그가 내 생명을 찾느냐

2 요나단이 그에게 이르되 결단코 아니라 네가 죽지 아니하리라 내 아버지께

서 크고 작은 일을 내게 알리지 아니하

고는 행하지 아니하나니 내 아버지께서

어찌하여 이 일은 내게 숨기리요 그렇

지 아니하니라

3 다윗이 또 맹세하여 이르되 내가 네게

은혜 받은 줄을 네 아버지께서 밝히 알

고 스스로 이르기를 요나단이 슬퍼할까

두려운즉 그에게 이것을 알리지 아니하

리라 함이니라 그러나 진실로 여호와의

살아 계심과 네 생명을 두고 맹세하노니

나와 죽음의 사이는 한 걸음 뿐이니라

4 요나단이 다윗에게 이르되 네 마음의

소원이 무엇이든지 내가 너를 위하여

그것을 이루리라

5 다윗이 요나단에게 이르되 내일은 초하

루인즉 내가 마땅히 왕을 모시고 앉아

식사를 하여야 할 것이나 나를 보내어

셋째 날 저녁까지 들에 숨게 하고

6 네 아버지께서 만일 나에 대하여 자세

히 묻거든 그 때에 너는 말하기를 다윗

이 자기 성읍 베들레헴으로 급히 가기

를 내게 허락하라 간청하였사오니 이는

온 가족을 위하여 거기서 매년제를 드

릴 때가 됨이니이다 하라

7 그의 말이 좋다 하면 네 종이 평안하려

니와 그가 만일 노하면 나를 해하려고

결심한 줄을 알지니

8 그런즉 바라건대 네 종에게 인자하게

행하라 네가 네 종에게 여호와 앞에서

너와 맹약하게 하였음이니라 그러나 내

게 죄악이 있으면 네가 친히 나를 죽이

라 나를 네 아버지에게로 데려갈 이유

가 무엇이냐 하니라

9 요나단이 이르되 이 일이 결코 네게 일

어나지 아니하리라 내 아버지께서 너를

해치려 확실히 결심한 줄 알면 내가 네

게 와서 그것을 네게 이르지 아니하겠

느냐 하니

10 다윗이 요나단에게 이르되 네 아버지께

서 혹 엄하게 네게 대답하면 누가 그것

을 내게 알리겠느냐 하더라

11 요나단이 다윗에게 이르되 오라 우리가

들로 가자 하고 두 사람이 들로 가니라

12 요나단이 다윗에게 이르되 이스라엘의

하나님 여호와께서 증언하시거니와 내

가 내일이나 모레 이맘때에 내 아버지

를 살펴서 너 다윗에게 대한 의향이 선

하면 내가 사람을 보내어 네게 알리지

않겠느냐

13 그러나 만일 내 아버지께서 너를 해치

려 하는데도 내가 이 일을 네게 알려

주어 너를 보내어 평안히 가게 하지 아

니하면 여호와께서 나 요나단에게 벌을

내리시고 또 내리시기를 원하노라 여호

와께서 내 아버지와 함께 하신 것 같이

너와 함께 하시기를 원하노니

14 너는 내가 사는 날 동안에 여호와의 인

자하심을 내게 베풀어서 나를 죽지 않

게 할 뿐 아니라

15 여호와께서 너 다윗의 대적들을 지면에

서 다 끊어 버리신 때에도 너는 네 인

자함을 내 집에서 영원히 끊어 버리지

말라 하고

16 이에 요나단이 다윗의 집과 언약하기를

여호와께서는 다윗의 대적들을 치실지

어다 하니라

17 다윗에 대한 요나단의 사랑이 그를 다

시 맹세하게 하였으니 이는 자기 생명

을 사랑함 같이 그를 사랑함이었더라

18 요나단이 다윗에게 이르되 내일은 초하

루인즉 네 자리가 비므로 네가 없음을

자세히 물으실 것이라

19 너는 사흘 동안 있다가 빨리 내려가서 그 일이 있던 날에 숨었던 곳에 이르러 에셀 바위 곁에 있으라

20 내가 과녁을 쏘려 함 같이 화살 셋을 그 바위 곁에 쏘고

21 아이를 보내어 가서 화살을 찾으라 하며 내가 짐짓 아이에게 이르기를 보라 화살이 네 이쪽에 있으니 가져오라 하거든 너는 돌아올지니 여호와께서 살아 계심을 두고 맹세하노니 네가 평안 무사할 것이요

22 만일 아이에게 이르기를 보라 화살이 네 앞쪽에 있다 하거든 네 길을 가라 여호와께서 너를 보내셨음이니라

23 너와 내가 말한 일에 대하여는 여호와께서 너와 나 사이에 영원토록 계시느니라 하니라

24 다윗이 들에 숨으니라 초하루가 되매 왕이 앉아 음식을 먹을 때에

25 왕은 평시와 같이 벽 곁 자기 자리에 앉아 있고 요나단은 서 있고 아브넬은 사울 곁에 앉아 있고 다윗의 자리는 비었더라

26 그러나 그 날에는 사울이 아무 말도 하지 아니하였으니 이는 생각하기를 그에게 무슨 사고가 있어서 부정한가보다 정녕히 부정한가보다 하였음이더니

27 이튿날 곧 그 달의 둘째 날에도 다윗의 자리가 여전히 비었으므로 사울이 그의 아들 요나단에게 묻되 이새의 아들이 어찌하여 어제와 오늘 식사에 나오지 아니하느냐 하니

28 요나단이 사울에게 대답하되 다윗이 내게 베들레헴으로 가기를 간청하여

29 이르되 원하건대 나에게 가게 하라 우리 가족이 그 성읍에서 제사할 일이 있

으므로 나의 형이 내게 오기를 명령하였으니 내가 네게 사랑을 받거든 내가 가서 내 형들을 보게 하라 하였으므로 그가 왕의 식사 자리에 오지 아니하였나이다 하니

30 사울이 요나단에게 화를 내며 그에게 이르되 패역무도한 계집의 소생아 네가 이새의 아들을 택한 것이 네 수치와 네 어미의 벌거벗은 수치 됨을 내가 어찌 알지 못하랴

31 이새의 아들이 땅에 사는 동안은 너와 네 나라가 든든히 서지 못하리라 그런즉 이제 사람을 보내어 그를 내게로 끌어오라 그는 죽어야 할 자이니라 한지라

32 요나단이 그의 아버지 사울에게 대답하여 이르되 그가 죽을 일이 무엇이니이까 무엇을 행하였나이까

33 사울이 요나단에게 단창을 던져 죽이려

한지라 요나단이 그의 아버지가 다윗을 죽이기로 결심한 줄 알고

34 심히 노하여 식탁에서 떠나고 그 달의 둘째 날에는 먹지 아니하였으니 이는 그의 아버지가 다윗을 욕되게 하였으므로 다윗을 위하여 슬퍼함이었더라

35 아침에 요나단이 작은 아이를 데리고 다윗과 정한 시간에 들로 나가서

36 아이에게 이르되 달려가서 내가 쏘는 화살을 찾으라 하고 아이가 달려갈 때에 요나단이 화살을 그의 위로 지나치게 쏘니라

37 아이가 요나단이 쏜 화살 있는 곳에 이를 즈음에 요나단이 아이 뒤에서 외쳐 이르되 화살이 네 앞쪽에 있지 아니하냐 하고

38 요나단이 아이 뒤에서 또 외치되 지체 말고 빨리 달음질하라 하매 요나단의

아이가 화살을 주워 가지고 주인에게로

돌아왔으나

39 그 아이는 아무것도 알지 못하고 요나

단과 다윗만 그 일을 알았더라

40 요나단이 그의 무기를 아이에게 주며

이르되 이것을 가지고 성읍으로 가라

하니

41 아이가 가매 다윗이 곧 바위 남쪽에서

일어나서 땅에 엎드려 세 번 절한 후에

서로 입 맞추고 같이 울되 다윗이 더욱

심하더니

42 요나단이 다윗에게 이르되 평안히 가라

우리 두 사람이 여호와의 이름으로 맹

세하여 이르기를 여호와께서 영원히 나

와 너 사이에 계시고 내 자손과 네 자

손 사이에 계시리라 하였느니라 하니

다윗은 일어나 떠나고 요나단은 성읍으

로 들어가니라

다윗이 사울을 피하여 도망하다

21 다윗이 놉에 가서 제사장 아히멜렉에게

이르니 아히멜렉이 떨며 다윗을 영접하

여 그에게 이르되 어찌하여 네가 홀로 있

고 함께 하는 자가 아무도 없느냐 하니

2 다윗이 제사장 아히멜렉에게 이르되 왕

이 내게 일을 명령하고 이르시기를 내

가 너를 보내는 것과 네게 명령한 일은

아무것도 사람에게 알리지 말라 하시기

로 내가 나의 소년들을 이러이러한 곳

으로 오라고 말하였나이다

3 이제 당신의 수중에 무엇이 있나이까

떡 다섯 덩이나 무엇이나 있는 대로 내

손에 주소서 하니

4 제사장이 다윗에게 대답하여 이르되 보

통 떡은 내 수중에 없으나 거룩한 떡은

있나니 그 소년들이 여자를 가까이만

하지 아니하였으면 주리라 하는지라

5 다윗이 제사장에게 대답하여 이르되 우

리가 참으로 삼 일 동안이나 여자를 가

까이 하지 아니하였나이다 내가 떠난

길이 보통 여행이라도 소년들의 그릇이

성결하겠거든 하물며 오늘 그들의 그릇

이 성결하지 아니하겠나이까 하매

6 제사장이 그 거룩한 떡을 주었으니 거

기는 진설병 곧 여호와 앞에서 물려 낸

떡밖에 없었음이라 이 떡은 더운 떡을

드리는 날에 물려 낸 것이더라

7 그 날에 사울의 신하 한 사람이 여호와

앞에 머물러 있었는데 그는 도엑이라

이름하는 에돔 사람이요 사울의 목자장

이었더라

8 다윗이 아히멜렉에게 이르되 여기 당신

의 수중에 창이나 칼이 없나이까 왕의

일이 급하므로 내가 내 칼과 무기를 가

지지 못하였나이다 하니

9 제사장이 이르되 네가 엘라 골짜기에서

죽인 블레셋 사람 골리앗의 칼이 보자

기에 싸여 에봇 뒤에 있으니 네가 그것

을 가지려거든 가지라 여기는 그것밖에

다른 것이 없느니라 하는지라 다윗이

이르되 그같은 것이 또 없나니 내게 주

소서 하더라

10 그 날에 다윗이 사울을 두려워하여 일

어나 도망하여 가드 왕 아기스에게로

가니

11 아기스의 신하들이 아기스에게 말하되

이는 그 땅의 왕 다윗이 아니니이까 무

리가 춤추며 이 사람의 일을 노래하여

이르되 사울이 죽인 자는 천천이요 다

윗은 만만이로다 하지 아니하였나이까

한지라

12 다윗이 이 말을 그의 마음에 두고 가드

왕 아기스를 심히 두려워하여

13 그들 앞에서 그의 행동을 변하여 미친 체하고 대문짝에 그적거리며 침을 수염에 흘리매

14 아기스가 그의 신하에게 이르되 너희도 보거니와 이 사람이 미치광이로다 어찌하여 그를 내게로 데려왔느냐

15 내게 미치광이가 부족하여서 너희가 이 자를 데려다가 내 앞에서 미친 짓을 하게 하느냐 이 자가 어찌 내 집에 들어오겠느냐 하니라

사울이 놉의 제사장들을 죽이다

22 그러므로 다윗이 그 곳을 떠나 아둘람 굴로 도망하매 그의 형제와 아버지의 온 집이 듣고 그리로 내려가서 그에게 이르렀고

2 환난 당한 모든 자와 빚진 모든 자와 마음이 원통한 자가 다 그에게로 모였고 그는 그들의 우두머리가 되었는데 그와 함께 한 자가 사백 명 가량이었더라

3 다윗이 거기서 모압 미스베로 가서 모압 왕에게 이르되 하나님이 나를 위하여 어떻게 하실지를 내가 알기까지 나의 부모가 나와서 당신들과 함께 있게 하기를 청하나이다 하고

4 부모를 인도하여 모압 왕 앞에 나아갔더니 그들은 다윗이 요새에 있을 동안에 모압 왕과 함께 있었더라

5 선지자 갓이 다윗에게 이르되 너는 이 요새에 있지 말고 떠나 유다 땅으로 들어가라 다윗이 떠나 헤렛 수풀에 이르니라

6 사울이 다윗과 그와 함께 있는 사람들이 나타났다 함을 들으니라 그 때에 사울이 기브아 높은 곳에서 손에 단창을 들고 에셀 나무 아래에 앉았고 모든 신하들은 그의 곁에 섰더니

7 사울이 곁에 선 신하들에게 이르되 너희 베냐민 사람들아 들으라 이새의 아들이 너희에게 각기 밭과 포도원을 주며 너희를 천부장, 백부장을 삼겠느냐

8 너희가 다 공모하여 나를 대적하며 내 아들이 이새의 아들과 맹약하였으되 내게 고발하는 자가 하나도 없고 나를 위하여 슬퍼하거나 내 아들이 내 신하를 선동하여 오늘이라도 매복하였다가 나를 치려 하는 것을 내게 알리는 자가 하나도 없도다 하니

9 그 때에 에돔 사람 도엑이 사울의 신하 중에 섰더니 대답하여 이르되 이새의 아들이 놉에 와서 아히둡의 아들 아히멜렉에게 이른 것을 내가 보았는데

10 아히멜렉이 그를 위하여 여호와께 묻고 그에게 음식도 주고 블레셋 사람 골리앗의 칼도 주더이다

11 왕이 사람을 보내어 아히둡의 아들 제사장 아히멜렉과 그의 아버지의 온 집 곧 놉에 있는 제사장들을 부르매 그들이 다 왕께 이른지라

12 사울이 이르되 너 아히둡의 아들아 들으라 대답하되 내 주여 내가 여기 있나이다

13 사울이 그에게 이르되 네가 어찌하여 이새의 아들과 공모하여 나를 대적하여 그에게 떡과 칼을 주고 그를 위하여 하나님께 물어서 그에게 오늘이라도 매복하였다가 나를 치게 하려 하였느냐 하니

14 아히멜렉이 왕에게 대답하여 이르되 왕의 모든 신하 중에 다윗 같이 충실한 자가 누구인지요 그는 왕의 사위도 되고 왕의 호위대장도 되고 왕실에서 존귀한 자가 아니니이까

15 내가 그를 위하여 하나님께 물은 것이

오늘이 처음이니이까 결단코 아니니이다 원하건대 왕은 종과 종의 아비의 온 집에 아무것도 돌리지 마옵소서 왕의 종은 이 모든 크고 작은 일에 관하여 아는 것이 없나이다 하니라

16 왕이 이르되 아히멜렉아 네가 반드시 죽을 것이요 너와 네 아비의 온 집도 그러하리라 하고

17 왕이 좌우의 호위병에게 이르되 돌아가서 여호와의 제사장들을 죽이라 그들도 다윗과 합력하였고 또 그들이 다윗이 도망한 것을 알고도 내게 알리지 아니하였음이니라 하나 왕의 신하들이 손을 들어 여호와의 제사장들 죽이기를 싫어한지라

18 왕이 도엑에게 이르되 너는 돌아가서 제사장들을 죽이라 하매 에돔 사람 도엑이 돌아가서 제사장들을 쳐서 그 날에 세마포 에봇 입은 자 팔십오 명을 죽였고

19 제사장들의 성읍 놉의 남녀와 아이들과 젖 먹는 자들과 소와 나귀와 양을 칼로 쳤더라

20 아히둡의 아들 아히멜렉의 아들 중 하나가 피하였으니 그의 이름은 아비아달이라 그가 도망하여 다윗에게로 가서

21 사울이 여호와의 제사장들 죽인 일을 다윗에게 알리매

22 다윗이 아비아달에게 이르되 그 날에 에돔 사람 도엑이 거기 있기로 그가 반드시 사울에게 말할 줄 내가 알았노라 네 아버지 집의 모든 사람 죽은 것이 나의 탓이로다

23 두려워하지 말고 내게 있으라 내 생명을 찾는 자가 네 생명도 찾는 자니 네가 나와 함께 있으면 안전하리라 하니라

다윗이 그일라를 구원하다

23 사람들이 다윗에게 전하여 이르되 보

소서 블레셋 사람이 그일라를 쳐서 그

타작 마당을 탈취하더이다 하니

2 이에 다윗이 여호와께 묻자와 이르되

내가 가서 이 블레셋 사람들을 치리이

까 여호와께서 다윗에게 이르시되 가서

블레셋 사람들을 치고 그일라를 구원하

라 하시니

3 다윗의 사람들이 그에게 이르되 보소서

우리가 유다에 있기도 두렵거든 하물며

그일라에 가서 블레셋 사람들의 군대를

치는 일이리이까 한지라

4 다윗이 여호와께 다시 묻자온대 여호와

께서 대답하여 이르시되 일어나 그일라

로 내려가라 내가 블레셋 사람들을 네

손에 넘기리라 하신지라

5 다윗과 그의 사람들이 그일라로 가서

블레셋 사람들과 싸워 그들을 크게 쳐

서 죽이고 그들의 가축을 끌어 오니라

다윗이 이와 같이 그일라 주민을 구원

하니라

6 아히멜렉의 아들 아비아달이 그일라 다

윗에게로 도망할 때에 손에 에봇을 가

지고 내려왔더라

7 다윗이 그일라에 온 것을 어떤 사람이

사울에게 알리매 사울이 이르되 하나님

이 그를 내 손에 넘기셨도다 그가 문과

문 빗장이 있는 성읍에 들어갔으니 갇

혔도다

8 사울이 모든 백성을 군사로 불러모으고

그일라로 내려가서 다윗과 그의 사람들

을 에워싸려 하더니

9 다윗은 사울이 자기를 해하려 하는 음

모를 알고 제사장 아비아달에게 이르되

에봇을 이리로 가져오라 하고

10 다윗이 이르되 이스라엘 하나님 여호와

여 사울이 나 때문에 이 성읍을 멸하려

고 그일라로 내려오기를 꾀한다 함을

주의 종이 분명히 들었나이다

11 그일라 사람들이 나를 그의 손에 넘기

겠나이까 주의 종이 들은 대로 사울이

내려 오겠나이까 이스라엘의 하나님 여

호와여 원하건대 주의 종에게 일러 주

옵소서 하니 여호와께서 이르시되 그가

내려오리라 하신지라

12 다윗이 이르되 그일라 사람들이 나와

내 사람들을 사울의 손에 넘기겠나이까

하니 여호와께서 이르시되 그들이 너를

넘기리라 하신지라

13 다윗과 그의 사람 육백 명 가량이 일어

나 그일라를 떠나서 갈 수 있는 곳으

로 갔더니 다윗이 그일라에서 피한 것

을 어떤 사람이 사울에게 말하매 사울

이 가기를 그치니라

14 다윗이 광야의 요새에도 있었고 또 십

광야 산골에도 머물렀으므로 사울이 매

일 찾되 하나님이 그를 그의 손에 넘기

지 아니하시니라

다윗이 엔게디 요새로 피하다

15 다윗이 사울이 자기의 생명을 빼앗으려

고 나온 것을 보았으므로 그가 십 광야

수풀에 있었더니

16 사울의 아들 요나단이 일어나 수풀에

들어가서 다윗에게 이르러 그에게 하나

님을 힘 있게 의지하게 하였는데

17 곧 요나단이 그에게 이르기를 두려워

하지 말라 내 아버지 사울의 손이 네게

미치지 못할 것이요 너는 이스라엘 왕

이 되고 나는 네 다음이 될 것을 내 아

버지 사울도 안다 하니라

18 두 사람이 여호와 앞에서 언약하고 다

윗은 수풀에 머물고 요나단은 자기 집

으로 돌아가니라

19 그 때에 십 사람들이 기브아에 이르러

사울에게 나아와 이르되 다윗이 우리와

함께 광야 남쪽 하길라 산 수풀 요새에

숨지 아니하였나이까

20 그러하온즉 왕은 내려오시기를 원하시

는 대로 내려오소서 그를 왕의 손에 넘

길 것이 우리의 의무니이다 하니

21 사울이 이르되 너희가 나를 긍휼히 여

겼으니 여호와께 복 받기를 원하노라

22 어떤 사람이 내게 말하기를 그는 심히

지혜롭게 행동한다 하나니 너희는 가서

더 자세히 살펴서 그가 어디에 숨었으

며 누가 거기서 그를 보았는지 알아보고

23 그가 숨어 있는 모든 곳을 정탐하고 실

상을 내게 보고하라 내가 너희와 함께

가리니 그가 이 땅에 있으면 유다 몇 천

명 중에서라도 그를 찾아내리라 하더라

24 그들이 일어나 사울보다 먼저 십으로

가니라 다윗과 그의 사람들이 광야 남

쪽 마온 광야 아라바에 있더니

25 사울과 그의 사람들이 찾으러 온 것을

어떤 사람이 다윗에게 아뢰매 이에 다

윗이 바위로 내려가 마온 황무지에 있

더니 사울이 듣고 마온 황무지로 다윗

을 따라가서는

26 사울이 산 이쪽으로 가매 다윗과 그의

사람들은 산 저쪽으로 가며 다윗이 사울

을 두려워하여 급히 피하려 하였으니 이

는 사울과 그의 사람들이 다윗과 그의

사람들을 에워싸고 잡으려 함이었더라

27 전령이 사울에게 와서 이르되 급히 오소

서 블레셋 사람들이 땅을 침노하나이다

28 이에 사울이 다윗 뒤쫓기를 그치고 돌

아와 블레셋 사람들을 치러 갔으므로

그 곳을 셀라하마느곳이라 칭하니라

29 다윗이 거기서 올라가서 엔게디 요새에

머무니라

다윗이 사울을 살려 주다

24 사울이 블레셋 사람을 쫓다가 돌아오

매 어떤 사람이 그에게 말하여 이르되

보소서 다윗이 엔게디 광야에 있더이다

하니

2 사울이 온 이스라엘에서 택한 사람 삼

천 명을 거느리고 다윗과 그의 사람들

을 찾으러 들염소 바위로 갈새

3 길 가 양의 우리에 이른즉 굴이 있는지

라 사울이 뒤를 보러 들어가니라 다윗

과 그의 사람들이 그 굴 깊은 곳에 있

더니

4 다윗의 사람들이 이르되 보소서 여호와

께서 당신에게 이르시기를 내가 원수를

네 손에 넘기리니 네 생각에 좋은 대로

그에게 행하라 하시더니 이것이 그 날

이니이다 하니 다윗이 일어나서 사울의

겉옷 자락을 가만히 베니라

5 그리 한 후에 사울의 옷자락 벰으로 말

미암아 다윗의 마음이 찔려

6 자기 사람들에게 이르되 내가 손을 들

어 여호와의 기름 부음을 받은 내 주를

치는 것은 여호와께서 금하시는 것이니

그는 여호와의 기름 부음을 받은 자가

됨이니라 하고

7 다윗이 이 말로 자기 사람들을 금하여

사울을 해하지 못하게 하니라 사울이

일어나 굴에서 나가 자기 길을 가니라

8 그 후에 다윗도 일어나 굴에서 나가 사

울의 뒤에서 외쳐 이르되 내 주 왕이여

하매 사울이 돌아보는지라 다윗이 땅에

엎드려 절하고

9 다윗이 사울에게 이르되 보소서 다윗이

왕을 해하려 한다고 하는 사람들의 말

을 왕은 어찌하여 들으시나이까

10 오늘 여호와께서 굴에서 왕을 내 손에

넘기신 것을 왕이 아셨을 것이니이다

어떤 사람이 나를 권하여 왕을 죽이라

하였으나 내가 왕을 아껴 말하기를 나

는 내 손을 들어 내 주를 해하지 아니

하리니 그는 여호와의 기름 부음을 받

은 자이기 때문이라 하였나이다

11 내 아버지여 보소서 내 손에 있는 왕의

옷자락을 보소서 내가 왕을 죽이지 아니

하고 겉옷 자락만 베었은즉 내 손에 악

이나 죄과가 없는 줄을 오늘 아실지니

이다 왕은 내 생명을 찾아 해하려 하시

나 나는 왕에게 범죄한 일이 없나이다

12 여호와께서는 나와 왕 사이를 판단하사

여호와께서 나를 위하여 왕에게 보복하

시려니와 내 손으로는 왕을 해하지 않

겠나이다

13 옛 속담에 말하기를 악은 악인에게서

난다 하였으니 내 손이 왕을 해하지 아

니하리이다

14 이스라엘 왕이 누구를 따라 나왔으며

누구의 뒤를 쫓나이까 죽은 개나 벼룩

을 쫓음이니이다

15 그런즉 여호와께서 재판장이 되어 나와

왕 사이에 심판하사 나의 사정을 살펴

억울함을 풀어 주시고 나를 왕의 손에

서 건지시기를 원하나이다 하니라

16 다윗이 사울에게 이같이 말하기를 마치

매 사울이 이르되 내 아들 다윗아 이것

이 네 목소리냐 하고 소리를 높여 울며

17 다윗에게 이르되 나는 너를 학대하되

너는 나를 선대하니 너는 나보다 의롭

도다

18 네가 나 선대한 것을 오늘 나타냈나니

여호와께서 나를 네 손에 넘기셨으나

네가 나를 죽이지 아니하였도다

19 사람이 그의 원수를 만나면 그를 평안

히 가게 하겠느냐 네가 오늘 내게 행한

일로 말미암아 여호와께서 네게 선으로

갚으시기를 원하노라

20 보라 나는 네가 반드시 왕이 될 것을

알고 이스라엘 나라가 네 손에 견고히

설 것을 아노니

21 그런즉 너는 내 후손을 끊지 아니하며

내 아버지의 집에서 내 이름을 멸하지

아니할 것을 이제 여호와의 이름으로

내게 맹세하라 하니라

22 다윗이 사울에게 맹세하매 사울은 집으

로 돌아가고 다윗과 그의 사람들은 요

새로 올라가니라

사무엘이 죽다

25 사무엘이 죽으매 온 이스라엘 무리가

모여 그를 두고 슬피 울며 라마 그의

집에서 그를 장사한지라 다윗이 일어나

바란 광야로 내려가니라

다윗과 아비가일

2 마온에 한 사람이 있는데 그의 생업이

갈멜에 있고 심히 부하여 양이 삼천 마

리요 염소가 천 마리이므로 그가 갈멜

에서 그의 양 털을 깎고 있었으니

3 그 사람의 이름은 나발이요 그의 아내

의 이름은 아비가일이라 그 여자는 총

명하고 용모가 아름다우나 남자는 완고

하고 행실이 악하며 그는 갈렙 족속이

었더라

4 다윗이 나발이 자기 양 털을 깎는다 함

을 광야에서 들은지라

5 다윗이 이에 소년 열 명을 보내며 그

소년들에게 이르되 너희는 갈멜로 올라

가 나발에게 이르러 내 이름으로 그에

게 문안하고

6 그 부하게 사는 자에게 이르기를 너는

평강하라 네 집도 평강하라 네 소유의

모든 것도 평강하라

7 네게 양 털 깎는 자들이 있다 함을 이

제 내가 들었노라 네 목자들이 우리와

함께 있었으나 우리가 그들을 해하지

아니하였고 그들이 갈멜에 있는 동안에

그들의 것을 하나도 잃지 아니하였나니

8 네 소년들에게 물으면 그들이 네게 말

하리라 그런즉 내 소년들이 네게 은혜

를 얻게 하라 우리가 좋은 날에 왔은즉

네 손에 있는 대로 네 종들과 네 아들

다윗에게 주기를 원하노라 하더라 하라

9 다윗의 소년들이 가서 다윗의 이름으로

이 모든 말을 나발에게 말하기를 마치매

10 나발이 다윗의 사환들에게 대답하여 이

르되 다윗은 누구며 이새의 아들은 누

구냐 요즈음에 각기 주인에게서 억지로

떠나는 종이 많도다

11 내가 어찌 내 떡과 물과 내 양 털 깎는

자를 위하여 잡은 고기를 가져다가 어

디서 왔는지도 알지 못하는 자들에게

주겠느냐 한지라

12 이에 다윗의 소년들이 돌아서 자기 길

로 행하여 돌아와 이 모든 말을 그에게

전하매

13 다윗이 자기 사람들에게 이르되 너희는

각기 칼을 차라 하니 각기 칼을 차매

다윗도 자기 칼을 차고 사백 명 가량은

데리고 올라가고 이백 명은 소유물 곁

에 있게 하니라

14 하인들 가운데 하나가 나발의 아내 아비

가일에게 말하여 이르되 다윗이 우리 주

인에게 문안하러 광야에서 전령들을 보

냈거늘 주인이 그들을 모욕하였나이다

15 우리가 들에 있어 그들과 상종할 동안에 그 사람들이 우리를 매우 선대하였으므로 우리가 다치거나 잃은 것이 없었으니

16 우리가 양을 지키는 동안에 그들이 우리와 함께 있어 밤낮 우리에게 담이 되었음이라

17 그런즉 이제 당신은 어떻게 할지를 알아 생각하실지니 이는 다윗이 우리 주인과 주인의 온 집을 해하기로 결정하였음이니이다 주인은 불량한 사람이라 더불어 말할 수 없나이다 하는지라

18 아비가일이 급히 떡 이백 덩이와 포도주 두 가죽 부대와 잡아서 요리한 양 다섯 마리와 볶은 곡식 다섯 스아와 건포도 백 송이와 무화과 뭉치 이백 개를 가져다가 나귀들에게 싣고

19 소년들에게 이르되 나를 앞서 가라 나는 너희 뒤에 가리라 하고 그의 남편 나발에게는 말하지 아니하니라

20 아비가일이 나귀를 타고 산 호젓한 곳을 따라 내려가더니 다윗과 그의 사람들이 자기에게로 마주 내려오는 것을 만나니라

21 다윗이 이미 말하기를 내가 이 자의 소유물을 광야에서 지켜 그 모든 것을 하나도 손실이 없게 한 것이 진실로 허사라 그가 악으로 나의 선을 갚는도다

22 내가 그에게 속한 모든 남자 가운데 한 사람이라도 아침까지 남겨 두면 하나님은 다윗에게 벌을 내리시고 또 내리시기를 원하노라 하였더라

23 아비가일이 다윗을 보고 급히 나귀에서 내려 다윗 앞에 엎드려 그의 얼굴을 땅에 대니라

24 그가 다윗의 발에 엎드려 이르되 내 주

여 원하건대 이 죄악을 나 곧 내게로

돌리시고 여종에게 주의 귀에 말하게

하시고 이 여종의 말을 들으소서

25 원하옵나니 내 주는 이 불량한 사람 나

발을 개의치 마옵소서 그의 이름이 그

에게 적당하니 그의 이름이 나발이라

그는 미련한 자니이다 여종은 내 주께

서 보내신 소년들을 보지 못하였나이다

26 내 주여 여호와께서 살아 계심을 두고

맹세하노니 내 주도 살아 계시거니와

내 주의 손으로 피를 흘려 친히 보복하

시는 일을 여호와께서 막으셨으니 내

주의 원수들과 내 주를 해하려 하는 자

들은 나발과 같이 되기를 원하나이다

27 여종이 내 주께 가져온 이 예물을 내 주

를 따르는 이 소년들에게 주게 하시고

28 주의 여종의 허물을 용서하여 주옵소서

여호와께서 반드시 내 주를 위하여 든

든한 집을 세우시리니 이는 내 주께서

여호와의 싸움을 싸우심이요 내 주의

일생에 내 주에게서 악한 일을 찾을 수

없음이니이다

29 사람이 일어나서 내 주를 쫓아 내 주의

생명을 찾을지라도 내 주의 생명은 내

주의 하나님 여호와와 함께 생명 싸개

속에 싸였을 것이요 내 주의 원수들의

생명은 물매로 던지듯 여호와께서 그것

을 던지시리이다

30 여호와께서 내 주에 대하여 하신 말씀

대로 모든 선을 내 주에게 행하사 내

주를 이스라엘의 지도자로 세우실 때에

31 내 주께서 무죄한 피를 흘리셨다든지 내

주께서 친히 보복하셨다든지 함으로 말

미암아 슬퍼하실 것도 없고 내 주의 마

음에 걸리는 것도 없으시리니 다만 여호

와께서 내 주를 후대하실 때에 원하건

대 내 주의 여종을 생각하소서 하니라

32 다윗이 아비가일에게 이르되 오늘 너를

보내어 나를 영접하게 하신 이스라엘의

하나님 여호와를 찬송할지로다

33 또 네 지혜를 칭찬할지며 또 네게 복이

있을지로다 오늘 내가 피를 흘릴 것과

친히 복수하는 것을 네가 막았느니라

34 나를 막아 너를 해하지 않게 하신 이스

라엘의 하나님 여호와의 살아 계심을

두고 맹세하노니 네가 급히 와서 나를

영접하지 아니하였더면 밝는 아침에는

과연 나발에게 한 남자도 남겨 두지 아

니하였으리라 하니라

35 다윗이 그가 가져온 것을 그의 손에서

받고 그에게 이르되 네 집으로 평안히

올라가라 내가 네 말을 듣고 네 청을

허락하노라

36 아비가일이 나발에게로 돌아오니 그가

왕의 잔치와 같은 잔치를 그의 집에 배

설하고 크게 취하여 마음에 기뻐하므로

아비가일이 밝는 아침까지는 아무 말도

하지 아니하다가

37 아침에 나발이 포도주에서 깬 후에 그

의 아내가 그에게 이 일을 말하매 그가

낙담하여 몸이 돌과 같이 되었더니

38 한 열흘 후에 여호와께서 나발을 치시

매 그가 죽으니라

39 나발이 죽었다 함을 다윗이 듣고 이르

되 나발에게 당한 나의 모욕을 갚아 주

사 종으로 악한 일을 하지 않게 하신

여호와를 찬송할지로다 여호와께서 나

발의 악행을 그의 머리에 돌리셨도다

하니라 다윗이 아비가일을 자기 아내로

삼으려고 사람을 보내어 그에게 말하게

하매

40 다윗의 전령들이 갈멜에 가서 아비가일

에게 이르러 그에게 말하여 이르되 다

윗이 당신을 아내로 삼고자 하여 우리

를 당신께 보내더이다 하니

41 아비가일이 일어나 몸을 굽혀 얼굴을 땅

에 대고 이르되 내 주의 여종은 내 주

의 전령들의 발 씻길 종이니이다 하고

42 아비가일이 급히 일어나서 나귀를 타

고 그를 뒤따르는 처녀 다섯과 함께 다

윗의 전령들을 따라가서 다윗의 아내가

되니라

43 다윗이 또 이스르엘 아히노암을 아내로

맞았더니 그들 두 사람이 그의 아내가

되니라

44 사울이 그의 딸 다윗의 아내 미갈을 갈

림에 사는 라이스의 아들 발디에게 주

었더라

다윗이 또 사울을 살려 주다

26 십 사람이 기브아에 와서 사울에게 말

하여 이르되 다윗이 광야 앞 하길라 산

에 숨지 아니하였나이까 하매

2 사울이 일어나 십 광야에서 다윗을 찾

으려고 이스라엘에서 택한 사람 삼천

명과 함께 십 광야로 내려가서

3 사울이 광야 앞 하길라 산 길 가에 진

치니라 다윗이 광야에 있더니 사울이

자기를 따라 광야로 들어옴을 알고

4 이에 다윗이 정탐꾼을 보내어 사울이

과연 이른 줄 알고

5 다윗이 일어나 사울이 진 친 곳에 이르

러 사울과 넬의 아들 군사령관 아브넬이

머무는 곳을 본즉 사울이 진영 가운데

에 누웠고 백성은 그를 둘러 진 쳤더라

6 이에 다윗이 헷 사람 아히멜렉과 스루

야의 아들 요압의 아우 아비새에게 물

어 이르되 누가 나와 더불어 진영에 내

려가서 사울에게 이르겠느냐 하니 아비

새가 이르되 내가 함께 가겠나이다

7 다윗과 아비새가 밤에 그 백성에게 나아가 본즉 사울이 진영 가운데 누워 자고 창은 머리 곁 땅에 꽂혀 있고 아브넬과 백성들은 그를 둘러 누웠는지라

8 아비새가 다윗에게 이르되 하나님이 오늘 당신의 원수를 당신의 손에 넘기셨나이다 그러므로 청하오니 내가 창으로 그를 찔러서 단번에 땅에 꽂게 하소서 내가 그를 두 번 찌를 것이 없으리이다 하니

9 다윗이 아비새에게 이르되 죽이지 말라 누구든지 손을 들어 여호와의 기름 부음 받은 자를 치면 죄가 없겠느냐 하고

10 다윗이 또 이르되 여호와께서 살아 계심을 두고 맹세하노니 여호와께서 그를 치시리니 혹은 죽을 날이 이르거나 또는 전장에 나가서 망하리라

11 내가 손을 들어 여호와의 기름 부음 받은 자를 치는 것을 여호와께서 금하시나니 너는 그의 머리 곁에 있는 창과 물병만 가지고 가자 하고

12 다윗이 사울의 머리 곁에서 창과 물병을 가지고 떠나가되 아무도 보거나 눈치 채지 못하고 깨어 있는 사람도 없었으니 이는 여호와께서 그들을 깊이 잠들게 하셨으므로 그들이 다 잠들어 있었기 때문이었더라

13 이에 다윗이 건너편으로 가서 멀리 산 꼭대기에 서니 거리가 멀더라

14 다윗이 백성과 넬의 아들 아브넬을 대하여 외쳐 이르되 아브넬아 너는 대답하지 아니하느냐 하니 아브넬이 대답하여 이르되 왕을 부르는 너는 누구냐 하더라

15 다윗이 아브넬에게 이르되 네가 용사가

아니냐 이스라엘 가운데에 너 같은 자가 누구냐 그러한데 네가 어찌하여 네 주 왕을 보호하지 아니하느냐 백성 가운데 한 사람이 네 주 왕을 죽이려고 들어갔었느니라

16 네가 행한 이 일이 옳지 못하도다 여호와께서 살아 계심을 두고 맹세하노니 여호와의 기름 부음 받은 너희 주를 보호하지 아니하였으니 너희는 마땅히 죽을 자이니라 이제 왕의 창과 왕의 머리 곁에 있던 물병이 어디 있나 보라 하니

17 사울이 다윗의 음성을 알아 듣고 이르되 내 아들 다윗아 이것이 네 음성이냐 하는지라 다윗이 이르되 내 주 왕이여 내 음성이니이다 하고

18 또 이르되 내 주는 어찌하여 주의 종을 쫓으시나이까 내가 무엇을 하였으며 내 손에 무슨 악이 있나이까

19 원하건대 내 주 왕은 이제 종의 말을 들으소서 만일 왕을 충동시켜 나를 해하려 하는 이가 여호와시면 여호와께서는 제물을 받으시기를 원하나이다마는 만일 사람들이면 그들이 여호와 앞에 저주를 받으리니 이는 그들이 이르기를 너는 가서 다른 신들을 섬기라 하고 오늘 나를 쫓아내어 여호와의 기업에 참여하지 못하게 함이니이다

20 그런즉 청하건대 여호와 앞에서 먼 이곳에서 이제 나의 피가 땅에 흐르지 말게 하옵소서 이는 산에서 메추라기를 사냥하는 자와 같이 이스라엘 왕이 한 벼룩을 수색하러 나오셨음이니이다

21 사울이 이르되 내가 범죄하였도다 내 아들 다윗아 돌아오라 네가 오늘 내 생명을 귀하게 여겼은즉 내가 다시는 너를 해하려 하지 아니하리라 내가 어리

석은 일을 하였으니 대단히 잘못되었도

다 하는지라

22 다윗이 대답하여 이르되 왕은 창을 보소

서 한 소년을 보내어 가져가게 하소서

23 여호와께서 사람에게 그의 공의와 신실

을 따라 갚으시리니 이는 여호와께서

오늘 왕을 내 손에 넘기셨으되 나는 손

을 들어 여호와의 기름 부음을 받은 자

치기를 원하지 아니하였음이니이다

24 오늘 왕의 생명을 내가 중히 여긴 것

같이 내 생명을 여호와께서 중히 여기

셔서 모든 환난에서 나를 구하여 내시

기를 바라나이다 하니라

25 사울이 다윗에게 이르되 내 아들 다윗

아 네게 복이 있을지로다 네가 큰 일을

행하겠고 반드시 승리를 얻으리라 하니

라 다윗은 자기 길로 가고 사울은 자기

곳으로 돌아가니라

다윗이 블레셋 땅으로 피하다

27 다윗이 그 마음에 생각하기를 내가 후

일에는 사울의 손에 붙잡히리니 블레셋

사람들의 땅으로 피하여 들어가는 것

이 좋으리로다 사울이 이스라엘 온 영

토 내에서 다시 나를 찾다가 단념하리

니 내가 그의 손에서 벗어나리라 하고

2 다윗이 일어나 함께 있는 사람 육백 명

과 더불어 가드 왕 마옥의 아들 아기스

에게로 건너가니라

3 다윗과 그의 사람들이 저마다 가족을

거느리고 가드에서 아기스와 동거하였

는데 다윗이 그의 두 아내 이스르엘 여

자 아히노암과 나발의 아내였던 갈멜

여자 아비가일과 함께 하였더니

4 다윗이 가드에 도망한 것을 어떤 사람

이 사울에게 전하매 사울이 다시는 그

를 수색하지 아니하니라

5 다윗이 아기스에게 이르되 바라건대 내

가 당신께 은혜를 입었다면 지방 성읍

가운데 한 곳을 내게 주어 내가 살게

하소서 당신의 종이 어찌 당신과 함께

왕도에 살리이까 하니

6 아기스가 그 날에 시글락을 그에게 주

었으므로 시글락이 오늘까지 유다 왕에

게 속하니라

7 다윗이 블레셋 사람들의 지방에 산 날

수는 일 년 사 개월이었더라

8 다윗과 그의 사람들이 올라가서 그술

사람과 기르스 사람과 아말렉 사람을

침노하였으니 그들은 옛적부터 술과 애

굽 땅으로 지나가는 지방의 주민이라

9 다윗이 그 땅을 쳐서 남녀를 살려두지

아니하고 양과 소와 나귀와 낙타와 의

복을 빼앗아 가지고 돌아와 아기스에게

이르매

10 아기스가 이르되 너희가 오늘은 누구를

침노하였느냐 하니 다윗이 이르되 유다

네겝과 여라무엘 사람의 네겝과 겐 사람

의 네겝이니이다 하였더라

11 다윗이 그 남녀를 살려서 가드로 데려

가지 아니한 것은 그의 생각에 그들이

우리에게 대하여 이르기를 다윗이 행한

일이 이러하니라 하여 블레셋 사람들의

지방에 거주하는 동안에 이같이 행하는

습관이 있었다 할까 두려워함이었더라

12 아기스가 다윗을 믿고 말하기를 다윗이

자기 백성 이스라엘에게 심히 미움을

받게 되었으니 그는 영원히 내 부하가

되리라고 생각하니라

28 그 때에 블레셋 사람들이 이스라엘과

싸우려고 군대를 모집한지라 아기스가

다윗에게 이르되 너는 밝히 알라 너와

네 사람들이 나와 함께 나가서 군대에

참가할 것이니라

2 다윗이 아기스에게 이르되 그러면 당신
의 종이 행할 바를 아시리이다 하니 아
기스가 다윗에게 이르되 그러면 내가
너를 영원히 내 머리 지키는 자를 삼으
리라 하니라

사울이 신접한 여인을 찾다

3 사무엘이 죽었으므로 온 이스라엘이 그
를 두고 슬피 울며 그의 고향 라마에
장사하였고 사울은 신접한 자와 박수를
그 땅에서 쫓아내었더라

4 블레셋 사람들이 모여 수넴에 이르러
진 치매 사울이 온 이스라엘을 모아 길
보아에 진 쳤더니

5 사울이 블레셋 사람들의 군대를 보고
두려워서 그의 마음이 크게 떨린지라

6 사울이 여호와께 묻자오되 여호와께서
꿈으로도, 우림으로도, 선지자로도 그에

게 대답하지 아니하시므로

7 사울이 그의 신하들에게 이르되 나를
위하여 신접한 여인을 찾으라 내가 그
리로 가서 그에게 물으리라 하니 그의
신하들이 그에게 이르되 보소서 엔돌에
신접한 여인이 있나이다

8 사울이 다른 옷을 입어 변장하고 두 사
람과 함께 갈새 그들이 밤에 그 여인에
게 이르러서는 사울이 이르되 청하노니
나를 위하여 신접한 술법으로 내가 네
게 말하는 사람을 불러 올리라 하니

9 여인이 그에게 이르되 네가 사울이 행
한 일 곧 그가 신접한 자와 박수를 이
땅에서 멸절시켰음을 아나니 네가 어찌
하여 내 생명에 올무를 놓아 나를 죽게
하려느냐 하는지라

10 사울이 여호와의 이름으로 그에게 맹세
하여 이르되 여호와께서 살아 계심을

Date . . .

두고 맹세하노니 네가 이 일로는 벌을

당하지 아니하리라 하니

11 여인이 이르되 내가 누구를 네게로 불

러 올리랴 하니 사울이 이르되 사무엘

을 불러 올리라 하는지라

12 여인이 사무엘을 보고 큰 소리로 외치

며 사울에게 말하여 이르되 당신이 어

찌하여 나를 속이셨나이까 당신이 사울

이시니이다

13 왕이 그에게 이르되 두려워하지 말라

네가 무엇을 보았느냐 하니 여인이 사

울에게 이르되 내가 영이 땅에서 올라

오는 것을 보았나이다 하는지라

14 사울이 그에게 이르되 그의 모양이 어

떠하냐 하니 그가 이르되 한 노인이 올

라오는데 그가 겉옷을 입었나이다 하더

라 사울이 그가 사무엘인 줄 알고 그의

얼굴을 땅에 대고 절하니라

15 사무엘이 사울에게 이르되 네가 어찌하

여 나를 불러 올려서 나를 성가시게 하

느냐 하니 사울이 대답하되 나는 심히

다급하니이다 블레셋 사람들은 나를 향

하여 군대를 일으켰고 하나님은 나를

떠나서 다시는 선지자로도, 꿈으로도

내게 대답하지 아니하시기로 내가 행할

일을 알아보려고 당신을 불러 올렸나이

다 하더라

16 사무엘이 이르되 여호와께서 너를 떠나

네 대적이 되셨거늘 네가 어찌하여 내

게 묻느냐

17 여호와께서 나를 통하여 말씀하신 대로

네게 행하사 나라를 네 손에서 떼어 네

이웃 다윗에게 주셨느니라

18 네가 여호와의 목소리를 순종하지 아니

하고 그의 진노를 아말렉에게 쏟지 아

니하였으므로 여호와께서 오늘 이 일을

네게 행하셨고

19 여호와께서 이스라엘을 너와 함께 블레

셋 사람들의 손에 넘기시리니 내일 너

와 네 아들들이 나와 함께 있으리라 여

호와께서 또 이스라엘 군대를 블레셋

사람들의 손에 넘기시리라 하는지라

20 사울이 갑자기 땅에 완전히 엎드러지니

이는 사무엘의 말로 말미암아 심히 두

려워함이요 또 그의 기력이 다하였으니

이는 그가 하루 밤낮을 음식을 먹지 못

하였음이니라

21 그 여인이 사울에게 이르러 그가 심히

고통 당함을 보고 그에게 이르되 여종

이 왕의 말씀을 듣고 내 생명을 아끼지

아니하고 왕이 내게 이르신 말씀을 순

종하였사오니

22 그런즉 청하건대 이제 당신도 여종의

말을 들으사 내가 왕 앞에 한 조각 떡

을 드리게 하시고 왕은 잡수시고 길 가

실 때에 기력을 얻으소서 하니

23 사울이 거절하여 이르되 내가 먹지 아

니하겠노라 하니라 그의 신하들과 여인

이 강권하매 그들의 말을 듣고 땅에서

일어나 침상에 앉으니라

24 여인의 집에 살진 송아지가 있으므로

그것을 급히 잡고 가루를 가져다가 뭉

쳐 무교병을 만들고 구워서

25 사울 앞에와 그의 신하들 앞에 내놓으니

그들이 먹고 일어나서 그 밤에 가니라

블레셋 사람들이 다윗을 좋아하지 아니하다

29 블레셋 사람들은 그들의 모든 군대를

아벡에 모았고 이스라엘 사람들은 이스

르엘에 있는 샘 곁에 진 쳤더라

2 블레셋 사람들의 수령들은 수백 명씩

수천 명씩 인솔하여 나아가고 다윗과

그의 사람들은 아기스와 함께 그 뒤에

서 나아가더니

3 블레셋 사람들의 방백들이 이르되 이

히브리 사람들이 무엇을 하려느냐 하니

아기스가 블레셋 사람들의 방백들에게

이르되 이는 이스라엘 왕 사울의 신하

다윗이 아니냐 그가 나와 함께 있은 지

여러 날 여러 해로되 그가 망명하여 온

날부터 오늘까지 내가 그의 허물을 보

지 못하였노라

4 블레셋 사람의 방백들이 그에게 노한지

라 블레셋 방백들이 그에게 이르되 이

사람을 돌려보내어 왕이 그에게 정하신

그 처소로 가게 하소서 그는 우리와 함

께 싸움에 내려가지 못하리니 그가 전

장에서 우리의 대적이 될까 하나이다

그가 무엇으로 그 주와 다시 화합하리

이까 이 사람들의 머리로 하지 아니하

겠나이까

5 그들이 춤추며 노래하여 이르되 사울이

죽인 자는 천천이요 다윗은 만만이로다

하던 그 다윗이 아니니이까 하니

6 아기스가 다윗을 불러 그에게 이르되

여호와께서 살아 계심을 두고 맹세하노

니 네가 정직하여 내게 온 날부터 오늘

까지 네게 악이 있음을 보지 못하였으

니 나와 함께 진중에 출입하는 것이 내

생각에는 좋으나 수령들이 너를 좋아하

지 아니하니

7 그러므로 이제 너는 평안히 돌아가서

블레셋 사람들의 수령들에게 거슬러 보

이게 하지 말라 하니라

8 다윗이 아기스에게 이르되 내가 무엇을

하였나이까 내가 당신 앞에 오늘까지

있는 동안에 당신이 종에게서 무엇을

보셨기에 내가 가서 내 주 왕의 원수와

싸우지 못하게 하시나이까 하니

9 아기스가 다윗에게 대답하여 이르되 네가 내 목전에 하나님의 전령 같이 선한 것을 내가 아나 블레셋 사람들의 방백들은 말하기를 그가 우리와 함께 전장에 올라가지 못하리라 하니

10 그런즉 너는 너와 함께 온 네 주의 신하들과 더불어 새벽에 일어나라 너희는 새벽에 일어나서 밝거든 곧 떠나라 하니라

11 이에 다윗이 자기 사람들과 더불어 아침에 일찍이 일어나서 떠나 블레셋 사람들의 땅으로 돌아가고 블레셋 사람들은 이스르엘로 올라가니라

다윗이 아말렉을 치다

30 다윗과 그의 사람들이 사흘 만에 시글락에 이른 때에 아말렉 사람들이 이미 네겝과 시글락을 침노하였는데 그들이 시글락을 쳐서 불사르고

2 거기에 있는 젊거나 늙은 여인들은 한 사람도 죽이지 아니하고 다 사로잡아 끌고 자기 길을 갔더라

3 다윗과 그의 사람들이 성읍에 이르러 본즉 성읍이 불탔고 자기들의 아내와 자녀들이 사로잡혔는지라

4 다윗과 그와 함께 한 백성이 울 기력이 없도록 소리를 높여 울었더라

5 (다윗의 두 아내 이스르엘 여인 아히노암과 갈멜 사람 나발의 아내였던 아비가일도 사로잡혔더라)

6 백성들이 자녀들 때문에 마음이 슬퍼서 다윗을 돌로 치자 하니 다윗이 크게 다급하였으나 그의 하나님 여호와를 힘입고 용기를 얻었더라

7 다윗이 아히멜렉의 아들 제사장 아비아달에게 이르되 원하건대 에봇을 내게로 가져오라 아비아달이 에봇을 다윗에게

345

로 가져가매

8 다윗이 여호와께 묻자와 이르되 내가

이 군대를 추격하면 따라잡겠나이까 하

니 여호와께서 그에게 대답하시되 그를

쫓아가라 네가 반드시 따라잡고 도로

찾으리라

9 이에 다윗과 또 그와 함께 한 육백 명

이 가서 브솔 시내에 이르러 뒤떨어진

자를 거기 머물게 했으되

10 곧 피곤하여 브솔 시내를 건너지 못하

는 이백 명을 머물게 했고 다윗은 사백

명을 거느리고 쫓아가니라

11 무리가 들에서 애굽 사람 하나를 만나

그를 다윗에게로 데려다가 떡을 주어

먹게 하며 물을 마시게 하고

12 그에게 무화과 뭉치에서 뗀 덩이 하나

와 건포도 두 송이를 주었으니 그가 밤

낮 사흘 동안 떡도 먹지 못하였고 물도

마시지 못하였음이니라 그가 먹고 정신

을 차리매

13 다윗이 그에게 이르되 너는 누구에게

속하였으며 어디에서 왔느냐 하니 그가

이르되 나는 애굽 소년이요 아말렉 사

람의 종이더니 사흘 전에 병이 들매 주

인이 나를 버렸나이다

14 우리가 그렛 사람의 남방과 유다에 속

한 지방과 갈렙 남방을 침노하고 시글

락을 불살랐나이다

15 다윗이 그에게 이르되 네가 나를 그 군

대로 인도하겠느냐 하니 그가 이르되

당신이 나를 죽이지도 아니하고 내 주

인의 수중에 넘기지도 아니하겠다고 하

나님의 이름으로 내게 맹세하소서 그리

하면 내가 당신을 그 군대로 인도하리

이다 하니라

16 그가 다윗을 인도하여 내려가니 그들이

온 땅에 편만하여 블레셋 사람들의 땅과 유다 땅에서 크게 약탈하였음으로 말미암아 먹고 마시며 춤추는지라

17 다윗이 새벽부터 이튿날 저물 때까지 그들을 치매 낙타를 타고 도망한 소년 사백 명 외에는 피한 사람이 없었더라

18 다윗이 아말렉 사람들이 빼앗아 갔던 모든 것을 도로 찾고 그의 두 아내를 구원하였고

19 그들이 약탈하였던 것 곧 무리의 자녀들이나 빼앗겼던 것은 크고 작은 것을 막론하고 아무것도 잃은 것이 없이 모두 다윗이 도로 찾아왔고

20 다윗이 또 양 떼와 소 떼를 다 되찾았더니 무리가 그 가축들을 앞에 몰고 가며 이르되 이는 다윗의 전리품이라 하였더라

21 다윗이 전에 피곤하여 능히 자기를 따르지 못하므로 브솔 시내에 머물게 한 이백 명에게 오매 그들이 다윗과 그와 함께 한 백성을 영접하러 나오는지라 다윗이 그 백성에게 이르러 문안하매

22 다윗과 함께 갔던 자들 가운데 악한 자와 불량배들이 다 이르되 그들이 우리와 함께 가지 아니하였은즉 우리가 도로 찾은 물건은 무엇이든지 그들에게 주지 말고 각자의 처자만 데리고 떠나 가게 하라 하는지라

23 다윗이 이르되 나의 형제들아 여호와께서 우리를 보호하시고 우리를 치러 온 그 군대를 우리 손에 넘기셨은즉 그가 우리에게 주신 것을 너희가 이같이 못하리라

24 이 일에 누가 너희에게 듣겠느냐 전장에 내려갔던 자의 분깃이나 소유물 곁에 머물렀던 자의 분깃이 동일할지니

같이 분배할 것이니라 하고

25 그 날부터 다윗이 이것으로 이스라엘의

율례와 규례를 삼았더니 오늘까지 이르

니라

26 다윗이 시글락에 이르러 전리품을 그의

친구 유다 장로들에게 보내어 이르되

보라 여호와의 원수에게서 탈취한 것을

너희에게 선사하노라 하고

27 벧엘에 있는 자와 남방 라못에 있는 자

와 얏딜에 있는 자와

28 아로엘에 있는 자와 십못에 있는 자와

에스드모아에 있는 자와

29 라갈에 있는 자와 여라므엘 사람의 성

읍들에 있는 자와 겐 사람의 성읍들에

있는 자와

30 홀마에 있는 자와 고라산에 있는 자와

아닥에 있는 자와

31 헤브론에 있는 자에게와 다윗과 그의 사

람들이 왕래하던 모든 곳에 보내었더라

사울과 요나단이 죽다 (대상 10:1-14)

31 블레셋 사람들이 이스라엘을 치매 이스

라엘 사람들이 블레셋 사람들 앞에서

도망하여 길보아 산에서 엎드러져 죽으

니라

2 블레셋 사람들이 사울과 그의 아들들을

추격하여 사울의 아들 요나단과 아비나

답과 말기수아를 죽이니라

3 사울이 패전하매 활 쏘는 자가 따라잡

으니 사울이 그 활 쏘는 자에게 중상을

입은지라

4 그가 무기를 든 자에게 이르되 네 칼을

빼어 그것으로 나를 찌르라 할례 받지

않은 자들이 와서 나를 찌르고 모욕할

까 두려워하노라 하나 무기를 든 자가

심히 두려워하여 감히 행하지 아니하는

지라 이에 사울이 자기의 칼을 뽑아서

그 위에 엎드러지매

5 무기를 든 자가 사울이 죽음을 보고 자기도 자기 칼 위에 엎드러져 그와 함께 죽으니라

6 사울과 그의 세 아들과 무기를 든 자와 그의 모든 사람이 다 그 날에 함께 죽었더라

7 골짜기 저쪽에 있는 이스라엘 사람과 요단 건너쪽에 있는 자들이 이스라엘 사람들이 도망한 것과 사울과 그의 아들들이 죽었음을 보고 성읍들을 버리고 도망하매 블레셋 사람들이 이르러 거기에서 사니라

8 그 이튿날 블레셋 사람들이 죽은 자를 벗기러 왔다가 사울과 그의 세 아들이 길보아 산에서 죽은 것을 보고

9 사울의 머리를 베고 그의 갑옷을 벗기고 자기들의 신당과 백성에게 알리기

위하여 그것을 블레셋 사람들의 땅 사방에 보내고

10 그의 갑옷은 아스다롯의 집에 두고 그의 시체는 벧산 성벽에 못 박으매

11 길르앗 야베스 주민들이 블레셋 사람들이 사울에게 행한 일을 듣고

12 모든 장사들이 일어나 밤새도록 달려가서 사울의 시체와 그의 아들들의 시체를 벧산 성벽에서 내려 가지고 야베스에 돌아가서 거기서 불사르고

13 그의 뼈를 가져다가 야베스 에셀 나무 아래에 장사하고 칠 일 동안 금식하였더라

사무엘하

사울이 죽은 소식을 다윗이 듣다

1 사울이 죽은 후에 다윗이 아말렉 사람을 쳐죽이고 돌아와 다윗이 시글락에서 이틀을 머물더니

2 사흘째 되는 날에 한 사람이 사울의 진영에서 나왔는데 그의 옷은 찢어졌고 머리에는 흙이 있더라 그가 다윗에게 나아와 땅에 엎드려 절하매

3 다윗이 그에게 묻되 너는 어디서 왔느냐 하니 대답하되 이스라엘 진영에서 도망하여 왔나이다 하니라

4 다윗이 그에게 이르되 일이 어떻게 되었느냐 너는 내게 말하라 그가 대답하되 군사가 전쟁 중에 도망하기도 하였고 무리 가운데에 엎드러져 죽은 자도 많았고 사울과 그의 아들 요나단도 죽었나이다 하는지라

5 다윗이 자기에게 알리는 청년에게 묻되 사울과 그의 아들 요나단이 죽은 줄을 네가 어떻게 아느냐

6 그에게 알리는 청년이 이르되 내가 우연히 길보아 산에 올라가 보니 사울이 자기 창에 기대고 병거와 기병은 그를 급히 따르는데

7 사울이 뒤로 돌아 나를 보고 부르시기로 내가 대답하되 내가 여기 있나이다 한즉

8 내게 이르되 너는 누구냐 하시기로 내가 그에게 대답하되 나는 아말렉 사람이니이다 한즉

9 또 내게 이르시되 내 목숨이 아직 내게 완전히 있으므로 내가 고통 중에 있나니 청하건대 너는 내 곁에 서서 나를 죽이라 하시기로

10 그가 엎드러진 후에는 살 수 없는 줄을 내가 알고 그의 곁에 서서 죽이고 그의

머리에 있는 왕관과 팔에 있는 고리를 벗겨서 내 주께로 가져왔나이다 하니라

11 이에 다윗이 자기 옷을 잡아 찢으매 함께 있는 모든 사람도 그리하고

12 사울과 그의 아들 요나단과 여호와의 백성과 이스라엘 족속이 칼에 죽음으로 말미암아 저녁 때까지 슬퍼하여 울며 금식하니라

13 다윗이 그 소식을 전한 청년에게 묻되 너는 어디 사람이냐 대답하되 나는 아말렉 사람 곧 외국인의 아들이니이다 하니

14 다윗이 그에게 이르되 네가 어찌하여 손을 들어 여호와의 기름 부음 받은 자 죽이기를 두려워하지 아니하였느냐 하고

15 다윗이 청년 중 한 사람을 불러 이르되 가까이 가서 그를 죽이라 하매 그가 치매 곧 죽으니라

16 다윗이 그에게 이르기를 네 피가 네 머리로 돌아갈지어다 네 입이 네게 대하여 증언하기를 내가 여호와의 기름 부음 받은 자를 죽였노라 함이니라 하였더라

사울과 요나단을 위한 다윗의 조가

17 다윗이 이 슬픈 노래로 사울과 그의 아들 요나단을 조상하고

18 명령하여 그것을 유다 족속에게 가르치라 하였으니 곧 활 노래라 야살의 책에 기록되었으되

19 이스라엘아 네 영광이 산 위에서 죽임을 당하였도다 오호라 두 용사가 엎드러졌도다

20 이 일을 가드에도 알리지 말며 아스글론 거리에도 전파하지 말지어다 블레셋 사람들의 딸들이 즐거워할까, 할례 받지 못한 자의 딸들이 개가를 부를까 염

려로다

21 길보아 산들아 너희 위에 이슬과 비가 내리지 아니하며 제물 낼 밭도 없을지어다 거기서 두 용사의 방패가 버린 바 됨이니라 곧 사울의 방패가 기름 부음을 받지 아니함 같이 됨이로다

22 죽은 자의 피에서, 용사의 기름에서 요나단의 활이 뒤로 물러가지 아니하였으며 사울의 칼이 헛되이 돌아오지 아니하였도다

23 사울과 요나단이 생전에 사랑스럽고 아름다운 자이러니 죽을 때에도 서로 떠나지 아니하였도다 그들은 독수리보다 빠르고 사자보다 강하였도다

24 이스라엘 딸들아 사울을 슬퍼하여 울지어다 그가 붉은 옷으로 너희에게 화려하게 입혔고 금 노리개를 너희 옷에 채웠도다

25 오호라 두 용사가 전쟁 중에 엎드러졌도다 요나단이 네 산 위에서 죽임을 당하였도다

26 내 형 요나단이여 내가 그대를 애통함은 그대는 내게 심히 아름다움이라 그대가 나를 사랑함이 기이하여 여인의 사랑보다 더하였도다

27 오호라 두 용사가 엎드러졌으며 싸우는 무기가 망하였도다 하였더라

다윗이 유다의 왕이 되다

2 그 후에 다윗이 여호와께 여쭈어 아뢰되 내가 유다 한 성읍으로 올라가리이까 여호와께서 이르시되 올라가라 다윗이 아뢰되 어디로 가리이까 이르시되 헤브론으로 갈지니라

2 다윗이 그의 두 아내 이스르엘 여인 아히노암과 갈멜 사람 나발의 아내였던 아비가일을 데리고 그리로 올라갈 때에

3 또 자기와 함께 한 추종자들과 그들의

가족들을 다윗이 다 데리고 올라가서

헤브론 각 성읍에 살게 하니라

4 유다 사람들이 와서 거기서 다윗에게

기름을 부어 유다 족속의 왕으로 삼았

더라 어떤 사람이 다윗에게 말하여 이

르되 사울을 장사한 사람은 길르앗 야

베스 사람들이니이다 하매

5 다윗이 길르앗 야베스 사람들에게 전령

들을 보내 그들에게 이르되 너희가 너

희 주 사울에게 이처럼 은혜를 베풀어

그를 장사하였으니 여호와께 복을 받을

지어다

6 너희가 이 일을 하였으니 이제 여호와

께서 은혜와 진리로 너희에게 베푸시기

를 원하고 나도 이 선한 일을 너희에게

갚으리니

7 이제 너희는 손을 강하게 하고 담대히

할지어다 너희 주 사울이 죽었고 또 유

다 족속이 내게 기름을 부어 그들의 왕

으로 삼았음이니라 하니라

이스보셋이 이스라엘의 왕이 되다

8 사울의 군사령관 넬의 아들 아브넬이

이미 사울의 아들 이스보셋을 데리고

마하나임으로 건너가

9 길르앗과 아술과 이스르엘과 에브라임

과 베냐민과 온 이스라엘의 왕으로 삼

았더라

10 사울의 아들 이스보셋이 이스라엘 왕이

될 때에 나이가 사십 세이며 두 해 동

안 왕위에 있으니라 유다 족속은 다윗

을 따르니

11 다윗이 헤브론에서 유다 족속의 왕이

된 날 수는 칠 년 육 개월이더라

이스라엘과 유다의 전쟁

12 넬의 아들 아브넬과 사울의 아들 이스

보셋의 신복들은 마하나임에서 나와 기

브온에 이르고

13 스루야의 아들 요압과 다윗의 신복들
도 나와 기브온 못 가에서 그들을 만나
함께 앉으니 이는 못 이쪽이요 그는 못
저쪽이라

14 아브넬이 요압에게 이르되 원하건대 청
년들에게 일어나서 우리 앞에서 겨루게
하자 요압이 이르되 일어나게 하자 하매

15 그들이 일어나 그 수대로 나아가니 베
냐민과 사울의 아들 이스보셋의 편에
열두 명이요 다윗의 신복 중에 열두 명
이라

16 각기 상대방의 머리를 잡고 칼로 상대
방의 옆구리를 찌르매 일제히 쓰러진지
라 그러므로 그 곳을 헬갓 핫수림이라
일컬었으며 기브온에 있더라

17 그 날에 싸움이 심히 맹렬하더니 아브

넬과 이스라엘 사람들이 다윗의 신복들
앞에서 패하니라

18 그 곳에 스루야의 세 아들 요압과 아비
새와 아사헬이 있었는데 아사헬의 발은
들노루 같이 빠르더라

19 아사헬이 아브넬을 쫓아 달려가되 좌우
로 치우치지 않고 아브넬의 뒤를 쫓으니

20 아브넬이 뒤를 돌아보며 이르되 아사헬
아 너냐 대답하되 나로라

21 아브넬이 그에게 이르되 너는 왼쪽으로
나 오른쪽으로나 가서 청년 하나를 붙
잡아 그의 군복을 빼앗으라 하되 아사
헬이 그렇게 하기를 원하지 아니하고
그의 뒤를 쫓으매

22 아브넬이 다시 아사헬에게 이르되 너는
나 쫓기를 그치라 내가 너를 쳐서 땅에
엎드러지게 할 까닭이 무엇이냐 그렇게
하면 내가 어떻게 네 형 요압을 대면하

겠느냐 하되

23 그가 물러가기를 거절하매 아브넬이 창

뒤 끝으로 그의 배를 찌르니 창이 그의

등을 꿰뚫고 나간지라 곧 그 곳에 엎드

러져 죽으매 아사헬이 엎드러져 죽은

곳에 이르는 자마다 머물러 섰더라

24 요압과 아비새가 아브넬의 뒤를 쫓아

기브온 거친 땅의 길 가 기아 맞은쪽

암마 산에 이를 때에 해가 졌고

25 베냐민 족속은 함께 모여 아브넬을 따

라 한 무리를 이루고 작은 산 꼭대기에

섰더라

26 아브넬이 요압에게 외쳐 이르되 칼이

영원히 사람을 상하겠느냐 마침내 참혹

한 일이 생길 줄을 알지 못하느냐 네가

언제 무리에게 그의 형제 쫓기를 그치

라 명령하겠느냐

27 요압이 이르되 하나님이 살아 계심을

두고 맹세하노니 네가 말하지 아니하였

더면 무리가 아침에 각각 다 돌아갔을

것이요 그의 형제를 쫓지 아니하였으리

라 하고

28 요압이 나팔을 불매 온 무리가 머물러

서고 다시는 이스라엘을 쫓아가지 아니

하고 다시는 싸우지도 아니하니라

29 아브넬과 그의 부하들이 밤새도록 걸어

서 아라바를 지나 요단을 건너 비드론

온 땅을 지나 마하나임에 이르니라

30 요압이 아브넬 쫓기를 그치고 돌아와

무리를 다 모으니 다윗의 신복 중에 열

아홉 명과 아사헬이 없어졌으나

31 다윗의 신복들이 베냐민과 아브넬에게

속한 자들을 쳐서 삼백육십 명을 죽였

더라

32 무리가 아사헬을 들어올려 베들레헴에

있는 그의 조상 묘에 장사하고 요압과

그의 부하들이 밤새도록 걸어서 헤브론

에 이른 때에 날이 밝았더라

3 사울의 집과 다윗의 집 사이에 전쟁이

오래매 다윗은 점점 강하여 가고 사울

의 집은 점점 약하여 가니라

다윗의 아들들 (대상 3:1-4)

2 다윗이 헤브론에서 아들들을 낳았으되

만아들은 암논이라 이스르엘 여인 아히

노암의 소생이요

3 둘째는 길르압이라 갈멜 사람 나발의

아내였던 아비가일의 소생이요 셋째는

압살롬이라 그술 왕 달매의 딸 마아가

의 아들이요

4 넷째는 아도니야라 학깃의 아들이요 다

섯째는 스바댜라 아비달의 아들이요

5 여섯째는 이드르암이라 다윗의 아내 에

글라의 소생이니 이들은 다윗이 헤브론

에서 낳은 자들이더라

아브넬이 이스보셋을 배반하다

6 사울의 집과 다윗의 집 사이에 전쟁이

있는 동안에 아브넬이 사울의 집에서

점점 권세를 잡으니라

7 사울에게 첩이 있었으니 이름은 리스바

요 아야의 딸이더라 이스보셋이 아브넬

에게 이르되 네가 어찌하여 내 아버지

의 첩과 통간하였느냐 하니

8 아브넬이 이스보셋의 말을 매우 분하게

여겨 이르되 내가 유다의 개 머리냐 내

가 오늘 당신의 아버지 사울의 집과 그

의 형제와 그의 친구에게 은혜를 베풀

어 당신을 다윗의 손에 내주지 아니하

였거늘 당신이 오늘 이 여인에게 관한

허물을 내게 돌리는도다

9 여호와께서 다윗에게 맹세하신 대로 내

가 이루게 하지 아니하면 하나님이 아

브넬에게 벌 위에 벌을 내리심이 마땅

하니라

10 그 맹세는 곧 이 나라를 사울의 집에서
다윗에게 옮겨서 그의 왕위를 단에서
브엘세바까지 이스라엘과 유다에 세우
리라 하신 것이니라 하매

11 이스보셋이 아브넬을 두려워하여 감히
한 마디도 대답하지 못하니라

12 아브넬이 자기를 대신하여 전령들을 다
윗에게 보내어 이르되 이 땅이 누구의
것이니이까 또 이르되 당신은 나와 더
불어 언약을 맺사이다 내 손이 당신을
도와 온 이스라엘이 당신에게 돌아가게
하리이다 하니

13 다윗이 이르되 좋다 내가 너와 언약을
맺거니와 내가 네게 한 가지 일을 요구
하노니 나를 보러올 때에 우선 사울의
딸 미갈을 데리고 오라 그리하지 아니
하면 내 얼굴을 보지 못하리라 하고

14 다윗이 사울의 아들 이스보셋에게 전령
들을 보내 이르되 내 처 미갈을 내게로
돌리라 그는 내가 전에 블레셋 사람의
포피 백 개로 나와 정혼한 자니라 하니

15 이스보셋이 사람을 보내 그의 남편 라
이스의 아들 발디엘에게서 그를 빼앗아
오매

16 그의 남편이 그와 함께 오되 울며 바후
림까지 따라왔더니 아브넬이 그에게 돌
아가라 하매 돌아가니라

17 아브넬이 이스라엘 장로들에게 말하여
이르되 너희가 여러 번 다윗을 너희의
임금으로 세우기를 구하였으니

18 이제 그대로 하라 여호와께서 이미 다
윗에 대하여 말씀하시기를 내가 내 종
다윗의 손으로 내 백성 이스라엘을 구
원하여 블레셋 사람의 손과 모든 대적
의 손에서 벗어나게 하리라 하셨음이니

라 하고

19 아브넬이 또 베냐민 사람의 귀에 말하고 아브넬이 이스라엘과 베냐민의 온 집이 선하게 여기는 모든 것을 다윗의 귀에 말하려고 헤브론으로 가니라

20 아브넬이 부하 이십 명과 더불어 헤브론에 이르러 다윗에게 나아가니 다윗이 아브넬과 그와 함께 한 사람을 위하여 잔치를 배설하였더라

21 아브넬이 다윗에게 말하되 내가 일어나 가서 온 이스라엘 무리를 내 주 왕의 앞에 모아 더불어 언약을 맺게 하고 마음에 원하시는 대로 모든 것을 다스리시게 하리이다 하니 이에 다윗이 아브넬을 보내매 그가 평안히 가니라

아브넬이 살해되다

22 다윗의 신복들과 요압이 적군을 치고 크게 노략한 물건을 가지고 돌아오니 아브넬은 이미 보냄을 받아 평안히 갔고 다윗과 함께 헤브론에 있지 아니한 때라

23 요압 및 요압과 함께 한 모든 군사가 돌아오매 어떤 사람이 요압에게 말하여 이르되 넬의 아들 아브넬이 왕에게 왔더니 왕이 보내매 그가 평안히 갔나이다 하니

24 요압이 왕에게 나아가 이르되 어찌 하심이니이까 아브넬이 왕에게 나아왔거늘 어찌하여 그를 보내 잘 가게 하셨나이까

25 왕도 아시려니와 넬의 아들 아브넬이 온 것은 왕을 속임이라 그가 왕이 출입하는 것을 알고 왕이 하시는 모든 것을 알려 함이니이다 하고

26 이에 요압이 다윗에게서 나와 전령들을 보내 아브넬을 쫓아가게 하였더니 시라 우물 가에서 그를 데리고 돌아왔으나

다윗은 알지 못하였더라

27 아브넬이 헤브론으로 돌아오매 요압이 더불어 조용히 말하려는 듯이 그를 데리고 성문 안으로 들어가 거기서 배를 찔러 죽이니 이는 자기의 동생 아사헬의 피로 말미암음이더라

28 그 후에 다윗이 듣고 이르되 넬의 아들 아브넬의 피에 대하여 나와 내 나라는 여호와 앞에 영원히 무죄하니

29 그 죄가 요압의 머리와 그의 아버지의 온 집으로 돌아갈지어다 또 요압의 집에서 백탁병자나 나병 환자나 지팡이를 의지하는 자나 칼에 죽는 자나 양식이 떨어진 자가 끊어지지 아니할지로다 하니라

30 요압과 그의 동생 아비새가 아브넬을 죽인 것은 그가 기브온 전쟁에서 자기 동생 아사헬을 죽인 까닭이었더라

아브넬을 장사하다

31 다윗이 요압과 및 자기와 함께 있는 모든 백성에게 이르되 너희는 옷을 찢고 굵은 베를 띠고 아브넬 앞에서 애도하라 하니라 다윗 왕이 상여를 따라가

32 아브넬을 헤브론에 장사하고 아브넬의 무덤에서 왕이 소리를 높여 울고 백성도 다 우니라

33 왕이 아브넬을 위하여 애가를 지어 이르되 아브넬의 죽음이 어찌하여 미련한 자의 죽음 같은고

34 네 손이 결박되지 아니하였고 네 발이 차꼬에 채이지 아니하였거늘 불의한 자식의 앞에 엎드러짐 같이 네가 엎드러졌도다 하매 온 백성이 다시 그를 슬퍼하여 우니라

35 석양에 뭇 백성이 나아와 다윗에게 음식을 권하니 다윗이 맹세하여 이르되

만일 내가 해 지기 전에 떡이나 다른

모든 것을 맛보면 하나님이 내게 벌 위

에 벌을 내리심이 마땅하니라 하매

36 온 백성이 보고 기뻐하며 왕이 무슨 일

을 하든지 무리가 다 기뻐하므로

37 이 날에야 온 백성과 온 이스라엘이 넬

의 아들 아브넬을 죽인 것이 왕이 한

것이 아닌 줄을 아니라

38 왕이 그의 신복에게 이르되 오늘 이스

라엘의 지도자요 큰 인물이 죽은 것을

알지 못하느냐

39 내가 기름 부음을 받은 왕이 되었으나

오늘 약하여서 스루야의 아들인 이 사

람들을 제어하기가 너무 어려우니 여호

와는 악행한 자에게 그 악한 대로 갚으

실지로다 하니라

이스보셋이 살해되다

4 사울의 아들 이스보셋은 아브넬이 헤브

론에서 죽었다 함을 듣고 손의 맥이 풀

렸고 온 이스라엘이 놀라니라

2 사울의 아들 이스보셋에게 군지휘관 두

사람이 있으니 한 사람의 이름은 바아

나요 한 사람의 이름은 레갑이라 베냐

민 족속 브에롯 사람 림몬의 아들들이더

라 브에롯도 베냐민 지파에 속하였으니

3 일찍이 브에롯 사람들이 깃다임으로 도

망하여 오늘까지 거기에 우거함이더라

4 사울의 아들 요나단에게 다리 저는 아

들 하나가 있었으니 이름은 므비보셋이

라 전에 사울과 요나단이 죽은 소식이

이스르엘에서 올 때에 그의 나이가 다

섯 살이었는데 그 유모가 안고 도망할

때 급히 도망하다가 아이가 떨어져 절

게 되었더라

5 브에롯 사람 림몬의 아들 레갑과 바아

나가 길을 떠나 볕이 쬘 때 즈음에 이

스보셋의 집에 이르니 마침 그가 침상에서 낮잠을 자는지라

6 레갑과 그의 형제 바아나가 밀을 가지러 온 체하고 집 가운데로 들어가서 그의 배를 찌르고 도망하였더라

7 그들이 집에 들어가니 이스보셋이 침실에서 침상 위에 누워 있는지라 그를 쳐죽이고 목을 베어 그의 머리를 가지고 밤새도록 아라바 길로 가

8 헤브론에 이르러 다윗 왕에게 이스보셋의 머리를 드리며 아뢰되 왕의 생명을 해하려 하던 원수 사울의 아들 이스보셋의 머리가 여기 있나이다 여호와께서 오늘 우리 주 되신 왕의 원수를 사울과 그의 자손에게 갚으셨나이다 하니

9 다윗이 브에롯 사람 림몬의 아들 레갑과 그의 형제 바아나에게 대답하여 그들에게 이르되 내 생명을 여러 환난 가운데서 건지신 여호와께서 살아 계심을 두고 맹세하노니

10 전에 사람이 내게 알리기를 보라 사울이 죽었다 하며 그가 좋은 소식을 전하는 줄로 생각하였어도 내가 그를 잡아 시글락에서 죽여서 그것을 그 소식을 전한 갚음으로 삼았거든

11 하물며 악인이 의인을 그의 집 침상 위에서 죽인 것이겠느냐 그런즉 내가 악인의 피흘린 죄를 너희에게 갚아서 너희를 이 땅에서 없이하지 아니하겠느냐 하고

12 청년들에게 명령하매 곧 그들을 죽이고 수족을 베어 헤브론 못 가에 매달고 이스보셋의 머리를 가져다가 헤브론에서 아브넬의 무덤에 매장하였더라

다윗이 온 이스라엘의 왕이 되다 (대상 11:1-3)

5 이스라엘 모든 지파가 헤브론에 이르러

다윗에게 나아와 이르되 보소서 우리는

왕의 한 골육이니이다

2 전에 곧 사울이 우리의 왕이 되었을 때
에도 이스라엘을 거느려 출입하게 하신
분은 왕이시었고 여호와께서도 왕에게
말씀하시기를 네가 내 백성 이스라엘의
목자가 되며 네가 이스라엘의 주권자가
되리라 하셨나이다 하니라

3 이에 이스라엘 모든 장로가 헤브론에
이르러 왕에게 나아오매 다윗 왕이 헤
브론에서 여호와 앞에 그들과 언약을
맺으매 그들이 다윗에게 기름을 부어
이스라엘 왕으로 삼으니라

4 다윗이 나이가 삼십 세에 왕위에 올라
사십 년 동안 다스렸으되

5 헤브론에서 칠 년 육 개월 동안 유다를
다스렸고 예루살렘에서 삼십삼 년 동안
온 이스라엘과 유다를 다스렸더라

다윗이 시온을 빼앗아 성을 둘러 쌓다
(대상 11:4-9; 14:1-2)

6 왕과 그의 부하들이 예루살렘으로 가
서 그 땅 주민 여부스 사람을 치려 하
매 그 사람들이 다윗에게 이르되 네가
결코 이리로 들어오지 못하리라 맹인과
다리 저는 자라도 너를 물리치리라 하
니 그들 생각에는 다윗이 이리로 들어
오지 못하리라 함이나

7 다윗이 시온 산성을 빼앗았으니 이는
다윗 성이더라

8 그 날에 다윗이 이르기를 누구든지 여
부스 사람을 치거든 물 긷는 데로 올라
가서 다윗의 마음에 미워하는 다리 저
는 사람과 맹인을 치라 하였으므로 속
담이 되어 이르기를 맹인과 다리 저는
사람은 집에 들어오지 못하리라 하더라

9 다윗이 그 산성에 살면서 다윗 성이라
이름하고 다윗이 밀로에서부터 안으로

성을 둘러 쌓으니라

10 만군의 하나님 여호와께서 함께 계시니

다윗이 점점 강성하여 가니라

11 두로 왕 히람이 다윗에게 사절들과 백

향목과 목수와 석수를 보내매 그들이

다윗을 위하여 집을 지으니

12 다윗이 여호와께서 자기를 세우사 이스

라엘 왕으로 삼으신 것과 그의 백성 이

스라엘을 위하여 그 나라를 높이신 것

을 알았더라

다윗의 아들과 딸들 (대상 14:3-7)

13 다윗이 헤브론에서 올라온 후에 예루살

렘에서 처첩들을 더 두었으므로 아들과

딸들이 또 다윗에게서 나니

14 예루살렘에서 그에게서 난 자들의 이름

은 삼무아와 소밥과 나단과 솔로몬과

15 입할과 엘리수아와 네벡과 야비아와

16 엘리사마와 엘랴다와 엘리벨렛이었더라

다윗이 블레셋을 쳐서 이기다 (대상 14:8-17)

17 이스라엘이 다윗에게 기름을 부어 이스

라엘 왕으로 삼았다 함을 블레셋 사람

들이 듣고 블레셋 사람들이 다윗을 찾

으러 다 올라오매 다윗이 듣고 요새로

나가니라

18 블레셋 사람들이 이미 이르러 르바임

골짜기에 가득한지라

19 다윗이 여호와께 여쭈어 이르되 내가

블레셋 사람에게로 올라가리이까 여호

와께서 그들을 내 손에 넘기시겠나이까

하니 여호와께서 다윗에게 말씀하시되

올라가라 내가 반드시 블레셋 사람을

네 손에 넘기리라 하신지라

20 다윗이 바알브라심에 이르러 거기서 그

들을 치고 다윗이 말하되 여호와께서

물을 흩음 같이 내 앞에서 내 대적을

흩으셨다 하므로 그 곳 이름을 바알브

라심이라 부르니라

21 거기서 블레셋 사람들이 그들의 우상을 버렸으므로 다윗과 그의 부하들이 치우니라

22 블레셋 사람들이 다시 올라와서 르바임 골짜기에 가득한지라

23 다윗이 여호와께 여쭈니 이르시되 올라가지 말고 그들 뒤로 돌아서 뽕나무 수풀 맞은편에서 그들을 기습하되

24 뽕나무 꼭대기에서 걸음 걷는 소리가 들리거든 곧 공격하라 그 때에 여호와가 너보다 앞서 나아가서 블레셋 군대를 치리라 하신지라

25 이에 다윗이 여호와의 명령대로 행하여 블레셋 사람을 쳐서 게바에서 게셀까지 이르니라

하나님의 궤를 다윗 성으로 옮기다
(대상 13:1-14; 15:25-16:6, 43)

6 다윗이 이스라엘에서 뽑은 무리 삼만

명을 다시 모으고

2 다윗이 일어나 자기와 함께 있는 모든 사람과 더불어 바알레유다로 가서 거기서 하나님의 궤를 메어 오려 하니 그 궤는 그룹들 사이에 좌정하신 만군의 여호와의 이름으로 불리는 것이라

3 그들이 하나님의 궤를 새 수레에 싣고 산에 있는 아비나답의 집에서 나오는데 아비나답의 아들 웃사와 아효가 그 새 수레를 모니라

4 그들이 산에 있는 아비나답의 집에서 하나님의 궤를 싣고 나올 때에 아효는 궤 앞에서 가고

5 다윗과 이스라엘 온 족속은 잣나무로 만든 여러 가지 악기와 수금과 비파와 소고와 양금과 제금으로 여호와 앞에서 연주하더라

6 그들이 나곤의 타작 마당에 이르러서는

365

소들이 뛰므로 웃사가 손을 들어 하나

님의 궤를 붙들었더니

7 여호와 하나님이 웃사가 잘못함으로 말

미암아 진노하사 그를 그 곳에서 치시

니 그가 거기 하나님의 궤 곁에서 죽으

니라

8 여호와께서 웃사를 치시므로 다윗이 분

하여 그 곳을 베레스웃사라 부르니 그

이름이 오늘까지 이르니라

9 다윗이 그 날에 여호와를 두려워하여

이르되 여호와의 궤가 어찌 내게로 오

리요 하고

10 다윗이 여호와의 궤를 옮겨 다윗 성 자

기에게로 메어 가기를 즐겨하지 아니하

고 가드 사람 오벧에돔의 집으로 메어

간지라

11 여호와의 궤가 가드 사람 오벧에돔의

집에 석 달을 있었는데 여호와께서 오

벧에돔과 그의 온 집에 복을 주시니라

12 어떤 사람이 다윗 왕에게 아뢰어 이르

되 여호와께서 하나님의 궤로 말미암아

오벧에돔의 집과 그의 모든 소유에 복

을 주셨다 한지라 다윗이 가서 하나님

의 궤를 기쁨으로 메고 오벧에돔의 집

에서 다윗 성으로 올라갈새

13 여호와의 궤를 멘 사람들이 여섯 걸음

을 가매 다윗이 소와 살진 송아지로 제

사를 드리고

14 다윗이 여호와 앞에서 힘을 다하여 춤

을 추는데 그 때에 다윗이 베 에봇을

입었더라

15 다윗과 온 이스라엘 족속이 즐거이 환

호하며 나팔을 불고 여호와의 궤를 메

어오니라

16 여호와의 궤가 다윗 성으로 들어올 때

에 사울의 딸 미갈이 창으로 내다보다

가 다윗 왕이 여호와 앞에서 뛰놀며 춤

추는 것을 보고 심중에 그를 업신여기

니라

17 여호와의 궤를 메고 들어가서 다윗이

그것을 위하여 친 장막 가운데 그 준비

한 자리에 그것을 두매 다윗이 번제와

화목제를 여호와 앞에 드리니라

18 다윗이 번제와 화목제 드리기를 마치고

만군의 여호와의 이름으로 백성에게 축

복하고

19 모든 백성 곧 온 이스라엘 무리에게 남

녀를 막론하고 떡 한 개와 고기 한 조

각과 건포도 떡 한 덩이씩 나누어 주매

모든 백성이 각기 집으로 돌아가니라

20 다윗이 자기의 가족에게 축복하러 돌아

오매 사울의 딸 미갈이 나와서 다윗을

맞으며 이르되 이스라엘 왕이 오늘 어

떻게 영화로우신지 방탕한 자가 염치

없이 자기의 몸을 드러내는 것처럼 오

늘 그의 신복의 계집종의 눈앞에서 몸

을 드러내셨도다 하니

21 다윗이 미갈에게 이르되 이는 여호와 앞

에서 한 것이니라 그가 네 아버지와 그

의 온 집을 버리시고 나를 택하사 나를

여호와의 백성 이스라엘의 주권자로 삼

으셨으니 내가 여호와 앞에서 뛰놀리라

22 내가 이보다 더 낮아져서 스스로 천하

게 보일지라도 네가 말한 바 계집종에

게는 내가 높임을 받으리라 한지라

23 그러므로 사울의 딸 미갈이 죽는 날까

지 그에게 자식이 없으니라

다윗과 다윗 왕국에 대한 하나님의 약속
(대상 17:1-15)

7 여호와께서 주위의 모든 원수를 무찌르

사 왕으로 궁에 평안히 살게 하신 때에

2 왕이 선지자 나단에게 이르되 볼지어다

나는 백향목 궁에 살거늘 하나님의 궤

는 휘장 가운데에 있도다

3 나단이 왕께 아뢰되 여호와께서 왕과

함께 계시니 마음에 있는 모든 것을 행

하소서 하니라

4 그 밤에 여호와의 말씀이 나단에게 임

하여 이르시되

5 가서 내 종 다윗에게 말하기를 여호와

께서 이와 같이 말씀하시되 네가 나를

위하여 내가 살 집을 건축하겠느냐

6 내가 이스라엘 자손을 애굽에서 인도하

여 내던 날부터 오늘까지 집에 살지 아

니하고 장막과 성막 안에서 다녔나니

7 이스라엘 자손과 더불어 다니는 모든

곳에서 내가 내 백성 이스라엘을 먹이

라고 명령한 이스라엘 어느 지파들 가

운데 하나에게 내가 말하기를 너희가

어찌하여 나를 위하여 백향목 집을 건

축하지 아니하였느냐고 말하였느냐

8 그러므로 이제 내 종 다윗에게 이와 같

이 말하라 만군의 여호와께서 이와 같

이 말씀하시기를 내가 너를 목장 곧 양

을 따르는 데에서 데려다가 내 백성 이

스라엘의 주권자로 삼고

9 네가 가는 모든 곳에서 내가 너와 함께

있어 네 모든 원수를 네 앞에서 멸하였

은즉 땅에서 위대한 자들의 이름 같이

네 이름을 위대하게 만들어 주리라

10 내가 또 내 백성 이스라엘을 위하여 한

곳을 정하여 그를 심고 그를 거주하게

하고 다시 옮기지 못하게 하며 악한 종

류로 전과 같이 그들을 해하지 못하게

하여

11 전에 내가 사사에게 명령하여 내 백성

이스라엘을 다스리던 때와 같지 아니하

게 하고 너를 모든 원수에게서 벗어나

편히 쉬게 하리라 여호와가 또 네게 이

르노니 여호와가 너를 위하여 집을 짓고

12 네 수한이 차서 네 조상들과 함께 누울 때에 내가 네 몸에서 날 네 씨를 네 뒤에 세워 그의 나라를 견고하게 하리라

13 그는 내 이름을 위하여 집을 건축할 것이요 나는 그의 나라 왕위를 영원히 견고하게 하리라

14 나는 그에게 아버지가 되고 그는 내게 아들이 되리니 그가 만일 죄를 범하면 내가 사람의 매와 인생의 채찍으로 징계하려니와

15 내가 네 앞에서 물러나게 한 사울에게서 내 은총을 빼앗은 것처럼 그에게서 빼앗지는 아니하리라

16 네 집과 네 나라가 내 앞에서 영원히 보전되고 네 왕위가 영원히 견고하리라 하셨다 하라

17 나단이 이 모든 말씀들과 이 모든 계시대로 다윗에게 말하니라

다윗의 기도 (대상 17:16-27)

18 다윗 왕이 여호와 앞에 들어가 앉아서 이르되 주 여호와여 나는 누구이오며 내 집은 무엇이기에 나를 여기까지 이르게 하셨나이까

19 주 여호와여 주께서 이것을 오히려 적게 여기시고 또 종의 집에 있을 먼 장래의 일까지도 말씀하셨나이다 주 여호와여 이것이 사람의 법이니이다

20 주 여호와는 주의 종을 아시오니 다윗이 다시 주께 무슨 말씀을 하오리이까

21 주의 말씀으로 말미암아 주의 뜻대로 이 모든 큰 일을 행하사 주의 종에게 알게 하셨나이다

22 그런즉 주 여호와여 주는 위대하시니 이는 우리 귀로 들은 대로는 주와 같은 이가 없고 주 외에는 신이 없음이니이다

23 땅의 어느 한 나라가 주의 백성 이스라엘과 같으리이까 하나님이 가서 구속하사 자기 백성으로 삼아 주의 명성을 내시며 그들을 위하여 큰 일을, 주의 땅을 위하여 두려운 일을 애굽과 많은 나라들과 그의 신들에게서 구속하신 백성 앞에서 행하셨사오며

24 주께서 주의 백성 이스라엘을 세우사 영원히 주의 백성으로 삼으셨사오니 여호와여 주께서 그들의 하나님이 되셨나이다

25 여호와 하나님이여 이제 주의 종과 종의 집에 대하여 말씀하신 것을 영원히 세우시며 말씀하신 대로 행하사

26 사람이 영원히 주의 이름을 크게 높여 이르기를 만군의 여호와는 이스라엘의 하나님이라 하게 하옵시며 주의 종 다윗의 집이 주 앞에 견고하게 하옵소서

27 만군의 여호와 이스라엘의 하나님이여 주의 종의 귀를 여시고 이르시기를 내가 너를 위하여 집을 세우리라 하셨으므로 주의 종이 이 기도로 주께 간구할 마음이 생겼나이다

28 주 여호와여 오직 주는 하나님이시며 주의 말씀들이 참되시니이다 주께서 이 좋은 것을 주의 종에게 말씀하셨사오니

29 이제 청하건대 종의 집에 복을 주사 주 앞에 영원히 있게 하옵소서 주 여호와께서 말씀하셨사오니 주의 종의 집이 영원히 복을 받게 하옵소서 하니라

다윗이 어디로 가든지 이기다 (대상 18:1-17)

8 그 후에 다윗이 블레셋 사람들을 쳐서 항복을 받고 블레셋 사람들의 손에서 메덱암마를 빼앗으니라

2 다윗이 또 모압을 쳐서 그들로 땅에 엎드리게 하고 줄로 재어 그 두 줄 길이

의 사람은 죽이고 한 줄 길이의 사람은 살리니 모압 사람들이 다윗의 종들이 되어 조공을 드리니라

3 르홉의 아들 소바 왕 하닷에셀이 자기 권세를 회복하려고 유브라데 강으로 갈 때에 다윗이 그를 쳐서

4 그에게서 마병 천칠백 명과 보병 이만 명을 사로잡고 병거 일백 대의 말만 남기고 다윗이 그 외의 병거의 말은 다 발의 힘줄을 끊었더니

5 다메섹의 아람 사람들이 소바 왕 하닷에셀을 도우러 온지라 다윗이 아람 사람 이만 이천 명을 죽이고

6 다윗이 다메섹 아람에 수비대를 두매 아람 사람이 다윗의 종이 되어 조공을 바치니라 다윗이 어디로 가든지 여호와께서 이기게 하시니라

7 다윗이 하닷에셀의 신복들이 가진 금

방패를 빼앗아 예루살렘으로 가져오고

8 또 다윗 왕이 하닷에셀의 고을 베다와 베로대에서 매우 많은 놋을 빼앗으니라

9 하맛 왕 도이가 다윗이 하닷에셀의 온 군대를 쳐서 무찔렀다 함을 듣고

10 도이가 그의 아들 요람을 보내 다윗 왕에게 문안하고 축복하게 하니 이는 하닷에셀이 도이와 더불어 전쟁이 있던 터에 다윗이 하닷에셀을 쳐서 무찌름이라 요람이 은 그릇과 금 그릇과 놋 그릇을 가지고 온지라

11 다윗 왕이 그것도 여호와께 드리되 그가 정복한 모든 나라에서 얻은 은금

12 곧 아람과 모압과 암몬 자손과 블레셋 사람과 아말렉에게서 얻은 것들과 소바 왕 르홉의 아들 하닷에셀에게서 노략한 것과 같이 드리니라

13 다윗이 소금 골짜기에서 에돔 사람 만

팔천 명을 쳐죽이고 돌아와서 명성을

떨치니라

14 다윗이 에돔에 수비대를 두되 온 에돔

에 수비대를 두니 에돔 사람이 다 다윗

의 종이 되니라 다윗이 어디로 가든지

여호와께서 이기게 하셨더라

15 다윗이 온 이스라엘을 다스려 다윗이

모든 백성에게 정의와 공의를 행할새

16 스루야의 아들 요압은 군사령관이 되고

아힐룻의 아들 여호사밧은 사관이 되고

17 아히둡의 아들 사독과 아비아달의 아들

아히멜렉은 제사장이 되고 스라야는 서

기관이 되고

18 여호야다의 아들 브나야는 그렛 사람과

블렛 사람을 관할하고 다윗의 아들들은

대신들이 되니라

다윗과 므비보셋

9 다윗이 이르되 사울의 집에 아직도 남

은 사람이 있느냐 내가 요나단으로 말

미암아 그 사람에게 은총을 베풀리라

하니라

2 사울의 집에는 종 한 사람이 있으니 그

의 이름은 시바라 그를 다윗의 앞으로

부르매 왕이 그에게 말하되 네가 시바

냐 하니 이르되 당신의 종이니이다 하

니라

3 왕이 이르되 사울의 집에 아직도 남은

사람이 없느냐 내가 그 사람에게 하나

님의 은총을 베풀고자 하노라 하니 시

바가 왕께 아뢰되 요나단의 아들 하나

가 있는데 다리 저는 자니이다 하니라

4 왕이 그에게 말하되 그가 어디 있느냐

하니 시바가 왕께 아뢰되 로드발 암미엘

의 아들 마길의 집에 있나이다 하니라

5 다윗 왕이 사람을 보내어 로드발 암미엘

의 아들 마길의 집에서 그를 데려오니

6 사울의 손자 요나단의 아들 므비보셋이 다윗에게 나아와 그 앞에 엎드려 절하매 다윗이 이르되 므비보셋이여 하니 그가 이르기를 보소서 당신의 종이니이다

7 다윗이 그에게 이르되 무서워하지 말라 내가 반드시 네 아버지 요나단으로 말미암아 네게 은총을 베풀리라 내가 네 할아버지 사울의 모든 밭을 다 네게 도로 주겠고 또 너는 항상 내 상에서 떡을 먹을지니라 하니

8 그가 절하여 이르되 이 종이 무엇이기에 왕께서 죽은 개 같은 나를 돌아보시나이까 하니라

9 왕이 사울의 시종 시바를 불러 그에게 이르되 사울과 그의 온 집에 속한 것은 내가 다 네 주인의 아들에게 주었노니

10 너와 네 아들들과 네 종들은 그를 위하여 땅을 갈고 거두어 네 주인의 아들에게 양식을 대주어 먹게 하라 그러나 네 주인의 아들 므비보셋은 항상 내 상에서 떡을 먹으리라 하니라 시바는 아들이 열다섯 명이요 종이 스무 명이라

11 시바가 왕께 아뢰되 내 주 왕께서 모든 일을 종에게 명령하신 대로 종이 준행하겠나이다 하니라 므비보셋은 왕자 중 하나처럼 왕의 상에서 먹으니라

12 므비보셋에게 어린 아들 하나가 있으니 이름은 미가더라 시바의 집에 사는 자마다 므비보셋의 종이 되니라

13 므비보셋이 항상 왕의 상에서 먹으므로 예루살렘에 사니라 그는 두 발을 다 절더라

다윗이 암몬과 싸우다 (대상 19:1-19)

10 그 후에 암몬 자손의 왕이 죽고 그의 아들 하눈이 대신하여 왕이 되니

2 다윗이 이르되 내가 나하스의 아들 하

눈에게 은총을 베풀되 그의 아버지가

내게 은총을 베푼 것 같이 하리라 하고

다윗이 그의 신하들을 보내 그의 아버

지를 조상하라 하니라 다윗의 신하들이

암몬 자손의 땅에 이르매

3 암몬 자손의 관리들이 그들의 주 하눈

에게 말하되 왕은 다윗이 조객을 당신

에게 보낸 것이 왕의 아버지를 공경함

인 줄로 여기시나이까 다윗이 그의 신

하들을 당신에게 보내 이 성을 엿보고

탐지하여 함락시키고자 함이 아니니이

까 하니

4 이에 하눈이 다윗의 신하들을 잡아 그

들의 수염 절반을 깎고 그들의 의복의

중동볼기까지 자르고 돌려보내매

5 사람들이 이 일을 다윗에게 알리니라

그 사람들이 크게 부끄러워하므로 왕이

그들을 맞으러 보내 이르기를 너희는

수염이 자라기까지 여리고에서 머물다

가 돌아오라 하니라

6 암몬 자손들이 자기들이 다윗에게 미

움이 된 줄 알고 암몬 자손들이 사람을

보내 벧르홉 아람 사람과 소바 아람 사

람의 보병 이만 명과 마아가 왕과 그의

사람 천 명과 돕 사람 만 이천 명을 고

용한지라

7 다윗이 듣고 요압과 용사의 온 무리를

보내매

8 암몬 자손은 나와서 성문 어귀에 진을

쳤고 소바와 르홉 아람 사람과 돕과 마

아가 사람들은 따로 들에 있더라

9 요압이 자기와 맞서 앞뒤에 친 적진을

보고 이스라엘의 선발한 자 중에서 또

엄선하여 아람 사람과 싸우려고 진 치고

10 그 백성의 남은 자를 그 아우 아비새의

수하에 맡겨 암몬 자손과 싸우려고 진

치게 하고

11 이르되 만일 아람 사람이 나보다 강하

면 네가 나를 돕고 만일 암몬 자손이 너

보다 강하면 내가 가서 너를 도우리라

12 너는 담대하라 우리가 우리 백성과 우

리 하나님의 성읍들을 위하여 담대히

하자 여호와께서 선히 여기시는 대로

행하시기를 원하노라 하고

13 요압과 그와 함께 한 백성이 아람 사람

을 대항하여 싸우려고 나아가니 그들이

그 앞에서 도망하고

14 암몬 자손은 아람 사람이 도망함을 보

고 그들도 아비새 앞에서 도망하여 성

읍으로 들어간지라 요압이 암몬 자손을

떠나 예루살렘으로 돌아가니라

15 아람 사람이 자기가 이스라엘 앞에서

패하였음을 보고 다 모이매

16 하닷에셀이 사람을 보내 강 건너쪽에

있는 아람 사람을 불러 내매 그들이 헬

람에 이르니 하닷에셀의 군사령관 소박

이 그들을 거느린지라

17 어떤 사람이 다윗에게 알리매 그가 온

이스라엘을 모으고 요단을 건너 헬람에

이르매 아람 사람들이 다윗을 향하여

진을 치고 더불어 싸우더니

18 아람 사람이 이스라엘 앞에서 도망한

지라 다윗이 아람 병거 칠백 대와 마병

사만 명을 죽이고 또 그 군사령관 소박

을 치매 거기서 죽으니라

19 하닷에셀에게 속한 왕들이 자기가 이스

라엘 앞에서 패함을 보고 이스라엘과

화친하고 섬기니 그러므로 아람 사람들

이 두려워하여 다시는 암몬 자손을 돕

지 아니하니라

다윗과 밧세바

11 그 해가 돌아와 왕들이 출전할 때가 되

매 다윗이 요압과 그에게 있는 그의 부

하들과 온 이스라엘 군대를 보내니 그

들이 암몬 자손을 멸하고 랍바를 에워

쌌고 다윗은 예루살렘에 그대로 있더라

2 저녁 때에 다윗이 그의 침상에서 일어

나 왕궁 옥상에서 거닐다가 그 곳에서

보니 한 여인이 목욕을 하는데 심히 아

름다워 보이는지라

3 다윗이 사람을 보내 그 여인을 알아보

게 하였더니 그가 아뢰되 그는 엘리암

의 딸이요 헷 사람 우리아의 아내 밧세

바가 아니니이까 하니

4 다윗이 전령을 보내어 그 여자를 자기

에게로 데려오게 하고 그 여자가 그 부

정함을 깨끗하게 하였으므로 더불어 동

침하매 그 여자가 자기 집으로 돌아가

니라

5 그 여인이 임신하매 사람을 보내 다윗

에게 말하여 이르되 내가 임신하였나이

다 하니라

6 다윗이 요압에게 기별하여 헷 사람 우

리아를 내게 보내라 하매 요압이 우리

아를 다윗에게로 보내니

7 우리아가 다윗에게 이르매 다윗이 요압

의 안부와 군사의 안부와 싸움이 어떠

했는지를 묻고

8 그가 또 우리아에게 이르되 네 집으로

내려가서 발을 씻으라 하니 우리아가

왕궁에서 나가매 왕의 음식물이 뒤따라

가니라

9 그러나 우리아는 집으로 내려가지 아니

하고 왕궁 문에서 그의 주의 모든 부하

들과 더불어 잔지라

10 어떤 사람이 다윗에게 아뢰되 우리아가

그의 집으로 내려가지 아니하였나이다

다윗이 우리아에게 이르되 네가 길 갔

다가 돌아온 것이 아니냐 어찌하여 네

집으로 내려가지 아니하였느냐 하니

11 우리아가 다윗에게 아뢰되 언약궤와 이

스라엘과 유다가 야영 중에 있고 내 주

요압과 내 왕의 부하들이 바깥 들에 진

치고 있거늘 내가 어찌 내 집으로 가서

먹고 마시고 내 처와 같이 자리이까 내

가 이 일을 행하지 아니하기로 왕의 살

아 계심과 왕의 혼의 살아 계심을 두고

맹세하나이다 하니라

12 다윗이 우리아에게 이르되 오늘도 여기

있으라 내일은 내가 너를 보내리라 우

리아가 그 날에 예루살렘에 머무니라

이튿날

13 다윗이 그를 불러서 그로 그 앞에서 먹

고 마시고 취하게 하니 저녁 때에 그가

나가서 그의 주의 부하들과 더불어 침

상에 눕고 그의 집으로 내려가지 아니

하니라

14 아침이 되매 다윗이 편지를 써서 우리

아의 손에 들려 요압에게 보내니

15 그 편지에 써서 이르기를 너희가 우리

아를 맹렬한 싸움에 앞세워 두고 너희

는 뒤로 물러가서 그로 맞아 죽게 하라

하였더라

16 요압이 그 성을 살펴 용사들이 있는 것

을 아는 그 곳에 우리아를 두니

17 그 성 사람들이 나와서 요압과 더불어

싸울 때에 다윗의 부하 중 몇 사람이

엎드러지고 헷 사람 우리아도 죽으니라

18 요압이 사람을 보내 그 전쟁의 모든 일

을 다윗에게 보고할새

19 그 전령에게 명령하여 이르되 전쟁의

모든 일을 네가 왕께 보고하기를 마친

후에

20 혹시 왕이 노하여 네게 말씀하기를 너

희가 어찌하여 성에 그처럼 가까이 가

서 싸웠느냐 그들이 성 위에서 쏠 줄을

알지 못하였느냐

21 여룹베셋의 아들 아비멜렉을 쳐죽인 자

가 누구냐 여인 하나가 성에서 맷돌 위

짝을 그 위에 던지매 그가 데벳스에서

죽지 아니하였느냐 어찌하여 성에 가까

이 갔더냐 하시거든 네가 말하기를 왕의

종 헷 사람 우리아도 죽었나이다 하라

22 전령이 가서 다윗에게 이르러 요압이

그를 보낸 모든 일을 다윗에게 아뢰어

23 이르되 그 사람들이 우리보다 우세하여

우리를 향하여 들로 나오므로 우리가

그들을 쳐서 성문 어귀까지 미쳤더니

24 활 쏘는 자들이 성 위에서 왕의 부하들

을 향하여 쏘매 왕의 부하 중 몇 사람

이 죽고 왕의 종 헷 사람 우리아도 죽

었나이다 하니

25 다윗이 전령에게 이르되 너는 요압에게

이같이 말하기를 이 일로 걱정하지 말

라 칼은 이 사람이나 저 사람이나 삼키

느니라 그 성을 향하여 더욱 힘써 싸워

함락시키라 하여 너는 그를 담대하게

하라 하니라

26 우리아의 아내는 그 남편 우리아가 죽

었음을 듣고 그의 남편을 위하여 소리

내어 우니라

27 그 장례를 마치매 다윗이 사람을 보내

그를 왕궁으로 데려오니 그가 그의 아

내가 되어 그에게 아들을 낳으니라 다

윗이 행한 그 일이 여호와 보시기에 악

하였더라

나단의 책망과 다윗의 회개

12 여호와께서 나단을 다윗에게 보내시니

그가 다윗에게 가서 그에게 이르되 한

성읍에 두 사람이 있는데 한 사람은 부

하고 한 사람은 가난하니

2 그 부한 사람은 양과 소가 심히 많으나

3 가난한 사람은 아무것도 없고 자기가

사서 기르는 작은 암양 새끼 한 마리뿐

이라 그 암양 새끼는 그와 그의 자식과

함께 자라며 그가 먹는 것을 먹으며 그

의 잔으로 마시며 그의 품에 누우므로

그에게는 딸처럼 되었거늘

4 어떤 행인이 그 부자에게 오매 부자가

자기에게 온 행인을 위하여 자기의 양

과 소를 아껴 잡지 아니하고 가난한 사

람의 양 새끼를 빼앗아다가 자기에게

온 사람을 위하여 잡았나이다 하니

5 다윗이 그 사람으로 말미암아 노하여

나단에게 이르되 여호와의 살아 계심을

두고 맹세하노니 이 일을 행한 그 사람

은 마땅히 죽을 자라

6 그가 불쌍히 여기지 아니하고 이런 일

을 행하였으니 그 양 새끼를 네 배나

갚아 주어야 하리라 한지라

7 나단이 다윗에게 이르되 당신이 그 사

람이라 이스라엘의 하나님 여호와께서

이와 같이 이르시기를 내가 너를 이스

라엘 왕으로 기름 붓기 위하여 너를 사

울의 손에서 구원하고

8 네 주인의 집을 네게 주고 네 주인의

아내들을 네 품에 두고 이스라엘과 유

다 족속을 네게 맡겼느니라 만일 그것

이 부족하였을 것 같으면 내가 네게 이

것 저것을 더 주었으리라

9 그러한데 어찌하여 네가 여호와의 말씀

을 업신여기고 나 보기에 악을 행하였

느냐 네가 칼로 헷 사람 우리아를 치되

암몬 자손의 칼로 죽이고 그의 아내를

빼앗아 네 아내로 삼았도다

10 이제 네가 나를 업신여기고 헷 사람 우

리아의 아내를 빼앗아 네 아내로 삼았

은즉 칼이 네 집에서 영원토록 떠나지

아니하리라 하셨고

11 여호와께서 또 이와 같이 이르시기를

보라 내가 너와 네 집에 재앙을 일으키

고 내가 네 눈앞에서 네 아내를 빼앗아

네 이웃들에게 주리니 그 사람들이 네

아내들과 더불어 백주에 동침하리라

12 너는 은밀히 행하였으나 나는 온 이스

라엘 앞에서 백주에 이 일을 행하리라

하셨나이다 하니

13 다윗이 나단에게 이르되 내가 여호와께

죄를 범하였노라 하매 나단이 다윗에게

말하되 여호와께서도 당신의 죄를 사하

셨나니 당신이 죽지 아니하려니와

14 이 일로 말미암아 여호와의 원수가 크

게 비방할 거리를 얻게 하였으니 당신

이 낳은 아이가 반드시 죽으리이다 하고

15 나단이 자기 집으로 돌아가니라

다윗의 아이가 죽다

우리아의 아내가 다윗에게 낳은 아이를

여호와께서 치시매 심히 앓는지라

16 다윗이 그 아이를 위하여 하나님께 간

구하되 다윗이 금식하고 안에 들어가서

밤새도록 땅에 엎드렸으니

17 그 집의 늙은 자들이 그 곁에 서서 다

윗을 땅에서 일으키려 하되 왕이 듣지

아니하고 그들과 더불어 먹지도 아니하

더라

18 이레 만에 그 아이가 죽으니라 그러나

다윗의 신하들이 아이가 죽은 것을 왕

에게 아뢰기를 두려워하니 이는 그들이

말하기를 아이가 살았을 때에 우리가

그에게 말하여도 왕이 그 말을 듣지 아

니하셨나니 어떻게 그 아이가 죽은 것

을 그에게 아뢸 수 있으랴 왕이 상심하

시리로다 함이라

19 다윗이 그의 신하들이 서로 수군거리는

것을 보고 그 아이가 죽은 줄을 다윗이

깨닫고 그의 신하들에게 묻되 아이가

죽었느냐 하니 대답하되 죽었나이다 하

는지라

20 다윗이 땅에서 일어나 몸을 씻고 기름

을 바르고 의복을 갈아입고 여호와의

전에 들어가서 경배하고 왕궁으로 돌아

와 명령하여 음식을 그 앞에 차리게 하

고 먹은지라

21 그의 신하들이 그에게 이르되 아이가

살았을 때에는 그를 위하여 금식하고

우시더니 죽은 후에는 일어나서 잡수시

니 이 일이 어찌 됨이니이까 하니

22 이르되 아이가 살았을 때에 내가 금식

하고 운 것은 혹시 여호와께서 나를 불

쌍히 여기사 아이를 살려 주실는지 누

가 알까 생각함이거니와

23 지금은 죽었으니 내가 어찌 금식하랴

내가 다시 돌아오게 할 수 있느냐 나는

그에게로 가려니와 그는 내게로 돌아오

지 아니하리라 하니라

솔로몬이 태어나다

24 다윗이 그의 아내 밧세바를 위로하고

그에게 들어가 그와 동침하였더니 그가

아들을 낳으매 그의 이름을 솔로몬이라

하니라 여호와께서 그를 사랑하사

25 선지자 나단을 보내 그의 이름을 여디

디야라 하시니 이는 여호와께서 사랑하

셨기 때문이더라

다윗이 랍바를 쳐서 점령하다 (대상 20:1-3)

26 요압이 암몬 자손의 랍바를 쳐서 그 왕

성을 점령하매

27 요압이 전령을 다윗에게 보내 이르되

내가 랍바 곧 물들의 성읍을 쳐서 점령

하였으니

28 이제 왕은 그 백성의 남은 군사를 모아 그 성에 맞서 진 치고 이 성읍을 쳐서 점령하소서 내가 이 성읍을 점령하면 이 성읍이 내 이름으로 일컬음을 받을까 두려워하나이다 하니

29 다윗이 모든 군사를 모아 랍바로 가서 그 곳을 쳐서 점령하고

30 그 왕의 머리에서 보석 박힌 왕관을 가져오니 그 중량이 금 한 달란트라 다윗이 자기의 머리에 쓰니라 다윗이 또 그 성읍에서 노략한 물건을 무수히 내오고

31 그 안에 있는 백성들을 끌어내어 톱질과 써레질과 철도끼질과 벽돌구이를 그들에게 하게 하니라 암몬 자손의 모든 성읍을 이같이 하고 다윗과 모든 백성이 예루살렘으로 돌아가니라

암논과 다말

13 그 후에 이 일이 있으니라 다윗의 아들 압살롬에게 아름다운 누이가 있으니 이름은 다말이라 다윗의 다른 아들 암논이 그를 사랑하나

2 그는 처녀이므로 어찌할 수 없는 줄을 알고 암논이 그의 누이 다말 때문에 울화로 말미암아 병이 되니라

3 암논에게 요나답이라 하는 친구가 있으니 그는 다윗의 형 시므아의 아들이요 심히 간교한 자라

4 그가 암논에게 이르되 왕자여 당신은 어찌하여 나날이 이렇게 파리하여 가느냐 내게 말해 주지 아니하겠느냐 하니 암논이 말하되 내가 아우 압살롬의 누이 다말을 사랑함이니라 하니라

5 요나답이 그에게 이르되 침상에 누워 병든 체하다가 네 아버지가 너를 보러

오거든 너는 그에게 말하기를 원하건대

내 누이 다말이 와서 내게 떡을 먹이되

내가 보는 데에서 떡을 차려 그의 손으

로 먹여 주게 하옵소서 하라 하니

6 암논이 곧 누워 병든 체하다가 왕이 와

서 그를 볼 때에 암논이 왕께 아뢰되

원하건대 내 누이 다말이 와서 내가 보

는 데에서 과자 두어 개를 만들어 그의

손으로 내게 먹여 주게 하옵소서 하니

7 다윗이 사람을 그의 집으로 보내 다말

에게 이르되 이제 네 오라버니 암논의

집으로 가서 그를 위하여 음식을 차리

라 한지라

8 다말이 그 오라버니 암논의 집에 이르

매 그가 누웠더라 다말이 밀가루를 가

지고 반죽하여 그가 보는 데서 과자를

만들고 그 과자를 굽고

9 그 냄비를 가져다가 그 앞에 쏟아 놓아

도 암논이 먹기를 거절하고 암논이 이

르되 모든 사람을 내게서 나가게 하라

하니 다 그를 떠나 나가니라

10 암논이 다말에게 이르되 음식물을 가지

고 침실로 들어오라 내가 네 손에서 먹

으리라 하니 다말이 자기가 만든 과자

를 가지고 침실에 들어가 그의 오라버

니 암논에게 이르러

11 그에게 먹이려고 가까이 가지고 갈 때

에 암논이 그를 붙잡고 그에게 이르되

나의 누이야 와서 나와 동침하자 하는

지라

12 그가 그에게 대답하되 아니라 내 오라

버니여 나를 욕되게 하지 말라 이런 일

은 이스라엘에서 마땅히 행하지 못할

것이니 이 어리석은 일을 행하지 말라

13 내가 이 수치를 지니고 어디로 가겠느

냐 너도 이스라엘에서 어리석은 자 중

의 하나가 되리라 이제 청하건대 왕께

말하라 그가 나를 네게 주기를 거절하

지 아니하시리라 하되

14 암논이 그 말을 듣지 아니하고 다말보

다 힘이 세므로 억지로 그와 동침하니라

15 그리하고 암논이 그를 심히 미워하니

이제 미워하는 미움이 전에 사랑하던

사랑보다 더한지라 암논이 그에게 이르

되 일어나 가라 하니

16 다말이 그에게 이르되 옳지 아니하다

나를 쫓아보내는 이 큰 악은 아까 내게

행한 그 악보다 더하다 하되 암논이 그

를 듣지 아니하고

17 그가 부리는 종을 불러 이르되 이 계집

을 내게서 이제 내보내고 곧 문빗장을

지르라 하니

18 암논의 하인이 그를 끌어내고 곧 문빗

장을 지르니라 다말이 채색옷을 입었으

니 출가하지 아니한 공주는 이런 옷으

로 단장하는 법이라

19 다말이 재를 자기의 머리에 덮어쓰고

그의 채색옷을 찢고 손을 머리 위에 얹

고 가서 크게 울부짖으니라

20 그의 오라버니 압살롬이 그에게 이르되

네 오라버니 암논이 너와 함께 있었느

냐 그러나 그는 네 오라버니이니 누이

야 지금은 잠잠히 있고 이것으로 말미

암아 근심하지 말라 하니라 이에 다말

이 그의 오라버니 압살롬의 집에 있어

처량하게 지내니라

21 다윗 왕이 이 모든 일을 듣고 심히 노

하니라

22 압살롬은 암논이 그의 누이 다말을 욕

되게 하였으므로 그를 미워하여 암논에

대하여 잘잘못을 압살롬이 말하지 아니

하니라

압살롬의 복수

23 만 이 년 후에 에브라임 곁 바알하솔에서 압살롬이 양 털을 깎는 일이 있으매 압살롬이 왕의 모든 아들을 청하고

24 압살롬이 왕께 나아가 말하되 이제 종에게 양 털 깎는 일이 있사오니 청하건대 왕은 신하들을 데리시고 당신의 종과 함께 가사이다 하니

25 왕이 압살롬에게 이르되 아니라 내 아들아 이제 우리가 다 갈 것 없다 네게 누를 끼칠까 하노라 하니라 압살롬이 그에게 간청하였으나 그가 가지 아니하고 그에게 복을 비는지라

26 압살롬이 이르되 그렇게 하지 아니하시려거든 청하건대 내 형 암논이 우리와 함께 가게 하옵소서 왕이 그에게 이르되 그가 너와 함께 갈 것이 무엇이냐 하되

27 압살롬이 간청하매 왕이 암논과 왕의 모든 아들을 그와 함께 그에게 보내니라

28 압살롬이 이미 그의 종들에게 명령하여 이르기를 너희는 이제 암논의 마음이 술로 즐거워할 때를 자세히 보다가 내가 너희에게 암논을 치라 하거든 그를 죽이라 두려워하지 말라 내가 너희에게 명령한 것이 아니냐 너희는 담대히 용기를 내라 한지라

29 압살롬의 종들이 압살롬의 명령대로 암논에게 행하매 왕의 모든 아들들이 일어나 각기 노새를 타고 도망하니라

30 그들이 길에 있을 때에 압살롬이 왕의 모든 아들들을 죽이고 하나도 남기지 아니하였다는 소문이 다윗에게 이르매

31 왕이 곧 일어나서 자기의 옷을 찢고 땅에 드러눕고 그의 신하들도 다 옷을 찢고 모셔 선지라

32 다윗의 형 시므아의 아들 요나답이 아뢰어 이르되 내 주여 젊은 왕자들이 다 죽임을 당한 줄로 생각하지 마옵소서 오직 암논만 죽었으리이다 그가 압살롬의 누이 다말을 욕되게 한 날부터 압살롬이 결심한 것이니이다

33 그러하온즉 내 주 왕이여 왕자들이 다 죽은 줄로 생각하여 상심하지 마옵소서 오직 암논만 죽었으리이다 하니라

34 이에 압살롬은 도망하니라 파수하는 청년이 눈을 들어 보니 보아라 뒷산 언덕 길로 여러 사람이 오는도다

35 요나답이 왕께 아뢰되 보소서 왕자들이 오나이다 당신의 종이 말한 대로 되었나이다 하고

36 말을 마치자 왕자들이 이르러 소리를 높여 통곡하니 왕과 그의 모든 신하들도 심히 통곡하니라

37 압살롬은 도망하여 그술 왕 암미훌의 아들 달매에게로 갔고 다윗은 날마다 그의 아들로 말미암아 슬퍼하니라

38 압살롬이 도망하여 그술로 가서 거기에 산 지 삼 년이라

39 다윗 왕의 마음이 압살롬을 향하여 간절하니 암논은 이미 죽었으므로 왕이 위로를 받았음이더라

압살롬이 예루살렘으로 돌아오다

14 스루야의 아들 요압이 왕의 마음이 압살롬에게로 향하는 줄 알고

2 드고아에 사람을 보내 거기서 지혜로운 여인 하나를 데려다가 그에게 이르되 청하건대 너는 상주가 된 것처럼 상복을 입고 기름을 바르지 말고 죽은 사람을 위하여 오래 슬퍼하는 여인 같이 하고

3 왕께 들어가서 그에게 이러이러하게 말하라고 요압이 그의 입에 할 말을 넣어

주니라

4 드고아 여인이 왕께 아뢸 때에 얼굴을
땅에 대고 엎드려 이르되 왕이여 도우
소서 하니

5 왕이 그에게 이르되 무슨 일이냐 하니
라 대답하되 나는 진정으로 과부니이다
남편은 죽고

6 이 여종에게 아들 둘이 있더니 그들이
들에서 싸우나 그들을 말리는 사람이
아무도 없으므로 한 아이가 다른 아이
를 쳐죽인지라

7 온 족속이 일어나서 당신의 여종 나를
핍박하여 말하기를 그의 동생을 쳐죽인
자를 내놓으라 우리가 그의 동생 죽인
죄를 갚아 그를 죽여 상속자 될 것까지
끊겠노라 하오니 그러한즉 그들이 내게
남아 있는 숯불을 꺼서 내 남편의 이름
과 씨를 세상에 남겨두지 아니하겠나이

다 하니

8 왕이 여인에게 이르되 네 집으로 가라
내가 너를 위하여 명령을 내리리라 하
는지라

9 드고아 여인이 왕께 아뢰되 내 주 왕이
여 그 죄는 나와 내 아버지의 집으로
돌릴 것이니 왕과 왕위는 허물이 없으
리이다

10 왕이 이르되 누구든지 네게 말하는 자
를 내게로 데려오라 그가 다시는 너를
건드리지도 못하리라 하니라

11 여인이 이르되 청하건대 왕은 왕의 하
나님 여호와를 기억하사 원수 갚는 자
가 더 죽이지 못하게 하옵소서 내 아들
을 죽일까 두렵나이다 하니 왕이 이르
되 여호와께서 살아 계심을 두고 맹세
하노니 네 아들의 머리카락 하나도 땅
에 떨어지지 아니하리라 하니라

12 여인이 이르되 청하건대 당신의 여종을 용납하여 한 말씀을 내 주 왕께 여쭙게 하옵소서 하니 그가 이르되 말하라 하니라

13 여인이 이르되 그러면 어찌하여 왕께서 하나님의 백성에게 대하여 이같은 생각을 하셨나이까 이 말씀을 하심으로 왕께서 죄 있는 사람 같이 되심은 그 내쫓긴 자를 왕께서 집으로 돌아오게 하지 아니하심이니이다

14 우리는 필경 죽으리니 땅에 쏟아진 물을 다시 담지 못함 같을 것이오나 하나님은 생명을 빼앗지 아니하시고 방책을 베푸사 내쫓긴 자가 하나님께 버린 자가 되지 아니하게 하시나이다

15 이제 내가 와서 내 주 왕께 이 말씀을 여쭙는 것은 백성들이 나를 두렵게 하므로 당신의 여종이 스스로 말하기를 내가 왕께 여쭈오면 혹시 종이 청하는 것을 왕께서 시행하실 것이라

16 왕께서 들으시고 나와 내 아들을 함께 하나님의 기업에서 끊을 자의 손으로부터 주의 종을 구원하시리라 함이니이다

17 당신의 여종이 또 스스로 말하기를 내 주 왕의 말씀이 나의 위로가 되기를 원한다 하였사오니 이는 내 주 왕께서 하나님의 사자 같이 선과 악을 분간하심이니이다 원하건대 왕의 하나님 여호와께서 왕과 같이 계시옵소서

18 왕이 그 여인에게 대답하여 이르되 바라노니 내가 네게 묻는 것을 내게 숨기지 말라 여인이 이르되 내 주 왕은 말씀하옵소서

19 왕이 이르되 이 모든 일에 요압이 너와 함께 하였느냐 하니 여인이 대답하여 이르되 내 주 왕의 살아 계심을 두

고 맹세하옵나니 내 주 왕의 말씀을 좌

로나 우로나 옮길 자가 없으리이다 왕

의 종 요압이 내게 명령하였고 그가 이

모든 말을 왕의 여종의 입에 넣어 주었

사오니

20 이는 왕의 종 요압이 이 일의 형편을

바꾸려 하여 이렇게 함이니이다 내 주

왕의 지혜는 하나님의 사자의 지혜와

같아서 땅에 있는 일을 다 아시나이다

하니라

21 왕이 요압에게 이르되 내가 이 일을 허

락하였으니 가서 청년 압살롬을 데려오

라 하니라

22 요압이 땅에 엎드려 절하고 왕을 위하

여 복을 빌고 요압이 이르되 내 주 왕

이여 종의 구함을 왕이 허락하시니 종

이 왕 앞에서 은혜 입은 줄을 오늘 아

나이다 하고

23 요압이 일어나 그술로 가서 압살롬을

데리고 예루살렘으로 오니

24 왕이 이르되 그를 그의 집으로 물러가

게 하여 내 얼굴을 볼 수 없게 하라 하

매 압살롬이 자기 집으로 돌아가고 왕

의 얼굴을 보지 못하니라

다윗이 압살롬과 화해하다

25 온 이스라엘 가운데에서 압살롬 같이

아름다움으로 크게 칭찬 받는 자가 없

었으니 그는 발바닥부터 정수리까지 흠

이 없음이라

26 그의 머리털이 무거우므로 연말마다 깎

았으며 그의 머리 털을 깎을 때에 그것

을 달아본즉 그의 머리털이 왕의 저울

로 이백 세겔이었더라

27 압살롬이 아들 셋과 딸 하나를 낳았는

데 딸의 이름은 다말이라 그는 얼굴이

아름다운 여자더라

28 압살롬이 이태 동안 예루살렘에 있으되

왕의 얼굴을 보지 못하였으므로

29 압살롬이 요압을 왕께 보내려 하여 압

살롬이 요압에게 사람을 보내 부르되

그에게 오지 아니하고 또 다시 그에게

보내되 오지 아니하는지라

30 압살롬이 자기의 종들에게 이르되 보

라 요압의 밭이 내 밭 근처에 있고 거

기 보리가 있으니 가서 불을 지르라 하

니라 압살롬의 종들이 그 밭에 불을 질

렀더니

31 요압이 일어나 압살롬의 집으로 가서

그에게 이르되 어찌하여 네 종들이 내

밭에 불을 질렀느냐 하니

32 압살롬이 요압에게 대답하되 내가 일찍

이 사람을 네게 보내 너를 이리로 오라

고 청한 것은 내가 너를 왕께 보내 아

뢰게 하기를 어찌하여 내가 그술에서

돌아오게 되었나이까 이 때까지 거기에

있는 것이 내게 나았으리이다 하려 함

이로라 이제는 네가 나로 하여금 왕의

얼굴을 볼 수 있게 하라 내가 만일 죄

가 있으면 왕이 나를 죽이시는 것이 옳

으니라 하는지라

33 요압이 왕께 나아가서 그에게 아뢰매

왕이 압살롬을 부르니 그가 왕께 나아

가 그 앞에서 얼굴을 땅에 대어 그에게

절하매 왕이 압살롬과 입을 맞추니라

압살롬이 반역하다

15 그 후에 압살롬이 자기를 위하여 병거

와 말들을 준비하고 호위병 오십 명을

그 앞에 세우니라

2 압살롬이 일찍이 일어나 성문 길 곁에

서서 어떤 사람이든지 송사가 있어 왕

에게 재판을 청하러 올 때에 그 사람을

불러 이르되 너는 어느 성읍 사람이냐

하니 그 사람의 대답이 좋은 이스라엘

아무 지파에 속하였나이다 하면

3 압살롬이 그에게 이르기를 보라 네 일

이 옳고 바르다마는 네 송사를 들을 사

람을 왕께서 세우지 아니하셨다 하고

4 또 압살롬이 이르기를 내가 이 땅에서

재판관이 되고 누구든지 송사나 재판할

일이 있어 내게로 오는 자에게 내가 정

의 베풀기를 원하노라 하고

5 사람이 가까이 와서 그에게 절하려 하

면 압살롬이 손을 펴서 그 사람을 붙들

고 그에게 입을 맞추니

6 이스라엘 무리 중에 왕께 재판을 청하

러 오는 자들마다 압살롬의 행함이 이

와 같아서 이스라엘 사람의 마음을 압

살롬이 훔치니라

7 사 년 만에 압살롬이 왕께 아뢰되 내가

여호와께 서원한 것이 있사오니 청하건

대 내가 헤브론에 가서 그 서원을 이루

게 하소서

8 당신의 종이 아람 그술에 있을 때에 서

원하기를 만일 여호와께서 반드시 나를

예루살렘으로 돌아가게 하시면 내가 여

호와를 섬기리이다 하였나이다

9 왕이 그에게 이르되 평안히 가라 하니

그가 일어나 헤브론으로 가니라

10 이에 압살롬이 정탐을 이스라엘 모든

지파 가운데에 두루 보내 이르기를 너

희는 나팔 소리를 듣거든 곧 말하기를

압살롬이 헤브론에서 왕이 되었다 하라

하니라

11 그 때 청함을 받은 이백 명이 압살롬과

함께 예루살렘에서부터 헤브론으로 내

려갔으니 그들은 압살롬이 꾸민 그 모

든 일을 알지 못하고 그저 따라가기만

한 사람들이라

12 제사 드릴 때에 압살롬이 사람을 보내

다윗의 모사 길로 사람 아히도벨을 그

의 성읍 길로에서 청하여 온지라 반역

하는 일이 커가매 압살롬에게로 돌아오

는 백성이 많아지니라

다윗이 예루살렘에서 도망하다

13 전령이 다윗에게 와서 말하되 이스라엘

의 인심이 다 압살롬에게로 돌아갔나이

다 한지라

14 다윗이 예루살렘에 함께 있는 그의 모든

신하들에게 이르되 일어나 도망하자 그

렇지 아니하면 우리 중 한 사람도 압살

롬에게서 피하지 못하리라 빨리 가자 두

렵건대 그가 우리를 급히 따라와 우리

를 해하고 칼날로 성읍을 칠까 하노라

15 왕의 신하들이 왕께 이르되 우리 주 왕

께서 하고자 하시는 대로 우리가 행하

리이다 보소서 당신의 종들이니이다 하

더라

16 왕이 나갈 때에 그의 가족을 다 따르게

하고 후궁 열 명을 왕이 남겨 두어 왕

궁을 지키게 하니라

17 왕이 나가매 모든 백성이 다 따라서 벧

메르학에 이르러 멈추어 서니

18 그의 모든 신하들이 그의 곁으로 지나

가고 모든 그렛 사람과 모든 블렛 사람

과 및 왕을 따라 가드에서 온 모든 가드

사람 육백 명이 왕 앞으로 행진하니라

19 그 때에 왕이 가드 사람 잇대에게 이르

되 어찌하여 너도 우리와 함께 가느냐

너는 쫓겨난 나그네이니 돌아가서 왕과

함께 네 곳에 있으라

20 너는 어제 왔고 나는 정처 없이 가니

오늘 어찌 너를 우리와 함께 떠돌아다

니게 하리요 너도 돌아가고 네 동포들

도 데려가라 은혜와 진리가 너와 함께

있기를 원하노라 하니라

21 잇대가 왕께 대답하여 이르되 여호와의 살아 계심과 내 주 왕의 살아 계심으로 맹세하옵나니 진실로 내 주 왕께서 어느 곳에 계시든지 사나 죽으나 종도 그 곳에 있겠나이다 하니

22 다윗이 잇대에게 이르되 앞서 건너가라 하매 가드 사람 잇대와 그의 수행자들과 그와 함께 한 아이들이 다 건너가고

23 온 땅 사람이 큰 소리로 울며 모든 백성이 앞서 건너가매 왕도 기드론 시내를 건너가니 건너간 모든 백성이 광야 길로 향하니라

24 보라 사독과 그와 함께 한 모든 레위 사람도 하나님의 언약궤를 메어다가 하나님의 궤를 내려놓고 아비아달도 올라와서 모든 백성이 성에서 나오기를 기다리도다

25 왕이 사독에게 이르되 보라 하나님의 궤를 성읍으로 도로 메어 가라 만일 내가 여호와 앞에서 은혜를 입으면 도로 나를 인도하사 내게 그 궤와 그 계신 데를 보이시리라

26 그러나 그가 이와 같이 말씀하시기를 내가 너를 기뻐하지 아니한다 하시면 종이 여기 있사오니 선히 여기시는 대로 내게 행하시옵소서 하리라

27 왕이 또 제사장 사독에게 이르되 네가 선견자가 아니냐 너는 너희의 두 아들 곧 네 아들 아히마아스와 아비아달의 아들 요나단을 데리고 평안히 성읍으로 돌아가라

28 너희에게서 내게 알리는 소식이 올 때까지 내가 광야 나루터에서 기다리리라 하니라

29 사독과 아비아달이 하나님의 궤를 예루

살렘으로 도로 메어다 놓고 거기 머물

러 있으니라

30 다윗이 감람 산 길로 올라갈 때에 그의

머리를 그가 가리고 맨발로 울며 가고

그와 함께 가는 모든 백성들도 각각 자

기의 머리를 가리고 울며 올라가니라

31 어떤 사람이 다윗에게 알리되 압살롬과

함께 모반한 자들 가운데 아히도벨이

있나이다 하니 다윗이 이르되 여호와여

원하옵건대 아히도벨의 모략을 어리석

게 하옵소서 하니라

32 다윗이 하나님을 경배하는 마루턱에 이

를 때에 아렉 사람 후새가 옷을 찢고

흙을 머리에 덮어쓰고 다윗을 맞으러

온지라

33 다윗이 그에게 이르되 네가 만일 나와

함께 나아가면 내게 누를 끼치리라

34 그러나 네가 만일 성읍으로 돌아가서

압살롬에게 말하기를 왕이여 내가 왕의

종이니이다 전에는 내가 왕의 아버지의

종이었더니 이제는 내가 왕의 종이니이

다 하면 네가 나를 위하여 아히도벨의

모략을 패하게 하리라

35 사독과 아비아달 두 제사장이 너와 함

께 거기 있지 아니하냐 네가 왕의 궁중

에서 무엇을 듣든지 사독과 아비아달

두 제사장에게 알리라

36 그들의 두 아들 곧 사독의 아히마아스

와 아비아달의 요나단이 그들과 함께

거기 있나니 너희가 듣는 모든 것을 그

들 편에 내게 소식을 알릴지니라 하는

지라

37 다윗의 친구 후새가 곧 성읍으로 들어가

고 압살롬도 예루살렘으로 들어갔더라

다윗과 시바

16 다윗이 마루턱을 조금 지나니 므비보셋

의 종 시바가 안장 지운 두 나귀에 떡

이백 개와 건포도 백 송이와 여름 과일

백 개와 포도주 한 가죽부대를 싣고 다

윗을 맞는지라

2 왕이 시바에게 이르되 네가 무슨 뜻으

로 이것을 가져왔느냐 하니 시바가 이

르되 나귀는 왕의 가족들이 타게 하고

떡과 과일은 청년들이 먹게 하고 포도

주는 들에서 피곤한 자들에게 마시게

하려 함이니이다

3 왕이 이르되 네 주인의 아들이 어디 있

느냐 하니 시바가 왕께 아뢰되 예루살

렘에 있는데 그가 말하기를 이스라엘

족속이 오늘 내 아버지의 나라를 내게

돌리리라 하나이다 하는지라

4 왕이 시바에게 이르되 므비보셋에게 있

는 것이 다 네 것이니라 하니라 시바가

이르되 내가 절하나이다 내 주 왕이여

내가 왕 앞에서 은혜를 입게 하옵소서

하니라

다윗과 시므이

5 다윗 왕이 바후림에 이르매 거기서 사

울의 친족 한 사람이 나오니 게라의 아

들이요 이름은 시므이라 그가 나오면서

계속하여 저주하고

6 또 다윗과 다윗 왕의 모든 신하들을 향

하여 돌을 던지니 그 때에 모든 백성과

용사들은 다 왕의 좌우에 있었더라

7 시므이가 저주하는 가운데 이와 같이

말하니라 피를 흘린 자여 사악한 자여

가거라 가거라

8 사울의 족속의 모든 피를 여호와께서

네게로 돌리셨도다 그를 이어서 네가

왕이 되었으나 여호와께서 나라를 네

아들 압살롬의 손에 넘기셨도다 보라

너는 피를 흘린 자이므로 화를 자초하

였느니라 하는지라

9 스루야의 아들 아비새가 왕께 여짜오
되 이 죽은 개가 어찌 내 주 왕을 저주
하리이까 청하건대 내가 건너가서 그의
머리를 베게 하소서 하니

10 왕이 이르되 스루야의 아들들아 내가
너희와 무슨 상관이 있느냐 그가 저주
하는 것은 여호와께서 그에게 다윗을
저주하라 하심이니 네가 어찌 그리하였
느냐 할 자가 누구겠느냐 하고

11 또 다윗이 아비새와 모든 신하들에게
이르되 내 몸에서 난 아들도 내 생명을
해하려 하거든 하물며 이 베냐민 사람
이랴 여호와께서 그에게 명령하신 것이
니 그가 저주하게 버려두라

12 혹시 여호와께서 나의 원통함을 감찰하
시리니 오늘 그 저주 때문에 여호와께
서 선으로 내게 갚아 주시리라 하고

13 다윗과 그의 추종자들이 길을 갈 때에
시므이는 산비탈로 따라가면서 저주하
고 그를 향하여 돌을 던지며 먼지를 날
리더라

14 왕과 그와 함께 있는 백성들이 다 피곤
하여 한 곳에 이르러 거기서 쉬니라

압살롬의 입성과 후새의 위장 전향

15 압살롬과 모든 이스라엘 백성들이 예루
살렘에 이르고 아히도벨도 그와 함께
이른지라

16 다윗의 친구 아렉 사람 후새가 압살롬
에게 나갈 때에 그에게 말하기를 왕이
여 만세, 왕이여 만세 하니

17 압살롬이 후새에게 이르되 이것이 네가
친구를 후대하는 것이냐 네가 어찌하여
네 친구와 함께 가지 아니하였느냐 하니

18 후새가 압살롬에게 이르되 그렇지 아니
하니이다 내가 여호와와 이 백성 모든

이스라엘의 택한 자에게 속하여 그와 함께 있을 것이니이다

19 또 내가 이제 누구를 섬기리이까 그의 아들이 아니니이까 내가 전에 왕의 아버지를 섬긴 것 같이 왕을 섬기리이다 하니라

20 압살롬이 아히도벨에게 이르되 너는 어떻게 행할 계략을 우리에게 가르치라 하니

21 아히도벨이 압살롬에게 이르되 왕의 아버지가 남겨 두어 왕궁을 지키게 한 후궁들과 더불어 동침하소서 그리하면 왕께서 왕의 아버지가 미워하는 바 됨을 온 이스라엘이 들으리니 왕과 함께 있는 모든 사람의 힘이 더욱 강하여지리이다 하니라

22 이에 사람들이 압살롬을 위하여 옥상에 장막을 치니 압살롬이 온 이스라엘 무리의 눈앞에서 그 아버지의 후궁들과 더불어 동침하니라

23 그 때에 아히도벨이 베푸는 계략은 사람이 하나님께 물어서 받은 말씀과 같은 것이라 아히도벨의 모든 계략은 다윗에게나 압살롬에게나 그와 같이 여겨졌더라

압살롬이 아히도벨의 계략을 따르지 않다

17 아히도벨이 또 압살롬에게 이르되 이제 내가 사람 만 이천 명을 택하게 하소서 오늘 밤에 내가 일어나서 다윗의 뒤를 추적하여

2 그가 곤하고 힘이 빠졌을 때에 기습하여 그를 무섭게 하면 그와 함께 있는 모든 백성이 도망하리니 내가 다윗 왕만 쳐죽이고

3 모든 백성이 당신께 돌아오게 하리니 모든 사람이 돌아오기는 왕이 찾는 이

사람에게 달렸음이라 그리하면 모든 백

성이 평안하리이다 하니

4 압살롬과 이스라엘 장로들이 다 그 말

을 옳게 여기더라

5 압살롬이 이르되 아렉 사람 후새도 부르

라 우리가 이제 그의 말도 듣자 하니라

6 후새가 압살롬에게 이르매 압살롬이 그

에게 말하여 이르되 아히도벨이 이러이

러하게 말하니 우리가 그 말대로 행하

랴 그렇지 아니하거든 너는 말하라 하니

7 후새가 압살롬에게 이르되 이번에는 아

히도벨이 베푼 계략이 좋지 아니하니이

다 하고

8 또 후새가 말하되 왕도 아시거니와 왕

의 아버지와 그의 추종자들은 용사라

그들은 들에 있는 곰이 새끼를 빼앗긴

것 같이 격분하였고 왕의 부친은 전쟁

에 익숙한 사람인즉 백성과 함께 자지

아니하고

9 지금 그가 어느 굴에나 어느 곳에 숨어

있으리니 혹 무리 중에 몇이 먼저 엎드

러지면 그 소문을 듣는 자가 말하기를

압살롬을 따르는 자 가운데에서 패함을

당하였다 할지라

10 비록 그가 사자 같은 마음을 가진 용사

의 아들일지라도 낙심하리니 이는 이스

라엘 무리가 왕의 아버지는 영웅이요

그의 추종자들도 용사인 줄 앎이니이다

11 나는 이렇게 계략을 세웠나이다 온 이

스라엘을 단부터 브엘세바까지 바닷가

의 많은 모래 같이 당신께로 모으고 친

히 전장에 나가시고

12 우리가 그 만날 만한 곳에서 그를 기습

하기를 이슬이 땅에 내림 같이 우리가

그의 위에 덮여 그와 그 함께 있는 모

든 사람을 하나도 남겨 두지 아니할 것

이요

13 또 만일 그가 어느 성에 들었으면 온 이스라엘이 밧줄을 가져다가 그 성을 강으로 끌어들여서 그 곳에 작은 돌 하나도 보이지 아니하게 할 것이니이다 하매

14 압살롬과 온 이스라엘 사람들이 이르되 아렉 사람 후새의 계략은 아히도벨의 계략보다 낫다 하니 이는 여호와께서 압살롬에게 화를 내리려 하사 아히도벨의 좋은 계략을 물리치라고 명령하셨음이더라

후새의 계략과 아히도벨의 죽음

15 이에 후새가 사독과 아비아달 두 제사장에게 이르되 아히도벨이 압살롬과 이스라엘 장로들에게 이러이러하게 계략을 세웠고 나도 이러이러하게 계략을 세웠으니

16 이제 너희는 빨리 사람을 보내 다윗에게 전하기를 오늘밤에 광야 나루터에서 자지 말고 아무쪼록 건너가소서 하라 혹시 왕과 그를 따르는 모든 백성이 몰사할까 하노라 하니라

17 그 때에 요나단과 아히마아스가 사람이 볼까 두려워하여 감히 성에 들어가지 못하고 에느로겔 가에 머물고 어떤 여종은 그들에게 나와서 말하고 그들은 가서 다윗 왕에게 알리더니

18 한 청년이 그들을 보고 압살롬에게 알린지라 그 두 사람이 빨리 달려서 바후림 어떤 사람의 집으로 들어가서 그의 뜰에 있는 우물 속으로 내려가니

19 그 집 여인이 덮을 것을 가져다가 우물 아귀를 덮고 찧은 곡식을 그 위에 널매 전혀 알지 못하더라

20 압살롬의 종들이 그 집에 와서 여인에

게 묻되 아히마아스와 요나단이 어디

있느냐 하니 여인이 그들에게 이르되

그들이 시내를 건너가더라 하니 그들이

찾아도 만나지 못하고 예루살렘으로 돌

아가니라

21 그들이 간 후에 두 사람이 우물에서 올

라와서 다윗 왕에게 가서 다윗 왕에게

말하여 이르되 당신들은 일어나 빨리

물을 건너가소서 아히도벨이 당신들을

해하려고 이러이러하게 계략을 세웠나

이다

22 다윗이 일어나 모든 백성과 함께 요단

을 건널새 새벽까지 한 사람도 요단을

건너지 못한 자가 없었더라

23 아히도벨이 자기 계략이 시행되지 못함

을 보고 나귀에 안장을 지우고 일어나

고향으로 돌아가 자기 집에 이르러 집

을 정리하고 스스로 목매어 죽으매 그

의 조상의 묘에 장사되니라

24 이에 다윗은 마하나임에 이르고 압살롬

은 모든 이스라엘 사람과 함께 요단을

건너니라

25 압살롬이 아마사로 요압을 대신하여 군

지휘관으로 삼으니라 아마사는 이스라

엘 사람 이드라라 하는 자의 아들이라

이드라가 나하스의 딸 아비갈과 동침하

여 그를 낳았으며 아비갈은 요압의 어

머니 스루야의 동생이더라

26 이에 이스라엘 무리와 압살롬이 길르앗

땅에 진 치니라

27 다윗이 마하나임에 이르렀을 때에 암몬

족속에게 속한 랍바 사람 나하스의 아

들 소비와 로데발 사람 암미엘의 아들

마길과 로글림 길르앗 사람 바르실래가

28 침상과 대야와 질그릇과 밀과 보리와

밀가루와 볶은 곡식과 콩과 팥과 볶은

녹두와

29 꿀과 버터와 양과 치즈를 가져다가 다

윗과 그와 함께 한 백성에게 먹게 하였

으니 이는 그들 생각에 백성이 들에서

시장하고 곤하고 목마르겠다 함이더라

압살롬이 패하다

18 이에 다윗이 그와 함께 한 백성을 찾아

가서 천부장과 백부장을 그들 위에 세

우고

2 다윗이 그의 백성을 내보낼새 삼분의

일은 요압의 휘하에, 삼분의 일은 스루

야의 아들 요압의 동생 아비새의 휘하

에 넘기고 삼분의 일은 가드 사람 잇대

의 휘하에 넘기고 왕이 백성에게 이르

되 나도 반드시 너희와 함께 나가리라

하니

3 백성들이 이르되 왕은 나가지 마소서

우리가 도망할지라도 그들은 우리에게

마음을 쓰지 아니할 터이요 우리가 절

반이나 죽을지라도 우리에게 마음을 쓰

지 아니할 터이라 왕은 우리 만 명보다

중하시오니 왕은 성읍에 계시다가 우리

를 도우심이 좋으니이다 하니라

4 왕이 그들에게 이르되 너희가 좋게 여

기는 대로 내가 행하리라 하고 문 곁에

왕이 서매 모든 백성이 백 명씩 천 명

씩 대를 지어 나가는지라

5 왕이 요압과 아비새와 잇대에게 명령하

여 이르되 나를 위하여 젊은 압살롬을

너그러이 대우하라 하니 왕이 압살롬을

위하여 모든 군지휘관에게 명령할 때에

백성들이 다 들으니라

6 이에 백성이 이스라엘을 치러 들로 나

가서 에브라임 수풀에서 싸우더니

7 거기서 이스라엘 백성이 다윗의 부하들

에게 패하매 그 날 그 곳에서 전사자가

많아 이만 명에 이르렀고

8 그 땅에서 사면으로 퍼져 싸웠으므로 그 날에 수풀에서 죽은 자가 칼에 죽은 자보다 많았더라

9 압살롬이 다윗의 부하들과 마주치니라 압살롬이 노새를 탔는데 그 노새가 큰 상수리나무 번성한 가지 아래로 지날 때에 압살롬의 머리가 그 상수리나무에 걸리매 그가 공중과 그 땅 사이에 달리고 그가 탔던 노새는 그 아래로 빠져나간지라

10 한 사람이 보고 요압에게 알려 이르되 내가 보니 압살롬이 상수리나무에 달렸더이다 하니

11 요압이 그 알린 사람에게 이르되 네가 보고 어찌하여 당장에 쳐서 땅에 떨어뜨리지 아니하였느냐 내가 네게 은 열 개와 띠 하나를 주었으리라 하는지라

12 그 사람이 요압에게 대답하되 내가 내 손에 은 천 개를 받는다 할지라도 나는 왕의 아들에게 손을 대지 아니하겠나이다 우리가 들었거니와 왕이 당신과 아비새와 잇대에게 명령하여 이르시기를 삼가 누구든지 젊은 압살롬을 해하지 말라 하셨나이다

13 아무 일도 왕 앞에는 숨길 수 없나니 내가 만일 거역하여 그의 생명을 해하였더라면 당신도 나를 대적하였으리이다 하니

14 요압이 이르되 나는 너와 같이 지체할 수 없다 하고 손에 작은 창 셋을 가지고 가서 상수리나무 가운데서 아직 살아 있는 압살롬의 심장을 찌르니

15 요압의 무기를 든 청년 열 명이 압살롬을 에워싸고 쳐죽이니라

16 요압이 나팔을 불어 백성들에게 그치게

하니 그들이 이스라엘을 추격하지 아니

하고 돌아오니라

17 그들이 압살롬을 옮겨다가 수풀 가운

데 큰 구멍에 그를 던지고 그 위에 매

우 큰 돌무더기를 쌓으니라 온 이스라

엘 무리가 각기 장막으로 도망하니라

18 압살롬이 살았을 때에 자기를 위하여

한 비석을 마련하여 세웠으니 이는 그

가 자기 이름을 전할 아들이 내게 없다

고 말하였음이더라 그러므로 자기 이름

을 기념하여 그 비석에 이름을 붙였으며

그 비석이 왕의 골짜기에 있고 이제까

지 그것을 압살롬의 기념비라 일컫더라

압살롬의 죽음과 다윗의 울음

19 사독의 아들 아히마아스가 이르되 청하

건대 내가 빨리 왕에게 가서 여호와께

서 왕의 원수 갚아 주신 소식을 전하게

하소서

20 요압이 그에게 이르되 너는 오늘 소식

을 전하는 자가 되지 말고 다른 날에 전

할 것이니라 왕의 아들이 죽었나니 네

가 오늘 소식을 전하지 못하리라 하고

21 요압이 구스 사람에게 이르되 네가 가

서 본 것을 왕께 아뢰라 하매 구스 사

람이 요압에게 절하고 달음질하여 가니

22 사독의 아들 아히마아스가 다시 요압에

게 이르되 청하건대 아무쪼록 내가 또

한 구스 사람의 뒤를 따라 달려가게 하

소서 하니 요압이 이르되 내 아들아 너

는 왜 달려가려 하느냐 이 소식으로 말

미암아서는 너는 상을 받지 못하리라

하되

23 그가 한사코 달려가겠노라 하는지라 요

압이 이르되 그리하라 하니 아히마아스

가 들길로 달음질하여 구스 사람보다

앞질러가니라

24 때에 다윗이 두 문 사이에 앉아 있더라 파수꾼이 성 문 위층에 올라가서 눈을 들어 보니 어떤 사람이 홀로 달려오는지라

25 파수꾼이 외쳐 왕께 아뢰매 왕이 이르되 그가 만일 혼자면 그의 입에 소식이 있으리라 할 때에 그가 점점 가까이 오니라

26 파수꾼이 본즉 한 사람이 또 달려오는지라 파수꾼이 문지기에게 외쳐 이르되 보라 한 사람이 또 혼자 달려온다 하니 왕이 이르되 그도 소식을 가져오느니라

27 파수꾼이 이르되 내가 보기에는 앞선 사람의 달음질이 사독의 아들 아히마아스의 달음질과 같으니이다 하니 왕이 이르되 그는 좋은 사람이니 좋은 소식을 가져오느니라 하니라

28 아히마아스가 외쳐 왕께 아뢰되 평강하옵소서 하고 왕 앞에서 얼굴을 땅에 대고 절하며 이르되 왕의 하나님 여호와를 찬양하리로소이다 그의 손을 들어 내 주 왕을 대적하는 자들을 넘겨 주셨나이다 하니

29 왕이 이르되 젊은 압살롬은 잘 있느냐 하니라 아히마아스가 대답하되 요압이 왕의 종 나를 보낼 때에 크게 소동하는 것을 보았사오나 무슨 일인지 알지 못하였나이다 하니

30 왕이 이르되 물러나 거기 서 있으라 하매 물러나서 서 있더라

31 구스 사람이 이르러 말하되 내 주 왕께 아뢸 소식이 있나이다 여호와께서 오늘 왕을 대적하던 모든 원수를 갚으셨나이다 하니

32 왕이 구스 사람에게 묻되 젊은 압살롬은 잘 있느냐 구스 사람이 대답하되 내

주 왕의 원수와 일어나서 왕을 대적하

는 자들은 다 그 청년과 같이 되기를

원하나이다 하니

33 왕의 마음이 심히 아파 문 위층으로 올

라가서 우니라 그가 올라갈 때에 말하

기를 내 아들 압살롬아 내 아들 내 아

들 압살롬아 차라리 내가 너를 대신하

여 죽었더면, 압살롬 내 아들아 내 아들

아 하였더라

요압이 다윗에게 항의하다

19 어떤 사람이 요압에게 아뢰되 왕이 압

살롬을 위하여 울며 슬퍼하시나이다

하니

2 왕이 그 아들을 위하여 슬퍼한다 함이

그 날에 백성들에게 들리매 그 날의 승

리가 모든 백성에게 슬픔이 된지라

3 그 날에 백성들이 싸움에 쫓겨 부끄러

워 도망함 같이 가만히 성읍으로 들어

가니라

4 왕이 그의 얼굴을 가리고 큰 소리로 부

르되 내 아들 압살롬아 압살롬아 내 아

들아 내 아들아 하니

5 요압이 집에 들어가서 왕께 말씀 드리

되 왕께서 오늘 왕의 생명과 왕의 자녀

의 생명과 처첩과 비빈들의 생명을 구

원한 모든 부하들의 얼굴을 부끄럽게

하시니

6 이는 왕께서 미워하는 자는 사랑하시며

사랑하는 자는 미워하시고 오늘 지휘관

들과 부하들을 멸시하심을 나타내심이

라 오늘 내가 깨달으니 만일 압살롬이

살고 오늘 우리가 다 죽었더면 왕이 마

땅히 여기실 뻔하였나이다

7 이제 곧 일어나 나가 왕의 부하들의 마

음을 위로하여 말씀하옵소서 내가 여호

와를 두고 맹세하옵나니 왕이 만일 나

가지 아니하시면 오늘 밤에 한 사람도

왕과 함께 머물지 아니할지라 그리하면

그 화가 왕이 젊었을 때부터 지금까지

당하신 모든 화보다 더욱 심하리이다

하니

8 왕이 일어나 성문에 앉으매 어떤 사람

이 모든 백성에게 말하되 왕이 문에 앉

아 계신다 하니 모든 백성이 왕 앞으로

나아오니라

다윗의 귀환 준비

이스라엘은 이미 각기 장막으로 도망하

였더라

9 이스라엘 모든 지파 백성들이 변론하여

이르되 왕이 우리를 원수의 손에서 구

원하여 내셨고 또 우리를 블레셋 사람

들의 손에서 구원하셨으나 이제 압살롬

을 피하여 그 땅에서 나가셨고

10 우리가 기름을 부어 우리를 다스리게

한 압살롬은 싸움에서 죽었거늘 이제

너희가 어찌하여 왕을 도로 모셔 올 일

에 잠잠하고 있느냐 하니라

11 다윗 왕이 사독과 아비아달 두 제사장

에게 소식을 전하여 이르되 너희는 유

다 장로들에게 말하여 이르기를 왕의

말씀이 온 이스라엘이 왕을 왕궁으로

도로 모셔오자 하는 말이 왕께 들렸거

늘 너희는 어찌하여 왕을 궁으로 모시

는 일에 나중이 되느냐

12 너희는 내 형제요 내 골육이거늘 너희

는 어찌하여 왕을 도로 모셔오는 일에

나중이 되리요 하셨다 하고

13 너희는 또 아마사에게 이르기를 너는

내 골육이 아니냐 네가 요압을 이어서

항상 내 앞에서 지휘관이 되지 아니하

면 하나님이 내게 벌 위에 벌을 내리시

기를 바라노라 하셨다 하라 하여

14 모든 유다 사람들의 마음을 하나 같이 기울게 하매 그들이 왕께 전갈을 보내어 이르되 당신께서는 모든 부하들과 더불어 돌아오소서 한지라

15 왕이 돌아와 요단에 이르매 유다 족속이 왕을 맞아 요단을 건너가게 하려고 길갈로 오니라

다윗과 시므이

16 바후림에 있는 베냐민 사람 게라의 아들 시므이가 급히 유다 사람과 함께 다윗 왕을 맞으러 내려올 때에

17 베냐민 사람 천 명이 그와 함께 하고 사울 집안의 종 시바도 그의 아들 열다섯과 종 스무 명과 더불어 그와 함께 하여 요단 강을 밟고 건너 왕 앞으로 나아오니라

18 왕의 가족을 건너가게 하며 왕이 좋게 여기는 대로 쓰게 하려 하여 나룻배로 건너가니 왕이 요단을 건너가게 할 때에 게라의 아들 시므이가 왕 앞에 엎드려

19 왕께 아뢰되 내 주여 원하건대 내게 죄를 돌리지 마옵소서 내 주 왕께서 예루살렘에서 나오시던 날에 종의 패역한 일을 기억하지 마시오며 왕의 마음에 두지 마옵소서

20 왕의 종 내가 범죄한 줄 아옵기에 오늘 요셉의 온 족속 중 내가 먼저 내려와서 내 주 왕을 영접하나이다 하니

21 스루야의 아들 아비새가 대답하여 이르되 시므이가 여호와의 기름 부으신 자를 저주하였으니 그로 말미암아 죽어야 마땅하지 아니하니이까 하니라

22 다윗이 이르되 스루야의 아들들아 내가 너희와 무슨 상관이 있기에 너희가 오늘 나의 원수가 되느냐 오늘 어찌하여 이스라엘 가운데에서 사람을 죽이겠느

냐 내가 오늘 이스라엘의 왕이 된 것을

내가 알지 못하리요 하고

23 왕이 시므이에게 이르되 네가 죽지 아

니하리라 하고 그에게 맹세하니라

다윗과 므비보셋

24 사울의 손자 므비보셋이 내려와 왕을

맞으니 그는 왕이 떠난 날부터 평안히

돌아오는 날까지 그의 발을 맵시 내지

아니하며 그의 수염을 깎지 아니하며

옷을 빨지 아니하였더라

25 예루살렘에서 와서 왕을 맞을 때에 왕

이 그에게 물어 이르되 므비보셋이여

네가 어찌하여 나와 함께 가지 아니하

였더냐 하니

26 대답하되 내 주 왕이여 왕의 종인 나는

다리를 절므로 내 나귀에 안장을 지워

그 위에 타고 왕과 함께 가려 하였더니

내 종이 나를 속이고

27 종인 나를 내 주 왕께 모함하였나이다

내 주 왕께서는 하나님의 사자와 같으

시니 왕의 처분대로 하옵소서

28 내 아버지의 온 집이 내 주 왕 앞에서

는 다만 죽을 사람이 되지 아니하였나

이까 그러나 종을 왕의 상에서 음식 먹

는 자 가운데에 두셨사오니 내게 아직

무슨 공의가 있어서 다시 왕께 부르짖

을 수 있사오리이까 하니라

29 왕이 그에게 이르되 네가 어찌하여 또

네 일을 말하느냐 내가 이르노니 너는

시바와 밭을 나누라 하니

30 므비보셋이 왕께 아뢰되 내 주 왕께

서 평안히 왕궁에 돌아오시게 되었으니

그로 그 전부를 차지하게 하옵소서 하

니라

다윗과 바르실래

31 길르앗 사람 바르실래가 왕이 요단을

건너가게 하려고 로글림에서 내려와 함

께 요단에 이르니

32 바르실래는 매우 늙어 나이가 팔십 세

라 그는 큰 부자이므로 왕이 마하나임

에 머물 때에 그가 왕을 공궤하였더라

33 왕이 바르실래에게 이르되 너는 나와

함께 건너가자 예루살렘에서 내가 너를

공궤하리라

34 바르실래가 왕께 아뢰되 내 생명의 날

이 얼마나 있사옵겠기에 어찌 왕과 함

께 예루살렘으로 올라가리이까

35 내 나이가 이제 팔십 세라 어떻게 좋고

흉한 것을 분간할 수 있사오며 음식의

맛을 알 수 있사오리이까 이 종이 어떻

게 다시 노래하는 남자나 여인의 소리를

알아들을 수 있사오리이까 어찌하여 종

이 내 주 왕께 아직도 누를 끼치리이까

36 당신의 종은 왕을 모시고 요단을 건너

려는 것뿐이거늘 왕께서 어찌하여 이같

은 상으로 내게 갚으려 하시나이까

37 청하건대 당신의 종을 돌려보내옵소서

내가 내 고향 부모의 묘 곁에서 죽으

려 하나이다 그러나 왕의 종 김함이 여

기 있사오니 청하건대 그가 내 주 왕과

함께 건너가게 하시옵고 왕의 처분대로

그에게 베푸소서 하니라

38 왕이 대답하되 김함이 나와 함께 건너

가리니 나는 네가 좋아하는 대로 그에

게 베풀겠고 또 네가 내게 구하는 것은

다 너를 위하여 시행하리라 하니라

39 백성이 다 요단을 건너매 왕도 건너가

서 왕이 바르실래에게 입을 맞추고 그

에게 복을 비니 그가 자기 곳으로 돌아

가니라

남북의 분쟁

40 왕이 길갈로 건너오고 김함도 함께 건

너오니 온 유다 백성과 이스라엘 백성의 절반이나 왕과 함께 건너니라

41 온 이스라엘 사람이 왕께 나아와 왕께 아뢰되 우리 형제 유다 사람들이 어찌 왕을 도둑하여 왕과 왕의 집안과 왕을 따르는 모든 사람을 인도하여 요단을 건너가게 하였나이까 하매

42 모든 유다 사람이 이스라엘 사람에게 대답하되 왕은 우리의 종친인 까닭이라 너희가 어찌 이 일에 대하여 분 내느냐 우리가 왕의 것을 조금이라도 얻어 먹었느냐 왕께서 우리에게 선물로 주신 것이 있느냐

43 이스라엘 사람이 유다 사람에게 대답하여 이르되 우리는 왕에 대하여 열 몫을 가졌으니 다윗에게 대하여 너희보다 더욱 관계가 있거늘 너희가 어찌 우리를 멸시하여 우리 왕을 모셔 오는 일에 먼

저 우리와 의논하지 아니하였느냐 하나 유다 사람의 말이 이스라엘 사람의 말보다 더 강경하였더라

세바의 반역

20 마침 거기에 불량배 하나가 있으니 그의 이름은 세바인데 베냐민 사람 비그리의 아들이었더라 그가 나팔을 불며 이르되 우리는 다윗과 나눌 분깃이 없으며 이새의 아들에게서 받을 유산이 우리에게 없도다 이스라엘아 각각 장막으로 돌아가라 하매

2 이에 온 이스라엘 사람들이 다윗 따르기를 그치고 올라가 비그리의 아들 세바를 따르나 유다 사람들은 그들의 왕과 합하여 요단에서 예루살렘까지 따르니라

3 다윗이 예루살렘 본궁에 이르러 전에 머물러 왕궁을 지키게 한 후궁 열 명을

잡아 별실에 가두고 먹을 것만 주고 그들에게 관계하지 아니하니 그들이 죽는 날까지 갇혀서 생과부로 지내니라

4 왕이 아마사에게 이르되 너는 나를 위하여 삼 일 내로 유다 사람을 큰 소리로 불러 모으고 너도 여기 있으라 하니라

5 아마사가 유다 사람을 모으러 가더니 왕이 정한 기일에 지체된지라

6 다윗이 이에 아비새에게 이르되 이제 비그리의 아들 세바가 압살롬보다 우리를 더 해하리니 너는 네 주의 부하들을 데리고 그의 뒤를 쫓아가라 그가 견고한 성읍에 들어가 우리들을 피할까 염려하노라 하매

7 요압을 따르는 자들과 그렛 사람들과 블렛 사람들과 모든 용사들이 다 아비새를 따라 비그리의 아들 세바를 뒤쫓으려고 예루살렘에서 나와

8 기브온 큰 바위 곁에 이르매 아마사가 맞으러 오니 그 때에 요압이 군복을 입고 띠를 띠고 칼집에 꽂은 칼을 허리에 맸는데 그가 나아갈 때에 칼이 빠져 떨어졌더라

9 요압이 아마사에게 이르되 내 형은 평안하냐 하며 오른손으로 아마사의 수염을 잡고 그와 입을 맞추려는 체하매

10 아마사가 요압의 손에 있는 칼은 주의하지 아니한지라 요압이 칼로 그의 배를 찌르매 그의 창자가 땅에 쏟아지니 그를 다시 치지 아니하여도 죽으니라 요압과 그의 동생 아비새가 비그리의 아들 세바를 뒤쫓을새

11 요압의 청년 중 하나가 아마사 곁에 서서 이르되 요압을 좋아하는 자가 누구이며 요압을 따라 다윗을 위하는 자는 누구냐 하니

12 아마사가 길 가운데 피 속에 놓여 있는

지라 그 청년이 모든 백성이 서 있는 것

을 보고 아마사를 큰길에서부터 밭으로

옮겼으나 거기에 이르는 자도 다 멈추어

서는 것을 보고 옷을 그 위에 덮으니라

13 아마사를 큰길에서 옮겨가매 사람들이

다 요압을 따라 비그리의 아들 세바를

뒤쫓아가니라

14 세바가 이스라엘 모든 지파 가운데 두

루 다녀서 아벨과 벧마아가와 베림 온

땅에 이르니 그 무리도 다 모여 그를

따르더라

15 이에 그들이 벧마아가 아벨로 가서 세

바를 에우고 그 성읍을 향한 지역 언덕

위에 토성을 쌓고 요압과 함께 한 모든

백성이 성벽을 쳐서 헐고자 하더니

16 그 성읍에서 지혜로운 여인 한 사람이

외쳐 이르되 들을지어다 들을지어다 청

하건대 너희는 요압에게 이르기를 이리

로 가까이 오라 내가 네게 말하려 하노

라 한다 하라

17 요압이 그 여인에게 가까이 가니 여인

이 이르되 당신이 요압이니이까 하니

대답하되 그러하다 하니라 여인이 그에

게 이르되 여종의 말을 들으소서 하니

대답하되 내가 들으리라 하니라

18 여인이 말하여 이르되 옛 사람들이 흔

히 말하기를 아벨에게 가서 물을 것이

라 하고 그 일을 끝내었나이다

19 나는 이스라엘의 화평하고 충성된 자

중 하나이거늘 당신이 이스라엘 가운데

어머니 같은 성을 멸하고자 하시는도다

어찌하여 당신이 여호와의 기업을 삼키

고자 하시나이까 하니

20 요압이 대답하여 이르되 결단코 그렇지

아니하다 결단코 그렇지 아니하다 삼키

거나 멸하거나 하려 함이 아니니

21 그 일이 그러한 것이 아니니라 에브라임 산지 사람 비그리의 아들 그의 이름을 세바라 하는 자가 손을 들어 왕 다윗을 대적하였나니 너희가 그만 내주면 내가 이 성벽에서 떠나가리라 하니라 여인이 요압에게 이르되 그의 머리를 성벽에서 당신에게 내어던지리이다 하고

22 이에 여인이 그의 지혜를 가지고 모든 백성에게 나아가매 그들이 비그리의 아들 세바의 머리를 베어 요압에게 던진지라 이에 요압이 나팔을 불매 무리가 흩어져 성읍에서 물러나 각기 장막으로 돌아가고 요압은 예루살렘으로 돌아와 왕에게 나아가니라

다윗의 관리들

23 요압은 이스라엘 온 군대의 지휘관이 되고 여호야다의 아들 브나야는 그렛사람과 블렛 사람의 지휘관이 되고

24 아도람은 감역관이 되고 아힐룻의 아들 여호사밧은 사관이 되고

25 스와는 서기관이 되고 사독과 아비아달은 제사장이 되고

26 야일 사람 이라는 다윗의 대신이 되니라

다윗이 기브온 사람의 말을 들어 주다

21 다윗의 시대에 해를 거듭하여 삼 년 기근이 있으므로 다윗이 여호와 앞에 간구하매 여호와께서 이르시되 이는 사울과 피를 흘린 그의 집으로 말미암음이니 그가 기브온 사람을 죽였음이니라 하시니라

2 기브온 사람은 이스라엘 족속이 아니요 그들은 아모리 사람 중에서 남은 자라 이스라엘 족속들이 전에 그들에게 맹세하였거늘 사울이 이스라엘과 유다 족속을 위하여 열심이 있으므로 그들을 죽

이고자 하였더라 이에 왕이 기브온 사

람을 불러 그들에게 물으니라

3 다윗이 그들에게 묻되 내가 너희를 위

하여 어떻게 하랴 내가 어떻게 속죄하

여야 너희가 여호와의 기업을 위하여

복을 빌겠느냐 하니

4 기브온 사람이 그에게 대답하되 사울과

그의 집과 우리 사이의 문제는 은금에

있지 아니하오며 이스라엘 가운데에서

사람을 죽이는 문제도 우리에게 있지

아니하니이다 하니라 왕이 이르되 너희

가 말하는 대로 시행하리라

5 그들이 왕께 아뢰되 우리를 학살하였고

또 우리를 멸하여 이스라엘 영토 내에

머물지 못하게 하려고 모해한 사람의

6 자손 일곱 사람을 우리에게 내주소서

여호와께서 택하신 사울의 고을 기브아

에서 우리가 그들을 여호와 앞에서 목

매어 달겠나이다 하니 왕이 이르되 내

가 내주리라 하니라

7 그러나 다윗과 사울의 아들 요나단 사

이에 서로 여호와를 두고 맹세한 것이

있으므로 왕이 사울의 손자 요나단의

아들 므비보셋은 아끼고

8 왕이 이에 아야의 딸 리스바에게서 난

자 곧 사울의 두 아들 알모니와 므비보

셋과 사울의 딸 메랍에게서 난 자 곧

므홀랏 사람 바르실래의 아들 아드리엘

의 다섯 아들을 붙잡아

9 그들을 기브온 사람의 손에 넘기니 기

브온 사람이 그들을 산 위에서 여호와

앞에 목 매어 달매 그들 일곱 사람이

동시에 죽으니 죽은 때는 곡식 베는 첫

날 곧 보리를 베기 시작하는 때더라

10 아야의 딸 리스바가 굵은 베를 가져다

가 자기를 위하여 바위 위에 펴고 곡식

베기 시작할 때부터 하늘에서 비가 시

체에 쏟아지기까지 그 시체에 낮에는

공중의 새가 앉지 못하게 하고 밤에는

들짐승이 범하지 못하게 한지라

11 이에 아야의 딸 사울의 첩 리스바가 행

한 일이 다윗에게 알려지매

12 다윗이 가서 사울의 뼈와 그의 아들 요

나단의 뼈를 길르앗 야베스 사람에게서

가져가니 이는 전에 블레셋 사람들이

사울을 길보아에서 죽여 블레셋 사람들

이 벧산 거리에 매단 것을 그들이 가만

히 가져온 것이라

13 다윗이 그 곳에서 사울의 뼈와 그의 아

들 요나단의 뼈를 가지고 올라오매 사

람들이 그 달려 죽은 자들의 뼈를 거두

어다가

14 사울과 그의 아들 요나단의 뼈와 함께

베냐민 땅 셀라에서 그의 아버지 기스

의 묘에 장사하되 모두 왕의 명령을 따

라 행하니라 그 후에야 하나님이 그 땅

을 위한 기도를 들으시니라

블레셋의 거인들을 죽인 다윗의 용사들
(대상 20:4-8)

15 블레셋 사람이 다시 이스라엘을 치거늘

다윗이 그의 부하들과 함께 내려가서 블

레셋 사람과 싸우더니 다윗이 피곤하매

16 거인족의 아들 중에 무게가 삼백 세겔

되는 놋 창을 들고 새 칼을 찬 이스비

브놉이 다윗을 죽이려 하므로

17 스루야의 아들 아비새가 다윗을 도와

그 블레셋 사람을 쳐죽이니 그 때에 다

윗의 추종자들이 그에게 맹세하여 이르

되 왕은 다시 우리와 함께 전장에 나가

지 마옵소서 이스라엘의 등불이 꺼지지

말게 하옵소서 하니라

18 그 후에 다시 블레셋 사람과 곱에서 전

쟁할 때에 후사 사람 십브개는 거인족

의 아들 중의 삽을 쳐죽였고

19 또 다시 블레셋 사람과 곱에서 전쟁할 때에 베들레헴 사람 야레오르김의 아들 엘하난은 가드 골리앗의 아우 라흐미를 죽였는데 그 자의 창 자루는 베틀 채 같았더라

20 또 가드에서 전쟁할 때에 그 곳에 키가 큰 자 하나는 손가락과 발가락이 각기 여섯 개씩 모두 스물네 개가 있는데 그도 거인족의 소생이라

21 그가 이스라엘 사람을 능욕하므로 다윗의 형 삼마의 아들 요나단이 그를 죽이니라

22 이 네 사람 가드의 거인족의 소생이 다윗의 손과 그의 부하들의 손에 다 넘어졌더라

다윗의 승전가 (시 18)

22 여호와께서 다윗을 모든 원수의 손과

사울의 손에서 구원하신 그 날에 다윗이 이 노래의 말씀으로 여호와께 아뢰어

2 이르되 여호와는 나의 반석이시요 나의 요새시요 나를 위하여 나를 건지시는 자시요

3 내가 피할 나의 반석의 하나님이시요 나의 방패시요 나의 구원의 뿔이시요 나의 높은 망대시요 그에게 피할 나의 피난처시요 나의 구원자시라 나를 폭력에서 구원하셨도다

4 내가 찬송 받으실 여호와께 아뢰리니 내 원수들에게서 구원을 받으리로다

5 사망의 물결이 나를 에우고 불의의 창수가 나를 두렵게 하였으며

6 스올의 줄이 나를 두르고 사망의 올무가 내게 이르렀도다

7 내가 환난 중에서 여호와께 아뢰며 나의 하나님께 아뢰었더니 그가 그의 성

전에서 내 소리를 들으심이여 나의 부

르짖음이 그의 귀에 들렸도다

8 이에 땅이 진동하고 떨며 하늘의 기초

가 요동하고 흔들렸으니 그의 진노로

말미암음이로다

9 그의 코에서 연기가 오르고 입에서 불이

나와 사름이여 그 불에 숯이 피었도다

10 그가 또 하늘을 드리우고 강림하시니

그의 발 아래는 어두캄캄하였도다

11 그룹을 타고 날으심이여 바람 날개 위

에 나타나셨도다

12 그가 흑암 곧 모인 물과 공중의 빽빽한

구름으로 둘린 장막을 삼으심이여

13 그 앞에 있는 광채로 말미암아 숯불이

피었도다

14 여호와께서 하늘에서 우렛소리를 내시

며 지존하신 자가 음성을 내심이여

15 화살을 날려 그들을 흩으시며 번개로

무찌르셨도다

16 이럴 때에 여호와의 꾸지람과 콧김으로

말미암아 물 밑이 드러나고 세상의 기

초가 나타났도다

17 그가 위에서 손을 내미사 나를 붙드심

이여 많은 물에서 나를 건져내셨도다

18 나를 강한 원수와 미워하는 자에게서

건지셨음이여 그들은 나보다 강했기 때

문이로다

19 그들이 나의 재앙의 날에 내게 이르렀

으나 여호와께서 나의 의지가 되셨도다

20 나를 또 넓은 곳으로 인도하시고 나를

기뻐하시므로 구원하셨도다

21 여호와께서 내 공의를 따라 상 주시며

내 손의 깨끗함을 따라 갚으셨으니

22 이는 내가 여호와의 도를 지키고 악을

행함으로 내 하나님을 떠나지 아니하였

으며

23 그의 모든 법도를 내 앞에 두고 그의

규례를 버리지 아니하였음이로다

24 내가 또 그의 앞에 완전하여 스스로 지

켜 죄악을 피하였나니

25 그러므로 여호와께서 내 의대로, 그의

눈앞에서 내 깨끗한 대로 내게 갚으셨

도다

26 자비한 자에게는 주의 자비하심을 나타

내시며 완전한 자에게는 주의 완전하심

을 보이시며

27 깨끗한 자에게는 주의 깨끗하심을 보이

시며 사악한 자에게는 주의 거스르심을

보이시리이다

28 주께서 곤고한 백성은 구원하시고 교만

한 자를 살피사 낮추시리이다

29 여호와여 주는 나의 등불이시니 여호와

께서 나의 어둠을 밝히시리이다

30 내가 주를 의뢰하고 적진으로 달리며

내 하나님을 의지하고 성벽을 뛰어넘나

이다

31 하나님의 도는 완전하고 여호와의 말씀

은 진실하니 그는 자기에게 피하는 모

든 자에게 방패시로다

32 여호와 외에 누가 하나님이며 우리 하

나님 외에 누가 반석이냐

33 하나님은 나의 견고한 요새시며 나를

안전한 곳으로 인도하시며

34 나의 발로 암사슴 발 같게 하시며 나를

나의 높은 곳에 세우시며

35 내 손을 가르쳐 싸우게 하시니 내 팔이

놋 활을 당기도다

36 주께서 또 주의 구원의 방패를 내게 주

시며 주의 온유함이 나를 크게 하셨나

이다

37 내 걸음을 넓게 하셨고 내 발이 미끄러

지지 아니하게 하셨나이다

38 내가 내 원수를 뒤쫓아 멸하였사오며 그들을 무찌르기 전에는 돌이키지 아니 하였나이다

39 내가 그들을 무찔러 전멸시켰더니 그들 이 내 발 아래에 엎드러지고 능히 일어 나지 못하였나이다

40 이는 주께서 내게 전쟁하게 하려고 능 력으로 내게 띠 띠우사 일어나 나를 치 는 자를 내게 굴복하게 하셨사오며

41 주께서 또 내 원수들이 등을 내게로 향 하게 하시고 내게 나를 미워하는 자를 끊어 버리게 하셨음이니이다

42 그들이 도움을 구해도 구원할 자가 없 었고 여호와께 부르짖어도 대답하지 아 니하셨나이다

43 내가 그들을 땅의 티끌 같이 부스러뜨리 고 거리의 진흙 같이 밟아 헤쳤나이다

44 주께서 또 나를 내 백성의 다툼에서 건 지시고 나를 보전하사 모든 민족의 으 뜸으로 삼으셨으니 내가 알지 못하는 백성이 나를 섬기리이다

45 이방인들이 내게 굴복함이여 그들이 내 소문을 귀로 듣고 곧 내게 순복하리로다

46 이방인들이 쇠약하여 그들의 견고한 곳 에서 떨며 나오리로다

47 여호와의 사심을 두고 나의 반석을 찬 송하며 내 구원의 반석이신 하나님을 높일지로다

48 이 하나님이 나를 위하여 보복하시고 민족들이 내게 복종하게 하시며

49 나를 원수들에게서 이끌어 내시며 나를 대적하는 자 위에 나를 높이시고 나를 강포한 자에게서 건지시는도다

50 이러므로 여호와여 내가 모든 민족 중 에서 주께 감사하며 주의 이름을 찬양 하리이다

51 여호와께서 그의 왕에게 큰 구원을 주

시며 기름 부음 받은 자에게 인자를 베

푸심이여 영원하도록 다윗과 그 후손에

게로다 하였더라

다윗의 마지막 말

23 이는 다윗의 마지막 말이라 이새의 아

들 다윗이 말함이여 높이 세워진 자,

야곱의 하나님께로부터 기름 부음 받은

자, 이스라엘의 노래 잘 하는 자가 말

하노라

2 여호와의 영이 나를 통하여 말씀하심이

여 그의 말씀이 내 혀에 있도다

3 이스라엘의 하나님이 말씀하시며 이스

라엘의 반석이 내게 이르시기를 사람을

공의로 다스리는 자, 하나님을 경외함

으로 다스리는 자여

4 그는 돋는 해의 아침 빛 같고 구름 없

는 아침 같고 비 내린 후의 광선으로

땅에서 움이 돋는 새 풀 같으니라 하시

도다

5 내 집이 하나님 앞에 이같지 아니하냐

하나님이 나와 더불어 영원한 언약을

세우사 만사에 구비하고 견고하게 하셨

으니 나의 모든 구원과 나의 모든 소원

을 어찌 이루지 아니하시랴

6 그러나 사악한 자는 다 내버려질 가시

나무 같으니 이는 손으로 잡을 수 없음

이로다

7 그것들을 만지는 자는 철과 창자루를

가져야 하리니 그것들이 당장에 불살리

리로다 하니라

다윗의 용사들 (대상 11:10-47)

8 다윗의 용사들의 이름은 이러하니라 다

그몬 사람 요셉밧세벳이라고도 하고 에

센 사람 아디노라고도 하는 자는 군지

휘관의 두목이라 그가 단번에 팔백 명

을 쳐죽였더라

9 그 다음은 아호아 사람 도대의 아들 엘르아살이니 다윗과 함께 한 세 용사 중의 한 사람이라 블레셋 사람들이 싸우려고 거기에 모이매 이스라엘 사람들이 물러간지라 세 용사가 싸움을 돋우고

10 그가 나가서 손이 피곤하여 그의 손이 칼에 붙기까지 블레셋 사람을 치니라 그 날에 여호와께서 크게 이기게 하셨으므로 백성들은 돌아와 그의 뒤를 따라가며 노략할 뿐이었더라

11 그 다음은 하랄 사람 아게의 아들 삼마라 블레셋 사람들이 사기가 올라 거기 녹두나무가 가득한 한쪽 밭에 모이매 백성들은 블레셋 사람들 앞에서 도망하되

12 그는 그 밭 가운데 서서 막아 블레셋 사람들을 친지라 여호와께서 큰 구원을 이루시니라

13 또 삼십 두목 중 세 사람이 곡식 벨 때에 아둘람 굴에 내려가 다윗에게 나아갔는데 때에 블레셋 사람의 한 무리가 르바임 골짜기에 진 쳤더라

14 그 때에 다윗은 산성에 있고 그 때에 블레셋 사람의 요새는 베들레헴에 있는지라

15 다윗이 소원하여 이르되 베들레헴 성문 곁 우물 물을 누가 내게 마시게 할까 하매

16 세 용사가 블레셋 사람의 진영을 돌파하고 지나가서 베들레헴 성문 곁 우물 물을 길어 가지고 다윗에게로 왔으나 다윗이 마시기를 기뻐하지 아니하고 그 물을 여호와께 부어 드리며

17 이르되 여호와여 내가 나를 위하여 결단코 이런 일을 하지 아니하리이다 이는 목숨을 걸고 갔던 사람들의 피가 아

니니이까 하고 마시기를 즐겨하지 아니

하니라 세 용사가 이런 일을 행하였더라

빼앗아 그 창으로 그를 죽였더라

18 또 스루야의 아들 요압의 아우 아비새

이니 그는 그 세 사람의 우두머리라 그

가 그의 창을 들어 삼백 명을 죽이고

세 사람 중에 이름을 얻었으니

19 그는 세 사람 중에 가장 존귀한 자가

아니냐 그가 그들의 우두머리가 되었으

나 그러나 첫 세 사람에게는 미치지 못

하였더라

20 또 갑스엘 용사의 손자 여호야다의 아

들 브나야이니 그는 용맹스런 일을 행

한 자라 일찍이 모압 아리엘의 아들 둘

을 죽였고 또 눈이 올 때에 구덩이에

내려가서 사자 한 마리를 쳐죽였으며

21 또 장대한 애굽 사람을 죽였는데 그의

손에 창이 있어도 그가 막대기를 가지

고 내려가 그 애굽 사람의 손에서 창을

22 여호야다의 아들 브나야가 이런 일을 행

하였으므로 세 용사 중에 이름을 얻고

23 삼십 명보다 존귀하나 그러나 세 사람

에게는 미치지 못하였더라 다윗이 그를

세워 시위대 대장을 삼았더라

24 요압의 아우 아사헬은 삼십 명 중의 하

나요 또 베들레헴 도도의 아들 엘하난과

25 하롯 사람 삼훗과 하롯 사람 엘리가와

26 발디 사람 헬레스와 드고아 사람 익게

스의 아들 이라와

27 아나돗 사람 아비에셀과 후사 사람 므

분내와

28 아호아 사람 살몬과 느도바 사람 마하

래와

29 느도바 사람 바아나의 아들 헬렙과 베

냐민 자손에 속한 기브아 사람 리배의

아들 잇대와

30 비라돈 사람 브나야와 가아스 시냇가에

사는 힛대와

31 아르바 사람 아비알본과 바르훔 사람

아스마웻과

32 사알본 사람 엘리아바와 야센의 아들

요나단과

33 하랄 사람 삼마와 아랄 사람 사랄의 아

들 아히암과

34 마아가 사람의 손자 아하스배의 아들

엘리벨렛과 길로 사람 아히도벨의 아들

엘리암과

35 갈멜 사람 헤스래와 아랍 사람 바아래와

36 소바 사람 나단의 아들 이갈과 갓 사람

바니와

37 암몬 사람 셀렉과 스루야의 아들 요압의

무기를 잡은 자 브에롯 사람 나하래와

38 이델 사람 이라와 이델 사람 가렙과

39 헷 사람 우리아라 이상 총수가 삼십칠

명이었더라

인구 조사 (대상 21:1-27)

24 여호와께서 다시 이스라엘을 향하여

진노하사 그들을 치시려고 다윗을 격동

시키사 가서 이스라엘과 유다의 인구를

조사하라 하신지라

2 이에 왕이 그 곁에 있는 군사령관 요압

에게 이르되 너는 이스라엘 모든 지파

가운데로 다니며 이제 단에서부터 브엘

세바까지 인구를 조사하여 백성의 수를

내게 보고하라 하니

3 요압이 왕께 아뢰되 이 백성이 얼마든

지 왕의 하나님 여호와께서 백 배나 더

하게 하사 내 주 왕의 눈으로 보게 하시

기를 원하나이다 그런데 내 주 왕은 어

찌하여 이런 일을 기뻐하시나이까 하되

4 왕의 명령이 요압과 군대 사령관들을 재

촉한지라 요압과 사령관들이 이스라엘

인구를 조사하려고 왕 앞에서 물러나

5 요단을 건너 갓 골짜기 가운데 성읍 아

로엘 오른쪽 곧 야셀 맞은쪽에 이르러

장막을 치고

6 길르앗에 이르고 닷딤홋시 땅에 이르고

또 다냐안에 이르러서는 시돈으로 돌아

7 두로 견고한 성에 이르고 히위 사람과

가나안 사람의 모든 성읍에 이르고 유

다 남쪽으로 나와 브엘세바에 이르니라

8 그들 무리가 국내를 두루 돌아 아홉 달

스무 날 만에 예루살렘에 이르러

9 요압이 백성의 수를 왕께 보고하니 곧

이스라엘에서 칼을 빼는 담대한 자가

팔십만 명이요 유다 사람이 오십만 명

이었더라

10 다윗이 백성을 조사한 후에 그의 마음

에 자책하고 다윗이 여호와께 아뢰되

내가 이 일을 행함으로 큰 죄를 범하였

나이다 여호와여 이제 간구하옵나니 종

의 죄를 사하여 주옵소서 내가 심히 미

련하게 행하였나이다 하니라

11 다윗이 아침에 일어날 때에 여호와의

말씀이 다윗의 선견자 된 선지자 갓에

게 임하여 이르시되

12 가서 다윗에게 말하기를 여호와께서 이

와 같이 말씀하시기를 내가 네게 세 가

지를 보이노니 너를 위하여 너는 그 중

에서 하나를 택하라 내가 그것을 네게

행하리라 하셨다 하라 하시니

13 갓이 다윗에게 이르러 아뢰어 이르되

왕의 땅에 칠 년 기근이 있을 것이니이

까 혹은 왕이 왕의 원수에게 쫓겨 석

달 동안 그들 앞에서 도망하실 것이니

이까 혹은 왕의 땅에 사흘 동안 전염병

이 있을 것이니이까 왕은 생각하여 보

고 나를 보내신 이에게 무엇을 대답하

게 하소서 하는지라

14 다윗이 갓에게 이르되 내가 고통 중에 있도다 청하건대 여호와께서는 긍휼이 크시니 우리가 여호와의 손에 빠지고 내가 사람의 손에 빠지지 아니하기를 원하노라 하는지라

15 이에 여호와께서 그 아침부터 정하신 때까지 전염병을 이스라엘에게 내리시니 단에서부터 브엘세바까지 백성의 죽은 자가 칠만 명이라

16 천사가 예루살렘을 향하여 그의 손을 들어 멸하려 하더니 여호와께서 이 재앙 내리심을 뉘우치사 백성을 멸하는 천사에게 이르시되 족하다 이제는 네 손을 거두라 하시니 여호와의 사자가 여부스 사람 아라우나의 타작 마당 곁에 있는지라

17 다윗이 백성을 치는 천사를 보고 곧 여호와께 아뢰어 이르되 나는 범죄하였고 악을 행하였거니와 이 양 무리는 무엇을 행하였나이까 청하건대 주의 손으로 나와 내 아버지의 집을 치소서 하니라

18 이 날에 갓이 다윗에게 이르러 그에게 아뢰되 올라가서 여부스 사람 아라우나의 타작 마당에서 여호와를 위하여 제단을 쌓으소서 하매

19 다윗이 여호와께서 명령하신 바 갓의 말대로 올라가니라

20 아라우나가 바라보다가 왕과 그의 부하들이 자기를 향하여 건너옴을 보고 나가서 왕 앞에서 얼굴을 땅에 대고 절하며

21 이르되 어찌하여 내 주 왕께서 종에게 임하시나이까 하니 다윗이 이르되 네게서 타작 마당을 사서 여호와께 제단을 쌓아 백성에게 내리는 재앙을 그치게 하려 함이라 하는지라

22 아라우나가 다윗에게 아뢰되 원하건대
내 주 왕은 좋게 여기시는 대로 취하여
드리소서 번제에 대하여는 소가 있고
땔 나무에 대하여는 마당질 하는 도구
와 소의 멍에가 있나이다

23 왕이여 아라우나가 이것을 다 왕께 드
리나이다 하고 또 왕께 아뢰되 왕의 하
나님 여호와께서 왕을 기쁘게 받으시기
를 원하나이다

24 왕이 아라우나에게 이르되 그렇지 아니
하다 내가 값을 주고 네게서 사리라 값
없이는 내 하나님 여호와께 번제를 드
리지 아니하리라 하고 다윗이 은 오십
세겔로 타작 마당과 소를 사고

25 그 곳에서 여호와를 위하여 제단을 쌓
고 번제와 화목제를 드렸더니 이에 여호
와께서 그 땅을 위한 기도를 들으시매
이스라엘에게 내리는 재앙이 그쳤더라

십계명

하나님이 이 모든 말씀으로 말씀하여 이르시되,
나는 너를 애굽 땅, 종 되었던 집에서 인도하여 낸 네 하나님 여호와니라.

제일은, 너는 나 외에는 다른 신들을 네게 두지 말라.

제이는, 너를 위하여 새긴 우상을 만들지 말고,
　　　　또 위로 하늘에 있는 것이나 아래로 땅에 있는 것이나
　　　　땅 아래 물속에 있는 것의 어떤 형상도 만들지 말며,
　　　　그것들에게 절하지 말며, 그것들을 섬기지 말라.
　　　　나 네 하나님 여호와는 질투하는 하나님인즉,
　　　　나를 미워하는 자의 죄를 갚되 아버지로부터 아들에게로
　　　　삼사 대까지 이르게 하거니와, 나를 사랑하고
　　　　내 계명을 지키는 자에게는 천 대까지 은혜를 베푸느니라.

제삼은, 너는 네 하나님 여호와의 이름을 망령되게 부르지 말라.
　　　　여호와는 그의 이름을 망령되게 부르는 자를
　　　　죄 없다 하지 아니하리라.

제사는, 안식일을 기억하여 거룩하게 지키라.
　　　　엿새 동안은 힘써 네 모든 일을 행할 것이나
　　　　일곱째 날은 네 하나님 여호와의 안식일인즉,
　　　　너나 네 아들이나 네 딸이나 네 남종이나 네 여종이나
　　　　네 가축이나 네 문안에 머무는 객이라도
　　　　아무 일도 하지 말라.
　　　　이는 엿새 동안에 나 여호와가 하늘과 땅과 바다와
　　　　그 가운데 모든 것을 만들고 일곱째 날에 쉬었음이라.
　　　　그러므로 나 여호와가 안식일을 복되게 하여
　　　　그 날을 거룩하게 하였느니라.